咨询辅教解疑难，讲座增添眼界宽。图书勤检索，文献望有佳篇。

图书馆开展咨询讲座活动，嘱讲、学术研究与文献利用，课后题此。

一九九一年三月雪窗　刘乃和

图书馆开展咨询讲座活动，嘱讲"学术研究与文献利用"，课后题此。

一九九一年三月雪窗　刘乃和

书山学海导航程，四库五车聚俊英。文史教科千万卷，咨询讲座惠师生。

精函美册教科文，琳瑯郑架日，斩师生埋首。深受益汲古学今喜耕耘。

我校图书馆富于藏书，勇于革新，咨询讲座，嘉惠士林，微题呈七绝二首以为祝贺。

一九九三年三月　刘乃和

我校图书馆富于藏书，勇于革新，咨询讲座，嘉惠士林，征题，呈七绝二首以为祝贺。

一九九三年三月　刘乃和

人间福地有乡媒生摊
图书即是仙不独芸编千
万卷更修席上聚群贤
北京师范大学图书馆
藏书丰富不让首都诸
学府更常举办学术咨
询讲座阖校学风为之一振
焉出册微谂拈句为颂

一九九二年孟冬 启功

北京师范大学图书馆藏书丰富，不让首都诸学府，更常举办学术咨询讲座，阖校学风为之一振焉，出册征题，拈句为颂。

一九九二年孟冬　启功

北京师范大学图书馆的讲座,办
得丰富多彩,生动活泼,成为一座充
实校园精神生活,提高青年知识视
野,介绍最新科研成果,传播世界
百科知识的特殊学校。衷心希望这
座学校越办越好!

王宁
1996.4.9.

静坐书丛百感生，知今鉴古万编盈。
亦文亦献唯一馆，储玉积金几代功。

王宁　瞿林东　陈彦

于沛　李正荣　王余光

崔盛远　李山　康宏伟

钱婉约　倪文东　黄爱平　周尚志

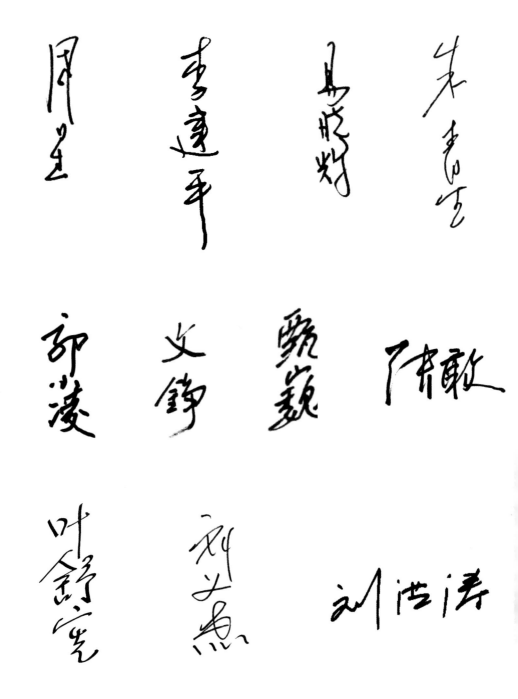

签名以本书文章先后为序

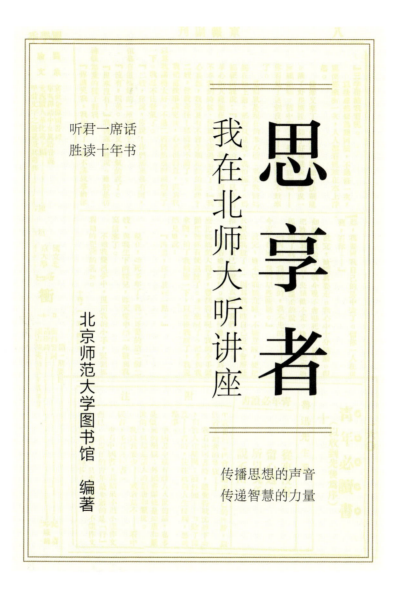

听君一席话
胜读十年书

思享者

我在北师大听讲座

北京师范大学图书馆 编著

传播思想的声音
传递智慧的力量

北京师范大学出版集团
BEIJING NORMAL UNIVERSITY PUBLISHING GROUP
北京师范大学出版社

编 委 会

主　编　李书宁

编　委　（按姓氏笔画排序）

仝卫敏　李晓娟　钊林真

张　玲　茹海涛　高　冉

韩　丽　雷菊霞（执行编委）

前　言

　　百廿京师滋兰蕙，双甲木铎振新声。百廿老校，杏坛聚瑞、名师荟萃、学风浓郁，多学科交叉，新学科不断涌现。"学为人师，行为世范"的校训精神、百廿年形成的优良传统、丰富多彩的校园文化陶冶着一代又一代青年学子。作为校园文化品牌活动之一，"专家讲座"既是校图书馆服务于教学科研和人才培养的特色品牌，是对青年学生进行素质教育的有效形式，更是图书馆建立"三全育人"服务模式的有益探索。

　　木铎金声，弦歌不辍；巍巍师大，历久弥新。图书馆是大学生的第二课堂，"专家讲座"是促进校园文化建设的阵地，是北京师范大学一道亮丽的风景线。"专家讲座"品牌创建于1990年。32年来，在学校的支持下，图书馆每年延请院士、全国知名专家和各学科领域的著名学者登台主讲，让青年学子得以近距离与专家学者对话，聆听专家们解读传统文化，畅谈学科前沿，剖析社会热点，分享治学经历。"经史子集"均有涉及，网络安全、太空站、知识产权、元宇宙皆有讨论，建党100周年专题讲座精彩纷呈。专家们深入浅出的精彩讲解将学子们引入科学的殿堂，开启他们的创造思维，启发他们研究的思路，指导他们学习和科研的方向。这些丰富多彩的讲座，有助于青年学子树立正确的世界观、人生观和价值观，为培养德才兼备的人才发挥了重要作用。

自 1990 年以来，校图书馆高度重视"专家讲座"这项特色服务，注重品牌效应，精心收藏历年讲座音视频信息。今年恰逢北京师范大学 120 周年校庆，图书馆与出版社不谋而合，期望能给更多读者分享主讲嘉宾们的学问与智慧、精神与思想，于是这本《思享者：我在北师大听讲座》应运而生。

本书所收文章是自 2002 年百年校庆以来"专家讲座"中部分专家的讲演稿，大多根据讲座录音整理，全书三个篇章尽量对年代和学科兼收并蓄，在整理过程中我们基本保持讲座原有的风貌。为了让读者更加近距离地感悟专家们的风采，多数文章还附有讲座录音和视频供大家在线收听、收看，以期为读者带来身临其境之感。

在疫情防控常态化环境下，本书从策划、编纂到出版，实属不易。书籍编纂得到了历次主讲嘉宾的授权与支持，在此我们深怀敬意并表示深深的感谢！同时感谢图书馆的同人们和参与工作的同学们，他们以务实、严谨的态度完成了大量基础性工作。感谢此书的策划人周粟先生和责编李明女士为本书出版付出的辛勤努力！

时值金秋，硕果飘香。在这丰收的时节，我们将此书作为礼物献给北京师范大学 120 周年华诞，以表达对母校的深厚情义和无比热爱！

王琼

北京师范大学图书馆馆长

2022 年 7 月于北京师范大学

站在读书人这边

永不消逝的传统文化

临渊羡鱼不如退而结网

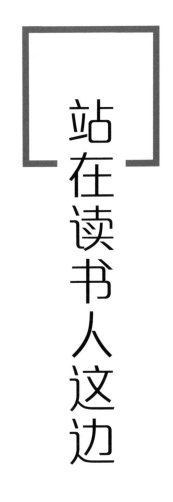

站在读书人这边

好好读书，读好书

关于读书的对话

读书丰富人生

王宁

二〇二一·十·十

读书伴随人生之路

曜林东

二〇二〇年十月

一九九三／六
导乎世微发扬
询讲座副校
学府更章攀
藏卡丰季官下
卷更修兮
北京师范大
图书即是仙
东卷更修兮
人间福地有

主 讲 人 简 介

王 宁

北京师范大学文学院资深教授、博士生导师，著名语言文字学家，现任教育部人文社会科学重点研究基地民俗典籍文字研究中心研究员、汉字与中文信息处理研究所所长，兼任国家哲学社会科学研究规划咨询委员会委员、教育部哲学社会科学研究语言文学学部委员、基础教育课程与教材咨询委员会委员等职。长期从事传统语言文字学的研究，是章黄学派重要继承人。

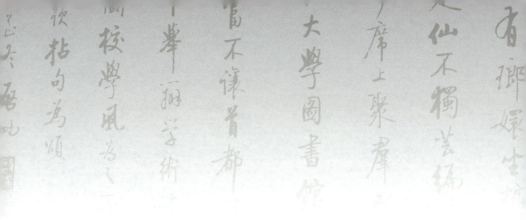

瞿林东

北京师范大学历史学院史学研究所教授、博士生导师，著名历史学家，现任北京师范大学史学理论与史学史研究中心主任、教育部社会科学委员会委员，兼任中国史学会理事、中华炎黄文化研究会理事、中国史学会史学理论分会副会长、教育部普通高等学校人文社会科学咨询委员会委员等职。长期从事史学理论与史学史方面研究，在中国史学史领域有所建树。

主 讲 提 要

　　在繁忙的现代社会，我们还有时间仔细读书吗？还有心情闻闻墨香吗？北京师范大学两位知名教授，在各自的领域做出了不凡的成绩。他们结合自身的读书、治学经验，与大学生交流如何选书、怎样读书，引导大家去感知、去享受读书的乐趣。

一、"好好读书"之问①

王宁老师：

大家好！我们今天以刚刚出版的一套书（再版书）"大家小书"②作为由头，来讲一讲我们对于"好好读书，读好书"这个题目的认识，与大家分享。开场前瞿老师让我先说，那我现在就有权请瞿老师先说。（观众笑）

瞿林东老师：

同学们、老师们好！关于"读书"这个题目，我谈得不多。平时和同学们谈治学，当然会谈到读书问题。专门就读书来谈，这还真是第一次。这个"好好读书"，刚才王老师已经开个头了，要有所选择。我想，我们怎么理解"好好读书"，在今天的历史条件下这个问题是尤其重要的。我的学生告诉我，他们80%的时间在电脑上读书，读纸本书只剩下20%的时间。这个值得好好讨论。网络现在是一个高科技，我们必须与时俱进，但是读纸本书给人的感觉是不一样的。我是学习中国历史的，具体来说（是）中国史学

---

① 章节标题为编者所加，下同。

② 北京出版社出版的一套丛书，自2002年陆续出版，出版了4辑，每辑10种，共40种。所谓"大家"是指学有专长的老一辈学者，也寓意本套丛书是为大众阅读而编辑出版的。所谓"小书"，是指所选著作都是篇幅短小的作品，用小32开印刷，便于携带阅读（新版改为大32开）。——编者注

史——史学发展的历史。我们在座的同学来自不同专业，每一个专业都有自己的历史。你读史学史如果不接触"二十四史"的线装书，恐怕十分遗憾。所以说今天我们来讨论"好好读书"的问题，应该引起大家注意，还是要用较多一点的时间来接触纸质的书。学古典的、学古代学问的，恐怕尤其要借助古代的一些典籍。

"好好读书"怎么来理解？我想，首先要有求知的欲望，这是前提，不要为了做一篇论文或其他短期的目标而读书。我和王宁老师都写了关于读书的题词，我写的是"读书伴随人生之路"，王老师比我高明，她写的是"读书丰富人生"。其次，读书要有认真的态度。北京师范大学历史学科的前辈学者白寿彝先生，经常引用顾炎武"采铜于山"的典故，就是说读书要求得新知。"看书"和"读书"可不一样，读书之"读"是有抽绎之意。所谓"抽绎"，是要把书里面的思想提炼出来。到书店是去"看"书，便宜的书买一点；到图书馆是"读"书，不是去"看"书。这是老一辈学者理解的读书，确实比我们深刻。读书要认真，要真正读懂它。

王宁老师：

那我就接着瞿老师说，在网络上看书和看纸本书有没有区别呢？网络是很先进的，现在很多东西网络上都有。比如说你想看典籍，《四库全书》（电子版）咱们北师大图书馆就有，我们研究中心就有，你打开来就可以看。它的好处是打开以后，你想要哪一句，你可以检索；纸本书你还得去翻。如果我们把纸本的书和网上的书作为两种看书的方式，那就只是一个选择的问题。

但是我觉得网络上看书和看纸书有非常不一样的地方：网络它又快又多，网络上的东西是海量的。比如说我要想看一看古今中外的民主是怎么回事，你不知道能检索出多少东西来，鱼龙混杂，谁说的都有，有说好的，有说坏的，有说真的，有说假的。你不知道哪些东西是谁说的，参数不全，加工度也不够，你需要去过滤。其实最好的东西还是我们纸本书扫描进去的，那你为什么不直接看纸本书呢？

　　网络上的书加工深度不够，导致两个问题。一个问题就是真伪不分。网络是把双刃剑，信息有好的也有不好的，需要去过滤。当我们分辨能力不强的时候，我们得不到这个作者和时代的参数的时候，就会出问题。另一个问题就是精粗不分。网络因为快，所以错误非常多。我从 1985 年就开始弄电脑，所以对电脑不是很生疏，但是我一般不在电脑上看书，除非它是扫描版。不过既然是扫描的，我就到图书馆去借书啊。我干吗要看它，还影响视力？

　　还有一个很重要的问题：我们在电脑上看东西，要面对的首先是汉字。看书，特别是古籍，字很重要，一个字错了，意思有时可能差得很远。学字是咱们一辈子的事。过去电脑所用的简化字字符集是 GB 2312，一共有 6763 个字，有 3500 字是简化字，还有简化字对应的繁体字。这个字符集的字，对于民国以前的书和古籍其实是不够用的，很多字在系统里是没有的。因为缺字，人们就会临时造字，把造的字放到自定义的码位上，导致输出的时候很容易出错。现在有了国际编码 ISO 10646，总数达到 7 万多，它的基本集有 20902 个字，在我国国内称 GB 13000，扩充 A 有 27000 字，这个大字符集汉字基本够用了。但是又出现了一个新问题，许多日本、韩国的字在里面，还有不少异体字。输录文本的人不是专家，在选字上也会出错。古代的典籍中的字、词，很多在今天都有特定的用字，不能改，改了以后就会失去本意。人名、地名也有不少比较特殊甚至很生僻的用字，可能弄错。再加上拼音输入法，汉字这种单音节的文字同音字非常多，即使用双音词输入，也会有很多同音词，比如打"rén shì"，你就不知道是"民主人士"的"人士"，还是"不久于人世"的"人世"，还是"何方人氏"的"人氏"，或者"人事处"的"人事"。如果用不同的网络去交流，还可能因为编码系统不同而出现乱码，所以得到的信息会不准确。

因此，在网络上读书，还要从里面抽绎出来它的主题，各个方面会有很多的损失。你去看纸本书，它经过编辑，经过校对，最后出版，你得到的东西会是比较稳定的东西。我们知道任何一种文化的传播，它的高级的、有价值的东西一般都经过了很多文化筛选，筛选以后留下的这些东西就是精华了。可网络它没有这个筛选，有时候网络上很多东西属于时潮。时潮都是昙花一现的，因为时潮的一些东西本身没有经过历史的积淀，没有经过认识、加工、阐释、发挥、考据、辨析。没有经过这个工作，你得到的信息不是最宝贵的信息，所以我觉得电子书不能够代替纸本书。当然，纸本书是不是都好呢？纸本书也是很多的，其中也有糟粕。这就有一个你要好好去选书的问题，所以读好书就是要去选好一点的书。

当然网络有网络的意义，有网络的好处。比如说我想要找一个《四库全书》里的内容，我先查《四库全书》电子版，检索之后我知道它在哪一本书的哪一卷，我再去看纸本。我们都是这么看书的，尤其是历史书、文献书，不这么看是不放心的，尤其是当引用的时候。所以我就补充瞿老师的话，就是在网络上读书不能够代替读纸本书，在网络上面找信息你要有过滤的能力。如果你没有过滤的能力，最好是去看别人给你梳理好的东西，你会省很多事，你得到的信息都是比较浓缩的精华。但是读纸本书，也要读好书。那么，怎么读好书？我还是交给瞿老师来说。

瞿林东老师：

刚才王老师讲的就使我对她更加崇拜了，因为她精通电脑，而我的电脑知识为零，所以我说话肯定没有说服力。王老师1985年开始弄电脑，是20多年的电脑专家了，现在她在电脑上处理特别复杂的汉字，她精通此道，所以她的话有说服力。

我们还接着讲，"好好读书，读好书"，这个题目是王老师出的。"好好读书"刚才我讲了，一就是要有求知的欲望，再就是要认真、要"采铜于山"，去山上开新的铜矿，不要用那些旧的钱、旧的货币拿来铸新钱，要拿刚采出来的铜去炼。那是真功夫，要学老一辈的认真精神。懂得"读书之'读'，有抽绎之意也"，就是要把精神实质弄懂了。

我想，关于好好读书，还有两条建议：一条是要有计划，不要跟着感觉走、做时髦的东西、走到哪儿算哪儿。你对于自己的人生怎么设计，对你的专业怎么设计，这是要有计划的。读书是其中一个部分。我过去一再强调，比如说，我们本科四年能不能读两三本、三四本马列主义的书？文科的学生能不能读两三本在文史方面作为经典的书？比如《文心雕龙》《史通》《文史通义》。如果你要下决心、有计划是能做到的。但如果我们跟着感觉走，走到哪儿算哪儿，没有计划，就做不到这一点。比如我们学历史的，读懂了恩格斯的《家庭、私有制和国家的起源》这本书，那么我们就能明白人类怎样从野蛮进入文明、人类的历史每前进一步都要付出巨大的代价等这些基本原理。国家怎么产生的、家庭怎么产生的、私有制怎么产生的，这本书都给我们作了很好的阐述。所以我们要有计划地读书，要像王老师讲的，以"读书丰富人生"。

我还有一条建议是要有恒心。读书是快乐的，但是读书也是艰苦的，有的地方弄不懂，要去查辞书和参考书。所以读书不仅要有计划，还要有恒心。这些就是我个人对"好好读书"的一个基本认识。

二、"读好书"之答

瞿林东老师：

王老师刚才已经讲到了，"读好书"就是要有选择。现在各个书店的各种品位的书太多了。因此，选书就要有价值观。你用什么价值标准去选择？我们必须知道，媒体或者说宣传工作，它有服务大众的一面，也有引导大众的一面，不能大众喜欢什么我们就倡导什么。恕我直言，从目前全国的水平来看，当我们的理解水平、欣赏水平还不是那么高的情况下，你说大众喜欢什么我就给你什么，这是不行的，而是要在普及的基础上提高，在提高的指导下普及。我们读古书读了多少年没见过这样说的，不古不今、不中不洋，弄得四不像，把中国的语言糟蹋得一塌糊涂，我们要警惕。这就是我们选择的重要性，我们要有正确的价值取向去选择。

我再讲一点，就要请王老师补充了——就是怎么"读好书"，方法很重要。这里我也老生常谈，书这么多，我们用一个正确的价值观选了这么多书出来，这些书都是对我们有用处的，但是我们还是要加以区别。这是我个人的理解，王老师可以纠正。

有的书是必须精读的、看家的书。我想《说文解字》王老师应该能够倒背如流（王宁说：倒着不能背）。她是研究文字学的。我念本科的时候，赵光贤先生动不动就引用《说文解字》的段注。《说文解字》是文字学看家的书。我们学历史的，主要是看历史学方面的书，理论方面的《史通》我现在不敢说能背，顺着背也背不下来，只能说是比较熟悉；像《文史通义》《家庭、私有制和国家的起源》《路易·波拿巴的雾月十八日》这都是必须精读的看家书。《路易·波拿巴的雾月十八日》这本书是解决了什么问题呢？它阐述了个人在历史上、在什么条件下才能起作用，以及法国特殊的阶级斗争的历史形势如何使一个可笑的人物扮演了英雄的角色。你读了这本书就理解这是什么意思了。所以有的书是必须精读的，理论的书和专业的书，我们要有两三本看家的书。这样你的底子就厚一些了，底气就足了一些。这是一点。

再有一点，有的书不必精读，但是应当通读，对这些知识有一个大致的了解。精读是要经常读的，我有一本《史通》都读烂了。《史记》也是，我的"二十四史"里《史记》应该是最破的，因为读它的次数比较多，读得很旧了。但是有的书是不一定要精读的，如果所有的书都精读了就不叫精读了，我们的精力、时间都是有限的，所以有的书要通读，只需要大致了解。

还有一部分书，我们可以选读，选其中有关的章节来读。这些是和我现在读书的范围、研究的范围是有关系的书，我们选其中某一部分章节来读，叫作选读。

恐怕更常用的是第四种方法——浏览。浏览就是看看这个书名不错，很有意思，和我有关系，然后看看它的序，看看它的目录，看看它的后记，这也是信息，储存到大脑里。等到有一天突然想起来，我曾经浏览过什么书，和我现在写的东西有关系，就按照这样的信息去找书了。我就是有这样一个粗浅的想法，现在请王老师批评指正。

王宁老师：

我完全同意瞿老师的看法。我觉得现在的小孩不愿意读书——我不是指在座的，在座的都是大学生了，没有这个问题——现在很多高中生、初中生，没有颜色、图画的书他不读，他看画不看字，所以他看电脑，他看动漫。那个动漫确实也很好看，但是你不能一辈子看动漫。

人的一生，自己直接经历的东西会有很多局限。我们在座的人，我估计你从自己的老家考出来到学校，基本上就是走了两个地方到三个地方——不包括旅游，旅游是短时间的。在座的一定有从生下来就没离开过北京的人。我就知道和我一起上大学的同学中，有不少从生下来到上大学就没离开过北京，那他的经历能有多少？人生本身需要丰富，你这样的阅历肯定是不够用的。我随便问你：你看过几座山？你们这个年龄，天天去旅游还不太现实，当然有些人整天背着包到处跑也是有的。俗话说的"你吃的粮食还没我吃的盐多"，这些话都是因为人生的经历本身是要用年龄来累积的。所以现在你直接的感受、直接的经历是非常有局限的。应该说人的知识、人的境界，最大量的是借鉴来的，就是你借助几千年以来，特别是跟你时代相同的人，他们已经走过的路子，你在他们的体验里面去体验。所以我觉得书是别人的人生阅历的一种浓缩。浓缩了，你得到它，你就有了别人的人生阅历，当然跟直接去不一样，可是一部分你得到了。书是别人的理解和体验的一种呈现，他把他的理解、他的体验呈现给你，你就直接得到了。书是丰富知识的源泉，一个人没有知识，怎么可能有能力呢？你什么都不知道，你迷迷糊糊的，怎么会有能力进行知识转换呢？

　　另外，书是精神境界的一种参照，别人的精神境界、别人怎么处理问题，对我们是种参照。因此我觉得，你从书里面了解到了别人的人生，而且得到了别人经过历史的积淀、经过自己的抽绎写出来的东西，这样你才能丰富自己的人生。任何一种东西都不会比语言传播信息更浓缩、更丰富。如果你想要丰富自己的人生、提高自己的境界，想要成为一个有知识的人，你一定要看书。如果到了大学还不喜欢看书，跟图书馆无缘，天天在自己的宿舍里玩电脑，我觉得你不是一个现代人——现在是知识爆炸的时代，不喜欢知识的人不是现代人。有人说不懂电脑的人不是现代人，我不这么看。我认为不求知的人、不爱看书的人，不是现代人。知识爆炸的时代你上哪找知识去，你一定要看书。况且我们有这么好的图书馆。

　　下一个问题就是你要选择什么书。我举个例子，假如你选择"大家小书"，我觉得这是划算的。大家不要误会，我可不是给这套书做广告。但是我觉得这套书做得比较好，就拿它做个例子。我有一个朋友，他练字练了有一年多了，他说练字真讨厌。他看了一篇文章叫作《功夫出笔力》，他说笔力是什么呢？握笔一定要紧，使劲抓住，然后使劲练，今天练8张，明天练10张，后天练12张。（瞿林东老师：打断王老师一下，关于这个握笔要握紧啊，过去的先生悄悄走到学生的背后抽他的笔，轻轻一抽就抽出来的，说明那个学生握笔没有力量；抽不动说明这个学生是使劲握着笔的，有笔力。）"功夫出笔力"，他就开始练。他为了节约纸，就买一种报纸，那个日报这么厚一摞，一天写8张。他说现在已经提高到每天写25张报纸。我就跟他讲，他根本没弄明白什么叫"笔力"，也没弄明白什么叫"功夫"。我让他去看看启功先生的文章，就这本书——《启功的书画世界》。启功先生说得非常清楚："'笔力'不是把笔攥紧了，紧紧攥着这个笔你怎么写字，笔力是要用这个笔的笔尖在纸上游刃有余地、流畅地运动，你才能随着你的审美观把字写出来。"他说什么叫"功夫"？功夫不是你写得多就叫"功夫"，你在一个小时里面把一个字写准了，比你在一整天写得都不准更是"功夫"，认真地去写字才是功夫。

　　我就想起来有一次在英东楼，一位心理系的老先生敲门找我。当时我们也在英东楼办公，有对外汉语的教学。老先生说："你们的老师教学生，老师说一个对的，学生念一个错的；老师说一个对的，学生念一个错的……老师把对的说了50遍，学生说50遍都是错的。学生练了什么啊，练的都是错的。"我就想起启功先生这句话："写对了，写准了，才有效。"这就是"大家"的话。一个字写对了，跟写100次错的，完全不是一回事。在这本书里，启功先生驳斥了市面上关于写字的一些不正确的话。他讲得非常通俗，可是他对写字的经验都是非常精华的东西，因为他自己有实践也有理论，看的东西多，写的东西多。

你看"大家"的书，他们会用自己的生活体验正确地传授知识。"大家"的"家"不一定是名家，他在某一个学问里面有非常深入的体验，但不见得有名。很多学问做得好的人，是在某个领域里面钻研得很深的人。我们不可能处处都很深，所以如果把"大家"做得深的东西吸收进来，说句老实话我们太占便宜了。我们把别人浓缩过的、体验过的人生顺手拿来，如果我们真正体验到，真正理解了，就太占便宜了。你想想看，我那个朋友一天写 25 张报纸还写得乱七八糟，写了一年。他要先看启先生的书就好了。所以我觉得非常有必要读书，读好书。

三、选读与书感

王宁老师：

瞿老师讲读书要精读、要通读，精读、通读的书一定是跟你的专业有关系，或者跟你某一个时间的某一种诉求有关系。有时候我觉得选读和浏览也很重要，因为我们常常说有些人喜欢看杂书，我们说的杂书不是乱七八糟的书，杂书就是当你从"专"转"博"的时候，你需要放开去选一些书。我也给大家介绍一本书，就是刘叶秋老师写的《历代笔记概述》①。笔记是在《四库全书》的子部杂家类。笔记有个好处，就是非常短小。刘叶秋老师对笔记的分类真的非常准确，他告诉你这个笔记怎么去做、怎么去读，哪个笔记它是说什么的，你要想找一个东西，你怎么去找。比如历史，我们除了看正史以外，有时候我们会补充一些野史；比如考据，我们除了读经书、读纬书以外，我们还会读一点人们的考据，有时候用俗语去考据，有时候也使用一些其他的经典去考据。这些东西它会丰富你的思考，让你脑子里多根弦。你如果只有一根弦，是想不好事情的。我觉得这本书真的给我们带来启发。怎么去确定一个东西是对还是不对？古人怎么看的？我们今天应该怎么看？像刚刚瞿老师说的怎么解决一个价值取向的问题？很多东西他都说得非常深，他一点都不掺水。

现在有些写书的人虚荣心比较强，以为书越厚得奖的概率越大。我的看法是：书越厚掺的水越多，你一辈子哪能一下子出这么厚的 10 本书，你抄都来不及。我愿意写小书，我也愿意看小书，我不想写厚书，别人说过的话不要说了，没有深刻体验的话也不要说。我们看一本书发现是重复别人的，再看一本还是重复性的，最多有 3 行跟人家不一样，那么看一本书只得到 3 行的收获，这不是坑人吗？而有些书是很精要、独到的，虽然作者不一定有名。所以

---

① "大家小书"丛书的一种。——编者注

我觉得"大家"不等于名家。很有名的人往往针对广泛的领域；真正的专家则是术业有专攻。现在讲"引用率"，真正深入专业领域以后，被引用的肯定少，但大众化不等于"大家"。

另外，小书不等于浅书，很多东西它浓缩了，它重要所以它小，它深入所以它小，它像钉子一样钉进去所以它小。从整体上说，我们看家的书要读好、读通，要能记住，人家一听就知道是怎么回事，真正能够得到它们的精华。《史籀篇》第一句话叫作"太史籀书"，"籀"就是"抽"，就是把这里面的好东西给你抽绎出来。你想想看读书多划算，你得到的信息、你得到的教育、你得到的体验，多划算啊。

读书要会选书，否则你会得到一堆垃圾成品。那你要怎么选择呢？说老实话，你要看得多了才知道怎么选择，因此瞿老师说要有选读和浏览。通过选读和浏览，你看得越多，才能越来越清楚哪些人是这个领域的"大家"，才能知道某个说法的根在哪里。通过选读和浏览，你可以把真正的好书、精华的书在你的读书计划里凸显出来。

我们在自己的能力不是很强的时候，自己不知道什么东西是精华的时候，可以通过网络去了解你这个领域的前沿人物有哪些。如果是历史书，你要去看根在哪儿。如果我们去研究汉代以前的历史，要知道"前四史"的《史记》《汉书》，以及两汉以前经书、子书。那些东西是正宗的书，有了这些书垫底，你才能去扩展。所以我们不但要慢慢地爱看书，看出兴趣来，而且要用好书培养自己的书感。语有语感，书有书感。你对书有了感觉，知道语言精确、事实真切、内容丰富、简练扼要的才是好书。好书都是这样的，好书不等于厚书，我觉得这应该是一个非常重要的问题。另外，可能瞿老师会说到，作为一个现代人，我们一定不能够没有历史。瞿老师做史学史，这是他的本行，我想这个问题他能说一说。

瞿林东老师：

王老师讲话多有艺术啊，不动声色地就把这球踢给我了。刚才王老师举了两本书，一本是启功先生的，讲书法艺术的理论和实践，一本是刘叶秋老师的《历代笔记概述》，这本书我在大学本科就读了，直到现在还经常翻。刚才王老师说，你通过读笔记，你就知道哪些笔记是和你有关系的，你就去找这样的一类笔记去读。我们有好多笔记是非常有名的，你学自然科学的，比如说《梦溪笔谈》就是非常重要的，好多发明在里面都有记载；读文科的，像《容斋随笔》、陆游的《老学庵笔记》、苏东坡的《东坡志林》等。我们学历史的要经常接触这些。明清的时候笔记成为一个大宗，非常渊博，我想这是我们要浏览的很重要的一部分。这里面也有需要我们精读的，像《梦溪笔谈》我就经常读，里面讲到许多史学史的问题。

刚才王老师介绍这两本书讲得非常好，我也想跟着王老师讲讲"大家小书"里面几本和史学关系很密切的书。一本是李大钊的《史学要论》，这本书非常薄，1924 年出版的，这是中国最早的一本用马克思主义的观点写成的关于历史学的理论的书。这里面有一部分讲得非常重要，就是"史学和现代人生的关系"，他讲得很形象、很生动。我们知道登高才能够望远，他说："人生就像一个很高的楼，只有很健康的人登上这个高楼，到它的顶端，然后才能看到我们历史的前途，有我们的黄金世界。"这对我们人生观的熏陶和我们价值观的追求很有意义。还有就是刚才我提到的历史学科的白寿彝先生，他有一本《史学遗产六讲》也在"大家小书"里面。我们的史学遗产这么丰富，经史子集的史部书到底有哪些遗产呢？白先生在1963年发表了一篇文章，叫《谈史学遗产》，把史学遗产分成7个部分，他称之为7个"花圃"，实际上就是7个精华部分。

刚才王老师有一句话很打动我，她说我们读"大家小书"，我们占了大便宜了。我们就等于站在巨人的肩膀上往前走，这样我们的进步可能更快一些。"大家"就是这样，他的书是人生经历的提炼，是研究心得的结晶。王老师刚才几句话讲得非常精彩，"书感"这个词我头一次听到。我建议王老师有空写一篇《读书与书感》，到时候我们大家一起拜读。

还有顾颉刚先生，他有一本《中国史学入门》，也在"大家小书"里面，也不厚。史学我们怎么入门呢？读顾先生的书，读白先生的书，读大钊先生的书，那我们都是走捷径，把最尖端的东西、最先进的东西我们学到手，这样我们就会少走许许多多的弯路。还有一本书非常重要，社科院历史所的杨向奎先生的《大一统与儒家思想》，因为我们这个国家是一个多民族的统一国家，或者叫统一的多民族国家，这是由来已久的。统一的多民族国家，从思想渊源上讲它是和儒家思想有关系的，后来又不断发展，包括法家思想也有大一统的思想。读了这些书之后，我们确确实实觉得前人的研究心得让我们进步得更快一些。

现在我还想接着刚才讲的，我们怎么把书读好。王老师这个题目出得好，"好好读书，读好书"，读好书我们要讲方法。当然首先是价值观、我们的选择，然后我们要有恒心、要有计划，但是咱们说读书要达到很好的效果，就要"读好书"，一方面书是好书，一方面是每天要把读书这些事情做好，这个"好"字就一语双关了。我想做札记是必不可少的，现在"札记"这个词离我们很遥远了。我记得我们每个老师对于"札记"都是话不离口的，王老师肯定是写读书札记的。但是现在的学生就做得少了。我跟我最早招的博士生说写札记，达到如何如何的要求。他们就告诉我都写了，都在电脑里。我说在电脑里很容易忘记，打印出来给我看一看。毕业好几年了也拿不出来，就没写啊，不知道这札记为何物。大家要有兴趣的话，读一读章学诚的《文史通义》里面几封家书，是他给子侄辈写的信，其中有一封信谈到札记之功必不可少。为什么必不可少呢？因为读书读到兴致之处，有心得，得赶快写下来。如果不写下来——章学诚用一个很形象的比喻——就像雨珠落入大海一样。大家想一想，雨珠落入大海，你还能找得到吗？转眼即逝啊！所以说一旦有收获，一旦有心得，要马上把它写下来。当然用电脑也可以写，但是我想最方便的，还是拿一个本子写读书札记，很快就把它写下来。

还有一种办法就是做旁批，所以我说要有几本看家的书。这个看家的书最好是个人所有的书，属于你自己的，可以勾画，可以写旁批，可以在旁边写心得。大家有机会可以看一看列宁的《哲学笔记》，旁批很多，有时候画个感叹号，有时候画两道竖杠，有时候画曲线，有时候写心得，说"好得很"，说"此处所说不对"，这样的话就很多。就是这样读书，我们才能够收获比较大。

还有一种方式，就是做主题索引，我实践过。10卷本的《鲁迅全集》，人民文学出版社比较早的版本，我编了两卷索引，不是每一篇都有笔记，但是许多篇都有笔记。这个笔记也很简单，不是抄，是你读了一篇杂文确实感到有收获，用自己的语言把它的主题提炼出来。有时候一篇文章的篇名本身就是主题，但是鲁迅的杂文有时候是很幽默的，那个标题不一定就能够把主题反映出来。另外他常常谈到许多历史人物，曹操、项羽等。我曾经编了一个为自己所用的"鲁迅论历史"，其中就有"鲁迅论历史人物"，说到好多人物。如果没有那么多时间做，你就把主题做小一点，比如"鲁迅论项羽"，然后在鲁迅的《二心集》《华盖集》等里找到哪一篇，你把出处写在这个主题下面，等到你想用的时候，一翻就找到了。这是我们做主题索引式的读书笔记。

当然要求比较高的是写读书札记，就是把心得写成一篇短文，几百上千字。这个札记，如果放的时间长了，自己见解丰富了，可以写成文章发展成论文。我讲的这些都是我们如何"好好读书，读好书"，就是要多读健康的书，同时要把读书这个事情做好，做到有效率。我想这些方法是非常重要的。

刚才王老师举启功先生讲这个笔力和功夫，讲刘叶秋先生对于中国这么多笔记的介绍。笔记，魏晋南北朝开始产生，唐代有所发展，到宋以后就很多了，明清尤其多。这一部分的财富，不论是对于文还是对于史，以及宗教、民俗，用现在时髦的话讲叫社会史层面，都很丰富，这些对我们都很有指导性。

四、看书与说话

王宁老师：

我再补充一点，大家读书，除了从书上读到知识、读到观点、读到情感、读到品德以外，还有一个非常重要的问题：读书实际上是我们自己语言的一种培养，所以你一定要读文风好、语言比较好的书。咱们在中学有语文课，那个语文课现在讲"听说读写"，我始终不赞成。我觉得语文课就是以书面语为主，读写是它最根本的东西。口语是不能加工的，好的口语本身说出来以后就是一篇文章，它的词汇很丰富、很简练，也没有磕磕巴巴的东西。这是口语达到了书面语的语感，口语向书面语靠拢，这是我们训练自己语言的一个标准。因为书面语是经过加工的，所以看书多的人作文大都写得好，写得简练，原因是它向好的书面语靠拢。好的书一定是语言非常精练的。很多理论的书具有文学色彩，很多很深奥的话你听起来觉得它不生疏。这个就是因为我们在书面语的阅读中得到了一种标准的、优化的语感，影响了口语。表述其实是一个本事，同样一件事或者一个问题，你叫不同的人去说，有的人就跟你说得一针见血，就把这个事情说清楚了；有的人绕来绕去磕磕巴巴，半个小时还没到主题，就是因为他自己的思想没有很好地转化为一种优化的语言。所以语言这种东西的训练，不是你叫他去训练演讲，他就能训练出口语的，而是要多看书，多看书就能说好话。你们不信可以试试，你多看了书以后，你的语言的感觉就不一样了。

　　所以一个人有文化，不是说他话说得溜就是有文化，而是看他讲话的内容，看他语言的优美程度和语言的简练、准确程度。刚刚瞿老师说崇拜郭沫若，你看郭沫若的历史剧、诗，你要选择这种语言好的书来读，会对你自己的语言有种启发。我们讲母语，其实是语感在起作用，我们念多少文法、语法都没有用。这是我要说的一个问题。

　　还有一点，读书一定要注意积累。刚刚瞿老师讲到了，要做主题索引、做札记、做摘要、做批注这些东西，我觉得这是一个积累。因为我们知道读一本书、看一句话，有的时候会有一些体会，可是它不一定都是很全面的，下次看见一个类似的东西，你就会去充实你原来的想法；或者你恍然大悟，原来我上一本书看的那句话是这个意思。所以读书要积累，不能够让雨点落到大海里，你要把那个雨点拿一个瓶子积累起来，这样慢慢地你就会越来越丰富。

　　有的时候，我们在积累一些材料的时候，经常去抄卡片，我到现在还有这个习惯。他们说："王老师你那电脑里不是都有吗？你拿电脑就能调出来，调出来以后这个词在电脑里就显示了。"我说我不喜欢那样的做法，我拿笔抄一点，第一我忘不了写字，第二我脑子里能够过一下，所以有很多的东西用笔去写。大家都在说，现在的人不会写字。现代人不会写字是假话，但现代人不爱写字是真的，有些老师到学校去试讲，拿一个粉笔头，字写得就跟蚂蚁似的，学生看不清楚，他不会写板书。我觉得读书、写字、积累，这些非常重要。

　　另外我想说一下，大家要有一个很重要的基本功，就是要学会读文言文。五四运动的时候提倡取消文言文，咱们大家都用白话，"我手写我口"，当时很多主张读白话文、废除文言文的人都是文言大家。像鲁迅，你看鲁迅的《中国小说史略》，他读过多少书；钱玄同，章太炎的大弟子，对文字音韵训诂熟得不得了的人。他们这些在五四运动前沿的人，当时没有想到，如果我们把文言和白话对立起来，那么中国整个社会的文言文水平一下子低下来，我们的历史就不好普及了。

我觉得我们现在正是因为大家读不懂文言文，所以常常受骗。刚刚讲到了，有些人跟你戏说，你以为是真的，你不知道他讲的是不是真的。还有些人拿古代的言论去附会今天的一些时政需要，你以为是真的，其实并不是古人的意思。我不是说这些普及性的工作没有用处，我觉得也有一定好处，大家都有各自的社会职责，都对社会起作用。但是你听的人如果是一个大学生，特别是文史哲方面的大学生，应该是能够读文言文的。所以我们要学读文言文。我知道有一个学校，不是咱们学校，古代史的研究生要看白话翻译的史书，他看不懂古代的典籍。翻译当然也不是说不能看，你给外行人去看，问题是，你是学古代史的，你看不懂原典，你就没有资格去做古代史的研究生。

一般来说，文史专业要读准文言文，要学会看古代的注疏；如果你不是文史专业，你也应该能够用一些普及的东西来培养自己的文言语感。而且文言文跟现代汉语之间完全是能够沟通的，我举个例子，"走路"的"走"在古汉语里面当"跑"讲，现在的"走"不当"跑"讲了，可是"走"在很多的双音词和三音词里它还是"跑"的意思。比如"走狗"，走狗还能文质彬彬地"走"吗？它在主人后面跟着一通小跑才是"走狗"呢。比如"走马灯"，"走马"其实是"跑马"；咱们说"走穴"，是"跑穴""跑码头"；"走马看花"的"走"，都是"跑"的意思。我们平常就生活在历史中间，我们不懂得去珍惜我们的历史，我们生活在文言传播到今天仍然被保留下来的一个现代汉语的时代，但是我们就现代说现代，说话都是大白话，不会说雅语。所以读文言文本身对自己现代汉语的修养会有很大的好处。

那你说王老师是不是给古汉语做广告，让大家都去听古汉语课？不是，我觉得你文言文读多了自然就提升了，开始可以读一些浅显的。我希望大家能够有这样一种追求，就是我把自己的知识库向前延长几千年。大家读外语是把我的知识库扩大到大洋彼岸。都能把知识库用英语扩大到大洋彼岸，为什么不可以用文言文把我们的知识库延长到几千年以前呢？我觉得这是更重要的，我们要懂得自己国家的历史、自己民族的历史。

我觉得现在一个非常奇怪的现象，就是对英语的爱好确实高于对我们汉语的爱好。考一个清洁工要考外语，我就问过有关人士，为什么要考清洁工外语，他说必须有一个难的东西才能淘汰人。我说招清洁工你主要看他体力怎么样，还有他尽不尽责。一个人懂外语，但他瘦骨嶙峋什么都做不了，能干吗呢？你根据你的工作需要考他啊！

我觉得文言是重要的——我不是在夸自己的专业——读文言的人、懂文言的人，他的白话一定也非常简练，书面语会精练，雅语会说得好。因为他的语感是直接来的，我们知道很多东西都是从文言传下来的。再给大家举个例子，"纵横"的"纵"是"竖"的意思，你去查字典，是"纵横"的"纵"构词能量高，还是"竖"的构词能量高？肯定是"纵"。"纵队""老泪纵横"，没有说"竖横"的，所以很多文言融到词汇里头了，而且多半都是很雅致的书面语。我们现在求俗、求简、求趣，是一种时尚，其实这种时尚把我们的雅致文化给破坏了。作为北京师范大学的大学生，希望大家的语言是雅致的，简练、雅致、准确。读一点文言，有一点文言语感，会有很多好处。你读我们早年的一些大师们的文章。鲁迅是最典型的，鲁迅的语言非常精练、深刻。他自己就讲，他说他们去反对文言文是杀回马枪，他们都是文言文培养出来的。所以我建议大家要有一种追求，你读懂了文言文，你的知识面、你的思想会比现在开阔得多。我们古代的好东西太多了，你没有钻研进去，就真的体会不到。我自己就经常觉得，我有幸今生学了古汉语、古文字。另外，许多老师经常问我对网络语言怎么看，我说网络语言就是网络语言，它在网络上流行，你也不能消灭它，用就用吧。但是我可以告诉大家，这种语言很多不是稳态的，它转瞬即逝，它可以在这个时候很时尚，过了一阵它就没有了。有些东西它如果被我们的书面语吸收了，那它就能长久。所以很多时尚的东西你学了没有用，它是一时的，它只是浪费你的记忆力。那么多好东西你不学，你去学这种一时的，那没有必要。

　　我觉得一个人的语言与语感是一个审美问题。你去听不同的人讲话，会知道哪些人的语言是优化的、雅致的，哪些语言是俗不可耐的。读书能够改造、提升我们的语言能力，让我们的语言变得更丰富、更雅致，表达得更准确。所以我们要读一点文学书，包括诗词，这些东西对我们自己的修养有好处。这不是指专业学习，对于不是中文系的、不是学文学的人，也是有很大好处的。

五、读书与语言修养

瞿林东老师：

我补充一点。刚才王老师讲通过读书提高自己的语言修养，这非常重要。这其实不是很难，就看我们有没有自觉的意识。我跟学生讲过，我读马恩的经典著作，除了领会他们的理论之外，还很注意他们的语言，像马克思、恩格斯他们的语言都是很优美的——当然和我们的翻译也有关系。我到现在还记得在大学本科的时候读《法兰西内战》，它先写巴黎的情况，攻占巴士底狱，建立巴黎公社。之后马克思笔锋一转，"现在让我们再看看这幅图画的背面吧"。这个背面是什么呢？凡尔赛，因为法国的贵族都逃到凡尔赛去了。正面是巴黎的情况，背面是凡尔赛的情况，你说这多优美啊。（马克思）写工人运动，巴黎公社建立起来以后采取了很多措施，比如公社委员会的委员最高薪金不能超过八级工。讲完这些，马克思对资产阶级进行描述："先生们，你们想知道什么是无产阶级专政吗？那就请你们看看巴黎公社吧！"这语言多带劲，所以说你读有价值的书的时候，你要有一种自觉的意识，就是要学它的语言。

我对我们国家的历史地理学家史念海先生有很深的感情，他的书《河山集》我读过几本，我从他那里学到了文章的过渡，从上一个段落如何过渡到下一个段落。我跟我的学生讲过多次，他们也在慢慢地学习。史念海先生在不知不觉当中，在结束上一段文字的时候，实际上就埋伏着下一段要讲的东西，一点都不生硬，不像我们现在，这个问题讲完了，再去讲第二个问题，他绝不是这样，他是很自然地过渡。他对这个问题的理解浑然一体，所以才能做到这样自然。我们可能是几块东西拼在一起，所以讲了第一个问题再讲第二个问题，那界限就很明显。史念海先生的文字真好，我们都能读得懂，而且真是典雅。他不光是历史学家，也是语言大家。

王老师刚才讲了很多历史，讲我们的古典文明，讲我们的汉字、汉语如何优美。我记得郭沫若有一篇文章，叫作《论古代文字之辩证的发展》，就是从甲骨文到金文、大篆、小篆、隶书、楷书这么下来，字形当然是有变化的，但是没有根本性的变化，我们的文字是一脉相承的。王老师也强调我们对于自己的语言文字要高度重视。汉字和我们中华文明没有中断有极大的关系，因为我们的历史记载、我们的文明始终是用这样的汉字来记录的。我看到刘家和先生的《丽泽忆往——刘家和口述史》，他讲他学拉丁文失败了，学梵文失败了，因为那些语言它今天不存在了，都要专门去学习。我们汉语就不是这样，刚才王老师讲古汉语和现代汉语是有相通之处的，这一点特别重要。我们要把文章写得美，王老师讲了"语感"这个词，语言文字不仅要流畅，更要典雅，这就是语言之美。

这一点对我还是非常有启发的。

这个地方我还想讲一点，因为我也不知道在座有多少是我们历史专业的，但是其他的专业我想也可以参考。我们古人讲读书，他们有很多经验之谈。记得张岱年先生在世的时候，他经常喜欢引用《史记·五帝本纪》里的一句话，叫作"好学深思，心知其意"，就是说你喜好学习并深入思考，心中领会其中的意义，这八个字非常重要。张岱年先生是搞哲学史的，他非常关心这个。朱熹的学生问他说怎么去读历史。朱熹对读史书提出了三个要求：要关注大伦理、大机会、大治乱得失。你读历史书，不能只关注一些鸡毛蒜皮的事情，要有大的眼光、宏大的视野来看待历史，要看历史大势、大的趋势。朱熹这个话也有很多人引用过，他确实讲得好。虽然他更重视经书，史书他也不是不重视。

梁启超讲"读史如读画"，就像我们去看画展，前人不是说"看画"而是"读画"，认真地去读展出的这幅画是什么意思。"读史如读画"是什么意思呢？首先你要看全局，然后看特写部分、看局部，这样你就知道特写在全局之中是什么位置。这话讲得非常深刻。我们历史专业的老师和同学都知道，现在学界有一种倾向，题目越做越小，缺少一种宏大的眼光来讨论历史的趋势。所以梁启超毕竟是"大家"。

我想再讲一讲白寿彝先生——这是今天第三次提到白先生——他讲读书有几个主张：首先，要读当代人的著作，要看到当前发展的状况，历史形势也好，某一个学术领域的前沿所在也好，就是当代人都在关注什么问题，因为你自己也置身于当代。其次，如果有可能，要能够适当地发表些评论。关于评论他也有一些看法，因为当发表评论的时候，你势必要认真地读这本书，认真读了你就有收获。评论写得好，别人也有收获。他引用古语说"温柔敦厚，《诗》教也"，就是说评论的文章要写得温柔敦厚，不要吹胡子瞪眼睛呵斥人家。如果你和别人有不同的看法，要用提出问题的口气，同作者商量。"你这个话不这样写，那样写是不是更好呢？"用商量的口吻，这样作者能够接受，你自己也不失面子，能保持学者的一个姿态，我想这些对我们都有好处。所以我们读书尝试去写一篇评论，评论时要抱着温柔敦厚的态度，有不同的看法提出商榷，且商榷的口吻要平和。我想这些对我们来讲，都是十分重要的。

刚才王老师讲，读书能提高我们的语言修养、我们的文字表达能力。这个工作做好了，对我们这样接受高等教育的人来讲，等于是传承中华文明。这是非常重要的。

（本文系 2011 年 10 月 10 日北京师范大学图书馆"专家讲座"转录文字节选）

文学给予

我们什么

北师大精气神图书馆

信达

2019年5月8日

主 讲 人 简 介

余　华

　　北京师范大学文学院教授、中国当代作家，主要从事文学创作和文学教育及研究。主要作品有《兄弟》《活着》《许三观卖血记》《在细雨中呼喊》《第七天》《文城》等。其作品被翻译成 40 多种语言在 40 多个国家和地区出版，曾多次荣获意大利、法国、塞尔维亚文学奖等。

主 讲 提 要

　　生活属于自己的感受，不属于别人的看法。真正的作家永远为内心写作。写作的过程就是发现的过程。文学给予我们什么？作家余华有他自己的理解和感受。

一、在文学中寻找心情①

　　文学给予我们什么？这是一个宽泛的题目，属于说起来比较容易的题目，可以多说也可以少说。从什么地方说起呢？从家里的书柜说起吧。我有一个习惯，现在依然保留着，一本小说读完了，再去书柜里找另外一本小说，有时候很快找到了，有时候寻找的时间很长，拿出来一本翻阅一下放回去，再拿出来一本翻阅一下放回去，这样的动作一遍又一遍，然后放弃阅读了，去找个电影看看，或者听听音乐，或者上网下围棋。过两天走到书柜前，我再去重复拿出来又放回去的动作。我觉得有时候寻找一部小说的时间超过读它的时间，在应该读这本小说还是读那本小说之间迟疑不决。为什么？

　　我后来意识到这是在寻找自己的心情。文学类的书和专业类的书是有区别的，读专业类书是去寻找知识、寻找工具，当然文学类书也有知识，但是它与专业类书不一样的是它充满了情感，它和我们的生活、我们的人生、我们所处的环境、我们的心情有着密切的关系。所以在找一本小说的时候，我经常觉得这不是我现在想要读的，是我以后要读的。我要是一天或者几天都没有找到要读的小说，我肯定处于一个迷茫的时候，这个时候我不知道自己是什么心

———————————

　　①　章节标题为编者所加，下同。

情，不知道自己需要什么，不知道自己该做什么；如果我能够很快找到一本小说，并且读完的话，这就证明这个时候我对自己的心情是了解的，我知道需要什么和应该做什么。当时的心情和所阅读的小说内容既有并行的关系，也有对立的关系，有时悲伤的时候想读快乐的小说，或者快乐的时候想读悲伤的小说。有时是反过来的，悲伤的时候，寻找更悲伤的书，这样我们才能够治疗自己的悲伤。这个世界上还有更重更多的悲伤，我们的悲伤是不是就不值一提了？快乐的时候，我们想读一本更快乐的小说。我们去书店买书，进入书店以后，发现最困难的是不知道该买什么，因为书太多了，以前书店里边是没有什么书的。还有去我们学校图书馆借书，借阅专业书是有目标的，是去了解自己不知道的，是去寻找工具。找文学书常常没有目标，就是凭感觉，这感觉就是自己当时的处境和心情的表达；如果找到了最适合的书，我们就知道文学给予我们什么了。

　　我们每一个人，生活在这个世界上，有很多的欲望、很多的情感是不能表达的，因为表达出来以后会伤害别人，对自己不利。所以我们就不敢表达出来，但是这样的情绪不能一直压抑着自己，怎么办？我们就到文学中去寻找，去虚构的文学作品里寻找，找到类似的人物的命运，跟着他们的命运向前走，哭或者笑，把一些不健康的情绪从内心发泄出来。我年轻的时候，读到普鲁斯特的一句话：文学有益于身心健康。确实如此，当你随着作品中的人物命运的跌宕起伏，你为他流泪、为他笑，你的情绪在不断地被剥夺和发泄以后，我觉得能够减少得抑郁症的可能性，文学应该有这个功能。

二、文学唤醒生活

　　文学深远、宽广、丰富，而且包罗万象，我今天只能挑几个说一下。先举两个例子，从两个方向来说说文学给予我们什么。一个是从某个生活场景出发，让我们想到读过的某部文学作品的一个细节、一句话；一个是从文学作品出发，一个细节、一句话让我们回忆起已经遗忘了的往事或者某个生活场景。

　　先说第一个。2008年春天，我去巴黎为《兄弟》法文版做宣传。①在一个傍晚夕阳西下的时候，我站在巴黎街头。巴黎那个地方我是不敢乱走的，很容易迷路，很多路口是斜角，我觉得自己走对方向了，结果越走越远。不像纽约曼哈顿，大道和街清清楚楚，怎么走都不会迷路。我站在宾馆出来的一个路口，等我的法文译者何碧玉过来带我去吃晚饭。我在那里站了半个小时左右，看到人们匆匆忙忙，偶尔有几个人一边说话一边走来，其他人都是匆匆走着。那么多人来来往往，这样的场景，我们在纽约、在北京、在上海这样的大城市，傍晚下班的高峰时期就会见到。那个时候夕阳西下，巴黎大街上人们来来往往的场景，突然让我想起很多年前读

---

　　①　2008年，余华的《兄弟》在法国获首届"国际信使外国小说奖"，该奖项由法国著名的《国际信使》周刊组办。《兄弟》在法国出版之后，获得了《解放报》《费加罗报》《世界报》《读书》等法国报刊的高度评价，在主题和内容上给予了《兄弟》双重肯定。——编者注

过的欧阳修的诗句"人远天涯近"，我当时脑子里跳出这句诗，就是那个时候的场景给予我的。走在大街上这些人，他们的身体虽然碰撞在一起，但人和人之间是那么遥远，反而是远方正在西下的夕阳离我们更近，比街上行走的人和人之间更近。宋朝的时候，人没有那么多，欧阳修写下这个诗句的时候，也不会是我站在巴黎街口的感受，我想他也许是感叹世事的变化莫测和人情的阴晴冷暖，或者其他的感受，觉得"人远天涯近"，即使人就在面前，天涯还是更近一点。当时我读到这句诗的时候，只是觉得非常好，但是因为读到过好的诗句、好的细节太多了，很容易忘掉。多年之后的这个傍晚，我站在夕阳西下的巴黎街口的那一刻，这句遗忘的诗句回来了。这是文学回来了，回来以后，欧阳修的这个诗句，再也不会离开我了，它会时常出现。一个生活场景可以唤醒我们过去阅读过的某一个文学记忆。

还有一个是反过来的，不是生活场景唤醒遗忘的文学记忆，而是文学阅读唤醒一个遗忘了的生活场景。这个例子还是诗歌，我为什么要找诗歌，因为找诗歌相对比较容易，伟大的小说太多了，但是可以被诠释的没有那么多，诠释的时候诗歌比小说容易。下面我要说的是一个老掉牙的往事，我说过很多次了，我想换一个新的，以前没有说过的，可是总是没有比这个旧的更合适，为了说清楚文学给予我们什么，我还得再说一遍。

我小时候的家就在医院里，我父母都是医生，我们家对面是太平间。当时中国的情况就是这样，家和单位是在一起的，医生、护士大多是住在医院的宿舍里。当时家里是没有卫生间的，只能上公共厕所。我们家的那幢楼住了10多户人家，上厕所都要走到对面去，先经过太平间，然后是男厕所，最里边是女厕所。原来太平间和男女厕所装有木门，但是都在晚上被人偷去做家具了，以后就不装门了，所以太平间和男女厕所没有门。我每次上厕所都会经过太平间，那个地方的树木特别茂盛。我不知道是太平间的原因还是厕所的原因，夏天的时候感觉很凉快。我上厕所时总会看一眼经过的太平间，里面只有一张很窄的水泥床，就跟现在的单人床一样窄，太平间很干净，地上也是水泥。我们浙江海盐的夏天非常炎热。我每次睡午觉醒来，能够看到流出来的汗水在草席上形成我身体的形状。我发现太平间里很凉快，我就去睡午觉。很多人听我说了这个都觉得不可思议，但是我没有害怕的感觉，我在那里睡午觉，当时是很美好的经历。长大以后，我就忘了这个经历，因为我们童年的经历太丰富了，很多都记不住。后来读到海涅的一句诗"死亡是凉爽的夜晚"，我当时突然想起小时候在太平间睡午觉来了，感觉海涅写下的就是我在太平间睡午觉的感受。海涅把我遗忘的一个往事，现在回忆起来是很精彩的童年经历唤醒了。

这刚好跟我前面说的"人远天涯近"相反。"人远天涯近"是生活唤醒文学，"死亡是凉爽的夜晚"是文学唤醒生活。文学给予我们的太多了，这就是文学的魅力所在。

因为文学丰富多彩，所以文学没有尽头。今天的文学，任何一个题材都被写过了，可是任何一个题材都没有在文学里走到尽头。我举个例子，在20世纪80年代刚刚开始走上写作道路的时候，当时的文学教授、文学批评家们经常会说一句话，意思是第一个把女人比喻成鲜花的是天才，第二个是庸才，第三个是蠢材。现在来看，这句话是站不住脚的，这句话的意思听上去是说文学就是一个题材，第一个人把这个题材写了，后面的人就没有机会了，这是错误的。

我可以证明第四个把女人比喻成鲜花的依然是天才。法国有一个诗人叫马拉美，19世纪法国象征主义诗歌的代表人物。马拉美的诗歌上来的第一句话，也是把雅思里夫人比喻成花。他这样写"一千支玫瑰梦见雅思里夫人"。雅思里夫人读完这样的诗以后应该是心花怒放。马拉美依然把女人比喻成鲜花，就看怎么去比喻。所以文学是无穷无尽的，同样一个题材，一个又一个作家去写，一代又一代作家去写，就是推陈出新。

三、以文学的方式结束演讲

这个演讲建议给大家推荐几本书。我推荐的第一本书是《我身在历史何处》，这是塞尔维亚导演（以前是南斯拉夫导演）库斯图里卡的自传。

我为什么要推荐这本书，首先这是一本精彩的书，一本关于艺术、电影和人生的书，其次它可以让你们知道艺术家、作家都是什么样的人。刚才我说到欧阳修、马拉美和海涅，他们是不同国家、不同时代的诗人，他们之间没有问题，但是同时代的就不一样了，我们看到的文学也好，电影也好，音乐也好，里面充满了争吵。用现在的话说叫"同框"，现在看到过去那些人的同框照片，我们会觉得他们很和谐，其实私下里不是那么回事，私下里经常是你给我一拳，我给你一脚。

我读完《我身在历史何处》，推荐给我儿子读，他说，放在那里，以后再读，他正在读别的书。我告诉他里面的一个段落，就是库斯图里卡的《地下》在戛纳电影节的经历。《地下》已经是经典电影了，在那年的戛纳电影节拿下了金棕榈。这是库斯图里卡第二次（获奖），第一次是《爸爸出差时》，那也是一部我很喜欢的电影。库斯图里卡在《我身在历史何处》里有一章写到了希腊导演安哲罗普洛斯，这也是一个我很喜欢的导演。那年的戛纳电影节，库斯图里卡带着《地下》去，安哲罗普洛斯也带着他的一部电影去了电影节，我忘了是哪部电影。

库斯图里卡在他的自传里写到安哲罗普洛斯的时候，说他像是一个没有见过世面的乡巴佬，和演员们手拉手，走上红地毯的时候是一副"志在必得、今年的金棕榈不给我给谁"的表情。安哲罗普洛斯肯定是见过世面的，他与库斯图里卡是谁也不搭理谁的关系。他在接受法国记者采访的时候批评库斯图里卡，说："我不明白，在法国在戛纳，为什么那么喜欢那个塞尔维亚人，他的电影除了吃饭、喝酒和吵架，还有什么？电影应有的深刻思想在哪里？"

库斯图里卡看到了安哲罗普洛斯的批评，库斯图里卡法语很好，英语也很好。在戛纳的记者去问库斯图里卡，问他对安哲罗普洛斯电影的看法，库斯图里卡回击了，说在安哲罗普洛斯的电影里看不出他在雅典郊区成长起来的印记，他拍电影只是为了向德国哲学致敬。这两个在电影界已是大师级别的人物，就是这么互相攻击。我把这个段落告诉我儿子，他哈哈哈笑，他说他要读这本书，因为他发现两个天才互相攻击的时候都能够击中对方的要害。

库斯图里卡在自传里很精彩地写到童年和少年的成长经历，那时候他是个坏小子。他那时候干过的坏事太多了，他的父母很欣慰他没有坐牢。他当时的玩伴全部进监狱了，就他一个人没有进监狱。

《地下》去戛纳电影节那章，里面有一个叫马丁内斯的酒店，应该是戛纳最好的酒店，电影节的嘉宾都住在那里，酒店外面有一个海滩。我读了库斯图里卡的自传才知道，戛纳电影节颁奖完了以后会在沙滩上举行一个宴会，参加电影节的人都会去，在这个沙滩宴会上，既有胜者也有失利者。库斯图里卡详尽地描写了最后大家在沙滩宴会上如何大打出手：打架的时候，有两个不知道是谁的保镖，抬着他的儿子往海里扔，他的妻子玛雅拿着椅子，冲过去当当两下，就把那两个人打晕了，把她儿子给救了回来。一个好莱坞明星的保镖走过来的时候，库斯图里卡在混战中就给了保镖一记右勾拳，把他给打晕过去了。当时有人以为这个保镖被打死了，他们把保镖抬到桌子上，泼了很多冷水，保镖才醒过来，醒了以后很迷茫，看了他们一会儿以后才意识到自己身处危险之地，赶紧跳下来，拔腿就跑。后来我再次去塞尔维亚，在波黑和塞尔维亚边界的木头村，几个人一起喝葡萄酒吃烤牛肉的时候，我对库斯图里卡说："我读完了《我身在历史何处》，我最喜欢的，你知道是哪个部分吗？"他问："是哪个部分？"我说："你那记右勾拳。"他说："那是自卫。"

　　我觉得他这本书了不起的地方就是真实，库斯图里卡敢于写下真实的自己。音乐界也一样，互相争吵，无休无止地争吵。从勃拉姆斯开始说起吧。勃拉姆斯运气很好，小时候与他弟弟一起学音乐，他是贫民家庭出来的，他的父母是普通工人，居然让两个儿子都去学音乐。当时他的父亲认为，勃拉姆斯希望不大，他的弟弟，另一个勃拉姆斯更有前途。他们兄弟俩后来关系不好，主要原因是勃拉姆斯太伟大了。其实他弟弟已经很成功了，他弟弟是德国一个优秀乐团里的小提琴手，因为有一个伟大的哥哥，德国的媒体老是嘲笑他的弟弟，给他起一个外号叫"错误的勃拉姆斯"，因此引发了两个勃拉姆斯的不和。勃拉姆斯年轻时是很好的钢琴演奏家，他被约阿希姆——当时德国著名的小提琴家发现，跟着约阿希姆在德语地区巡回演出。约阿希姆是小提琴手，勃拉姆斯是钢琴手，还有一个大提琴手，三人组成一个三重奏组。后来大提琴手跑了，约阿希姆与勃拉姆斯变成二重奏组。约阿希姆在当时的音乐界地位很高，他认为勃拉姆斯是一个天才，（于是）把勃拉姆斯推荐给了李斯特。

　　当时李斯特已是名声赫赫，有一个艺术别墅，里面聚集了一群那个时代的前卫艺术家，比如瓦格纳，所以约阿希姆认为勃拉姆斯应该去李斯特那里，只要进入李斯特的圈子，勃拉姆斯就能够出来。勃拉姆斯去了艺术别墅以后发现气氛不对，里边的前卫艺术家们个个高谈阔论，拿一些大词汇来吓唬他。因为是约阿希姆的推荐，李斯特对他很友好，吃过晚饭以后，李斯特请勃拉姆斯演奏一下自己的作品。

　　勃拉姆斯极其紧张，他是汉堡贫民的孩子，虽然他跟着约阿希姆在很多地方演出过，但是没有见过如此多的前卫艺术家，而且一个比一个前卫。他骨子里是一个古典主义者，他不会是李斯特的学生，他应该是从门德尔松和舒曼那里过来的，所以他把五线谱拿出来，因为紧张，手指僵硬了。李斯特走过去，把勃拉姆斯的五线谱拿起来看了看又还给他。勃拉姆斯走开以后，李斯特坐下来完美地把勃拉姆斯的作品演奏出来。

勃拉姆斯觉得那地方不适合他，就离开了。勃拉姆斯后来被称为是保守的，李斯特和瓦格纳是激进的。约阿希姆又把勃拉姆斯介绍给了舒曼。勃拉姆斯来到舒曼这里，看到的是一幢朴素的房子，与李斯特的艺术别墅完全不同，这里没有一个知识分子的小团体等着吓唬他。舒曼和克拉拉以及孩子们住在一起。

勃拉姆斯当时感觉这是他应该来的地方。晚饭以后，舒曼请勃拉姆斯演奏一首钢琴曲。勃拉姆斯没有看自己的谱子就演奏了，把舒曼和克拉拉给镇住了。舒曼在他的日记里写他感受到了真正的原创的力量。克拉拉说得更好，她说只有天上才能够传来这样的声音。勃拉姆斯见到舒曼时只有 20 岁，但是勃拉姆斯从舒曼这里知道了自己的音乐是从哪里来，要往哪里去。

勃拉姆斯在离开李斯特的艺术别墅以后再也没有见过瓦格纳，但是他们各自的支持者争吵不休，一直吵到他们两个人死去为止。瓦格纳比勃拉姆斯早了好几年去世，勃拉姆斯长寿，他充分看到了自己的成功。瓦格纳死后，欧洲乐坛没有人能够对勃拉姆斯说三道四了。布鲁克纳、理查·施特劳斯等，他们是后来者。

布鲁克纳我也很喜欢，勃拉姆斯瞧不起布鲁克纳。勃拉姆斯说布鲁克纳的交响乐就是一条蟒蛇。布鲁克纳的作品庞大，尤其他的

《第七交响乐》，上来的弦乐，让人感到像大海的浪涛，一排一排涌过来。

我读过柴可夫斯基的日记，他有一次演奏完勃拉姆斯的作品，在自己的日记里写道："无聊、呆板。"这是柴可夫斯基对勃拉姆斯的评价。

没有关系，现在我们经常在一个音乐会里同时听到他们的音乐。文学也好，音乐也好，电影也好，在他们同时代的时候都充满了争吵，但是流传下来的是作品，不是争吵。争吵会消失，会随着他们的去世而消失。

现在我们在一个音乐会上，同时听瓦格纳，听李斯特，听勃拉姆斯，听舒曼和布鲁克纳，还有柴可夫斯基，我们不会去关心他们生前发生过什么。到了20世纪，勋伯格起来以后，曾经被认为是保守的勃拉姆斯，在勋伯格这里是极其激进的。勋伯格认为自己是勃拉姆斯和瓦格纳共同的学生。艺术就是这样，文学也是这样。

去年我读了澳大利亚作家理查德·弗兰纳根的小说《深入北方的小路》，这是我要推荐的第二本书。

弗兰纳根去年来过北京，他主要的小说写的都是塔斯马尼亚的故事。塔斯马尼亚是澳大利亚南边的一个小岛。他告诉我，他生活的小镇的居民也就200多人，外来人口都是来开矿的工人。他的故事主要写塔斯马尼亚，只有《深入北方的小路》这一本是写他父亲的经历。他父亲"二战"时在澳大利亚的军队里，被日本人俘虏以后，去建泰缅铁路，被称为是"死亡铁路"。

弗兰纳根说他小的时候，认为作家只有英国和美国才有，澳大利亚没有作家，他生活的地方太偏了。他们家里只有他父亲认识字，他父亲在弗兰纳根小的时候给他背诵诗歌，所以他很崇拜父亲。弗兰纳根成为作家后，他父亲就希望能把自己的故事写下来。弗兰纳根写了12年，他父亲病重，很长时间里，只要他回去看父亲，父亲第一句话就是问他写完了没有。他总是说没写完。后来他正式写完了，把稿子交给出版社，交给出版社才是真正意义上的写完了。他回去看父亲，他父亲仍是问他写完了没有。他说写完了，他父亲当天就去世了。

《深入北方的小路》里有修建泰缅铁路的残酷和精彩，同时还有一个感人的爱情故事，一个叫埃文斯的军医，他爱上了一个女人，叫艾米，这个女人是他叔叔的妻子。他叔叔在悉尼开了一个酒吧，艾米去那个酒吧打工，应该是无家可归，就和他的叔叔发生了关系，之后就同意跟他叔叔结婚。

埃文斯和艾米相爱了，产生了动人的爱情。之前埃文斯在军医学校读书的时候，认识了一个女孩叫艾拉。他在认识艾米之前，很随便地觉得艾拉可能是自己将来的妻子，他们两个人也谈起了恋爱。但是埃文斯和艾米认识以后，才知道什么是真正的相爱，两个人非常相爱。这部小说的第四章是写俘虏们修建泰缅铁路，这一章是我读过的关于战争描写里最精彩的篇章之一，这里不说了，我要说的是埃文斯和两个女人之间的故事。

埃文斯被派往前线前，他给艾米打了一个电话。他说："你要等我，我肯定要活着回来。"艾米一直等着他。他就去了前线，他的部队被歼灭了，他成了俘虏。他的叔叔知道自己的妻子跟埃文斯之间是有关系的，所以他故意把埃文斯所在的部队被歼灭的消息告诉了艾米，说埃文斯死了。艾米非常伤心。在泰缅铁路那边的埃文斯，每天盼着来信。日本军人有时候给他们信，有时候就把他们的信扔了。他收到过一封信，是他大学时谈过恋爱的艾拉写来的。艾拉在信里告诉他一个坏消息，就是他叔叔的酒吧失火被烧毁了，他叔叔被烧死了。埃文斯很伤心，他认为艾米也被烧死了。

酒吧确实失火被烧毁了，他叔叔也确实被烧死了，但是艾米当时不在家，没有死，他不知道。等到太平洋战争结束，因为艾米死了，他不想回到澳大利亚，他是个军医，所以他又去了世界上其他的军医院，去做志愿者，给世界各地的伤兵治病。一年多以后，那些医院一个个关门了，因为有些伤兵死了，有些伤兵出院了，他只好回到澳大利亚。他一下飞机就看到有一个熟悉的人挥着手过来，是艾拉，然后他们结婚了。

埃文斯在战争中的经历，以及他在战后作为志愿者的经历，使他成为澳大利亚的国家英雄，到处都在报道他的英雄事迹。因此，艾米知道他回来了，心想："你还说回来以后会来见我，结果，你根本没来。"但是埃文斯不知道艾米还活着，后来的他很有成就，中年发福。结尾的时候，埃文斯走在悉尼大桥上，突然看到对面走来了艾米，双手牵着两个孩子，一男一女，是她妹妹的孩子。那时候艾米得了不治之症，关于孩子和不治之症，埃文斯都不知道（真相）。艾米戴着墨镜，她的身材没有变。虽然那么多年过去了，埃文斯还是远远一眼就认了出来，那是艾米！他迎了过去。弗兰纳根用了很长的篇幅写埃文斯走向艾米时的激动，写得很准确。我读的时候也很激动，结果他们擦肩而过。擦肩而过之后，埃文斯才意识到他和艾米回不到过去了。

弗兰纳根来到北京，我告诉他，就凭这一笔，我就可以认为你是一个大作家。他把情感推向高潮后，用这样的一个方式结束。这部小说就这样结束了，现在我的演讲也结束了。

（本文系 2019 年 5 月 8 日北京师范大学"专家讲座"转录文字节选）

以 创 作

光 大 生 命

用創造光大

生命。

陳彥

二〇二一年

四月二十一日

主 讲 人 简 介

陈 彦

　　当代著名作家、剧作家，时任中国戏剧家协会分党组书记、驻会副主席。作品三度入选国家舞台艺术精品工程"十大精品剧目"，多次获"曹禺戏剧文学奖"、"文华编剧奖"、全国"五个一工程"奖。著有长篇小说《西京故事》《装台》《主角》《喜剧》，其中《装台》获 2015"中国好书"、首届"吴承恩长篇小说奖"，入选"新中国 70 年 70 部长篇小说典藏"丛书；《主角》获 2018"中国好书"、第三届"施耐庵文学奖"和第十届"茅盾文学奖"。

主 讲 提 要

　　只有生活才能给创作永远的滋养，用心创作才会出精品。"生活是文学创作的基础"。本次讲座，作家陈彦将结合多年的创作实践和研究，与师生们交流自己的创作理念。同时借世界读书日之际，与北师大学子畅谈阅读对于作家自我拓展的重要性。

感谢北师大，也谢谢张清华教授，给我提供这个跟大家进行交流的机会。后天（4月23日）就是世界读书日。世界读书日的确定有很多不同的说法，据我所知，它是小说家塞万提斯和戏剧家莎士比亚辞世之日。后来也有人不断地添加这个日子和文学家的关系，包括纳博科夫①的生日，等等。世界大了，能和这一天关联上的知名人士也会非常多。在这样一个日子，能在这里谈一谈自己的创作，我觉得确实特别有意义。一个人的写作，和传统、和现实都有非常密切的关系，但最根本的，恐怕还是和自身的生命经验之间的关系。这种关系，很大程度奠基于阅读——阅读世界和阅读经典，进而以阅读滋养和成就自身。

一、文学梦之初②

其实每个人都是以自己生活在这个星球上所从事的那一份职业在光大着自己的生命。每一种职业都可以说是体证世界、丰富自己

---

① 弗拉基米尔·纳博科夫（俄：Владимир Владимирович Набоков；英：Vladimir Vladimirovich Nabokov），1899年4月22日出生于俄罗斯圣彼得堡，俄裔美籍作家，代表作有《洛丽塔》等。——编者注

② 章节标题为编者所加。

的途径。当然，我可能就是通过创作光大自己的生命。

我想先谈一谈自己是怎么进入创作的。我出生的地方叫商洛。商洛是一个相对比较闭塞、过去也是比较贫穷的地方，一度被称为"终南奥区"——终南山里边的一个神秘而不为人所知的地方。我出生在商洛的镇安县。镇安在清代的时候，只有 700 多户人家1000 多口人，现在的一个镇子都比这个大。当时湖南一个官员调到镇安来做县令，一看这么小就很失落。后来他在那里做了很多建设，他教当地的农民种桑、养蚕。他做了 8 年县令，走的时候呢，也才 2000 多户，7000 多口人。

我就出生在这个地方，父亲是一个小公务员，母亲是教师。我父亲工作调动了 5 个乡镇公社，我就随着父亲从这个公社迁到那个公社，一直迁了 5 个来回。因为父亲工作调动，我家要经常搬迁。搬迁的工具，开始的时候就是当地农民肩扛背负。家里打出来几个包，有的用扁担挑着，有的用背篓背着，一家人就走了，很简单。我印象中，家里那时候有两口木箱，箱子里装着被子、衣服这些东西，几乎没有书籍。小的时候，公社最多就是有一份报纸，省报《陕西日报》有时候可以看一看。母亲是小学教师，她也没有什么书籍。搬迁的时候，农民有时候把我架到他脊梁上，驮着、背着。我对山地、对农民的记忆就是那些人把我一肩一肩地背着上山下坡。后来交通好一点了，就坐手扶拖拉机。我记得弗洛伊德讲人在 5 岁左右性格就基本定型了，所以那个时候我关于农村的记忆、农民的记忆都是非常深刻的。后来包括今天我在写农村的时候，无形中都带着那个时候的许多烙印。

在十七八岁的时候，我开始有了文学梦。我生活的那个县城，文学的气氛非常浓厚。那时候是 20 世纪 80 年代初，改革开放刚开始。那个时候的年轻人跟今天的年轻人不一样，我感觉这一代年轻人活得非常不容易，比我们这一代人要了不起得多，因为你们经历的心灵磨砺跟我们是不一样的。我们那个时候比较单纯，没有什么经济压力。那时候谁家做生意挣了几个钱还被我们瞧不起，觉得这家里好像充满了铜臭味儿。那时候的年轻人就是热爱读书，写作在那个时候特别吃香。我们那个小县城好像满县城的年轻人都在写作。当时还有一些省上、市上的作家也经常来。那时候《延河》杂志甚至到我们这个小县城去办文学专号，激励着大家尤其是年轻人写小说，写散文。我记得那时候县工会的大会场经常开展文学讲座。《延河》的编辑、商洛地区的一些创作干部经常来讲课，我就是那个时候进入文学创作领域的。

十七八岁的时候，我就在《陕西日报》文艺副刊发过一篇散文。自己很激动，走到的街道都觉得全县城都知道自己了。那时候《陕西日报》每个机关单位都有，在上面发了一篇文章，你走在县城都觉得是非常光彩的。那时候我还发过第一篇短篇小说叫《爆破》。《爆破》是在《陕西工人文艺》发的，后来才知道这还是个内刊，但是还是很激动。我们今天年轻人创作，可能是因为想对社会、对人生、对世界发出一点自己的声音。但那时候，作为年轻人的创作，就是为了发表。只要发表我就是一个成功者，无论在什么刊物，只要这个稿子能出来。那时候刊物、报纸也特别多，省上几乎每一个厅局都会有行业报纸。我就有选择性地投稿，比如说邮电报，我就写邮递员；交通报，就写售票员，反正只要能发表就行。我觉得在创作初始阶段，发表欲是一个作家最重要的推动力之一。

这个时候，我本来应该是顺着文学道路走下去的。但有次省上搞了一个学校剧本奖，就是写中小学生生活的舞台戏的评奖，是省教育厅、省文化厅和省文联等6家单位办的，当时要求各地都要报作品。文化局的同志就让我写一个话剧去参评。开始我觉得好像未必能写得了，但最后还是写了一个叫《她在他们中间》的九幕话剧。它不是一个有多么重要思考的作品，我们那时候都活得比较简单，有点像今天所说的"傻白甜"。写完以后，我也没当一回事。结果四五个月以后，文化局通知我这个戏在省剧本评选中获奖了。一等奖空缺，二等奖两个，我排第二位，三等奖三个优秀奖若干。这个奖对我的激励是非常大的。当时陕西省人民艺术剧院的一个导演是评委之一，他觉得这个话剧充满了生活气息和孩子般的视角，有一种小县城独特的生活风貌。他想把它搬上舞台，但改来改去，最后也没有达到人家要求的水平，虽然没有排练，但是由此让自己走上了戏剧创作的道路。

紧接着，我在20岁、21岁、22岁这3年当中创作了4部舞台剧，被商洛的几个剧团排练上演。到22岁的时候，我在省级戏剧创作方面算是小有名气了。尤其是一个叫《沉重的生活进行曲》的剧，写了一个年轻人的三次婚变，在观念、思潮上都比较超前。这个剧，今天看来我觉得思考是幼稚的，但在当时引起了巨大反响。有的老同志看了戏以后，说是资产阶级自由化已经出现在深山大沟里了，这个问题是非常严重的。于是，省文化厅的厅长、广电局的局长、《陕西日报》的总编辑，带了一批专家到镇安对这个戏进行审定，看这个戏到底有什么问题。审完以后几个领导和其他专家都说没多大问题。但是既然影响这么大了，这个戏也没办法到省里表演。最后专家说，这个青年作家非常有前途，把他调到省里来。中间我也不知道都经过了什么，很快这个事儿就报到主管省长那里了。很快省里开了一个创作会议就特别通知我到会，本来只给商洛地区分了两个创作名额，我是没有资格去的，但最后专门通知我去。会后文化厅的领导把我介绍给当时的副省长，说把这个孩子调到省里哪个单位合适。他们说，调到陕西省戏曲研究院最合适。这个院是从延安的民众剧团发展来的，六七百号人，是中国最大的一个剧院。一番周折之后，我 25 岁到了西安，后来在这个研究院做了很多年专业编剧，又做团长、副院长、院长，待了很多年。

二、"西京三部曲"

　　陕西省戏曲研究院是 1938 年在延安成立的。当时毛泽东看到延安西北的士兵多，又特别喜欢秦腔，而新成立的延安评剧院、青年剧院的成员都是外地来的知识分子，所以就想给当地的士兵成立一个专业演出团体。当时有位诗人柯仲平，也是中国作协的第一任副主席（中国作协第一任主席是茅盾，副主席只有两个人，一个是柯仲平，一个是丁玲）。柯仲平就是民众剧团的第一任团长。后来中华人民共和国成立后，觉得秦腔剧团进京不合适，地方剧种离开了本土没办法生长，就把这个剧院下放给了西北局。西北局解散以后，下放给陕西省，一直就叫陕西省戏曲研究院。我当时就调进了这个院。这个院到今天有 80 多年历史了，院下设四个团、一个创作研究中心。著名作曲家赵季平大学毕业以后，他父亲就坚持让他到陕西省戏曲研究院。他父亲也是中国著名的画家，长安画派的领军人物之一。他说，此生要想在音乐上有所成就，必须了解地方最重要的民间文化，而地方最重要的民间文化就是秦腔。所以赵季平就到陕西省戏曲研究院干了 20 多年，从秦腔团的乐队指挥干起，然后做乐队队长，做创作研究室的副主任、主任，之后做副院长，最后调到歌舞剧院做院长。他的主要作品都是在陕西省戏曲研究院担任主管创作的副院长时创作的，像《红高粱》等和张艺谋这些作品的音乐合作都是在省戏曲研究院完成的。

我在这个剧院也是待了 25 年，做了 7 年专业编剧、4 年半青年团团长、3 年半副院长、10 年院长。这期间，自己的创作历练是比较重要的，这是民间文化的一种滋养。秦腔是中国地方戏曲中梆子声腔的鼻祖，秦腔影响了很多剧种，包括晋剧、川剧等。只要以梆子为打击节奏的所有剧目，它们的祖宗都是秦腔。中国戏曲有非常丰厚的历史，你从哪一个角度深入进去研究，都可能形成一条河流。它有民间文化的东西、有政治的东西、有经济的东西、有军事的东西，哲学、宗教、文学艺术就更不用说了。它里边每一个方面都能打开一条巨大的河流。就像我们后来看西方很多伟大的作品，最后都要归到古希腊。中国戏曲就有这个特点，它从盘古开天地、三皇五帝一直说到当下，秦腔 600 年的历史，留下来的剧本现在有七八千部，这里边基本上把中国历史的一些重要的东西都梳理清楚了，是原汁原味的。它里边原生态的东西很多，很多非常丰富的东西，所以在这个剧院，我觉得自己在创作上获取了非常多的东西。当然仅仅获取秦腔这一个元素也是不够的，还是要吸纳很多其他的东西。刚好后天是世界读书日，我后边还要说一说阅读的开疆拓土的问题。我认为一个作家的阅读决定了他生命的高度。这个阅读分为两种，一个是对书本的阅读，一个是对生活的阅读，这也是一种对民间的阅读。这两个维度可以支撑起一个作家基本的东西。

在这个剧院，我的工作是以戏剧创作为主。我一共创作了五六个戏，后来因为有行政职务，创作时间不是很多，也搞点理论研究。在这个剧院的创作，主要就是"西京三部曲"（《迟开的玫瑰》《大树西迁》《西京故事》）。《迟开的玫瑰》已经演出 23 年了，现在还在继续演，全国有好多剧目在移植。作家有时候需要一个逆向思维。我当时写这个戏的时候，几乎所有的电影、电视，也包括小说，都在写女强人、写住别墅的女人，表现豪华高贵的生活。这时候，我做了一个逆向思维，写一个最底层的女性。我一直认为，这个世界更多的人是处在底层的位置。在座的都是知识分子，但我们社会上有很多人是到不了你们这样一个位置的。每个能成功的人，背后肯定是家庭、亲戚做出了巨大牺牲的。

这个剧写了一个女孩子，父亲失去劳动能力，母亲又突然不在了，她牺牲了自己上大学的机会，承担起沉重的家庭责任，把她几个弟弟妹妹都推起来，而自己人生的光彩全部都磨掉了。她最后找了一个通下水道的工人，她的弟弟妹妹觉得非常对不起这个大姐，但是她觉得她的生命还是有自己的光辉的。故事大致如此，但里边有丰富的细节，有无从躲避的生命的艰难。生活把她活生生地逼到这样一种境地，她不认命都不行。但当命运把她推到最后的时候，她的生命也有了新的升华。这个戏当时出来的时候，好多人有不同意见，认为我不应该赞美这样一位女性。我当时就说："今天我们可能看不到，这个社会，未来的问题就会出现在我们整个社会没有认识到柱石的最基础作用。"我认为这是作家应该要思考的问题。这个戏在全国获了所有的大奖（国家舞台艺术精品工程"十大精品剧目"、全国"五个一工程"奖等），剧本也获了"曹禺戏剧文学奖"等。我3次获曹禺戏剧文学奖的获奖作品就是"西京三部曲"。我感到最欣慰的是23年过去了，这个戏今天还在演出。演出的时候，底下多数人都会泪流满面。我最感动的不是那些奖项，而是我当时的这个思考得到了时间的肯定。

《大树西迁》距今也18年了，写的是上海交大西迁西安的一个故事。时任西安交大党委副书记的张迈曾希望我以交大西迁为题材写一部电视剧。我那时刚好写过一个33集电视剧的剧本，叫《大树小树》，在央视一套播出。所以他希望我给交大也写一部电视剧。我在西安交大住了4个半月，又到上海交大的博士楼住了35天，采访了160多位教授，录了几十盘采访资料。但后来这部电视剧没有写成，写了一部舞台剧，就是《大树西迁》。这个剧写出来以后，交大请了一些教授讨论。一位老教授就提出说："这里面的主人公孟冰倩是一个编造的假人物，我打电话到上海问了一遍，没有这个人。"理工科和文科的思维完全不一样，幸好现场有一个文科的教授说："你这个话不对，交大西迁如果当时只迁了一个人，那只能按照他来写，如果迁来两个人，就可以虚构。而迁来了一万多人，他怎么不可以虚构一个年轻女教师呢？"

　　这个戏其实我也做了一些逆向思维。本来他们希望我正面强攻，直接写彭康校长带着这些人一路西进，采用一种史诗性的展示。但我认为这个写法不太适合，我希望找到一个人物，找到一个家庭，通过一个家庭几代人的一种生活来思考，在这个大的事件背景当中，这些知识分子到底是一种什么样的情怀，经历了什么样的磨难，在不自觉中对国家所做出的贡献，以及在自觉中所形成的那种信念。我觉得它应该是这样一个多重的建构。

　　这个戏出来以后，影响还是挺好的，它现在也仍然活在舞台上。主题歌词有这么几句："天地做广厦，日月做灯塔，哪里有事业，哪里有爱，哪里就是家。"后来交大一些教授给总书记写信的时候，就把这几句歌词提炼为交大西迁精神。当然交大的西迁精神是多重的，要比我这个博大得多。我只是作为一个剧作家，赋予它一种诗意而已，远远没有交大精神自身那么博大。

　　"西京三部曲"的第三部《西京故事》，后来我把它又写成了长篇小说，也是我的第一部长篇小说。这个戏是怎么开始的呢？是我注意到我们剧院门口，经常有一两千农民工每天在那里拥来挤去，等待着别人来请他去做工。他们都是拿着他的锤子、钳子、刷子等各种工具，站在那等着。我估计比较大的城市都有这种情况。他们几乎从来不去政府专门为他们搞的劳务市场，他要自己找一个地方，在这个地方等待人来。他们经常在剧院门口，大家都觉得对单位影响不好。所以有时候对面的单位朝我们这边赶，我们又想办法，叫总务部门把他们朝对面赶。因为老在门口，卫生、出入各方面都成问题。晚上，尤其夏天的时候，有很多农民工，就会铺着被褥住在剧院的屋檐下。陕西有一个作家，叫孙见喜，他是非常有人文关怀的一个人。他看到深秋了，这么多农民工睡在这里，可能太冷了。他就跟他爱人去买了一些被子送去给他们盖上。结果有个农民工起来把他臭骂了一顿，说"你干啥？你同情我是吧？你凭什么同情我？我不需要你同情，走开走开，快拿走！"这个事对孙见喜刺激很大，他后来讲给我。讲的过程中，我们就思考了很多问题，包括中国农民工的尊严问题等。之后，我就开始了解这些农民工住在什么地方、他们的生活情况等，然后才知道西安当时的农民工有100多万，主要住在西安的各个城中村。我当时去了几个村子，一个叫木塔寨（现在已经不存在了）。我们去的时候，当地的居民只有3500多人，而农民工住了5万多人。还有一个叫东八里村和西八里村，也是当地的居民只有3000多人，但农民工住了10万多人。我们去的时候，看到每天早晨和晚上进出的农民工人潮汹涌的那种感觉非常震撼。不由得就要思考，中国农民工这么庞大的队伍，为什么能井然有序地在这个城市做着建设。他们生活在城市最脏乱差的地方，像棚户区改造前，他们驻扎进去，一旦改造完，他们就再也进不去了，然后就再找其他地方做事。

　　通过对这些农民工的了解，我又开始认真思考小人物的问题。后来刚好遇到我的一个远房亲戚，也是进城打工的，他给我讲了一些故事。然后我又到东八里村、西八里村和木塔寨找很多农民工聊天，聊他们真实的感受、真实的生活。这个过程中我做了很多很多的笔记，然后就写了舞台剧《西京故事》。

三、从《西京故事》到《装台》

　　舞台剧《西京故事》出来也有 10 多年了，它的演出效果也是非常好的，剧本也获得了"曹禺戏剧文学奖"。这个舞台剧 3 万多字，两个多小时的长度。中国人似乎没有耐心看太长的戏剧。西方有一些戏剧，像俄罗斯戏剧《静静的顿河》等，8 个小时、6 个小时是常有的。我们去看日本传统戏的时候，6 个小时也是常态，看 3 个小时出来吃一顿饭，然后再进去看。当然有时也可能与我们作品没有达到大家的要求有关系。总体来说我觉得我们还是缺乏耐心，所以导致戏剧的长度受到限制，当然这和我们现代的生活节奏可能也有关系。但我们过去的传统戏，有时候会有连台本，有的是要连续演十几本的。这个戏出来以后，由于长度的限制，让我感觉到意犹未尽。我又捡起了小说创作，写了这个《西京故事》。

　　《西京故事》写了 50 万字。我那时候刚重新开始小说创作，这部小说出来后也没引起太多的关注。著名评论家吴义勤当时正在西安市挂职。他看了以后说这部小说是被严重低估了的一部现实主义作品。他说这部作品是对中国农民进城问题以及城乡二元结构当中的阶层固化问题的一种深刻反映，尤其突出反映了农村青年一代在城市找不到出路的社会问题。小说主人公罗甲成拼命考上大学，但在大学里，生活和感情的压力让他不堪重负。最后他甚至认为考大学还不如在农村当流民。他甚至还找到一个煤矿，沉到井下，永远都不愿意再升到井上来。这是我转向小说创作后的第一个作品，应该说是写得比较尖锐的。

这部小说后来改编成了电视剧，电视剧改编过程中发生了非常大的变化。电视剧里比较强调恋爱故事，与原小说的思考分岔较大，后来我又写了长篇小说《装台》。我始终认为作家写熟悉的生活是非常非常重要的。我写《装台》《主角》，包括最近出的《喜剧》，几乎不需要去深入生活，也不需要去做任何调研。这都是我这几十年的生活积累，面对的只是一个剪裁问题，是怎么把水分挤压掉的问题，以及重塑我的世界的问题。我们可以想象，曹雪芹如果不熟悉那种生活，他的《红楼梦》就不可能是这样一个写法。肖洛霍夫如果不是个军人，没有经历这么一段生活，他写出的《静静的顿河》也不是今天这样一个面貌。所以我觉得作家写熟悉的生活非常重要。

《装台》其实是延续了过去我对小人物的认知。之前"装台"这个词在网络上没有，大家都比较陌生。电视剧改编的时候，开始把剧名改为《我待生活如初恋》，是网络传播需要。但后来要在央视一套播出的时候，又改回《装台》，认为"装台"是一个具有巨

图 1　陈彦小说作品书影

大象征和隐喻性的词，装台就是搭建舞台。过去舞台非常简单，中国古代戏曲叫一桌二椅三搭帘。比如我们今天要在这儿演出，桌子上把布一铺，椅子上把布一搭。演皇上，铺的就是龙的图案；演民间的戏，铺一个喜鹊的吉祥图案；你要结婚了，铺一个龙凤呈祥。它就是这么简单，但这就已经把你引到剧情中了。

但今天的舞台不一样了，现在有些舞台搭建下来，需要20多辆卡车的布景和道具，这是多大的搭建量啊！舞台上看不到的地方，也有很多机关，又是声音又是旋转又是升降什么的，所以现在搭建舞台需要大量的装台工。装台这个职业应该是近30年发展起来的。西方戏剧的发展过程中，波兰戏剧家格洛托夫斯基把戏剧分为两种，一个叫"穷干戏剧"，一个叫"阔干戏剧"。什么叫"穷干"呢，就是舞台上非常简单，除了演员的表演和观众的观看，别的什么都可以不要。当然，后来这个"穷干戏剧"也干不下去了，它讲究跟观众互动。比如演《浮士德》的时候，有一场宴饮的戏，演员下来和大家一起吃喝。有的观众非常没礼貌，看女主角长得非常漂亮，就拼命地拥抱，最后表演进行不下去了。"阔干戏剧"就是我们现在常见的这种，舞台非常大，非常豪华。我有一次在美国的百老汇看演出，一个讲飞行员和一些女孩们的故事，连真飞机都上舞台上去了。我们现在有的舞台上有真汽车，真山真水，在河里洗衣服，水溅得你满身都是。现在讲究沉浸式表演，如果我提前跟你讲，今天晚上要有刷油漆的戏，你就要注意提前把合适的衣服换上，因为油漆工很可能把油漆真的就撒到你身上去了。

因为现在戏剧的要求这么复杂，所以出现了装台这么一个职业。这个职业就是为别人搭建舞台，叫别人登上舞台去当主角的这么一项工作。我刚好先写了《装台》，然后又写了《主角》，从两个不同的面进入戏剧这个行当，也包括后来的《喜剧》。当然如果是仅仅写装台这个职业，或者仅仅是写戏曲这个行业特点，我觉得大可不必去写它。我写它是因为我希望把它作为一种载体来思考，是我对人、对社会以及对整个时代演进当中的一些思考。《装台》就是在做这样一些思考。

四、关于《主角》和《喜剧》

《主角》当然也是通过书写戏曲行当拉开了一个社会面，就是我自己所经历的改革开放这几十年的各种世事的纷扰、人与人之间的关系、主角和配角之间的关系等。我们每天都在互动着，我们每天都在给别人装台，我们每天也在当主角，我们每天也在当配角，处在方方面面的关系当中。我想把这个社会的这些东西都思考进去。最近出版的《喜剧》也是对时代的一个思考。这个作品既是现实主义的，同时也有一些荒诞色彩。比如说我里边写了一条狗，用它的视角来看人乐极生悲的一些东西。就是我在题记里面讲到的：喜剧和悲剧之间，也就是一步之遥，你正在演着光彩的喜剧，可能人生悲剧就在大幕旁边窥伺着你，会突然上台来把你一阵倒拖，你的悲剧就发生了。生活其实就是这样的。

我们这个时代好像特别喜欢喜剧，尤其前些年，这个我们大家可能都经历了。喜剧演员已经穷尽了他们的智慧，仍然让大家感到不满足，拼命向他们索要"包袱"。我这个小说里面荒诞到什么程度呢，演员在上面演出，有一帮人整天拿电脑计算这一分钟几个"包袱"，这个"包袱"要是不出来，马上连夜开会，讨论明天怎么把这个"包袱"补起来。就这样拼命地索要，最后喜剧演员本身变成了一个悲剧。我认为喜剧是艺术里的一个最高级阶段，有时候它比悲剧更高级、更艰难。你想叫人会心地从内心发出一种嘲讽的笑声，或者欢乐的笑声、幽默的笑声，那是非常艰难的。我们平常生活中那些特别有趣味的人，是智商很高、很有智慧的人。喜剧都是智者干的事情，是人中精英干的事情。当我们拼命向他索要其智慧的时候，很可能就把他逼成一个怪物了，悲剧不就诞生了吗？我觉得在这个时代，我们对欲望的这种特别穷奢极欲的索取，最后就把喜剧导向悲剧了。这些内容就是我写作《喜剧》时的思考，当然书中还有其他的一些思考，是不是达到了应有的效果，还是要听读者的评判了。

五、传统和生活的滋养

　　我的创作也是受陕西文艺的现实主义传统影响的。陕西有几位重要的作家，柳青、路遥、陈忠实等，他们都注重在现实中汲取营养，都特别注重在陕西这块厚土上汲取营养。包括非常有名的长安画派，像石鲁这些老艺术家，他们有一个说法，我觉得非常有道理，叫"一手伸向传统，一手伸向生活。"我觉得这对小说创作甚至对其他的很多创作都是有借鉴意义的。在他们的旗帜下，陕西出了一批大的画家，包括大家知道的刘文西，100元人民币上面的毛泽东画像就是他画的。他是去年80多岁时去世的，去世前长期创作陕北题材。虽然身体不好，但每年春节，他都会在延安最贫穷的山沟里和老乡们一起过年，坚持了很多年，他就是在汲取养料。我觉得作家汲取生活的养料是非常重要的。从《诗经》开始，它其实就是国家对民间的调研，这才形成了《诗经》。其他的如孔子、墨子，这些先贤都注重民间调查。司马迁写《史记》，用了3年多时间，把名人的故里、重要历史事件的发生地都要走一遍。照理说写历史是可以不这么做的，但他还是要走一遍，他脑子里需要这种重要的形象。还有梁思成和林徽因，他们为进行民间田野调查，先后在山西很多地方的古建筑废墟里面刨了15年。山西的应县木塔，就是通过他们的历史调查才发掘、发现出来的。还有费孝通先生，他是通过江村调查写的《乡土中国》，关于生育制度、乡土重建等。

我想作家也是一样的，确实需要深入调查。外国作家也是要深入生活的。《巴黎评论》采访了很多作家，他们虽然不像我们把这叫作"扎根人民生活"，但其实他们也是要深入进去的。写作写得最好的，肯定是你最熟悉的生活。我觉得无论是有志于当作家的，或者是做其他社会研究的，都应该加强民间调查。人文学科是一个非常综合的东西，必须要对社会的方方面面有比较深入的了解。人文知识经常也会对理工科产生很多影响。我记得我在西安交大采访过陈学俊院士，他是热物理学科的专家。我到他家去采访过几次，每次一进去，他啥都不说，让我坐着听他朗诵他写的诗。我就觉得，这一代的知识分子，即使是学理工科的，他对人文的东西也特别关注。像钱学森这些大专家，他身上都有这种东西。我觉得这是不矛盾的，对人文的关心，可能影响你的思维，影响你的整个行为方式。所以这个人文学科，它可能是非常综合的、非常重要的东西，即使不当作家，我觉得注重一些社会调查、民间调查也是很重要的。

六、以阅读开拓自我

后天是世界读书日，我就再说一说阅读吧。我自己是非常重视阅读的。我认为对本民族传统经典的阅读是非常重要的。一个作家一定要有一个立足点。很多年前在南美的一次文化考察，给我留下了深刻的印象。尤其到阿根廷，阿根廷的很多城市，比如瓦尔帕莱索，这个城市所有的地方都是涂鸦。只要有墙，像这样的墙，全部都是涂鸦。街道、走路的台阶上，都是涂鸦。而且这些涂鸦都是很有意味的，虽然我们有时候看不懂，但它是它本民族的东西。还有很特别的一点，这个地方的坟墓修得特别漂亮，在城市最中心、最美的地方，跟花园一样。孩子们在里边儿追来追去，它好像把生和死之间的关系都打破了。像南美这个地方，他很自然地把这个生死的界限模糊掉了。我就想到马尔克斯的《百年孤独》，还有其他的一些作家，包括库切、略萨这些人的作品，它一定是和本民族的最根系的文化紧密相连的。所以，中国作家一定要研究中国的根系文化。

当然，你的视野必须开阔，必须对世界文学有所了解，要不然你认识不到本民族的文化优秀在什么地方，糟粕在什么地方。人类共同前进的时候，不管是东方文化还是西方文化，有些东西都是要扔掉的。我们的文化一直在寻找一个共性的东西。比如说像墨子，他很多东西在今天的意义是非凡的。"兼爱""非攻"这都不用说了。他的"尚同"、他的天志观、他对鬼的认识，还有节葬、节用，这些观念在今天的社会都是非常适用的。墨子身上的很多东西在我们今天突然一下子把这个社会照亮了。

一些传统经典作品有很多是非常好的。比如说元杂剧，元杂剧里边有很多重要的东西，像《窦娥冤》演了 800 多年，今天中国 360 多个剧种，几乎每一个剧团还在演《窦娥冤》，为什么呢？因为它表现了一种底层人的反抗。无论在什么社会形态下，底层人都是最软弱的那一部分，这个剧可以表现他们对命运的一种反抗。所以每次演到高潮部分，观众都是泪流满面的。《窦娥冤》各种剧种的演出，我看了几十遍。官吏勾结流氓无赖，把窦娥陷害冤枉致死。她没办法反抗，最后到临死的时候，对苍天喊叫："如果我是冤枉的，你让楚州大地大旱三年；我死的时候，我的血一滴都不会流在地上，我的血要向上冲，要冲到白绫上；我死将天怒人怨，六月飞雪。"她发下这几桩誓愿以后就死了，死后三桩誓愿全部应验，最后直到给她平反才开始下雨。这一类作品，有它永恒的价值。还有像四大名著，我在阅读过程中，就觉得《水浒传》对民间语言的运用是非常精彩的，能深刻地感觉到民间语言的那种丰富性。还有明清笔记《浮生六记》和后来的"四大谴责小说"，对这些作品的阅读，我觉得都是非常有必要的。

还有西方的一些作品也很重要。比如说西方的几个史诗，就必须阅读。我是去年疫情到现在，把过去看过的几个史诗又重新细细读了一遍。首先是荷马的《伊利亚特》和《奥德赛》，这些作品不读，西方的很多小说都看不懂。我读乔伊斯的《尤利西斯》，一开始读不太懂，但读了这些作品，我已经大概知道他到底要干什么。还有拜厄特的《巴别塔》，也都要和这些作品对读。你必须把

《荷马史诗》、维吉尔的《埃涅阿斯纪》、但丁的《神曲》、弥尔顿的《失乐园》、歌德的《浮士德》、拜伦的《唐璜》这些都要读了。我觉得把这些东西读了，基本上西方的各种小说，包括现代的、后现代的小说，你看的时候就不费劲。还有布尔加科夫的《大师和玛格丽特》，这些魔幻现实主义的作品，我也又重新读了一遍。我和中国的作品参照着读。我们中国的《西游记》一定程度上也是魔幻现实主义，无非就是写作的手法等方面不一样。但我觉得写作是可以把这些东西都参照起来的。如果你想为本民族写点什么，那你一定要读西方的史诗；如果说你特别喜欢西方的东西，想把西方的东西说清楚，我觉得要特别读一下中国传统的东西。它是不矛盾的。

玄奘为什么能在宗教方面取得那么大的成就，就是因为他在文化上打得比较通。他西行诸国一路对这些地方的宗教、政治、经济、音乐、舞蹈、丧葬、婚姻什么东西都研究了，回来以后他就打通了，所以他就形成了这样一个宗教的高度。总之，中西方打通的阅读，我觉得是非常重要的。

再一个就是我觉得作家的世界观问题也是非常重要的。其实我们从古代开始，也包括西方国家，都是特别注重天文地理的综合认知的。我们中国从先秦一直到汉代的文人，他们的观念都是非常综合的。尤其是司马迁他们这一代，他们对天文非常关注，某种程度来讲可能就是世界观。西方的泰勒斯是古希腊时期的一个天文学家，那个时候就开始关注天文了。当然人类对天文的认识也是随着人类对天文观察能力的变化有一个发展过程的，先是"地心说"，认为地球就是中心。从维吉尔到但丁，一直到弥尔顿，他们在认识的时候，就以为天上就是我们能看到的太阳、金星、水星、火星这一类，只认识到这么多星球。到了伽利略，就有了"日心说"，认为这个世界是以太阳为中心，地球就降格了。再到现代近一两百年，通过天文学家的探测，地球、人类在不断地降级，降到什么程度呢？像太阳系这样的星球，在银河系有数亿个，而像银河系这样的星系在宇宙当中又是有数亿个的。如果按照这样去想，那人类算什么呀？你在宇宙中，这样一个生命，连一粒微尘都算不上。

所以大的宇宙观是非常重要的。这涉及人类如何认识世界，如何认识我们自己的生命。刚才说到，在整个宇宙中人类是非常渺小的，那是不是我们就不活算了？不是的，这恰恰表明我们生命的重要性。截至目前，我们在宇宙中还没有发现其他的生命，当然，我坚信宇宙当中肯定还有别的生命，并且有比我们高级的生命。但是太远了，我们没办法去。地球绕太阳旋转一圈是一年，太阳系离我们最远的两个星球，天王星绕着太阳转一圈需要 84 年，海王星绕太阳转一圈需要 165 年，我们两辈子都活完了。宇宙确实是太浩瀚博大了。

但是，人的生命进化也是非常不同的。从 45 亿年前，生命在地球上诞生，出现了最小的细胞，从海洋的微生物，然后一步一步地进化，进化了这么多年。达尔文讲，自然界没有飞跃，每一步进化都是不一样的。有些鸟就进化到那么长的喙，长颈鹿就进化成那么长的脖子，我们人类进化到脸上有个鼻子。生命的生存、进化非常复杂，像马里亚纳海沟就是 11 千米底下，有一种鱼的眼睛长得像望远镜，因为要从那么深暗的海底向海面上看，它就把眼睛进化成望远镜。因为海底水的压力太大，它身上就进化成只有一层薄膜，水从它身上就通穿而过，否则在这么大的压力下就爆炸了。这就是自然进化。人的进化也是这样，一个生命从微生物一直进化到我们这样一个高级的人类，是非常不容易的。所以我觉得尤其要珍惜生命，珍惜我们这一粒微尘能够在这个浩瀚的宇宙中存在。

最后还想和年轻人说说，我觉得这个时代你们的压力非常大，但是一定不能放弃奋斗。无论是但丁《神曲》由地狱、炼狱到天堂的构思，还是弥尔顿的《失乐园》，都包含着巨大的向上的力量。《失乐园》里面讲，把亚当、夏娃从伊甸园赶出来，亚当很高兴地说，赶出来不要紧，这个地方无非是不劳作就能获得很好的生活，把我们赶出去，无非是要靠我们自己的辛勤劳动生存下去，有什么不好呢？人类所有的文明都是要告诉我们，人还是要积极向上的，尤其是年轻人，要在继承传统、感应现实、在阅读中把自己成长得越来越博大。谢谢大家！

（本文系 2021 年 4 月 21 日北京师范大学"专家讲座"转录文字节选）

读 书 的
法 与 得 法

读书助益积德，图书事业就是为国家和民族积储德。

于殿利
2017.04.27

主讲人简介

于殿利

　　时任商务印书馆总经理、编审，北京师范大学、中国传媒大学兼职教授，博士生导师。长期致力于亚述学、出版与文化研究。出版著作、译作 10 余部，代表作有《巴比伦法的人本观——一个关于人本主义思想起源的研究》《古代美索不达米亚文明》《出版是什么》《阅读是一种责任》等。

主 讲 提 要

　　为什么要读书、读什么书、怎样读书？本期讲座，于殿利教授以校友身份，从历史和哲学的视角，与母校师生分享读书对个人影响的重要性。他倡导多读经典，多读课外书，要学习外语，敢于质疑，并从书中读出自己的创见，这才是真正有效的阅读。

　　各位同学好！非常高兴，有机会来跟大家交流关于书和读书的事。上一次回校来跟同学们交流的题目是"大学学什么"。大学学知识最重要的是学方法，比方法还重要的是要知道学习的意义，即为什么要学。今天我就把重点放在方法上。学习方法再细化，就落到了怎么样读书上。大学生读书和中小学生读书肯定是不同的，大学生读书更多地要有研究的意味儿，所以究其实质，大学生读书方法也就与做学问的方法如出一辙了。即便是毕业后不选择做学问，也没关系，做其他任何工作，包括日常的生活，其实都是一种学问。读书都要贯穿始终，读书应该成为永远的工作方式和生活方式。

　　首先要讲一下，方法为什么重要？其实做任何事情，方法都最重要。方法要是得当，做任何事情都可以一应百应、一顺百顺；方法要是不得当，可能白白浪费时间，白白耗费生命。20 世纪世界三大哲学家之一、存在主义哲学代表人物、现象学大师海德格尔讲过这样的一段话："最有价值的洞见最迟被发现，而最有价值的洞见，乃是方法。科学识得获得知识的道路，并冠之以方法的称号。"另一位哲学大师尼采说："我们 19 世纪的标志并不是科学的胜利，而是科学方法对于科学的胜利。"还有两个比尼采和海德格尔更早的科学和思想巨人，一个是法国人笛卡尔，一个是英国人弗朗西斯·培根。他们是现代知识、现代科学的开启者之一。笛卡尔说，单有聪明才智是不够的，主要在于正确地运用才智，那就是方法。我们上初中时就熟悉培根的名言："知识就是力量。"现代科学开启了现代社会的大门，理解现代科学和现代社会的形成至关重要。读书就是要善于厘清头绪，要厘清哪里是知识的源头，以便从源头顺流而下循序渐进，终达目标。我们常说浩瀚的知识海洋，你不读书的时候，你是不知道知识的浩瀚的。当你越读书的时候，或者说读得越多的时候，你才知道你读得很少，这就是浩瀚。所以在这种情况下，如果你不知道什么东西有用，什么东西是启迪你心智的东西，而一股脑地去阅读的话，实际上是无益甚至是有害的。大家熟知的蔡元培先生，在总结自己读书经验的时候，有一段很自谦的话。他说："我11岁的时候就开始读书，读到现在60多年了，就是因为什么，读书不得法的缘故，所以我没有什么成就。"他所说的读书不得法，主要是指一不能专心，二不能动笔。蔡元培先生的谦逊让我们感动，更让我们感动的是他不惜用自我"揭短"的方式来警醒后生们，就是"我读书的这个短处，我已经经历了很多的不便，我要特地把它写出来。望读者鉴于我的短处"。这就是老一辈知识分子的情怀，这就是先贤们的品格。

一、为什么要读书

　　人为什么要读书？我的第一个看法就是阅读是人类的生存之道。这个看法是源于一位德国的著名的哲学家，同时也是语言学家赫尔德。他写的一本书叫《论语言的起源》，这是一本启迪大智慧的书，绝不仅仅限于语言。所以，我觉得同学们要是有机会去读一读，不很厚，挺薄的一本书，它给我的启迪真的是非常大。赫尔德说，人这个物种，论五官和四肢等各方面的能力，跟其他动物都无法相比。例如，一只蚂蚁，我们可以一脚就把它踩死，但是，一群蚂蚁，成百上千只蚂蚁一起涌来的时候，人恐怕就无法抵挡了。那么多的动物都有自己独特的本领，有的速度快，有的力量大，有的耳聪，有的目明，有的嗅觉灵敏，有的触觉灵敏，有的可以上天，有的可以入地，有的可以钻入林中，有的可以潜入水中，而人类不借助工具是万万不能的。赫尔德说，上苍很不公平，赋予了所有动物独特的生存本领，即本能，唯独人没有这种本能。但是，恰恰是人后来成为万物之灵。他说，想来上苍也没有那么不公平，它赋予了人以脑子，让人具有思维的能力。我们的手、我们的脚力量不够，我们可以依靠思维进行各种有用或实用的发明，于是，能够弥补人类弱点的工具就都出现了。趋利避害成为人类的本能，发明和善用工具成为人类的本能。人的这种独特的思维本领，源自人脑当中独特的记忆功能。一般动物只有短暂的记忆能力，只有人，可以有长达百年以上的记忆功能。我们看到很多百岁老人仍然思路敏捷、口齿伶俐、表达清晰。大家知道金鱼的记忆力多长时间？几秒钟，好像有人说七八秒钟，所以我们才明白鱼为什么不停地上钩。自己脱钩了之后，下一次还要去咬钩，还不吸取教训，不停地上钩。人类独特的记忆能力使其能够在大脑中积攒起足够的信息。足够的信息及其长时间的存留，是思维的重要前提和条件，没有信息作为基础，思维就不可能，因为思维是对信息进行加工和处理。越来越多的信息促成了越来越发达的思维，然后有逻辑，有分析，有判断，有归纳，有总结。所有自然现象和社会现象的信息积累和储存，经过加工和处理，就形成了我们赖以生存或成为我们生存工具的知识。例如，哪个动物是可以去接触的、是温和的，哪个植物是可以食用的，哪个植物是有毒的、是不能触碰的等，所有这一切后来就发展成了科学知识，这些科学知识进而又转化成生产和生活的手段、工具和技术。是靠思维，人才在这个地球上为自己赢得了生存的机会。所以我们说，我们写书、我们出书、我们每个人读书，其实都是在生产知识、传播知识和吸收知识。我们生产、传播和吸收的，乃是人类独特的生存本领，而且人类的这种生存本领不是一朝一夕实现的，是各个民族世世代代积累、传承至今的。没有人类共同的互学、互助，没有共同的积累和传承，就不会有今天的成果和今天的智慧。

大家知道，早期的人类距离现在多少年？二三百万年。文字的出现距今多少年？苏美尔文是迄今所知人类最早的文字，出现在公元前4000年左右，距今只有五六千年。有了文字以后，开始了以文字记载的知识生产、传递和接受，之前只能靠口耳相传，传播的时间和空间都受到限制。有了文字以后，人类的知识传播和积累速度就完全不一样了，人类的生存本领也不可同日而语了。所以我们说，读书这件事关乎到人种的延续，因为它传递的是生存的技能。我们现在一天不读书甚至几天不读书也没问题。不读书的问题只看眼前和当下，是不容易看出它的损害的。很多事情的真正意义和问题，只有往源头去追寻，才能窥见其真正的奥秘。现在我们一天不读书、一年不读书，没事的，还会活下去。但是，如果从今天开始人类停止了知识的生产与传播活动，所有的知识、所有的书、所有的文字全部一下子消失，那看看明天的世界会是个什么样子？要不了多久，我们就会退回到刀耕火种、茫然无知的野蛮状态。现在人类经过了长时间的文明演进，我们已经取得了巨大的成果，享有了丰厚的资本，即便坐下来稍作休息，甚至短时间的懈怠，不至于一下子就受到多大的影响，因此就遮挡住了我们的视线，让我们的神经逐渐开始麻痹起来。

所以我们说，读书是人类的生存之道，这绝对不是危言耸听。还是回到赫尔德的书，他说，就本能的强大和可靠而言，人远远比不上动物。人赤裸裸地来到世间，它是一种缺乏本能的动物。就此看来，人可以说是世界上最可怜的生物。黑格尔也说，人是知识的特定存在和自为存在，换句话说，人类如果不生产和传递知识，就不会进化成人。海德格尔说，人是万物中的继承者和学习者。

最近有一本畅销书《人类简史》，书中有这么一段话："在过去500年间，人类的力量有了惊人的成长。公元1500年时，全球智人的人口大约有5亿，但今天到了70亿。"这一切都拜知识的积累和增长所赐，尤其是医学、生命科学和食品科学等直接关乎人的生命。

第二，阅读是人类的思维和思想的发展之道。人这个有追求的这个动物，凭什么在这个世界上立足？安身立命之本是什么？是思维和思想能力。思维能力，一般偏重指人的工具理性能力，工具理性由自然科学来实现；思想能力，一般偏重指人的价值理性能力，而价值理性由人文社会科学来教授。对于一般人来说，思维能力通常指对一般事物要有独立分析和解决问题的能力；我们说的思想，则通常指对任何事物都有自己独立的看法、见解和价值观。人的思想有大有小，这是相对而言的，它取决于影响的人群、影响的范围和影响的时间。我刚才举的那些人，黑格尔也好，海德格尔好，赫尔德也好，尼采也好，包括我们中国的老子、孔子、孟子、庄子和孙子等，影响的人群多，影响的范围广，影响的时间长，他们被公认为是大思想家，甚至是圣人。圣人不可追，不可求，但是可学，可以成为努力的方向。我们在任何时间和范围内，做一个对任何事情都有独立见解的人，总是可以的，小到对家庭、班级、学校，大到更大的组织。试想一下，如果一个人在任何地方或场合被问到什么都说不知道，都提不出任何意见和建议，那会不会被认为是一个没什么用的人，其存在的价值是不是就会受到质疑，自己是不是就会没有丝毫的存在感？

那么，思维能力和思想能力从哪来？绝不是从天上来。我们必须要广泛地接触事物，才能有思维能力；必须要读圣贤书，才能学到圣贤的思想。学心理学的人都知道马斯洛，马斯洛的 5 种需求方式大家可能也都知道。他说，人最高级的需求是什么？自我价值实现和赢得社会尊重。什么是自我价值实现，就是你的想法被接受甚至付诸实践，在一定时间和范围内产生好的结果和影响。至于影响的范围有多广，甚至影响到全人类、推动整个人类进步了，那就不是一般的自我价值实现了。人凭什么赢得别人尊重，走到哪儿都能让人家高看一眼？绝不是说人家问你啥，你就说，这个我也不知道，那个我也没想法，你们随便，怎么都行，绝对不是这样。对任何事情都有主意和建议，才能被重视，才能赢得尊重。思想不是天生的，它是要靠后天的学习和积累才能获得的。不读书，不学习，不参加生产和生活实践，是不会获得思维和思想能力的。

德国著名古典哲学家费希特说过，学习这件事情是人天生的一种职责，而且人不仅自己要学习，还有责任帮助他人学习。对于一个社会而言，学习也有木桶效应。社会的普遍知识水平，不是取决于最高级的知识分子，而是取决于最广大群众掌握知识和受教育的程度。一个人光自己学习还不够，有人扯后腿不行。每个人都可能在某些方面先知先觉，而在更多方面后知后觉，而且先知和先觉不是绝对的，只有自觉地学习，自觉地教授，总体水平才有可能得到快速提高。每个人都有自己的长处，大家要互相学习，互相提携，这个社会才能因相互促进而进步。这个社会普遍的思维能力和思想水平不是由精英来决定的，而是由大众决定的，所以，大众自觉的学习意愿和学习条件的满足就显得尤为重要。教师是神圣的职业，其神圣就在于此。我们作为师范大学的学生，将来很多人要走上教师岗位，必须积极培养这种神圣感，始终牢记这种神圣使命。

第三，阅读是人类道德进化之道。迄今为止的一部人类文明史，就是人性的成长史。我很悲观地说，人类到目前为止，文明的进步只是满足人的需求手段和工具在进步，科技手段在进步，而人类的道德进化没有取得实质性的进步。我的最直接的依据就是现在的战争仍然不停。我学历史，知道第一次世界大战、第二次世界大战给整个人类心灵造成的巨大伤害，所以我曾经很天真地以为，以后不会再有世界大战了。但是，伊拉克战争粉碎了我对人类文明美好未来的憧憬。现在大家再看看，每天局势都很紧张，原来宣扬的对生命的敬重荡然无存。人类的道德进化，是个永恒的话题。这源自人性的基本面。人性的基本面，就是它的矛盾性。我们中国古代的先哲们都在争论人性善还是人性恶？人有善良的一面，这是毋庸置疑的。刚生下来你也没有那么好的爪子，没有那么好的腿脚，没有那么快的速度，你穷凶极恶不起来，至少本能和本领如此。但是，当人用自己的武器武装到牙齿的时候，你再看人的那一面是什么样子。这个源自人性最根本的弱点，即需求。人一生下来，一直到离开这个世界，都是有欲有求的，都是要消耗这个世界的财富才能活下来的。这就是需求。而最可怕的是，人这种动物，其对物质的需求是无止境的，是只能越来越高而不能降回到低点的。我们经常能听到一句话，就是满足基本需求，或者说符合平均生活水平。基本需求和平均生活水平并不能够把人性这方面的弱点完全扼制住，因为就基本需求和平均生活水平而言，也呈逐步升高的趋势。一个时代有一个时代的标准，一个时代比一个时代有更高的标准。

　　例如，现如今的社会，手机和汽车已经成为生活必需品，但没有手机甚至没有电话、没有汽车的年代，人类文明走过了多少年？所以，什么是必需品？必需品是以情况和境况而言的，人就是这种动物，进入了更高级的文明阶段以后，就再也回不去了。人是只能往前走不能往后退的动物，人必须要知道人性的这个弱点，必须要努力克服自身的弱点。人类克服自身弱点的过程，就是人类道德演化的过程。没有道德，社会就没有秩序。法律能解决所有问题吗？法律能解决社会问题，但社会必须具备道德基础。一个没有道德的社会，法律惩罚犯罪是惩罚不过来的，社会也不会是安定的。所以，我们要知道，读书干什么？读书就是要分辨好的东西和坏的东西，学好的东西，学善的东西，扬善的东西，惩恶的东西，发扬善的东西，消除恶的东西。当精神得到充实后，人对物欲的追求就能更趋向理性。黄庭坚的诗句说："人不读书，一日则陈俗其间，两日则照镜面目可憎，三日则对人言语污耳。"读书可以美容啊，这个一点都不夸张，相由心生。读书是滋养心灵的东西，不读书就不知道怎么跟人说话，或者说，说出的话不像话，这就是道德、伦理、礼仪出了问题。我们学历史的人都知道曾国藩，曾国藩的家书。他说："吾辈读书只有两件事，一者进德之事，二者修业之事。"他同样说了："人之气质。由于天生本难改变，唯读书则可变化气质。"读书可以培养人的气质，从根本上来说，就是道德美，就是心灵美。人是道德性的动物，如果没有道德规范，人就会把自己降为一般动物了。读书最重要的功能在于明理，明物理，明事理，明情理，明伦理。明理可以帮助人培养正确的是非观、财富观、权力观和名利观，帮助人克服自身存在的人性弱点。

二、读什么书

接下来跟大家来交流读什么书。现在我国每年出版的新书有三四十万种，但事实上，你可以看得到的，我们叫动销品种，逾百万种，这么多书怎么读得过来！所以，读书必须有所选择，否则就无所适从。年轻学子应该优先选择读什么书呢？每个人可能都有自己的想法，我也知道一些先人、圣人和名家大师的经验，结合自己的体会，来跟大家做个分享。

第一，要读原典。一般人都只说读经典，而不提读原典，甚至原典和经典不分，把两者混为一谈。其实，原典和经典是不同的，是需要有所区分的。原典是第一手的原始资料，是材料之源、知识之源、思想之源和文化之源，是研究的对象和基础；经典则是根据原典、阐释原典、研究原典，或者受原典启发进一步阐发原典，以及受原典启发而进行学术和文艺创作而获得的作品。原典和经典的共同之处是它们流传的渊源都很深远，时间久、空间广，始终存留在人们的记忆中而不被遗忘，甚至历久弥新；它们的不同之处是原典一定是经典，经典则未必是原典；一部作品既可以说是经典，有的时候它又是原典。例如《红楼梦》，对于广大读者或文学爱好者而言，它是一部无可争议的文学经典，但对于红学家们而言，它又是绝对的原典，因为它是红学研究的最重要对象。再如《史记》，它既是经典，又是原典。它开创了我国纪传体史书的先河，是我国史学创作的一个巅峰之作，它同时也是当之无愧的原始资料，尤其是考虑到上古文字资料十分稀少的情况，《史记》更是难得的可资征信的重要来源。还有马克思和恩格斯等马克思主义经典著作，既是经典，更是原典。《马克思恩格斯选集》和《马克思恩格斯全集》等，既是他们自身研究的成果、我们从事研究的指导，同时又是我们研究的对象。真正高水平的论文，或者其他学术成果，都是以原典或第一手资料为基础的，而不是根据别人的研究成果进行阐发的。我们要从读原典开始，从材料当中发现问题、获得启发、进行思考，寻求破解问题的方法，并最终给出解决方案。原典激发的是原创性或创造性的思维，读二手资料获得的是受指引甚至牵引的思维。以我自己的经历，我学习楔形文字原文的《汉谟拉比法典》，对我研究亚述学的影响非常大，甚至可以说它奠定了我研究亚述学的基础。而此前我们中国学者研究的《汉谟拉比法典》，都是老一辈的学者们从俄文或英文翻译过来的，转译过程中的错误自是难免的，最重要的，无论俄文版和英文版，他们在翻译过程中已经加入了他们的理解、史观甚至文化背景。所以，读原典有条件的还要读原文。著名美学家朱光潜就说，读书不是一件赶时髦的事，书是越历久才越弥新，智慧才越深。他有一句名言，你与其去读千卷万卷的诗集，不如读一部《国风》；你与其去读千万卷研究希腊哲学的书，不如直接去读一部《理想国》。

　　第二，要多读经典，少读畅销书。德国著名哲学家叔本华就曾呼吁，少碰畅销书。因为在他看来，畅销书都只是一时的流光溢彩。只有经典是经过人类一代一代人大浪淘沙后留存下来、沉淀下来的，它们构成了人类思想的精华。它们甚至不仅仅是被一个民族，而且被所有民族所承认、所接纳、所喜欢、所消化。如果时间和精力真的有限，就应该首先选择读经典。现在二手书太多了，心灵鸡汤太多了，真正的真知灼见、给人智慧的东西太少了。古往今来的名家还有一种看法，叫读错书还不如不读书，开卷未必有益。法国著名思想家蒙田有一段话说：“初学者的无知在于未学，而学者的无知在于学后。”就是说，如果书读多了，读错了，就读傻了。大英百科全书的主编艾德勒进一步阐发说：“第一种无知是连字母都没有学过，当然没有办法阅读，第二种无知却是读错了许多书。”为什么会是这样？阅读的本质是启发思维，能够给我们的思想以启迪，而所有拼凑的书都不具有这样的功能，各种胡乱解读的东西也一样。

所以，对于同学们来说，其实最重要的事情是不读"坏书"。但什么是"坏书"呢？挑选书的时候，知道什么不应该读，是一门艺术。尤其是大学生，自主读书的时间居多，老师会建议甚至指定一些参考书，但这还不够，还要更多地延展阅读。在世界著名大学课堂，老师讲的东西不多，主要靠学生阅读，学生依据老师讲课的线索和思路进行阅读，而经典作品尤其是思想性很强的人文社会科学、科学人文和科学史方面的经典作品，几乎是必读书。出版行业里经常会提供一些中国和国外大学生阅读书目排行榜之类的东西，这些调查问卷式的排行榜显示，在中国大学生最喜欢阅读的书中，文学作品尤其是畅销书成为主流；而在国外大学生最喜欢阅读的书中，各科的学术经典占主导地位。

所以我们说，经典之所以成为经典，是因为它们真的是不朽的文字，是有思想性的东西，是最能给人以营养、给人以启迪和启发的东西。在叔本华和尼采看来，具有伟大思想的作者，通常也只能被同样拥有非凡头脑的读者所欣赏。这话听起来似乎有点儿偏激，但在某种程度上也不是一点道理没有。事实上，当你能读懂我们中国那些圣贤书，你能读懂世界上那么多伟大的思想家的名著的时候，甚至书中的内容还能引起你的某种共鸣的时候，你可能会体验到一种非同一般的欣喜。这也说明你的知识积累，还有思想高度和思维能力已经达到一定的高度。这就是经典的价值。我给大家讲一个读经典的故事，主人公是尼采。19世纪60年代尼采在莱比锡大学期间，他偶然地在一个旧书摊上买了一本叔本华的《作为意志和表象的世界》（这个书商务印书馆收入了"汉译世界学术名著"丛书），他就沉醉其中，激动得一发不可收拾，为什么会这样？他后来回忆说，当时他正孤立无援地经历着某些痛苦的体验，几乎濒于绝望，而叔本华的这部书，就像一面巨大的镜子映照了世界、人生和他的心境。他觉得叔本华的《作为意志和表象的世界》就是专门为他量身定做或者说专门写给他的一样。一个伟大的思想，激发了另一个伟大的心灵，尼采因此创作了他自己最为看重的《查拉图斯特拉如是说》。尼采说，《查拉图斯特拉如是说》是他给予人类前所未有的最伟大的馈赠，它用最平静的话语表达了狂飙的先声。

　　在这里，我还要跟大家说，中外经典不能偏废。外国的经典，尤其是现代世界和现代社会形成时期的经典，确切地说，就是文艺复兴以来的经典，因为影响了现代社会的形成，所以对于我们理解今天的社会具有指引意义。通过这类经典我们可以知道现代的知识，现代的智慧，以及现在的社会是怎么形成的，这个很重要。中国的经典，恰恰是在伟大时代产生的经典，就是我们经常说的诸子百家的伟大思想都不能偏废，它们的智慧和力量是不同的，让你体会到不同的思维方式，体味不同的文化。所以，我们现在知道学贯中西的人是多么伟大的人，是多么智慧的人，也是多么难得的人。

　　在这里，我忍不住要给大家说一下《辞源》。《辞源》除了其自身的学术和文化价值外，最伟大之处是其向中国社会发出了"国无辞书，无文化可言"的呐喊，这是政治觉醒，这是思想觉醒，这是文化觉醒！商务印书馆创于 1897 年，那是中国社会转型的时期，商务印书馆的创立，标志着中国现代文化的兴起。现代的科学包括知识和学科，开始大量地进入中国。在这之前，咱们国人念的是什么书？高一点儿的念到"四书五经"，一般的人只念到《百家姓》《千字文》《三字经》，就这样，4亿人中，读书识字的也只有40万，于现代科学知识和科学体系一概不知，也就是说，自身的民族文化基础非常薄弱。就是在这样的背景下，随着外国传教士的进入，以及近代第一批留洋学生的归来，大量外国的东西，包括宗教、科学和文学、艺术等内容被翻译、引进，以报刊和图书的形式在中国传播。面对西方文化的冲击，我们贫瘠的文化土壤能否消化式地吸收，汲取其营养，排除其糟粕，培植起既以中国传统文化为根基，又与时俱进融入现代科学与文化的新文化。换句话说，既要引进西方的现代科学与文化，又不能走向全面西化之路，完全被西方同化，这是摆在中国面前的最严峻的问题。商务印书馆就开始了这样的忧国忧民之路，要编《辞源》，要通过《辞源》留住汉字的根，留住汉字文化的根。《辞源》对形、音、义全面溯源，同时收录大量百科知识，包括现代的知识。可以说，《辞源》既是中国传统文化的标志性的知识库、中国传统文化的集大成，又开启了现代知识的大门；既保存了中华文化的核心基因，又为现代科学的传播开辟了道路。

第三，多读课外书。阅读一定不要局限于自己的专业书，一定要广泛阅读。现代科学是以专业为基础的，但它也受制于专业的樊篱。每一门学科都以自己独特的方法论、独特的视角去观察自然与社会。有了不同的方法、不同的范式，甚至有了不同的研究目的和目标，才形成这么多的学科。但是对于所有学科而言，其长处在于专业性，其局限性也就注定隐含在专业性上。每一门学科就如一把钥匙，它只能打开一扇门，自然和社会是个庞大的建筑，不知道有多少间房和多少扇门，所以光打开一扇门是不够的，是不能窥见整个大厦的。笛卡尔说，所有学科包括诗学、数学、哲学、神学、法学和医学，都只是一种有局限的方法，都不可以全信。学术和知识界的现状是成为专家很容易，你从事某一个学科的研究，写很高质量的专业论文和著作，也会做到教授和博导，成为学科带头人。你具备专家的眼光，但同时也就注定了专家的局限，甚至专家的偏执，听不进不同意见，因此便沦为被人嘲笑的"专家"，让"专家"一词具有嘲讽和调侃的意味。成为大师很难，成为大师的人，不仅要专精，更要广博，实际上也只有广博才能撑起专精，没有广博作为基础，专精就是狭隘，就是坐井观天，井越深，看见的天就越小。在这里又说到德国，德国真的是了不起。在现代社会形成和发展过程中，德国出现了很多影响全人类的思想家、文学家和科学家，马克思和恩格斯咱们中国人都熟悉，康德和黑格尔、歌德和席勒等知道的人也不少，而温克尔曼、赫尔德和洪堡兄弟等，知道的人就没有那么多了。他们都是博学之士，跨越至少三个学科以上的通才，所以他们被称为大师。从大学一入学的时候，老师就告诉我们，文史不分家，史地不分家，文史哲不分家，但直到今天才能真正领悟其中的道理。其实，文理科也不能截然分开，哲学与科学就如同双胞胎一样，所有科学都凝聚成理念和理论，科学史在某种程度上就是思想史。

　　在这里要注意一个陷阱，就是博而不精。年轻人好奇心强，兴趣也容易泛滥，但一定要在博的基础上有专精之处，否则博就毫无意义。因为任何知识要用于生产和生活实践，其转化为生产能力和生活能力，靠的都是其精到的特性，专精才能成为解决问题的利器。我们鼓励广博，但是不能杂乱无章。蔡元培先生自谦地说，自己特别后悔，说自己没有大成就，就是因为不专心，他说的不专心，不是说看书的时候三心二意，是不能专注于一个领域。他把精力分散于太多领域，他自己说，最后在每个领域里面都有启发、都有想法，但是最终都没有落成。蔡元培先生当然是自谦，他拿自己跟胡适比。他说，他当年看到胡适坐车，路上都带着本和笔，随时都会记上。胡适自然很有学问，但蔡元培先生是对自己要求高，蔡元培先生的学问、眼界、胸怀、抱负，包括所取得的成就和社会贡献，哪是一般学者能比的，哪是仅用一个学者身份能够衡量的！

　　同学们，每年面对那么多的新书，怎么读得过来？读多少书算多？读多少书都不算多。所以，要读对的书，要读得有效率才行。真正有效率的读书方法是什么？是读有质量的书。尼采就特别强调，要读有质量的书。他说："阅读繁多杂乱，这也许不是我的风格。要看完一个阅览室的书，我会生病的，我会疯掉。"所以他说一定要知道哪些书是真正有思想的，是真正值得去读的。

　　第四，多学一门语言等于多一种思维方式。大家都年轻，学语言有天然的优势，能多学一门就多学一门。如果能学两门以上外语，那就更有优势了。如果能学得好的话，可以用原文去读原典的话，那就具备能成大才的条件了。

　　一种语言代表一种思维方式，这是叔本华鲜明的观点。同时，一种语言还代表一种文化方式。地球是公平的，为每个民族提供了栖息的空间，地球上的每个空间都是独特的，从每天到一年四季都是不同的，它决定了观察和接触内容的不同，因此决定了思考对象和思维方式的不同。每个民族独特的语言，就是这些独特思考对象和思维方式的产物。我就吃了外语的亏，我上初三才开始学英语，高中读两年，所以等于只学了两年半的英语就参加高考了，而且我们那个年代高考外语按 70% 计分，上大学后就按部就班地学习公共英语，好在顺利通过四级考试，拿到学位了。后来我选择学习外国史，就只好多看英文版的外国学术著作了。英文书总算磕磕绊绊地能看下来了，发现还有好多德文、俄文和法文的图书资料很有用，但没学过这几种语言，只能望洋兴叹，所以，我的学术研究因语言问题，始终存在不如意。

现在有一种说法，我在参加过各种各样的学术活动中，也确实听到过，在评奖和专业职称评定中，不应该把掌握一门外语作为硬性的杠杠。比如说，专门研究中国古代的这些学科，要求掌握一门外语就不必要，也不公平。这是绝对的短见。要想成为真正有影响的学者，有国际影响的学者，不掌握一门外语，怎么接触与你不一样的思维方式？怎么进行国际交流？要把中国的学问做成世界的学问，这才是真正做学问，才能真正把学问做好。外国学者越对中国感兴趣，越有更多外国学者愿意研究中国，关于中国的学问才会越来越发达。不掌握外语怎能看外国学者的研究成果？怎么去领略人类更多的智慧？怎么打破井底之蛙的局限，拥有更宽广的视野？另外，从纯粹文化传播的角度来说，不掌握外语怎么能把自己的研究成果传播到世界？怎么有机会站在国际讲坛上发出中国的声音，宣誓中国的学术话语权？

20 世纪世界三大著名哲学家之一、奥地利哲学家维特根斯坦说，一个人语言世界的边界就是他个人世界的边界，他的原话是这样说的："我的语言的界限，意味着我的世界的界限。"拿一句稍显庸俗的话来说就是，一个人语言的界限，决定着其个人成就的界限，这包括掌握多种语言的范围，也包括掌握一门语言的纯熟程度。20 世纪著名的后现代文艺批评家、符号学家、法国学者罗兰·巴尔特说，每个人都是自己语言的囚徒，人是由其语言呈现和托出的。也就是说，言如其人，写出来的文字即其人。以钱锺书为例。钱锺书手稿集，堪称世界奇观，商务印书馆出齐了《钱锺书手稿集》第 72 卷，外文笔记 48 册 35000 多页。钱锺书先生以 7 种外国文字记录，所涉及的内容不仅仅是文学，还有其他学科领域，所以他才能成为沟通中外的大师。所以说，步入世界的人，也才更有机会影响世界。

第五，科学、理性地接触数字产品。数字产品存在的一个基本依据，就是为枯燥的读书制造点娱乐，即寓教于乐，还有为文字增加画面和声音，便于理解，尤其是便于青少年理解。至于高端的数据库，则主要不关乎阅读，其价值是检索、查询。固然声光电可以吸引孩子们阅读，但大学生群体如果要靠声光电来激发读书兴趣，这就不免有些悲哀。另外，最重要的，真正的阅读是有思维的阅读，靠声光电来刺激的阅读，会对思维产生抵消作用。对此，尼采的一句话对我们提出了警醒。尼采说，如果凡是人的兴趣都需要外部刺激的话，他坚信，这种兴趣不会持续很久。读书也是同理，如果非要靠外部刺激才能产生阅读的兴趣的话，那么离开了刺激就不会读书了。从这个意义上说，培养孩子的阅读兴趣，数字产品也未必是个好办法，因为容易产生视听依赖症。最重要的是它远离了阅读的本质，远离了激发人思考的本质。在信息社会，不可能与手机隔离，不可能屏蔽数字产品，我们能做的是科学、理性地对待它。作为大学生，必须学会科学、理性地使用手机和数字产品，而科学、理性地使用手机和数字产品，一个重要的方法是把获取资讯和真正的阅读区分开来。读屏作为获取资讯的重要方法是非常适宜的，获取资讯就不需要长时间"霸屏"，浏览获知即可；而阅读则需要长时间沉浸其中，最好是读纸本书。

三、怎样读书

　　下面简单地谈一下如何阅读，确切地说，是我自己是如何阅读的。可以说，阅读方法既有普遍规律可寻，又是因人而异的。由于时间所限，只能简单提及。

　　第一，带着疑问去阅读。孟子说，尽信书则不如无书。所有的书都是有局限的，所有的知识都是暂时的。我上次来北师大跟同学们交流的时候说过，屠呦呦获得诺贝尔医学奖，我看重的一个意义，不在于通常所宣传的中国科学家填补了获得诺贝尔科学奖的空白，而在于中医被西方承认是一门科学，这件事情比获诺奖本身要重要得多。

　　所以，我曾不止一次地讲过，有一次在清华也讲过，我们中国最著名、最优秀的高等学府，就应该有志于打造以中国人的宇宙观、世界观和价值观为基础的科学和学科。中医和中药学等的成功就是鼓励我们前行的动力，努力培养有志于此的学生，一代人做不到，两代人做不到，经过上百年或几百年的努力，也许这就不再是梦想。

世界上不应该只有一种认知世界的方式，也不应该只有一种永恒不变的科学体系和知识体系。所以，带着疑问去阅读，就有可能发现突破口，突破旧有的科学和知识体系的缺口。突破就是创新，科学需要创新，需要不断地创新。我经常思考另外一个问题，我们现在创新能力为什么弱？是我们不够聪明？不是的，东方人聪明。是我们不够勤劳？也不是的。中华民族自古以来，就是勤劳、朴实的民族。这里面可能有我们的教育方式和方法问题，有科学研究的方式和方法问题，但是我认为最根本的不是这些。真正的突破，可能需要突破科学的"旧制度"，打破科学"旧制度"的樊篱，这需要从怀疑开始。科学的真谛就是怀疑，怀疑驱使人类不断地探索，不断地取得新的科学成果。这已经早就成为人类独特的生存方式。

第二，带着问题阅读。对于学子和学者而言，带着问题或目的阅读，肯定是最有效率的。明确问题或目的，就会很快找到阅读的对象或目标，就会知道哪类问题去找哪些书，因为现在的书琳琅满目、眼花缭乱，想找到合适的书，也不是一件简单的事。

大家都知道爱迪生伟大发明的故事。爱迪生上学时，功课是不好的，但是他对一些问题很着迷，对生活中的一些现象也很着迷。他就被这些问题和现象驱使，自主读了很多书，那些书变成了爱迪生的图书馆。这些书就使他专注于某一个方面，成为伟大的发明家。在这个过程中，他的母亲起到了非常重要的作用。面对孩子在校学习成绩不好，甚至遭到白眼，他的母亲没有在他学习成绩上下功夫，而是鼓励和陪伴他去读自己喜欢的书，去做自己喜欢的事。母亲的鼓励和陪伴，是爱迪生成功的最重要因素之一。

第三，标记、标注和做笔记。我有一个切身感受，读书一边读一边做标记、做标注和做笔记，会提高应用或写作效率。我在阅读前，一定准备好几支不同颜色的荧光笔，包括出差时我都是带着书和荧光笔的。不同颜色的标记和标注，便于日后查找和分辨，还要不停地记笔记，它是属于哪类问题，我把它标注出来。这样，我脑子里就有了大致的印象，等到涉及某一问题要用的时候，一翻书就会很快找到。很多书看完了一遍以后，如果不做标记和标注，很容易就忘掉了，等到再用的时候，还得重新找、重新看。

第四，一边读一边写。哪怕你是本科生，刚刚写出来的东西很不成熟、很生涩，甚至自己怎么看都不满意，但只要是真情实感，如实地写下来就好。哪怕只有二三百字，都没关系，越写越有感觉，越写越顺畅，越写越有想法。实际上，很多想法都是在写的过程中激发出来的，不动笔光在那冥思苦想不行，笔锋所到之处、思路所到之处，会有水到渠成的新鲜文字迸发出来，不写的话，很多这类的想法和文字就会一直被压制着。写的过程，是整理思路的过程，是思想进一步深化的过程。千万不要小瞧这个事。没有人一开始就会写洋洋万言的文章，不积跬步无以至千里，每天哪怕只写几百字，一年下来就不得了。长期坚持下来，不仅书写的文字会得到快速积累，思维和思想也将得到精进。关于做笔记的方式和方法，那就太多了，每个人都有自己的方式，在这里我就不说了。

最后，我用这样一段话来结束今天跟大家的交流。知识和资讯无限大，既是好事，也是坏事，是好是坏，关键在于我们自己。我也愿意跟大家一起共勉，无论何时何地，永远都别忘了读书，用读书来破解社会问题，来破解人生难题，来书写人生这篇大文章。

祝大家早日成为祖国的栋梁之材！

谢谢！

（本文系 2017 年 4 月 27 日北京师范大学图书馆"专家讲座"转录文字节选）

走归亡生
出即回死即永

列夫·托尔斯泰的
生 命 启 示

北京师范大学
图书馆 如此关注
托尔斯泰。

谢谢！

二〇一八年十二月署日

文学院
李正荣

主 讲 人 简 介

李正荣

  北京师范大学文学院教授、北京师范大学跨文化研究院副院长、北京师范大学基督教文艺研究中心主任、教育部区域与国别研究中心北师大俄罗斯研究中心研究员。主要研究领域为俄罗斯文学和欧美文学。主要论著有《托尔斯泰传》《托尔斯泰的体悟与托尔斯泰的小说》，曾获俄罗斯莫斯科作家协会纪念奖章和全俄莱蒙托夫协会纪念奖章。

主 讲 提 要

　　百年来，托尔斯泰这位世界文化巨人影响了一代又一代的中国读者。本次讲座，李正荣教授以"1911年5月的绿色""1910年10月的黑色""1910年11月的灰色"和"2010年11月的深邃"4个篇章，以中国式智慧为大家解读"托尔斯泰生命复活""托尔斯泰举起蜡烛""托尔斯泰逃离天堂"以及"托尔斯泰的100年"等命题，以此纪念这位世界文化巨人诞辰190周年。

　　索菲娅·安德烈耶夫娜①推开栅栏的门，一瞬间，她被眼前的景色惊呆了。这个场景是我的一个猜测，我想从这个想象的画面切入，开始我的讲座。

一、1911 年 5 月的绿色，或托尔斯泰复活

　　索菲娅·安德烈耶夫娜是列夫·托尔斯泰的妻子。自从公历 1910 年 11 月 22 日托尔斯泰被安葬到这里之后，索菲娅几乎是天天到这个地方来，但是大家知道，11 月 20 日是俄罗斯的冬天，那个时候冰天雪地。突然，春天来了，索菲娅再到这个墓地来的时候，推开栅栏门，被她眼前的一幅景象惊呆了，她看到栅栏中间那

图 1　世间最美丽的坟墓
（李正荣摄于 2011 年 6 月 12 日）

①　索菲娅·安德烈耶夫娜·托尔斯泰娅（Софья Андреевна Толстая，1844—1919）是列夫·尼古拉耶维奇·托尔斯泰（Лев Николаевич Толстой，1828—1910）的妻子，此处为她的名字和父称。——编者注

方土堆上冒出了一层新绿！托尔斯泰的坟墓上长出了青草！

这似乎不是我的猜测：

1911 年 4 月 10 日，托尔斯泰的妻子索菲娅·安德烈耶夫娜在日记中写道：

> 今天暖和，有风，我第一次出门——当然是到列夫·尼古拉耶维奇的墓地去。远处，人们在用力地敲钟。"基督复活"响彻了整个俄罗斯上空，可是在森林里，在墓地上却是静悄悄的，静悄悄的；枯萎的花圈随风摇晃，而我呢，则一面祈祷，一面哭诉，然后在一个树桩上搭起的小木凳子上静静地坐了很久。当我心爱的、已经死去的丈夫狠心地抛弃了我和自己的家庭，把自己儿子们不幸的家庭也弄得毫无生活保障的时候，基督是否也在他的灵魂中复活呢？上帝啊，饶恕他吧。①

从文字中可以看出，这一天显然是托尔斯泰死后的第一个复活节。请大家关注复活节的"复活"的概念。

那一天是俄国旧历的 1911 年 4 月 10 日，按照新历应该是 4 月 23 日，那个时候的俄罗斯青色、绿色还不是太明显。从托尔斯泰的妻子倾诉中，我们知道，她听到了复活节的钟声。那么，听到钟声是写实，当时的俄国肯定会有复活节的钟声。但是，下面这一句，就不是在写实——一个人不可能听到所有俄罗斯上空的钟声。

---

① ［俄］托尔斯泰娅：《托尔斯泰夫人日记下卷（1901—1910）》，437~438 页，北京，中国社会科学出版社，1984。

这是她的想象，但是这应该是可以想象出来的。她接下来的倾述隐含着明显的对比：在森林里、在物质上，没有复活节的相互问好的声音。在这个对比之中，她又隐含了一个比附：她的心情就像墓地上的景色一样。

接下来她就有一个疑惑。在复活节，大家都在相互慰问，相互问候，在耶稣复活的问候声中，她的丈夫是不是复活了？这是一个疑问，另外还有一个疑问：在这个时候，在离家出走的路上，基督在她的丈夫的心灵中是不是复活了？我把这段话中一些特殊的词给大家标出来了。她说丈夫是"心爱的"丈夫，但接着又说他是"狠心地"离开，这是一个矛盾的表达。她又说，丈夫把家庭"弄得极为不幸"，然后又请求上帝"饶恕"他。

我们来看一下这段俄文：

> 10 апреля. Теплый день, ветер, вышла в первый раз и —пошла, конечно, на могилу Льва Николаевича. Вдали усиленно звонили в колокола.

以上是写实，是对复活节声音的写实，是她对每天去墓地看到的景色的写实。

> 《Христос воскресе》звучало по всей России, а в лесу, на могиле было тихо, тихо; качались засохшие венки на ветру, и я молилась и плакала, а потом тихо и долго сидела на дощечке, положенной на пни. Воскрес ли

Христос в душе моего любимого умершего мужа, когда он злобно покинул меня и свой дом и обездолил несчастные семьи своих сыновей? Да простит ему господь!

这是索菲娅·安德烈耶夫娜的想象，她似乎听到整个俄罗斯上空都充满了基督复活的声音。我请大家关注的是"基督复活"这个词在这段文本里出现了两次。一次是说节日里面的问候"基督复活"，再一次是带着问号的复活——在托尔斯泰的心里，基督是不是复活了。第一个复活是一个非常肯定的判断，尽管是想象，但是那一天俄罗斯的大地上，所有的教堂里都在说这样的话，大家一见面就说"基督复活了"，然后对方回答"复活了"。第二个带有一个问号，是一个疑惑，最后她又有比较肯定的一种期望，期望上帝饶恕她的丈夫。我们知道，饶恕对应的是有罪，有罪才需要宽恕。那么，至少在 4 月复活节，她认为，托尔斯泰，她的丈夫，她的心爱的丈夫是有罪的，她希望上帝会饶恕他。索菲娅，托尔斯泰的妻子，她所说的这个"罪"，是那个"狠心地抛弃了我和自己的家庭，把自己儿子们不幸的家庭也弄得毫无生活保障的"丈夫的罪。这是我的翻译，和刚才的引文有些差异，差异在哪呢？它们体现了两种情况。引文体现的是托尔斯泰抛弃了妻子和家庭，我的译文体现的则是托尔斯泰的出走使不幸的儿子的家庭陷入了贫困。大家注意，"обездолить"①这个词在刚才我们引用的已经出版的译本中没有体现出来，它意味着，因为托尔斯泰使他的子女和家庭陷入贫困，所

---

① Обездолить，意为"使……贫困"。——编者注

以他才造成了他们的不幸。

　　这样我们就有一个疑问：一个大作家，一个有钱的地主，他占有那么多土地，他怎么能造成孩子的贫困？托尔斯泰的出走造成孩子的贫困，这是索菲娅当时的想法。这个想法符合真实的情况，托尔斯泰出走，就是要让他的孩子无法接收他的财产。索菲娅当时显然对这一切并不理解。直到这个时候——当她推开栅栏门，看见丈夫的墓地上有青色和绿色，长出了青草——托尔斯泰娅[1]才感到惊讶，她也开始转变了。她的日记证明了她的转变。在 4 月 20 日，也就是复活节的 10 天之后，索菲娅在日记中又写道："我画了一幅墓地的风景画。"[2]从"风景画"这个词，我们可以看出，实际上墓地是有风景的。从 4 月 20 日的情况来看，当时公历应该是 5 月份，这个风景应该是有了新的变化：在这之前都是冬天和初春，初春之后，开始有了青草，有了新的风景，所以她画了一幅风景画。我认为，这时托尔斯泰的妻子看到了 1911 年 5 月的绿色，她看到的绿色是托尔斯泰坟墓上的绿色。这是复活，坟墓上的绿色是托尔斯泰的复活，这种复活不单单是精神上的复活，也是肉体生命的转化——转化成一棵草、一朵花、一棵树、一片树叶。后来在莫斯科的国立托尔斯泰博物馆的手稿部，我看到了索菲娅·托尔斯泰娅的画册，册页上画的都是草木，其中有草叶、小花、树叶、蘑菇。我判断这些都是托尔斯泰坟墓上的草、坟墓上的花、坟墓上的蘑菇，索菲娅·托尔斯泰娅把她画的这些看作是托尔斯泰的生命。

_____

　　①　即托尔斯泰的妻子索菲娅·安德烈耶夫娜。——编者注

　　②　［俄］托尔斯泰娅：《托尔斯泰夫人日记下卷（1901—1910）》，438页，北京，中国社会科学出版社，1984。

到了 7 月，索菲娅·安德烈耶夫娜又开始用油画来画她丈夫的墓。她在日记中写得非常清晰：

我开始用油彩画廖瓦契卡[①]的墓地。[②]（7 月 9 日）

又是狂风大作，雷雨交加。墓地上一棵枯树被摧毁了。[③]（7 月 26 日）

我打算再画一幅墓地的画。[④]（7 月 31 日）

我想，从 5 月到 7 月，托尔斯泰墓地上的绿色，实际上回答了他的妻子的疑问："基督是否也在他的心灵复活呢？"这个回答是肯定的，在这个时候，基督不仅复活了，托尔斯泰自己也复活了。这场复活是针对托尔斯泰的死亡的。我们知道，1910 年俄国旧历 11 月 7 日（公历 11 月 20 日）早晨 6 点零 5 分，托尔斯泰在阿斯塔波沃火车站逝世。1918 年，这个车站更名为"列夫·托尔斯泰"火车站。

在我们的观念中，死亡是黑色的，那么，托尔斯泰死亡的黑色时刻是怎么到来的？

---

① 廖瓦契卡是托尔斯泰的名字列夫的爱称。——编者注

② ［俄］托尔斯泰娅：《托尔斯泰夫人日记下卷（1901—1910）》，450 页，北京，中国社会科学出版社，1984。

③ ［俄］托尔斯泰娅：《托尔斯泰夫人日记下卷（1901—1910）》，451 页，北京，中国社会科学出版社，1984。

④ ［俄］托尔斯泰娅：《托尔斯泰夫人日记下卷（1901—1910）》，452 页，北京，中国社会科学出版社，1984。

二、1910年10月的黑色，或托尔斯泰举起蜡烛

旧历1910年10月28日，托尔斯泰在日记中写道：

> 睡到两点多钟……想睡，睡不着，翻来覆去约一个钟头，点上蜡烛坐起来。索菲娅·安德烈耶夫娜开门进来，问我身体怎样，说看见我点了蜡烛，感到惊讶。憎恶与愤怒越来越强烈，喘不过气来，数了数脉搏，97下。不能再睡，我突然做出了出走的最后决定。①

索菲娅·安德烈耶夫娜走过来，应该是关心丈夫，可是为什么她却引起了丈夫的愤怒？实际上这段日记之前还有一段话：

> 十月二十日［奥金修道院］十一点半躺下。睡到两点多钟，醒来之后，同前几夜一样，又听见开门声和脚步声。前几夜，我没有看我的房门，今天一望，从门缝中看见书房里有明亮的灯光，还听见沙沙的声音。这是索菲娅·安德烈耶夫娜在找东西，可能在翻阅。前一天，她请求我，要求我不要闩门。

---

① ［俄］托尔斯泰：《列夫·托尔斯泰文集》，第17卷，368~369页，北京，人民文学出版社，1991。

> 她的两扇门都开着，所以她能听见我的任何动静。不管白天黑夜，我的每一个动作，每一句话都必须让她知道，受她监督。[①]

可以看出，在托尔斯泰看来，妻子走过来并不是要关心他，而是要翻东西和监督他。索菲娅的这些动作的目的确如托尔斯泰所想，他的妻子在天天地看着他，翻东西，寻找遗嘱，因为遗嘱上写的是抛弃财产。他的妻子不能让遗嘱散播出去，一旦散播出去，她的家里就什么都没有了。他的妻子过来，实际上是要捍卫她的家庭和儿子们的幸福。

托尔斯泰在日记中继续写道：

> 又是脚步声，小心翼翼的开门声，她走过去了。不知为什么这引起我无法抑制的憎恶和愤怒……不能再睡，我突然做出了出走的最后决定。我给她[②]写了一封信，开始收拾最必要的东西，只要能走就好。我叫醒杜尚[③]，然后叫醒萨莎[④]，他们帮我收拾。我怕她听见走出来吵闹，歇斯底里大发作，以后不闹就走不成，一想到这里我就发抖。[⑤]

[①] ［俄］托尔斯泰：《列夫·托尔斯泰文集》，第 17 卷，368 页。

[②] 即索菲娅·安德烈耶夫娜。——编者注

[③] 杜尚当时是托尔斯泰的家庭医生，他的全名是杜尚·彼得罗维奇·马科维茨基（Д.П. Маковицкий，1866—1921）。——编者注

[④] 萨沙为托尔斯泰的小女儿亚·托尔斯泰娅（А.Л. Толстая，1884—1979）。——编者注

[⑤] ［俄］托尔斯泰：《列夫·托尔斯泰文集》，第 17 卷，368~369 页，北京，人民文学出版社，1991。

当托尔斯泰写下这段日记时，他已经离开自己的家，正在出走路上的一个修道院。

托尔斯泰出走的真正原因并不是与妻子的冲突，实际上，托尔斯泰出走的原因是忏悔和羞愧——无解的羞愧，坐拥财富的羞愧，食言的羞愧，迟迟没有行动的羞愧。

1910 年 8 月 19 日，临近托尔斯泰 8 月 28 日的 82 岁生日，他在这一天"为自己一个人写的日记"的结尾之处连用了三个"羞耻"："羞耻，羞耻，只有羞耻……"1910 年 10 月 26 日，托尔斯泰在"为一个人写的日记"中，再一次写到"羞耻"："没有什么特别的事。只是羞愧感增加，而且更觉得需要采取行动。"[1]26 日的这段日记，是托尔斯泰在雅斯纳雅·波良娜写下的最后一段话，第二天他就离家出走了。尽管写得很少，但是这段话很重要。我把这段话重新翻译了一下："10 月 26 日。什么特别的事情也没有。只是不断增加羞耻感，同时，努力行动的要求也不断增强。"可以想象，28 日早上托尔斯泰的行动就是在这样的状态下开始的。他说"什么特别的事情也没有"，其实，这一天哪里是什么特别的事情也没有！这一天，他给斯特拉霍夫写信，给切尔特科夫写信，写论社会主义的文章，写论死刑的文章。第二天，托尔斯泰生命最后阶段的壮丽行动便开始了！

---

① ［俄］托尔斯泰：《列夫·托尔斯泰文集》，第 17 卷，378 页，北京，人民文学出版社，1991。

三、1910 年 11 月的灰色，或托尔斯泰逃离天堂

　　非常感谢图书馆的雷老师和张老师，在她们的策划设计下，我们在讲座的同时还有一个专题展览，叫作"托尔斯泰最后生命的 17 个瞬间"。这个展览的名称我是借用了一部苏联电视剧的名字，那部电视剧叫作《春天里的 17 个瞬间》。

图 2　"托尔斯泰最后生命的 17 个瞬间"北京师范大学图书馆供图

　　在托尔斯泰去世不久之后，有人就绘了一张托尔斯泰出走的地图。按照坐标看，托尔斯泰的故乡雅斯娜雅·波良娜位于莫斯科的正南方。很多人在托尔斯泰的传记中写他离家出走是向南。确实是

这样，但是到了戈尔巴乔沃之后，他突然转弯，开始向西走。他是乘火车来到的戈尔巴乔沃，之后在这个地点又换了一辆火车。向西行进，托尔斯泰来到了科卓尔斯克。在科卓尔斯克他下了车，待了两天之后，他又上车出发。从托尔斯泰的传记和日记来看，他还是继续向南，但是我们看这个路线，他不是向南，按照坐标，他是向东。他的目标的确是向南，但是他是走向东南。我这样强调东西南北，实际上是要告诉大家很重要的一些信息。

雅斯娜雅·波良娜—肖基诺—戈尔巴乔沃—科卓尔斯克—奥普金修道院—沙莫尔金诺—阿斯塔波沃，这是托尔斯泰从 10 月 28 日离家出走至 11 月 3 日停留在阿斯塔波沃车站期间的路线图。我们把它归结成 7 个节点，它们都是托尔斯泰换乘的地点。出发点是雅斯娜雅·波良娜，他是乘马车出发的。第二个节点是肖基诺，在肖基诺的火车站托尔斯泰坐上了火车。托尔斯泰在旧历 10 月 28 日早上 5 点多就到达了这里的火车站，一直等到 7 点多才来了一辆火车，他便登上了这列火车。（如今这个火车站很少停车，只有列车经过，因为它太小了。但是，车站前面有一个非常大的托尔斯泰的塑像。）然后他继续往前走，到了一个地方，这个地方叫戈尔巴乔沃。这时他应该是向南走，但是他突然调转方向，向西到了科卓尔斯克。到了这个地方之后，他不是在车站停留，而是从车站乘马车到了奥普金修道院。从车站到修道院，实际上他还是按照向西的目标走。在修道院住了一夜之后，他又乘马车来到了沙莫尔金诺。然后他离开沙莫尔金诺，又回到科卓尔斯克火车站，坐上火车，开始往南方走。但是，托尔斯泰没有走到他的目的地。他中途发烧，不得不停下来，他停下的车站叫作阿斯塔波沃。大家看过这些节点之后就能够清晰一点，托尔斯泰出发之后，先后向南、向西、向东走。

为什么会是这样？其中有一个原因是他怕他的妻子追上来，因此想要掩盖他的出行路线。这是他的一个明确的目标，因此要不断变换，所以我说他像狐狸一样掩盖自己的足迹。关于第七个节点，历史传记上说他是要向南，但我们看到，他实际是向东。到底是向南还是向东？实际上这是非常大的一个问题。托尔斯泰 1844 年进入喀山大学，当时他申请进入喀山大学哲学系的东方部，所以在 1844 年，托尔斯泰在 16 岁的时候已经选择了东方。对此，我有一个考证，托尔斯泰的喀山大学的"东方选择"和他一生的"东方选择"是结合在一起的。

第六个节点——沙莫尔金诺——实际上也是大问题。沙莫尔金诺是一个小村庄的名字，在这个村庄里有著名的沙莫尔金诺修道院。当时，托尔斯泰的妹妹[1]在这里修行。沙莫尔金诺修道院附属于奥普金修道院，奥普金修道院是男修道院，沙莫尔金诺修道院是女修道院。托尔斯泰找到他的妹妹，两个人在修道院待了一个晚上。他通过妹妹认识了一些人，第二天，在这些人以及妹妹的女儿的帮助下，托尔斯泰在沙莫尔金诺租了一间房子。租房子的时候，他本来和人家说好，要在这里长住。当

图 3　大河谷上沙莫尔金诺修道院（李正荣摄）

---

① 即玛丽亚·尼古拉耶夫娜·托尔斯泰娅（Мария Николаевна Толстая，1830—1912）。——编者注

时，托尔斯泰的女儿已经赶了过来，他和他的医生、女儿决定在这个地方安定下来。但是，到了晚上，他们开了一个小会，托尔斯泰决定，他们还是要走，不能在这里停留。可能托尔斯泰又后悔了，他觉得这个地方离家太近了。大家看，他转了一圈实际上又转回来了。于是，托尔斯泰决定继续走下去。

往哪个方向走？大家对此议论了很长时间。他们摊开了一张大地图来选接下来的方向，最后托尔斯泰在地图上用手指点了一下，他的家庭医生和女儿顺着托尔斯泰指的地方看去——那是高加索！是托尔斯泰在青年时代服役的地方，是他当兵的地方。托尔斯泰对大家说，他年轻的时候在那里当过兵，他想再去看看。我认为，表面上这是随便说的一句话，实际上不是，他一直惦记着这个地方，一直想回去。

第五个节点是更大的问题。托尔斯泰和奥普金修道院有深深的关联，此外，俄国文学和这个修道院也有大的关联。先说托尔斯泰。曾有一张很著名的照片，是托尔斯泰从莫斯科步行回雅斯娜雅·波良娜的路上拍摄的。这张照片上的人物是托尔斯泰，如果不告诉大家的话，大家谁也不会想到这是托尔斯泰。他完全是农民的样子，背着背包，穿着农民的衣服，鞋是他自己缝的，拄的根本不是拐杖，就是树枝。有一次托尔斯泰步行到奥普金修道院也是这样的装束。他一生自己做主去过 3 次奥普金修道院，最后这一次是第四次。还有一次，是他在 13 岁的时候为参加她的姑妈奥斯滕 - 萨肯伯爵夫人①的葬礼来到过这个修道院，他的姑妈于 1841 年在修

①　1837 年，在托尔斯泰的父亲去世之后，奥斯滕 - 萨肯伯爵夫人担任托尔斯泰兄妹的保护人。——编者注

道院的客舍去世。也就是说，他一生到过这个修道院 5 次，和这个修道院的关系是十分密切的。小的时候他来这个修道院是没有目的的，但是后来的 3 次他是为了寻找精神寄托，是要探讨信仰问题，而且其中一次是以游方僧的装束，一路步行来到修道院。他把自己当作一个苦行僧，或者是一个追求真理的游士。这个时候他不是一个人，家里的一个农民陪着他。后来这个农民写了一个回忆录。在回忆录里面，我们可以看出托尔斯泰非常虔诚地完成这些行为。托尔斯泰如此虔诚，他和修道院的关系却有问题，倒不是和这一个修道院的关系有问题，而是和整个俄国的东正教关系特别紧张，以至于在 1901 年托尔斯泰被开除教籍。这是我们谁也不会相信的，甚至根本不会想到的。这么虔诚的人，居然被东正教处罚，开除教籍是最严重的一件事了。在刚刚被开除教籍的那段时间，当他走在莫斯科的路上，有的妇女就指着他的鼻子骂："魔鬼，魔鬼，魔鬼。"当然，更多的人纷纷给他写贺信，认为他被开除是光荣的好事。1910 年托尔斯泰来到了奥普金修道院，他敲开修道院的门，问值班的修士："你知道我是谁吗？"修士回答说："天下谁人不知道你是谁。"托尔斯泰又问："那我可以进来吗？"修士回答说："耶稣、上帝是对所有人敞开怀抱的。"表面上看，在第一段对话中，托尔斯泰在说：你们知道我是谁吗？我是那个著名的作家啊。修士回应道：是啊，我知道，天下人都知道你是著名的作家。但实际上不是。托尔斯泰是在问：你知不知道我是被开除的那个人？修士说：我知道，没问题，你来吧。这就是奥普金修道院的特点，它有一点独立性，它不完全接受大牧首的管理，而是长老制。这个修道院在俄国的作家之中起了非常大的作用。果戈理到这个修道院来过好多次，长老和他的交谈令他念念不忘。陀思妥耶夫斯基也和这个修道院发生关联，他的《卡拉马佐夫兄弟》的前 20 页是在这个修道院写下的。可见，这个修道院在俄国文学中占有重要地位。

这些节点首先说明托尔斯泰具有狐狸的特点。他不断地在变换自己的决定。可能他是怕别人追上来，所以要掩盖自己的足迹，但是，也有可能他就是这样的性格，习惯不断地改变自己的主意。另外，这些节点还能说明作为刺猬的托尔斯泰。狐狸和刺猬是古希腊的一个比喻，像狐狸一样的人是多变的，像刺猬的人是永远不变的，刺猬的一大智慧往往超过狐狸的百般机巧。后来，英国哲学家伯林写了一篇关于托尔斯泰的文章，叫作《狐狸与刺猬》，这是论托尔斯泰的名篇。伯林认为，托尔斯泰兼有这两种性格。从托尔斯泰突然出走的路上实际上就看出他的这个特点。既是狐狸又是刺猬的托尔斯泰在完成这些动作，像狐狸的托尔斯泰在不断变化，像刺猬的托尔斯泰则不变，坚定地实行内心的计划。他的出走的意义现在也许还不能被理解，但它总归有一个作用，即拯救了自己。托尔斯泰还说了一句非常奇怪的话："拯救了自己，不是列（夫）·尼（古拉耶维奇），而是拯救了我身上曾经有过的，虽然很少，但是，毕竟有时确实出现过的东西。"他认为（出走）不是拯救了"列（夫）·尼（古拉耶维奇）"，也就是说，出走不是拯救了他这个人，而是拯救了"身上曾经有过的，虽然很少，但是，毕竟有时确实出现过的东西"。这是什么东西呢？那就应该是他心中的信仰和理想。

托尔斯泰说：

这，就是我的计划。去做那个应该做的事情吧，去迎接将要迎接的东西吧……一切为了造福于他人，而主要的，是造福于我。

这是托尔斯泰最后的一则日记，当时他已经走到了阿斯塔波沃。展板上有一个很感人的场景：有一个人跪在托尔斯泰的床前，举着笔记本，托尔斯泰在这个笔记本上写字。上面的话就是在这种场景中写下的。举着笔记本的人是托尔斯泰的大儿子谢尔盖，他在 11 月 3 日赶到这里。托尔斯泰本来要求任何人不要来到他身边，但是当他的儿子赶来的时候，他说："你终于来了，我真高兴。我知道，你会找到我的。"托尔斯泰的儿子没有打断他，宁可自己跪在地上，举着笔记本，让托尔斯泰写下了这些话。对于亲人来说，真的是不知道怎么做才好——让托尔斯泰走，还是不让他走？拦住他，还是不拦住他？托尔斯泰的儿子就是这样，父亲让他做什么便做什么。托尔斯泰就是在这种情况下写下了最后的一句话。

这是书写了一生的托尔斯泰最后的文字，阅读 1910 年全部的日记，从第一则读到最后一则，任何一个人都会体会到托尔斯泰离家出走、在一个无名的小车站、在一间简陋的车站宿舍、在冬日的寒冷中迎接死亡的深度喜悦。这种喜悦，是终于可以不被人家指责成伪君子的喜悦，是终于让羞耻感得到平和的喜悦。另外，托尔斯泰知道自己的生命总会走向终结，迎接死亡是他最大的目标，以他想要的方式迎接死亡，也是他的喜悦。这些喜悦最终都是在阿斯塔波沃的无名小车站实现的。

四、2010 年 11 月的深邃，或没有托尔斯泰的 100 年

托尔斯泰出走的行为在当时是重大的事件，对世界文化史和世界历史来说，这也是重大的事件。这个事件在当时引起巨大轰动，但是过了几年，它也就淡化、消失了。再过几年，这个地方慢慢冷下去了，但是托尔斯泰的墓永远有人来，每天都有人参观，以至于后来他的坟墓周围的路都被踩实了。为了改善这里的情况，3 年之后，庄园的人取掉了原来的栅栏，在更大的范围围了一下，以避免把墓地周围的土地踩得太实。1917 年十月革命之后，1918 年俄国的新政权公布了第一批公有博物馆的信息，托尔斯泰的家人就把庄园无偿献给政府了。那时，新政权成立了国立托尔斯泰故居博物馆。雅斯娜雅·波良娜庄园是第一批国立博物馆之一，从此以后由政府投资和管理。

2008 年，为纪念托尔斯泰的诞辰，列夫·托尔斯泰的第六代孙子弗·伊·托尔斯泰举办了一个展览。这个展览以"没有托尔斯泰的 100 年"为主题。这个展览的题目起得非常好，它要说明什么呢？它就是想说明托尔斯泰的意义，其中包括托尔斯泰死亡的意义。在托尔斯泰死后的 100 年，发生了什么事情？他的这种想法实际上出自德国作家托马斯·曼的一句话："倘若雅斯娜雅·波良娜那位老人的敏锐的、洞察一切的灰色眼睛，在 1914 年仍然注视着

世界的话，这场战火也许不至于爆发。"①说这句话的时候，托马斯·曼想的实际上是托尔斯泰的主义和托尔斯泰的主张，因为托尔斯泰的主义就是和平。俄罗斯的专家在讨论《战争与和平》的"和平"②应该怎么翻译。我还是认为，翻译成"和平"是对的。当然，它有两个含义，一个是"和平"，一个是"世界"，从语言的角度看，和战争对应的应该是和平。

"没有托尔斯泰的100年"这个展览创意十分独特。每一个展板都分成了两大部分，一部分是图片和录像，另一部分是文字解说。图片再现了100年间的重大悲剧性事件，包括中东战争、高加索战争、车臣战争、切尔诺贝利事件，还有一些刚刚发生过的事件，如美国"9·11"事件等。用托尔斯泰的话来做解说词，这种设计真是太妙了。托尔斯泰已经去世了100多年，但是他来为这些当代事件做解说！实际上，这些从未停歇的战争图景，凸显了托尔斯泰最重要的文学作品——《战争与和平》。

其中，我觉得最震撼的，是对应着美国"9·11"事件的托尔斯泰的这段文字：

难道人们生活在这个美丽的世界，生存在这个布满无尽星光的夜空下，感到拥挤了吗？难道在这迷人的大自然中，人

---

① ［德］托马斯·曼：《托尔斯泰》，见陈燊主编：《欧美作家论托尔斯泰》，388页，北京，中国社会科学出版社，1983。

② 在现代俄语中，мир具有两个不同的含义，一是和平，二是世界。而在20世纪的文字改革之前，这两种含义具有不同的写法，其中мир意为和平，мір意为世界、宇宙。

的心灵会存留仇恨、复仇的情感，会存留非要灭绝自己的同类的欲望吗？

面对"9·11"的场景，读这句话，你真的会有这样的疑问：怎么会有如此强烈的灭掉自己同类的欲望？还有这句话：

> 在接触到大自然——直接体现美和善的大自然的时候，人心中的那些不善的东西应该荡然无存啊。

这段话选自托尔斯泰 1852 年发表的小说《袭击》，这篇小说以托尔斯泰参加过的高加索战争为背景。当他参加对车臣人的战争时，他写下了这段反思性的话。今日读这些话，恰好适合对"9·11"进行反思。此外还有一段话：

> 人们为自己的愤怒、自己的复仇制造出正义的法律，把自己的肮脏归咎于上帝。真是荒谬呀！

这是他出走那一年的日记中的一段话。托尔斯泰一生都是按照同样的世界观生活，在这样的生活中，他高出一般的国家利益和个人利益去思考人类的问题。

那么，在没有托尔斯泰的 100 年中，我们是不是忘掉了托尔斯泰给我们的警告。托尔斯泰曾写道：

> 疯狂的人永远都要比健全的人更容易达到自己的目标，

这种现象能够发生，是因为对他来说，什么道德障碍都没有：无论羞耻，无论良知，无论真理，甚至无论恐惧，都不成为他的障碍。

是的，在我们的周边，放弃了某种原则的人最容易达到他的目标，"因为对他来说，什么道德障碍都没有"。在这里，托尔斯泰又一次谈到羞耻和良知。

我想，没有托尔斯泰的 100 年，托尔斯泰还在！托尔斯泰生命没有在 1910 年停止，而是永生。

谢谢大家！

（本文系 2018 年 11 月 30 日北京师范大学图书馆"专家讲座"转录文字节选）

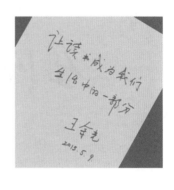

让读书成为我们
生活中的一部分

王余光
2013.5.9

通识教育
与
经典阅读

为什么要读经典

让读书成为我们
生活中的一部分

王余光
2013. 5. 9.

主讲人简介

王余光

　　北京大学信息管理系教授、博士生导师，教育部高等学校图书馆学教学指导委员会主任，中国图书馆学会监事长。主要个人著作有《中国历史文献学》、《中国文献史》（第一卷）、《中国新图书出版业初探》、《名著的阅读》、《读书随记》、《文献学与文献学家》、《阅读，与经典同行》；主编《影响中国历史的三十本书》《图书馆阅读推广研究》《中国阅读通史》等。

主 讲 提 要

　　通识教育最早源于古希腊，是透过心智的发展与理性运作来脱离蒙昧或修正褊狭观点，人的视野因此而开阔，心灵因得到解放而自由。为了达成将不同的知识融会贯通，最终培养出完全、完整的人的目标，经典阅读一直是有效手段之一。但长期以来，经典阅读并未受到教育工作者的重视。本场讲座，王余光教授将就通识教育与经典阅读这一话题和大家分享他的心得。

一、通识教育与经典阅读

近十余年来，现代技术对阅读的冲击，学生读书的时间减少，通识教育的问题受到人们高度关注。比如，北京大学强调在本科阶段淡化专业、重视通识。在一个学年中，为学生提供 300 门通选课，主要是突出能力与素质教育、建设大类平台课、努力推行以学生自由选课为核心的学分制及相关措施。那么问题来了：通识教育是通选课加大类平台课？或者通识教育是百科全书式的知识的堆砌？还是说通识教育就是古典教育？这些都需要探讨，这里主要谈谈经典阅读的问题。

二、为什么要读经典：问题的提出

这一问题在 20 世纪初就已被提出。在中国，随着西学的引进、科举制度的废弃，传统经典与读书人愈行愈远。五四运动前后，随着新教育制度的确立和白话文的推行，青年学生，特别是中小学生，已不把传统经典作为主要读物了。当时，有学者甚至说要把线装书扔到茅厕里去。因而，为什么要读经典，在那个时代就已被提出。近100年来，这一问题常常被人们提起。

近十余年来，随着新技术的发展，电视、手机与网络的普及所造成的冲击，读书人，特别是青少年，阅读时间大大减少了。因而，读书的问题引起人们的普遍关心。在其中，随着中国经济实力的增强，文化软实力被学者们不断提起，而阅读传统经典、弘扬中国文化，正是这种软实力的必备内涵。

三、为什么要读经典：答案的异同

1. 梁启超的回答

1923年，梁启超在撰写《国学入门书要目及其读法》的同时，还写了一篇《治国学杂话》的文章。在这里，梁氏就为什么要阅读传统经典，提出了两层意见。

一是作为中国学人，就有必要读一些中国传统经典。他在《最低限度之必读书目》后的附言中说："以上各书，无论学矿学、工程学……皆须一读，若此未读，真不能认为中国学人矣。"①

二是梁氏认为，不仅需要阅读必要的经典，对那些"最有价值的文学作品"和"有益身心的格言"，还需要熟读成诵。他说：

> 好文学是涵养情趣的工具，做一个民族的分子，总该对于本民族的好文学十分领略，能熟读成诵，才在我们的"下意识"里头，得着根底，不知不觉会"发酵"。有益身心的圣哲格言，一部分久已在我们全社会上形成共同意识，我们做这社会的分子，总要彻底了解他，才不至和共同意识生隔阂。一方面我们应事接物时候，常常仗他给我们的光明。②

那些传统经典中的好文学，灌溉和滋养着我们的心灵，使我们有涵养与情趣；而圣哲格言，在为人处事方面，给我们以指引，不

图 1　梁启超先生及《国学入门书要目及其读法》（中州古籍版）

---

① 梁启超：《国学指导二种》，21 页，北京，中华书局，1936。
② 梁启超：《国学指导二种》，26 页，北京，中华书局，1936。

致使我们陷入困惑的黑暗中。在 20 世纪 90 年代，经过多次动荡的中国教育界，多少已意识到梁启超的深意，开始强调学生的素质教育。

2. 鲁迅的回答

1925 年，孙伏园在自己主持的《京报副刊》上，发出"青年爱读书十部"与"青年必读书十部"的征文启事。"青年必读书十部"征文，当时有 70 余位学者作家应征。

1925 年 2 月 21 日，《京报副刊》刊出鲁迅的答卷。在《青年必读书》一栏中，鲁迅说："从来没有留心过，所以现在说不出。"在"附注"中，鲁迅说：

我看中国书时，总觉得就沉静下去，与实人生离开；读

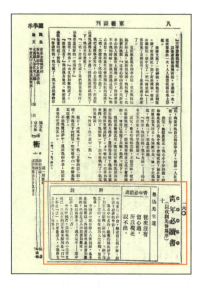

图 2　载于《京报副刊》的《青年必读书》及 1925 年的鲁迅先生

外国——但除了印度——书时，往往就与人生接触，想做点事。

中国书中虽有劝人入世的话，也多是僵尸的乐观；外国书即使是颓唐和厌世的，但却是活人的颓唐和厌世。

我以为要少——或者竟不——看中国书，多看外国书。

少看中国书，其结果不过不能作文而已。但现在的青年最要紧的是"行"，而不是"言"。只要是活人，不能作文算什么大不了的事呢。[①]

鲁迅的观点发表后，引起很大争议，也遭到不少人的批评。在当时的环境下，鲁迅代表了一批人的看法，那时正是在中国国力衰退的时候。但即便如此，在这种情况下，还有不少知识分子并不同意这种观点。在今天，他的观点也难为大多数人接受。

3. 唐文治的回答

1934年，《教育杂志》主编何炳松向全国教育界征询"读经"的意见。次年5月，《教育杂志》将收回的70余篇文章以专辑的形式推出。其中收录时任无锡国专校长唐文治的意见。唐文治说：

窃维读经当提倡久矣！往者英人朱尔典与吾华博士严幼陵相友善，严尝以中国危亡为虑，朱曰：中国决不至亡。严询其故，朱曰：中国经书，皆宝典也，发而读之，深入人心。基隆扃固，岂有灭亡之理？余谓朱说良然。吾国经书，不独可以

---

① 《京报副刊》，1925年2月21日。

> 固结民心，且可以涵养民性，和平民气，启发民智。故居今之
> 世而欲救国，非读经不可。[①]

在唐文治看来，经书为国家的根基，可以团结人民、提高素质、开发智慧、创造和谐社会。

4. 朱自清的回答

1942 年，在西南联大任教的朱自清写成《经典常谈》，此后多次出版或重印。这部书开列了 10 余部经典，说文解字第一、周易第二、尚书第三、诗经第四、三礼第五、春秋三传第六（国语附）、四书第七、战国策第八、史记汉书第九、诸子第十、辞赋第十一、诗第十二、文第十三，以求能启发读者的兴趣，引他们到经典的大路上去。作者在《序》中说：

> 在中等以上的教育里，经典训练应该是一个必要的项目。经典训练的价值不在实用，而在文化。……再说做一个有相当教育的国民，至少对于本国的经典，也有接触的义务。[②]

由朱自清的"文化"二字，可见 60 多年前，中国的知识分子就已经意识到中国文化受西方文化冲击的问题，担心中国人走向世界时会忘掉本民族的文化。中国文化如何传承的问题，在当时就已经是很重大的问题了，一直持续到现在仍然存在。我们现在的青年

---

① 龚鹏程主编：《读经有什么用？》，14 页，上海，上海人民出版社，2008。

② 朱自清：《经典常谈》，11 页，上海，上海文艺出版社，1999。

图 3　朱自清先生与《经典常谈》

人，更加消极地对待这个问题。可能很多人会说，这跟我有什么关系，我不必承担如此沉重的历史责任。但如果我们每个读书人都不承担这样的历史责任，那么这个文化将会中断以至彻底消退。

作为这个民族的知识分子，自有着传承民族文化的责任。60多年来，《经典常谈》也成了人们习读经典的经典。

5. 钱穆的回答

1978 年，香港中文大学新亚书院设立"钱宾四先生学术讲座"，请 84 岁高龄的钱穆作了"从中国历史来看中国民族性及中国文化"系列讲座。在讲演中，钱穆指出：有 7 部书是"中国人所人人必读的书"。他说：

　　我们今天一个知识分子，一个读书人，应该读四部书：一部是《论语》，一部《孟子》，第三部是《老子》，第四部是《庄子》。读了这面，还应读那面，这就叫"一阴一阳"。

又说：

> 这四部书都是古代的。若要再读后代的，则我再举三部。一是禅宗慧能的《六祖坛经》……第二部是朱子选的《近思录》……第三部是王阳明的《传习录》。
>
> 拿唐朝以下的三部，汇合上战国时代的四部，可成为中国新的《七经》。①

钱先生终生致力于中国文化的研究，是一位"对其本国以往历史有一种温情与敬意者"②。其所七经说，乃其一生的读书经验之所得。

图 4　钱穆先生与"钱宾四先生学术文化讲座"系列丛书（中华书局 2016 版）

---

① 钱穆：《从中国历史来看中国民族性及中国文化（五）》，香港，香港中文大学出版社，1979。

② 钱穆：《国史大纲·凡读本书请先具下列诸信念》，北京，商务印书馆，2010。

6. 美国人的回答

我们注重传统经典的阅读，或许源于中国悠久的传统所赋予我们与生俱来的情感。然而，在美国，习读经典名著，特别是习读传统经典，同样是受人关注的话题。早在 20 世纪初，哥伦比亚大学就创设了"文学人文"和"当代文明"两门本科生的必修课。前者致力于提供一个欧洲文学名著的标准选目，后者提供一个哲学和社会理论名著选目。这两个目录包含了大量的西方传统经典。20 世纪 40 年代，美国许多大学开设了这类课程。直到今天，有一些大学仍继续开设，如哥伦比亚大学与芝加哥大学。一位哥大的校友在谈到母校坚持开设这类课程的原因时说：

> 学校很清楚地知道，消费主义和平庸趣味的污染从来没有远离过这些经典著作名单。学校试图通过它组织和教授这两门课的方式驱除这种污染。首先，阅读常常是艰涩的，对当代的学生来说尤其如此。这是对西方传统的极度尊崇，而且校方坚持认为它是必要的……它们应该成为每个人的教养的一部分。①

这位哥大校友名叫大卫·丹比，美国《纽约》杂志的电影评论家。1991 年，他 48 岁，突然回到母校选修"文学人文"与"当代文明"这两门课，重读西方经典。他之所以这样做，主要源于他自身的知识危机。作为媒体人，他深感：媒体给予信息，但信息在 90 年代已变成了瞬息万变、十分不稳定的东西。一个人永远不会

---

① ［美］大卫·丹比：《伟大的书》，2 页，南京，江苏人民出版社，2003。

得到充分的信息，这就是美国人现在为什么焦虑不安得像半疯了一样的诸多原因之一。20世纪末，媒体威胁着要"全面接管"。他说"我拥有信息，但没有知识"，"严肃的阅读或许是一种结束媒体生活对我的同化的办法，一种找回我的世界的办法"①。

简而言之，阅读经典原因大约有四：一是文化传承，经典训练的价值不在使用，而在文化；二是价值选择，在我们困惑时，经典可以为我们指引方向；三有利于写作与气质；四是对传统的尊重。此外，经典阅览室建设是读经典的有效途径之一，只有高度重视经典书籍的建设与积累，才能为经典阅读推广工作打好基础。我一直倡导和多次呼吁图书馆有必要设立经典阅览室，以此为阅读经典提供便利的社会环境。

四、经典的选择

那么，经典阅读的基本目录有哪些呢？再次推荐几种，供大家参考。

---

① ［美］大卫·丹比：《伟大的书》，2页，南京，江苏人民出版社，2003。

1. 20 世纪以来的推荐书目

名家书目。由名家学者推荐的书目。前文已介绍了朱自清的《经典常谈》，此外还有 1923 年梁启超的《国学入门书要目及其读法》、胡适的《一个最低限度的国学书目》。40 年代，钱穆先生在西南联大为学生开列了一个《文史书目举要》，1973 年出版《中国史学名著》，晚年在香港中文大学的讲座中又提出 7 部书是"中国人所人人必读的书"：《论语》《孟子》《老子》《庄子》《六祖坛经》《近思录》和《传习录》。1947 年，张舜徽先生在兰州大学为学生开列《初学求书简目》，此后又出版了《中国历史要籍介绍》《中国古代史籍举要》，并主编《中国史学名著解题》，向学生推介一些常见的史学要籍。蔡尚思先生也曾提出《最能代表中国文化的 40 种书》。

联合推荐书目。由图书馆或者学校或者机构推荐的书目。如北图书目，20 世纪 50 年代，北京图书馆曾推出《中国古代重要著作选目》，这个书目是经过郭沫若、俞平伯、何其芳等人审订过的。到 90 年代的大学书目有武汉大学的《大学生文化素质教育百部名著导读》、北京大学的《学生应读选读书目》、清华大学的《学生应读书目（人文部分）》。这些书目中都包含了相当一部分的中国传统经典，但在选目中，也有不尽如人意的地方。

2. 推荐书目之中国传统经典

根据上述书目所收传统经典，大致可分为 7 类：

（1）四书五经，各目均有收录。其中《诗经》《论语》二书收录次数最多。自汉以来，两千余年间，这些书对中国政界、学界都有重大影响。近 50 年内，据不完全统计，《论语》一书出版的汉文各种版本有 135 种，《孟子》出版的汉文各种版本有 117 种，《诗经》出版的各种汉文版本有 97 种。

（2）前四史与《资治通鉴》，除胡适的书目外，各目均有收录，其中《史记》与《资治通鉴》二书收录次数最多。在传统史籍中，《史记》《汉书》与《资治通鉴》最受重视。近 50 年内，据不完全统计，《史记》的汉文版本达 76 种之多。

（3）先秦诸子，各目均有收录，其中《老子》《庄子》《荀子》《韩非子》《孙子兵法》诸家收录次数最多。近 50 年内，据不完全统计，以上各书出版的汉文各种版本分别为 123 种、65 种、32 种、75 种、65 种。

（4）在其他子部书中，被各目收录较多的书是《论衡》《坛经》《颜氏家训》《明夷待访录》。黄宗羲的《明夷待访录》被蔡尚思与三家大学书目收录，可见此书受当前学界重视。

（5）唐宋诗文，各目均有收录。1949 年以前各目多收个人文集，如李白、杜甫、白居易、韩愈、苏轼等人。1949 年以后各目多收选本，如三家大学书目均收《古文观止》《唐诗三百首》等，反映了大众读书的一个基本倾向。

（6）其他诗文，以《楚辞》《文选》《陶渊明集》《世说新语》收录次数最多，宋代以后的诗文被推荐的较少。《楚辞》作为中国文学的源头之一，与《诗经》差不多有着同等重要的地位。近 50 年内，据不完全统计，《楚辞》的汉文版本达 98 种之多。

（7）古典小说，1949 年以前，除胡适的书目外，其他书目均不收录。1949 年以后，大多数书目都推荐了古典小说，古典小说的影响与日俱增。

　　从总的方面来看，20 世纪传统经典的基本阅读倾向是：从艰深到浅显，从文言到白话，从原本到节本，从专集到选本，体现了传统经典阅读大众化的发展方向。

　　中国著作中，以上书目综合排在前 10 名的是《诗经》《庄子》《论语》《韩非子》《左传》《史记》《老子》《孟子》《楚辞》《荀子》。

　　这 10 种书都是公元前的著作，最晚成书的《史记》距今也有 2000 余年了。这或许从一个侧面反映了中国读书人的一种珍古典重基础的心理。长期以来，中国学人强调辨章学术、考镜源流，以上这些著作，真正是中国学术之源。同时，正如韩国学者韩仁熙、李东哲所说，这些"古典名著，都反映出古代生活与文明，并历代而下，不断被加入新的阐释和理解，其影响一直延伸到今天，而许多求知活动所涉及的领域正是依靠这些阐释和理解建构起来的"。

　　这些书被推崇，是因为它们也有别于那些畅销书。时下出版界总乐于追求浅易、有趣与可读性强的读物，并不注重书的深度与可能产生的影响度。相反，这些被推荐的书内容艰深，也谈不上有趣，但其思想、内容或概念被广泛传播，不少人是通过"二渠道"（如介绍性书籍、译本、媒体或课堂）去了解它们而非阅读原书的。因而，这些书在当今时代仍具有很强的生命力。

　　2017 年 9 月，由中宣部支持指导、文化部委托国家图书馆组织实施的"中华传统文化百部经典"编纂项目首批 10 部包括《周易》《尚书》《诗经》《论语》《孟子》《老子》《庄子》《管子》《孙子兵法》《史记》正式出版。"中华传统文化百部经典"既追求学术上的高水准，又力求古为今用，让优秀传统文化贴近现实生活、融入课堂教育、走进人们心中，最大限度地发挥传统文化的作用。

图 5 "中华传统文化百部经典"首批 10 种图书

今天，我们阅读传统经典，不仅是为了获取知识，也是为了悠久文化的传承与发展。这或许是寻求一个完善、独立自我与品格的最好途径，让经典的光辉照耀着我们前行。这就是我今天想跟大家说的，谢谢大家。

（本文系 2013 年 5 月 9 日北京师范大学图书馆"专家讲座"转录文字节选）

讲座音频

走　　近

季　羡　林

读书快乐！

崔战远

017. 11. 9.

主 讲 人 简 介

崔岱远

　　作家、文化学者，现任中国财政经济出版社副编审，曾荣获北京读书形象大使、北京金牌阅读推广人等荣誉称号，应邀担任北京大学生阅读联盟导师、多次受邀为北京国际图书节主讲专家、中央广播电视总台和中国教育电视台等媒体学者嘉宾。主要从事阅读文化、北京文化及编辑出版研究。代表作有《京味儿》《吃货辞典》《四合院活物记》等，策划出版的"季羡林沉思录"丛书系统展现了季羡林先生的人文精神，受到各界好评。

主 讲 提 要

　　本次讲座，崔岱远先生结合"季羡林沉思录"丛书引领大家对先生的人生经历、文化思想与人文精神进行回顾，分享季先生贯穿一生的勤奋刻苦、惜时如金的人生故事，让大家领略季先生的大师风骨和文人担当，认识一个似曾相识却不曾深知的季羡林，增加内心深处对中华文化的自信与自豪，并以此纪念季羡林先生诞辰106周年。

各位老师，各位同学，大家晚上好！首先感谢文学院周云磊老师，感谢北京阅读季大学生阅读联盟给了我这个机会，让我跟北师大的读者朋友们共同分享——走近季羡林先生。

一、似曾相识的季羡林

各位同学可能对季羡林这个名字都很熟悉，大部分人都认为他是一个国学大师，研究很多种语言，有的咱们懂，有的咱们不懂，比如梵文、巴利文、吐火罗文，似乎离我们很遥远。季先生研究的学问到底跟我们有什么关系，他写的文章到底是什么样子呢？大部分人对季先生似曾相识，但又未必深知。我通过策划这套"季羡林沉思录"丛书，有些心得跟我原来感受是不同的，借这个机会跟大家分享。同时跟大家说一下，今天这个讲座与众不同，平常的讲座都是我一个人讲，今天的讲座是听、听读、自己读，是一种很丰富的形式。那么首先就让大家来听（读）一段，感受一下季羡林先生的文章。

> 我静静地坐在那里，听到头顶上的雨滴声，此时有声胜

无声，我心里感到无量的喜悦，仿佛饮了仙露，吸了醍醐，大有飘飘欲仙之概了。这声音时慢时急，时高时低，时响时沉，时断时续，有时如金声玉振，有时如黄钟大吕，有时如大珠小珠落玉盘，有时如红珊白瑚沉海里，有时如弹素琴，有时如舞霹雳，有时如百鸟争鸣，有时如兔落鹘起，我浮想联翩，不能自已，心花怒放，风生笔底。死文字仿佛活了起来，我也仿佛又溢满了青春活力。我平生很少有这样的精神境界，更难为外人道也。[①]（播音员朗读季羡林先生的散文《听雨》片段）

季先生出生于 1911 年 8 月 6 日。关于季先生的生日有两种说法，还有一种说法说他生于 8 月 2 日，但他自己说的是 8 月 6 日，为什么？过去人记的是农历生日，不记得公历到底是哪天，所以有时候说不准，这就产生了查资料的时候发现他是两个不同的生日。他卒于 2009 年的 7 月 11 日，一共活了 98 岁。他是一个什么样的人？咱们平常老说他是国学大师、国宝、泰斗，是不是这样呢？季羡林先生是我们国家著名的文学家、教育家、社会活动家。季先生会 13 种外语，包括英语、德语、俄语、梵语、巴利文、吐火罗文等，他在语言学、文学、比较文学、佛学等诸多方面都有着极深的造诣，可以说是一位享誉世界的大学者。在这个时代这种级别的学者应该说是不多了。

想了解一位学者，或者说了解一位作家，你光看他的一两本

[①] 此处文字为朗读内容片段，更多朗读录音参见"季羡林沉思录"丛书附件，下同。——编者注

书、一两篇文章是不够的，你最好要了解他的一生。特别像季先生这种学者，他写的文章没有虚构，全是真实的，所以更要读他的文章。他写文章的生命期很长，从 22 岁发表第一篇文章《枸杞树》，一直到 98 岁过世之前几天他还写了几千字的文章。如果你要想了解他的文章，有几千万字，看不过来，怎么办？你可以先了解一下他的生平，这样就会对这位作家有一个比较全面的了解。所以我想先跟大家分享一下季先生的生平。

季先生是山东人，他的老家过去叫山东省清平县，现在已经并入临清市了，一个叫大关庄村的地方。他小时候不叫季羡林，叫季宝山，还有个小名叫双喜。关于家事他写过这么一段文字："我们家是我们那个村最穷的家，我们那个村是山东最穷的村。但是我印象里小时候我们家曾经富裕过。"为什么这么说呢？这里头有一件很有意思的事。

他父亲兄弟俩，他父亲跟他叔叔。过去山东人有"闯关东"一说，为什么要闯关东？谋生。都是日子过得不好才去闯关东的。他们家穷，父亲就跟他叔叔一起去闯关东。到了辽宁火车站就发生了一个你们现在在广播、电视里经常听见但不敢相信的事——农民工买彩票中了大彩，这件事真就被他父亲赶上了。他们买了一个当时的赈灾彩票，结果一下中了头奖。怎么办呢？这哥俩就一人一半分了。他父亲行大，根据传统应该回老家，叔叔就留在济南发展了。他父亲回到家以后跟现在人一样买房子、置地，盖起来五间大瓦房。就像季先生说的，莫名其妙他们家就富了。盖完房子之后还有钱怎么办？山东人嘛，性格豪爽，就请客吃饭。请全村人吃饭，吃了多长时间呢？吃了 3 年，他们家"莫名其妙"又穷了。

在季羡林 6 岁的时候，父亲就把他过继给了叔叔。为什么要过继给他叔叔呢？因为他是他们家这支唯一的男孩，过去大家族很注重男孩，于是他就跟着叔叔在济南上学成长，从此以后季先生只回过 3 次老家，一次是他的一个远房祖母过世，那时候他还小，没有什么印象。还有一次是他父亲病重，他已经在济南读中学了，他跟叔叔一起回老家给父亲治病。怎么治呢？就请他们隔壁村的一个地主，这个地主懂点中医，给他父亲号脉开汤药。他们雇上马车，带上现大洋，带上点心，穿过青纱帐。点心是给地主的，现大洋可不是给地主的，是给青纱帐里土匪的买路钱（大家看过莫言小说里的青纱帐吧？）。就这么着，一个夏天过去了，他父亲没了。再往后，他上了清华大学，有一次忽然接到了一封信，就说他母亲病重，他急忙回了老家，结果看到的是他母亲的棺材。所以，季羡林先生一生中都有种对母亲的歉疚之感，特别是在他晚年的很多文章里都有所体现。这里听一段著名播音员朱晓婷朗读的《我的童年》。

回忆起自己的童年来，眼前没有红，没有绿，是一片灰黄……到了学校里，用不着防备什么，一放学，就是我的天下。我往往躲到假山背后，或者一个盖房子的工地上，拿出闲书，狼吞虎咽似的大看起来。常常是忘记了时间，忘记了吃饭，有时候到了天黑，才摸回家去。我对小说中的绿林好汉非常熟悉，他们的姓名背得滚瓜烂熟，连他们用的兵器也如数家珍，比教科书熟悉多了。自己当然也希望成为那样的英雄。（播音员朗读季羡林文章《我的童年》片段）

　　季先生在济南读了小学、初中、高中，他后来的很多文章里都写到这段经历，有一些就跟笑话似的。比如说他怎么上的高中，他当时跟他一个亲戚家的男孩去考高中，结果只比人家多认识一个字，骡子的"骡"，这么着他就上高一了。高中毕业以后季羡林就来北京考大学了。当时的高考跟今天不一样，当时是各学校考自己的。他只报了两所学校，一所北京大学，一所清华大学，他就都考上了。他选择到底上哪个呢？他想：我们家比较困难，我得改变我们家的这种经济状况，我考清华大学。为什么？因为当时清华大学留学的机会多。他上清华大学就是为了留学。他上的是西方语言文学系，学德文。

图1　1934年季羡林清华大学毕业时留影及毕业证书（资料图）

　　在清华大学他接触到了很多那个时代的文化学者，比如吴宓、陈寅恪、冰心先生等。各位感觉冰心是一个什么样的人呢？慈祥的老奶奶！大家一般都这么想，因为我们读过她的《寄小读者》《再寄小读者》。但季羡林先生的记述就有点不同。季羡林先生说，有一次他跟几个同学去旁听冰心的课，冰心一看花名册里没有他，就这样把季羡林轰出去了。之后，到他晚年见着冰心了，问：您当时怎么把我轰出去了？冰心说我已经忘了啊。在季羡林大学当中有很多这样有趣的事，这段经历他就写成了《清华园日记》。

二、留德十年　执教北大

季羡林大学毕业后回济南教了一年国文，后来考上了清华大学跟德国哥廷根大学的交换生，就去德国留学了。他留学德国的目的总算达到了。他最初的想法是留学两年就可以回国了。但谁也没想到赶上第二次世界大战，结果他在德国待了11年，这是他很重要的一段经历。

他在德国一开始是报了瓦尔德·施密特教授的研究生，学梵文、巴利文这两种印度的古文字。根据当时德国的教育制度，要修博士除了一个主系，还得学两个副系，他两个副系一个学俄文，一个学阿拉伯文。结果学到一半战争爆发了，他老师瓦尔德·施密特应征入伍参军了。眼看学生马上没书念了，怎么办？老师就把自己的老师，用中国话叫师爷，80岁的西克教授请出来帮他带博士。

这位西克教授是破解吐火罗文的两个人之一。

西克教授当时教几个学生呢？两个，一个季羡林，还有一个外国学生后来还学不下去走了。西克教授教了季羡林没多久，发现他是个语言天才，就跟他说，我要教你吐火罗文，你要再不学就没人学了。季羡林一开始并不情愿，他已经学 4 门外语，感觉脑子已经装不下了，但是出于对先生的尊重，硬着头皮学。结果，人们常常看到一个青年人搀扶着西克教授穿过哥廷根小城。季羡林先生就是这么学会吐火罗文的，你们说是不是机遇和巧合？

博士就该毕业了。根据当时这德国的教学制度，博士论文需要打印，可是季羡林不会打字，也没打字机，怎么办？他就托了一个叫田德望[①]的同学帮忙，田德望的房东的女儿伊姆加德会打字，于是就托她帮着打字。青年男女，战争时期，一起打字来往两个多月，就打出火花来了，可是战争也结束了。

季羡林可就很为难了，我到底怎么办？他经过艰苦的思想斗争，取道瑞士，经香港过上海，回到了北京。这段经历他年轻的时候很少提及，后来在 80 多岁时写了文章回忆——《迈耶一家》。

后来季先生还写了一篇文章叫《重返哥廷根》，发表以后就有好事者到当地去找，看伊姆加德还在不在。结果果然找着

图 2　《留德十年》书影

---

①　田德望（1909—2000），中国著名翻译文学作家。1931 年于清华大学外国语文系毕业。1938 年在德国哥廷根大学修读德国文学，由此与季羡林相识。后在浙江大学教授英国文学史，译有但丁《神曲》等。

了，发现她搬了家。后来不但找到了伊姆加德，然后还找到了在他桌子上当年的那台打字机。这也不足为奇，令人惊奇的是伊姆加德终身未嫁。

季先生辗转回到北京，来北京大学任教。当时北京大学的校长是胡适，但是胡适那会儿没在北大，接待他的是文学院院长汤用彤先生。汤先生了解了他的学术成就，听了他的课，然后就跟他说："你来北大当副教授吧。北大有一个规矩，再有学问的人都不能直接当教授，只能当副教授。但是你可以只当 7 天副教授嘛。"这样季先生就是北大历史上当副教授时间最短的教授。之后他创立东方语言系，一直到他过世，一直是系主任，大家听到的他那些头衔，什么国学大师、泰斗，都是附加的，他正经的职业是北京大学东方语言文学系主任。就像他自己说的：说我是国学大师，我不知道，我只不过是一个比较有经验的人民教师罢了。

50 年代初，汤用彤教授（右一）、邓广铭教授（左二）、季羡林教授（左五）等签名反对美国侵略朝鲜，支持我国抗美援朝，保家卫国。

图 3 北大教授支持抗美援朝

　　这张照片是抗美援朝初期照的。拿毛笔写字的这位老先生是汤用彤先生。这（右起）第四位就是季羡林先生，这是他 30 多岁的时候。他在北大一直教书做学问，后来就到了"文化大革命"。

　　"文化大革命"时期季先生跟很多老教授一样受到了不应有的待遇，受到了冲击。季先生就翻译印度史诗《罗摩衍那》。这本史诗巨著从前没有中文译本，别看中印文化交流那么长时间，古代翻译过那么多梵文经典，唯独《罗摩衍那》没被翻译过。那都是韵文的。季先生怎么翻译的呢？他就事先写一小纸条塞在兜里，人家批斗时他琢磨怎么翻译，回家之后写出来。后来就不批斗了，让他看宿舍去了。这可太好了，看宿舍有时间了，也是用小纸条翻译。等到 1978 年印度总理访问中国，人民文学出版社拿出了季羡林翻译的《罗摩衍那》，给了印度人一个惊喜，因为这是第一个梵文中译本。而这段特殊的经历季先生都写进了《牛棚杂忆》一书中。

图 4　季羡林先生翻译的《罗摩衍那》不同版本

三、老骥伏枥　笔耕不辍

　　季羡林先生的老年很有意思。开始跟大家讲过他在德国学吐火罗文，可回国以后，咱们国家没有研究这个的，而且那段时间又比较封闭，跟外面交流也不太方便，也没有这方面的资料，季羡林就只好做别的研究了。拿他的话说叫有多大锅做多大饭，什么意思？他就不研究这个，他研究中印比较文学，研究佛学。直到20世纪80年代，新疆考古研究所忽然间发现了一些残片，残片上的字谁都不认识，听说季先生认字多，拿给他看。季羡林说这是吐火罗文。人家就让他翻译，季先生说放了30多年，记不清了，我想想可能想起来。想了一年多，终于把它翻译出来了，叫《弥勒会见记》剧本，这是根据残片翻译出来的吐火罗文文献，是他晚年的一大学术成就。

　　季羡林先生晚年认为自己最大的学术成就是写了《糖史》。也是新疆考古研究所给了他一页佛经，本来是让他翻译前面的文字，结果他翻过来一看，背面写的是这篇字。这篇字写得挺漂亮，但拿季羡林先生的话说，语文水平不是特别高，大概说的是西天印度有甘蔗，一般苗长八尺，造砂糖多不妙等。蔗糖是印度古代的制糖术。蔗糖不是中国人发明的，是印度人发明的。这段文字里提到印度当时的甘蔗就分三种，做出的糖是不一样的，有的适合制粗糖，有的适合做精糖，有的还不太适合做糖。蔗糖是

图 5　季羡林先生钻研《弥勒会见记》剧本残卷
（资料图）

经西域传到新疆，后来传到内地的，所以大家看在唐诗宋词里形容甜这件事就没有糖这个字，只有"如甘如饴"这种说法，而且在过去"甘蔗"这个词不标准，据说有 20 多种写法。司马相如《子虚赋》里叫诸蔗，刘向《杖铭》叫都蔗，《通俗文》里有干蔗、竿蔗、甘遮、甘蔗……各种各样的都是甘蔗。所以甘蔗是外来的。但是，咱们现在吃的白糖是中国人在明代中晚期在扬州发明的，叫黄泥水淋脱色法，后来传遍全世界。包括咱们现在喝咖啡用的方糖，也是中国人传过去的。季先生就发现糖这事太有意思了，因为它是从甘蔗的种植、甘蔗制糖研究整个东西方文化的交流，怎么从印度传到中国，又从中国传遍全世界，包括全世界的"糖"这个词的尾音都是一样的。有一种学问叫比较语言学，由于人的语言是代代相传的，通过语言能够找出来种族的迁徙过程，这是一种研究方法。季先生拿这种方法研究蔗糖的发展历史，写成了这部《糖史》两卷。他研究的不是糖有什么营养，怎么就得糖尿病了，不是研究这个，而是研究文明的传播。什么叫文明？交流才有文明，交融才有文明。蔗糖就完全印证了这件事。

季先生在晚年写了大量散文，其中很大的一部分是怀念母亲的，因为他从小就对母亲有歉疚之感。他在清华读书的时候，有一次接到了一封信，说他母亲病重，后来他回到老家，结果见到的是他母亲的棺材，他就在门口搂着他母亲养的一只狗哭了一宿。她母亲最后穷得只有一个土炕，连炕席都没有，就只有这一只狗陪着她的母亲。季羡林没办法带这个狗到北京来，就这么哭了一宿，把狗给遗弃了。他留下了一句名言，叫"我爱天下一切狗"。我特别想跟大家分享这篇《加德满都的狗》。

> 我小时候住在农村里，终日与狗为伍，一点儿也没有感觉到狗这种东西有什么稀奇的地方。但是狗却给我留下了极其深刻的印象。我母亲逝世以后，故乡的家中已经空无一人。她养的一条狗——连它的颜色我现在都回忆不清楚了——却仍然日日夜夜卧在我们门口，守着不走。女主人已经离开人世，再没有人喂它了。它好像已经意识到这一点。但是它却坚决宁愿忍饥挨饿，也决不离开我们那破烂的家门口。黄昏时分，我形单影只从村内走回家来，屋子里摆着母亲的棺材，门口卧着这一只失去了主人的狗，泪眼汪汪地望着我这个失去了慈母的孩子，有气无力地摇摆着尾巴，嗅我的脚。茫茫宇宙，好像只剩下这只狗和我……离别时，我流着泪紧紧地搂住了它，我遗弃了它，真正受到良心的谴责。几十年来，我经常想到这一只

狗，直到今天，我一想到它，还会不自主地流下眼泪。我相信，我离开家以后，它也决不会离开我们的门口。它的结局我简直不忍想下去了。母亲有灵，会从这一只狗身上得到我这个儿子无法给她的慰藉吧。

从此，我爱天下一切狗。（播音员朗读季羡林文章《加德满都的狗》片段）

我看到很多同学的眼眶已经湿润了，这就是文字的力量。季老的文字就是这样充满了情感，能够穿越时空。他研究的学问不光是那种死文字，还有丰富的情感。季先生很喜欢荷花，在北京大学里头，直到今天还有一片荷塘叫季荷。这本书的封面，我也特意选择了一朵荷花，但这朵荷花是一朵残荷，它缺一个花瓣，为什么？因为季先生说了，说人生不如意者常八九，如意的也就那么一两件事。随着各位同学年龄的增长，可能你们体会更深，所以人生碰到些不如意，没有什么。季先生这样的大师也经常不如意。如意的，只不过是那么一点点。

季先生人生最后几年是在北京 301 医院度过的。这段时期他写了大量文章，后来编成了一本书叫《病榻杂忆》，回忆的"忆"（手稿为证），而不是《病榻杂记》。

可能很多人不知道季先生是共产党员，而且是优秀共产党员。他 1956 年入党，他的入党介绍人是大诗人臧克家，就是写"有的人死了他还活着，有的人活着他已经死了"的那位大诗人，也是他的山东老乡。季先生有一句名言大家都听说过吗？叫"假话全不说，真话不全说"。他的文章也确实这样，所以他没有写过任何虚构的东西，包括他年轻时代写的散文，包括他老年时代写的随笔，虽然说有的情节读起来像小说一样，但是都是真人真事。这本《季羡林命运沉思录》里收录了好几篇这样的文章。我有一个体会，就是季先生如果不是后来去研究语言学，研究那些艰深的学问，即便就是纯做文学，他不会比鲁迅先生差太多的。我是这么认为，因为他有几篇文章非常好。一篇文章叫《红》，就很像鲁迅先生的《药》，说他在济南的时候有一个卖水果的小贩，他老买小贩的水果，还跟小贩交了朋友。后来他上学回来以后，忽然间就看到一群兵抓了一个土匪，脸色蜡黄，他一看就是当时卖他东西的那个人。说这人因为家境贫穷，后来当了土匪，结果就亲眼看着把这人头砍了。血永远留在他的心里。还有一篇文章叫《夜来香开花的时候》，写他们家的一个叫王妈的保姆一生的经历，非常感人，读起来清然泪下。我建议大家可以读一读。

四、品读"季羡林沉思录"

下面来和大家分享这套丛书。我们出版的"季羡林沉思录"包括《命运沉思录》《修身沉思录》《大学沉思录》《暮年沉思录》《佛学沉思录》《文艺沉思录》《印度文学沉思录》《人间沉思录》《远游沉思录》《东西方文化沉思录》，一共 10 个方面，每本书都有季先生的手稿，可以供各位对季羡林先生的作品有一个大概了解，下面分别简单介绍。

图6　"季羡林沉思录"丛书

《命运沉思录》主要是讲缘分和命运的。比如里面有一篇文章《忆章用》，章用是什么人？是章士钊的儿子，是一个数学家。他是季羡林在德国哥廷根大学的同学，对李先生帮助很大。这个人保留下来的文字很少。拿季羡林的话说，章用对古典诗词很有研究，自己虽然说喜欢，但觉得比起章用差得很远。季羡林对他充满了感情，特意写了这篇文章《忆章用》。

《修身沉思录》是讲怎么做人，怎么处事，怎么治学。比如季先生写过三篇文章叫《辞"国学大师"》《辞"泰斗"》《辞"国宝"》，他对这三个称呼一个也不认可。最有意思的就是这篇《辞"国宝"》，说："有一次开会，一个领导忽然说我是国宝，吓了我一大跳，我怎么就成大熊猫了呢？"老头很风趣很幽默。《修身沉思录》说他认为人的一生应该处理好三种关系：第一是人与大自然的关系，也就是天人关系，就是咱们老讲的天人合一；第二是人与人的关系，也就是社会关系；第三就是个人自身，也就是修身问题。这三个关系紧密相连，互为因果，缺一不可。对待一个善良的人，不管是家属还是朋友，都应该两个字：一曰真，二曰忍。真者以真情实意相待，不允许弄虚作假。对待坏人，得另当别论了。

季先生还非常尊重胡适先生，可谓研究胡适的专家。大家都是北师大的学生，对胡适先生和他多方面的学术成就并不陌生，季先生与胡适共事多年，他有关胡适的研究值得大家一看。

这本书收录的另一篇《寅恪先生二三事》特意给大家讲讲。陈寅恪（kè），可能不少人会听到很多人念 què。而《现代汉语词典》里这个字只有一个音，念 kè。那为什么会念 què？因为他是客家人，一来二去的就有了这个读音。据季羡林先生说它应该念 kè。当时的北大图书馆的一个馆长是山东烟台人，他念出来就更逗了，会带儿化音。因为陈寅恪现在很热，很多人对他感兴趣，包括关于国学、关于四大名师等，季羡林对陈寅恪先生非常尊重，算是他的亲传弟子，所以写了很多关于陈先生的文章，也收录在书里。

再看看《暮年沉思录》。季羡林先生在晚年的时候还写了很多关于养生的文章。比如说他有"养生三绝"，他说我为什么能活 90 多岁？就因为第一不锻炼；第二个很重要，不挑食；关键是第三点，叫不嘀咕，就是别瞎想，心胸开阔，别瞎琢磨，不纠缠于各种烂事儿。人就能够长寿。很多事，当你过去了以后，你发现它真的不是个事儿。季先生这种大家，经过无数机遇巧合，最后走到了巅峰的位置，才能够有这种领悟。

《佛学沉思录》是季羡林几十年佛教史研究成果的一次全面呈现，其中包含很多有关佛学乃至文化交流的独到见解。季先生研究佛教文化，他是作为学问来研究的。我们只说两篇。一篇是《佛教的倒流》。大凡是自然科学，中国的多是外国传过来的，对不对？唯独佛教的思想从印度传到中国，中国的禅宗传到印度。所以有倒流，这在思想史上极少见，这就叫佛教的倒流。他想说明什么？就是说文化是可以相互影响、相互传播的。还有一篇是《列子与佛典》，经研究，《列子御风》是伪经，根本不是战国时候人写的，是汉朝时候编的，这篇文章就讲这件事，因为它的很多内容都早就在佛典上出现过。

《文艺沉思录》包括"创作体悟""文学品读""文学批评""艺术漫谈"四个部分，既包含季羡林在散文创作方面的经验之谈，也囊括了其从理论高度对文学艺术的深入思考，无论对于文学创作还是文学阅读都不乏实践指导价值。季羡林一生碰到无数大师，都属于特别机缘巧合。比如说他中学的语文老师胡也频，是一位革命者，后来不幸遇害。

《印度文学沉思录》包括"印度文学概观""吠陀时期""史诗时期""古典梵语文学时期及虔诚文学时期"以及"现代印度文学"5个部分，全面反映了季羡林在印度文学以及中印比较文学方面的研究成果，其中具体分析了印度文学对中国文学的影响、印度跟中国的文化的密切交流等，如印度《梨俱吠陀》与中国玉兔，印度《杂宝藏经》与中国《曹冲称象》，印度《五卷书》与中国《黔之驴》，以及中国鹦鹉救火的故事来源于印度的解释等，所以《印度文学沉思录》也很值得读。

　　另外《大学沉思录》《远游沉思录》《人间沉思录》《东西方文化沉思录》都收录了很多珍贵而丰富的资料，从中可品读季羡林先生"大家"风采、思想脉络以及平实朴素的文风。读"季羡林沉思录"，做文化自信的人，今天就分享这么多，希望大家多聆听，多朗读。谢谢大家！

　　　　　　　　（本文系 2017 年 11 月 9 日北京师范大学图书馆"专家讲座"转录文字节选）

永不消逝的传统文化

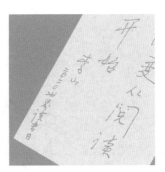

出土文献
视野下的
经典阅读

以《诗经》的解读
为　　　例

改变从阅读

开始

李山

二〇一〇世界读书日

主 讲 人 简 介

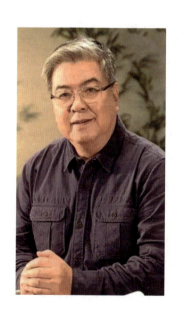

李　山

　　北京师范大学（珠海）中国优秀
传统文化研究与传播中心教授，北京
师范大学文学院教授、博士生导师。
致力于《诗经》研究 30 余年，系中
国诗经学会常务理事；中宣部等组
织编纂的"中华传统文化百部经典"
首批 10 部经典之一《诗经》的特邀
解读专家。著有《讲给大家的诗经》
《诗经析读》《西周礼乐文明的精神建
构》《对话〈诗经〉》《诗经的文化精
神》《大邦之风》等。

主 讲 提 要

　　2020 年 4 月 23 日，恰逢"世界读书日"，李山教授为师生作了题为"出土文献视野下的经典阅读——以《诗经》的解读为例"的讲座。讲座共分为三个部分，从"安大简"解读导入，聚焦《关雎》篇以之分析《孔子诗论》的"一字评"，最后，通过《诗经》中早期、中期农事诗篇的对读，分析西周农业精神和意识的变迁，鼓励大家要保持谦逊的治学态度，在积极吸收新出土材料的同时保持审慎。

在读书日这一天，我想先说一说我读书中的一些"惭愧"。在我根据《诗经》里的《节南山》等篇目提出"二王并立"诗篇高潮时，没有看到清代朱鹤龄、郑方坤和惠周惕等学者的相关论说，甚至元代学者刘瑾对《节南山》的说法也未加引用。埋没前人，是读书不广；贸然立论，是学风不踏实。现在我们做研究，对前人的某些研究丝毫不知，这就是惭愧所在。你是一个学者，就要不断地去关注前人。就像一个煤矿，它有一个很深的坑道，要凿半天，才能到掌子面去采煤。这就是我们现代学术面临的一个困难。所以说"皓首穷经"，治一部经典是非常非常难的。这是一点儿惭愧，这是我们的学风问题，我们说还有多少所谓自己的"发明"是前人已经说过的、学术史上有过的，过300年以后，过若干年以后，有人发现这一点的时候，又如何评价我们这个时代？我想提出来（这个问题），供我们在座（在线）的有些同学，可能将来有志于古典学研究，我想提一个醒。读书日，读书，"吾生也有涯，而知也无涯"，但是我们越读书，越要谨慎、谦逊，尤其是做专业性的研究。

一、关于《诗经》的一些出土文献

1. 关于"安大简"——《诗经》抄写本

今天我们谈的话题是在新的出土文献视野下，如何去研究《诗经》这个问题。现在（学界）提出来要重建经典学研究，在新的出土（文献）视野下重写学术史。最近在《诗经》研究方面出土了"安大简"①。"安大简"这部书出现以后，对《诗经》研究提供了一个非常大的课题。这部文献是继 20 世纪末出土了战国《孔子诗论》这个竹简之后正式出现的一个文本。这个文本是一个抄写的《诗经》。之前，出土文献出土过文帝时期的《阜阳汉简》，但是《阜阳汉简》残缺太多。《阜阳汉简》是汉以后的（竹简），现在出土的这个竹简据有关研究，应该是战国早期、中期之交。它头一个学术上的贡献就是（解决）《诗经》到底像不像有些国外学者所说的，在先秦时期没有写本。美国有位很著名的学者说《诗经》不可断代，因为《诗经》是口头文学。是的，口头文学难以断代，比如说刘三姐的歌唱，如果给它写文学史是很难的。为什么？它没有进入文献层面，所以它的文本是不断在口口相传中改变的，就没有任何痕迹留下来。于是我们的文学史就没法儿写，所以这个问题是非

① 2015 年，安徽大学出土文献与中国古代文明研究协同创新中心入藏了一批竹简，专家经过鉴定和样品年代检测，确认其为战国早中期竹简，问世时间约在公元前 400 年至公元前 350 年之间。略称"安大简"。

常严峻的。

"安大简"出土了以后，证明写本是有的。从甲骨文时期，我们中国人就开始写文字。在商代晚期的时候，有一个王在淮水那里射鼋，然后打了"四矢"，就是四支箭射过去以后，分别打在鼋身上，叫"率无废矢"。就

图 1 《作册般青铜鼋》商
中国国家博物馆藏

因为这么一件事情，造了一个器物，然后把这个故事详详细细地用若干字写下来，记事，这个在商末就出现了。

那么在周代，《散氏盘》写土地的交割，《速盘》写自己家族的历史，《史墙盘》写周王朝的历史、家族历史等。实际上这种变化，已经到什么程度了，过去早的时候，比如说我打了一只鳖，四支箭全打到了鳖的身上、鼋的身上，这是一种荣耀的事情。还有就是我受周王的赏赐，（因此）我做这个器物。但是到了一定的时候，比如说《史墙盘》，就不再交代我是因为什么受了赏、做这个器物，上来以后（就说）周家历史，从周文王、周武王一直到活着的那代王，讲王朝历史，接着讲自己家族的历史。这种写作意识，假如一个人研究中国的传统学问，视此而不见，这种学风，就太糟糕了。所以这是"安大简"的第一个功劳。

第二，"安大简"这个抄本，它可以纠正我们对一些篇章的理解。比如说《扬之水》。《扬之水》一共是三章，一般三章都是六句，但是（《扬之水》）最后一章少两句。因为《诗经》写本都是少两句，大家也就都觉得既然少两句就少两句。但是清代段玉裁作

《诗经小学》，就说这个地方少两句。那么段玉裁的根据是什么呢？
实际上在《荀子》里有一个《臣道》篇讲这首诗，其中结尾的时候
少两句，这儿就有一句，叫"妨于躬身"，应该是这样一个句子。
那么这个句子，段玉裁提出了依据。可是补这个只补上了一句，还
缺一句。所以过去对于段玉裁这个说法，大家也只能这么说，就
是这儿有一个句子。那么，"安大简"都是六句，最后"安大简"
的这个句子，正好是"如以告人，害于躬身"。这个诗我给大家念
一下：

扬之水，白石凿凿。素衣朱襮，从子于沃。既见君子，
云何不乐？

扬之水，白石皓皓。素衣朱绣，从子于鹄。既见君子，
云何其忧？

扬之水，白石粼粼。我闻有命，不敢以告人！①

（第三章也就是最后一章，比前面的章节少两句。但是
"安大简"却有"如以告人，害于躬身"两句。）

就是说扬之水，白石"凿凿"，或者读"zuó zuó"。"素衣朱
襮，从子于沃"，穿的是素衣服，红色的领子。"朱襮"，在金文里
边出现过，周王在西周时期赏赐大臣，赏赐他衣领儿，是"朱襮
裣"，"裣"就是我们衣服的边儿。根据这个素衣红领子，我们可以
看到这是一个贵族。"从子于沃"，"沃"，曲沃，就是晋国的都城。

---

① 李山：《诗经析读》，271～273 页，北京，中华书局，2018。

"既见君子，云何不乐"，"我见到了君子，我很高兴"。

接着第二章"扬之水，白石皓皓。素衣朱绣，从子于鹄"。"绣"就是绣衣，饰有花纹。"从子于鹄"，这个"鹄"，有人说也是晋国的一个地名，这个史书上没有记载，可能离曲沃不远。"既见君子，云何其忧"，"我见了君子，我还有什么忧虑的呢？"

第三章"扬之水，白石粼粼。我闻有命，不敢以告人"，传统的解释说我知道一件事情，是有命令、有指示的，但是我不敢把这个指示告诉别人。（到这里就）完了。可是呢，"安大简"本却有"如以告人，害于躬身"，"躬"，就是"事必躬亲"那个"躬"。"我要是告诉人，我就要害自己"，这就补足了诗篇。所以我们说，"安大简"的贡献对学术界来说应该是好事，我们从出土文献可以校正传统的本子，当然还可以校正好多地方、字句、篇章。

但是，我们再说，我们对出土文献应该理性、客观地对待。"安大简"的价值会随着我们深入的研究，越来越显著，但是"安大简"的局限我们也应该看清。它的价值我们万分地承认，但是它也存在那个时代手抄本的一种特征。我后来花了一点儿时间，拿它和传世的《毛诗》本作对读，我的印象是，这不是一个很严谨的本子，尽管它在字句上、在章句上有很大的贡献，它也证明了当时有人在写《诗经》，但是它有些地方可能是凭记忆记的。另外，这个《诗》的本子不全，《雅》《颂》基本没有，《国风》只有一部分，实际上连一半都不到。150篇的国风，它实际上可能只有1/3略强。另外，它这个简有编号，中间还有一些应该有的竹简。比如说我们有第一个简，我们还发现了有第一百六十九简，那么第一百五十简要见不着，它一定是丢了。所以有这个现象。但是这个本子我们来看一看，我们要冷静地对待这个本子。

举一个例子，就是《国风》里边的《黄鸟》篇。这个《黄鸟》篇，传世本子我们都知道，就是秦穆公死了以后让三良从葬。对这个事，《左传》有明确的记载，说这是哥儿仨，一个叫奄息、一个叫仲行、一个叫鍼虎，"国人哀之，为之赋《黄鸟》"（《左传·文公六年》）。现在我们传世的《诗经》本子也基本是先从奄息开始：

交交黄鸟，止于棘。谁从穆公？子车奄息。维此奄息，百夫之特。临其穴，惴惴其栗。彼苍者天，歼我良人！如可赎兮，人百其身！

交交黄鸟，止于桑。谁从穆公？子车仲行。维此仲行，百夫之防。临其穴，惴惴其栗。彼苍者天，歼我良人！如可赎兮，人百其身！

交交黄鸟，止于楚。谁从穆公？子车鍼虎。维此鍼虎，百夫之御。临其穴，惴惴其栗。彼苍者天，歼我良人！如可赎兮，人百其身！①

"交交黄鸟，止于棘。谁从穆公？子车奄息。维此奄息，百夫之特。临其穴，惴惴其栗。彼苍者天，歼我良人！如可赎兮，人百其身！"很哀恸，三良，这是能战斗的一个人，（这是）老大。说黄鸟在叫，停在酸枣树上。那酸枣树是不能停鸟的，鸟停在酸枣树上扎，这就是反常的比喻。"谁从穆公"，穆公死了谁跟着去

① 李山：《诗经析读》，305～306 页，北京，中华书局，2018。

了呢？是子车氏的奄息。说这个奄息是"百夫之特"，就是百夫长（的"百夫"），百夫里面的杰出人物。"临其穴，惴惴其栗"，"临其穴"有两种解释，一种是我们看到洞穴，惴惴不安；朱熹还有一个解释，说是活埋的，就是把他押到墓那儿，他惴惴不安。朱熹这个解释，可以备一说，这个地方讲"诗无达诂"。"彼苍者天，歼我良人！如可赎兮，人百其身！"说苍天哪，你杀害了我们的良人，他的身如"可赎兮"，我们愿意死一百次或者一百个人，把他换回来。所以这首诗我们注意，不是反对杀殉，而是反对杀能战斗的壮士。这是替秦国可惜，所以它的人道主义是有限的。这个我们要注意，不要跟着大溜走。实际上到了秦穆公之后若干年，到了景公时期，还有一百多号人替他殉葬。也就是说，如果这个诗篇是反杀殉的话，秦国不至于那样。秦人没有这种意识，实际上是心疼这仨人，这仨人这么能战斗、能杀人，你把他埋了以后，不就完了吗？

　　所以这是（诗篇）这样一个顺序，子车氏哥儿仨顺序是排着的。第一章说奄息，第二个说到了仲行，第三就说到了鍼虎，跟《左传》的记载哥儿仨这个次序传世本是不乱的。但是，简本却是颠倒了，哥儿仨的顺序没有按这个顺序来。所以简本在这个地方，我觉得（不妥），因为《诗》和《左传》，两种文献是对应的。假如我们做一种糊涂想法，由这个"安大简"的本子，我们就说那哥儿仨《左传》也写错了，《毛诗》本也写错了，就它对，我倒觉得"三人占，则从二人之言"（《尚书·洪范》）。三个材料，两个是那么写的，一个是这么写的，你信哪个，我想不用怎么动脑筋。这个地方实际上（"安大简"）是凭记忆（引《诗》），当然也可能有其他解释。颠倒现象到底怎么解释，我觉得你不能怀疑《诗经》的作者出问题。

还有一些例子，因为时间有限，不多举了。总之我们要理性、客观地对待文献，而且要对《诗经》有进一步的研究。当然我们还想说一点，就是现代学者对新出土文献的阐释有时候有一个很大的麻烦，就是重建古典学，难。我这样说可能有些朋友听了不高兴。这样说吧，对我们现在的学术界，"重建学术"提得太早。不是材料不够，是我们的主体素养问题。假如王国维说这个，老一辈的先生说这个，比如说文字学家唐兰先生说这个，我都觉得佩服。现在有很多人学古汉语出身，解释古文字净闹笑话。"安大简"出来以后闹了一些笑话，这个就不再多说了。为什么？因为我们现代学术的分工越来越细、大家的眼光越来越窄，都对眼儿了，斗鸡眼儿了，只看到鼻梁骨。我为什么从一种"惭愧"说起，从我说起、从自己骂起，从自己先瞧不起我自己，就是我们的主体素质都有待于提高。我们奔着这样一种"正心诚意"的态度去对待经典，才可能有进步。

2.《孔子诗论》所限的一种读《诗》法

接着我们来谈一谈出土文献跟经典阐释之间的关系。我们举一个例子，就是大家都熟悉的《关雎》这首诗。我们今天主要不是讲这个诗，而是结合新的出土文献，使我们在解读经典作品的时候思想放开。

在"安大简"之前是《孔子诗论》。《孔子诗论》记录的到底是不是孔子的言论，这个可以讨论，但是它是儒家的。儒家读这个《诗》，也是很奇特的。说：

　　《关雎》之改，《樛木》之时，《汉广》之智，《鹊巢》之归，《甘棠》之报，《绿衣》之思，《燕燕》之情，何？曰：终（或释作动、重）而皆贤于其初者也。《关雎》以色喻于礼……两矣，其四章则喻矣。以琴瑟之悦拟好色之愿，以钟鼓之乐［喻求女之］好，反纳于礼，不亦能改乎？①

　　"《关雎》之改"，孔子一字评，儒家说《关雎》是能"改"的。还说了"《樛木》之时，《汉广》之智，《鹊巢》之归，《甘棠》之报"，这个且不去谈了。"改"怎么改了？下面有一段文字，说"终（或释作动、重，隶定有分歧）而皆贤于其初者也"，大意是有些事物发展到最后总是比开始强。"《关雎》以色喻于礼"，《关雎》一开始就是"关关雎鸠，在河之洲，窈窕淑女，君子好逑"，下边儿就是"辗转反侧"。但是最后出现了琴瑟、出现了钟鼓，是礼乐的象征。最后回归于礼。不知道这样讲大家是否听明白了。在这个诗的静止的文本里面，被孔夫子或者说孔夫子的学生看到了以后，讲出了一个变化。而这个变化不是我们今天文学审读文本应该有的态度。他认为有一个拔高过程，有一个思想自我改善的过程。注意，这就是孔夫子说《诗》，或者说儒家说《诗》。这个说《诗》，说它是不是不符合儒家的精神，我觉得还是符合的。

　　春秋时期，贵族们引《诗》，才不管你这个诗唱什么呢，我就是拿它表达我的态度。像我经常举的例子，秦穆公接待重耳，先赋

---

　　①　竹简及隶定可参见马承源主编：《上海博物馆藏战国楚竹书（一）》，139、142、143 页，上海，上海古籍出版社，2001。

一个《采菽》篇。《采菽》篇讲的是什么？诸侯来了，我如何款待他们。当时重耳身边跟着一个赵氏的老祖宗赵衰，就是"赵氏孤儿"那个老祖，还跟着一个足智多谋的舅舅，叫舅犯，又叫狐偃。狐偃说明天开会要赋诗，我不去，我"不文"，我不如赵衰"文"。赵衰去了，一听这个《采菽》，说重耳我们赶紧赋另外一首诗，得接上火。什么火？赋《河水》篇，应该就是《沔水》，当然也可能不是。里边儿讲什么，讲百条河流终归大海，有"朝宗于海"这样的句子。我想投奔你，像河流投奔大海一样。哎，秦穆公一看，驳上火了，接上了，"二维码"连通了！大家可以进去了，就要帮重耳。最后就给赋了一首诗，叫《六月》篇。《小雅·六月》是干什么的？《小雅·六月》是讲宣王派大将北伐，建功立业的。注意，他赋这个诗，就是为了说"建功立业"的，他不管你尹吉甫还是猃狁怎么样，诗怎么表达他不管，他只是客观地取里面的一个要素、取一个很小的单元，甚至是侧着取、歪着取，就是传达一个符号，让你听懂。所以这时候赵衰赶紧说"公子下拜"，为什么？人家帮你建功立业。这就是赋诗言志、断章取义。孔夫子讲《诗》，很大程度上是断章取义。但是，他断的章不是外交辞令，不是一种二维码、符号似的传达，在交往中表达学问、文雅，不是，他想提取人生的教训。儒家读《诗》，变成了在经典里边儿汲取人生智慧，这也是一种读法。

断章取义，这叫趣味无争议，私人读《诗》是可以的。孔夫子读《诗》，这种断章取义的方式在《论语》中有。"'美目盼兮，巧笑倩兮，素以为绚兮'，何谓也"（《论语·八佾》），说的是什么？

这是子夏问的。你说这个《诗》子夏没看懂吗？"美目盼兮"，眼睛黑白分明，顾盼生姿；"巧笑倩兮"，一笑俩酒窝；"素以为绚兮"，不用梳妆打扮就漂亮，人家底盘儿好。子夏问"何谓也"，不是问这个《诗》语文意义上的（意思），是问这个《诗》我们还能联想到什么。孔子说"绘事后素"，绘画要有一个好底子。突然子夏这个人往前跨了一步："礼后乎？"我们人类有"礼"这种文明，也是因为底子好吧？你知道这个话，特别像马克思说的"意识是物质世界长期发展的产物，是人脑的机能和属性"。这里面有一个大问题，他是一下把一个语义学、比喻学的东西上升为哲学：我们人类的文明从哪儿来。从哪儿来？从高于动物的那部分来。以后儒家谈人性，总是会比较。我们比石头、瓦块，比猪狗这些动物高的那部分是人性，儒家讲"人性贵""人性善"，老派儿"人性善"从这个角度去讲。所以这句话，孔子听完了，你知道孔子的反应是什么吗？"启予者商也，始可与言诗已矣！"（《论语·八佾》）你启发了我。人类文明从哪儿来，哲学有哲学的回答，是从我们高贵的人性中来。

　　当然我这样讲，很多熟悉《论语》旧解的人可能觉得这样说不对，因为旧解说了一大套，你去想吧。但我觉得这里边有一种突破性的东西，这是子夏的聪明。所以后来我们说中国的儒家经典，像《易传》《诗经》，都说是子夏传的，子夏是文学里边的"班头"。孔门四科，德行科颜渊，文学科就子游、子夏。子游的东西没传下来，子夏的东西传下来了。所以现在讲《毛诗》也好、《韩诗》也好，都会追到子夏。甚至《孔子诗论》出土的时候，有人说

这个"孔子"的"孔"是"卜"，"卜子"就是"卜商"，"卜商"就
是子夏。但是随着大量出土文献的出现以后，人们说这是"孔"，
没问题。当然《孔子诗论》，应该是发源于孔子，但很多观点是慢
慢有变化，有点儿像《易传》。欧阳修当年说《易传》不是孔子写
的，因为有"孔子曰"，它就不是孔子写的。欧阳老先生也有所不
知，古人写书的时候就这么写。这是一个讲义，然后加上自己的东
西，就是一种发展过程。实际上我们讲来讲去讲的是什么呢？就是
读书，每个时代有每个时代的读法，我们都生活在每个时代当中。
学术史本身就是思想史的变化。所以说中国的经学史我们要高度重
视，要把这条坑道了解清楚。

二、《诗经》篇章隐含的文化意识的变迁

我们最后一个话题，要读两首农事诗篇。《诗经》这部著作，
实际上我上课时有抱怨，做思想史、哲学史的研究者往往不是很重
视它。但是它里边，有一种文化的律动，有一种思想的变迁。当然
我们今天讲《诗经》，还是侧重它是一部文化经典的角度。文学的

这部分内容，将来有机会我们再说。我们举个例子，就是《诗经》的《噫嘻》篇，这是早期的诗篇：

噫嘻成王，既昭假尔。率时农夫，播厥百谷。骏发尔私，终三十里。亦服尔耕，十千维耦。①

这个诗篇歌唱的是什么？西周早期，周王率领着他的族人和他的属众下地劳动，重视农耕。在这首诗里面，我们看到了一种很质朴的重视农业。这就是早期重视农耕。周王举行完典礼，老礼儿有，举行完了典礼，然后率领农夫去播种。《诗》是这么讲，按照《国语》的记载就是"王耕一坺"（《国语·周语》），王可能就是"坺"一下儿，然后公卿"坺"三下儿，地位越低，就三三往下这么乘，不用一会儿就乘大了，小百姓就把这千亩大田耕完了。这个田地的粮食要保存起来，因为王亲耕过。到了年终祭祖的时候，然后拿着这点儿粮食献给祖宗，是我亲耕得来的。这种表达方式，越到后来越隆重，这就是我们要说的思想运动。什么思想运动？一开始重视农业，就是（因为）农业是粮食，但是越到后来，越有着通过典礼强化传统教育的方式。所以我们再看下边儿的诗篇。

《载芟》篇仍然写的是亲耕劳动，但是亲耕劳动在这个诗篇里只是一个小单元。这个大单元是什么，朱熹说我不知道，朱熹在《诗集传》里说"不知"。"不知"是因为什么，因为它从春耕开始写起，一直写到年终祭祖，你说它是哪个礼节？我们认为它还是一

---

① 李山：《诗经析读》，791～792页，北京，中华书局，2018。

个年终祭祖的诗篇，但是它从春耕开始写起，就是刚才我们所说的那个。它要表达一种东西，就是今天我献祭给祖宗的粮食，是我亲自所得。如果要看《礼记》里面关于周王虔诚的祭祀，就是周王代表天下献祭的时候，粮食是亲自劳作得来的。另外周王身上穿的衣服，应该是他的夫人率领各个嫔妃去养蚕、采茧、缫丝做的衣服。如果拿的粮食、穿的衣服是亲自劳作所得，祖宗会看见。所以不用你再说"祖宗赏我这个、祖宗赏我那个"，祖宗他能看到。所以我们看这首诗，这首诗还是一首冬天祭祖的诗，但是它要强调粮食从哪儿来。于是诗在这样一种观念下，和周初的作品明显发生了变化，就是它更丰腴了、细节了，尤其是对粮食作物的描述。我们简单地看一看：

> 载芟载柞，其耕泽泽。千耦其耘，徂隰徂畛。侯主侯伯，侯亚侯旅，侯彊侯以。有嗿其馌，思媚其妇，有依其士。有略其耜，俶载南亩，播厥百谷。实函斯活，驿驿其达。有厌其杰，厌厌其苗，绵绵其麃。载获济济，有实其积，万亿及秭。为酒为醴，烝畀祖妣，以洽百礼。有飶其香，邦家之光。有椒其馨，胡考之宁。匪且有且，匪今斯今，振古如兹。[1]

"载芟载柞"，就是拔出那些硬杂木。"其耕泽泽"，就是松土。"千耦其耘，徂隰徂畛"，"隰"是低地，"徂"就是"往"。就是这个锄啊，翻种这个土地啊，耕具到了低湿之地里、到了其他地方。

---

[1] 李山：《诗经析读》，817~819 页，北京，中华书局，2018。

"畛"是方块儿的田地，这儿跟"隰"相对，就是"原野"。然后"侯主侯伯，侯亚侯旅，侯彊侯以"，主和伯、亚和旅都是诸侯、贵族、公卿。"彊"者，身强力壮的。"以"，应该是"携带"的人，这个解释有分歧。接着就开始讲这天的时候，政府要管大家一顿饭，叫"有噎其馌，思媚其妇，有依其士"。（"有噎其馌"）说吃饭的时候成千上万的嘴响成一片。"思媚其妇"，"思"是语词，"媚其妇"就是"美其妇"，因为跟周王今天要见面。周王是大族长，多少年不见了，或者一年见不了几回，他来了，每一个主妇都打扮得漂漂亮亮的，盛装前往。"有依其士"就是"有殷其士"，殷殷然众多的男子。然后"有略其耜"，这个耜耜很长；"俶载南亩"就是翻田。"俶载"这个词实际上是一个不好解释的词。"播厥百谷"，然后就写百谷在土壤中，以及出土以后的生长，就是"实函斯活，驿驿其达。有厌其杰，厌厌其苗，绵绵其麃"。大家有兴趣的话可以去看看《诗经》里的农事诗，只要写到作物，作家那个精神就旺盛得很，就是对农耕的喜悦溢于言表。这还不算最长的，最长的有七八个句子描写作物的生长，从落到土里边儿开始变活、生长，到最后成熟，包括在祭后稷的诗篇里都有这样的色彩。接着一下儿就跳到了收获，"载获济济，有实其积，万亿及秭"。收获的时候堆堆垛垛啊，到处是果实，成千上万的禾捆子。把这个"为酒为醴"，"酒"和"醴"都是酒，要是分别讲，酒浓点儿、醴淡点儿。周代酒品种繁多，祭祖有专门的酒。"烝畀祖妣"就是进献给祖和妣。"以洽百礼"，百种礼都周洽。"有飶其香"，"飶"有点儿像馥郁芬芳的意思，说香气。"邦家之光"，是国家、邦家的光辉。"有椒其馨（胡考之宁）"，浓烈的香气使我们的上一辈（安宁）。"胡考"，"胡"是长寿的意思，"考"是死了（以后）称"考"。跟考试可不是一样的，只有死了才称"考"。"先考"，还有"先"，只要（说）"先"了也是死了。先考都得到安宁。注意下边儿来了一句"匪且有且，匪今斯今，振古如兹"。"且"就是当下，不是今天才这样，我们周自古如此。这三句虽然是结尾句，却写出了这首诗的额外的意义，就是我们年终拿着我们自己劳动的成果去祭祖，这是我们周的传统。什么意思？必须得代代坚持，这个时候农业已经跟周人的荣辱挂上钩了。如果大家熟悉先秦文献，会发现周说我们为什么能主宰天下，那是因为大洪水暴发以后，人民挨了饿，是我们的老祖宗后稷率领大家种地，我们"烝民得粒"，不然的话我们的民众全饿死了。以后积了德，所以周才有了今天。那么农业附了某种历史的含义，也附了某种传统的含义，就是它跟周的荣辱连起来了。

然后我们顺着这个角度去观察，大家有兴趣去看《生民》篇，写周家的始祖是怎么回事。讲始祖出生以后，他妈妈就狠心扔他，扔了三回，所以他外号叫"弃"。弃了三回也不死，他妈妈也不管他了，自就口实，种地。诗篇没有明说他赶上尧舜，就说他粮食种得好，老天爷给了新品种。最后上天给他家室，他在有邰建了家室。注意建家室没有说，后边用了两三章的篇幅说后稷给我们立了祭祀传统。就说我们今天年终用粮食祭祖的礼俗是后稷创立的，我们"庶无罪悔，以迄于今"。我们在遵循这个传统的方式上从来没出现过错误，我们才有今天，这是后期的农事诗，大家看出来了吗？早期的农事诗讲重视劳作、隆重的典礼，后来也讲隆重的典礼，但是加了农业和周的关系。农业是我们生活的传统，已经开始赋予农耕这个事业超额的精神价值，思想在变动。这难道不是思想史的变化、一个文化人群的心态史变化？像这些东西，本身是一个运动过程。

当然了，要说到这个问题又涉及给诗篇做断代分析。刚才我一上来就批评有些人说诗篇不能断代，为什么说不能断代是错误的，你打开金文，和《诗经》西周早期的诗篇语言上、语句上有高度的相似，那个东西是书写的文体。像这些作品，刚才我们说过从出土文献，我这么多年在做一个《诗经》的创制历程研究，现在书还没有出来，还在排版，就是从语词这些东西去排一下诗篇创作的顺序，从而找到那里边的演变。由这种演变会导致新的文体出现、新的审美现象出现，而大量的要用的是西周的金文材料，它是一手材料。金文写好了就埋到地下去，没有经过干扰。

今天，我跟大家一路讲来，先讲了"安大简"。"安大简"有贡献，"安大简"很好，但是它的写本也有它存在的一些问题，我们还不能够率然地以"安大简"取代传世文本，这是个谨慎的态度。当年陈寅恪说过，新材料有了，不知道使用，做学问不入流。但是唯新材料马首是瞻，除了它就没有别的材料，也不符合王国维的二重证据法。然后我们又举了一个，孔夫子读《诗》也跟我们今天不一样。《毛序》的说法代表《毛序》，郑玄的说法代表郑玄，我们不要糊涂地认为只要汉代说的就对。清朝人就有这个麻烦。总之，还是那句话，我们要回到文本自身。而回到文本自身，我们知道欧阳修有一个很了不起的贡献就是"据文求义"，而欧阳修又同时是一个特别重视新材料的人，比如说作《集古录》，重视新出土材料。到了朱熹就开始用金文来解释《诗经》。在大量的金文出土的这个年代，我们把这些东西渗入进去，使经典的阅读产生一种新的面貌，这是我们当代的一种任务。我们每个人才智有限、学力有限，但是努力方向对了头，就不至于走错路。

（本文系 2020 年 4 月 23 日北京师范大学图书馆"专家讲座"转录文字节选）

故 宫
博物院与
故宫学

书是我们最好的朋友

庞宏伟
2020年10月22日

主 讲 人 简 介

章宏伟

　　故宫博物院故宫学研究所所长、研究馆员，南开大学兼职教授、博士生导师。出版著作《出版文化史论》《故宫问学》《十六-十九世纪中国出版研究》《故宫学的视野》等，发表论文百余篇，担任电视纪录片《故宫》总策划、制片人。

主 讲 提 要

　　故宫的古建筑、文物藏品、历史遗存以及在此出现过的人和事，共同构成了一个不可分割的文化整体。在故宫，人们能够感受世界上唯一没有中断过的文明，由此形成的以故宫和故宫博物院为研究核心的综合学问——"故宫学"正在蓬勃发展。2020年适逢紫禁城建成六百年，故宫博物院推出的"丹宸永固——紫禁城建成六百年"特展成为中国文化界的一个热点，同时也推动了对"故宫学"的学术研究和发展。本次讲座，章宏伟教授将为大家阐释"故宫博物院与故宫学"的方方面面。

非常高兴来到北师大，与大家通过"在线"方式，交流探讨关于故宫学的问题。今年适逢紫禁城建成六百年，故宫博物院推出的"丹宸永固——紫禁城建成六百年"特展成为中国文化界的一个热点，同时也推动了对"故宫学"的学术研究和发展。

故宫泛指古代王朝遗留的宫殿。不仅中国有故宫，外国也有故宫。中国的故宫也不止是北京紫禁城一处。郑欣淼先生倡导开展的"故宫学"，是一门以明清紫禁城和故宫博物院为研究核心的综合学问，有着明确的范畴，研究领域主要包括故宫建筑学、故宫文物学、故宫文献学、故宫历史学和故宫博物馆学等五个主要方面。我们要说故宫学，就从 1925 年故宫成为博物院说起。

一、从皇宫到博物院①

今天的故宫，也叫紫禁城，是明清两代的皇宫。

辛亥革命推翻了清王朝，年仅 6 岁的溥仪皇帝，于 1912 年 2 月 12 日宣告退位。根据《清室优待条件》，退位后的溥仪依然住在

---

①　章节标题为编者所加，下同。

紫禁城保和殿后的"后廷"里，享有"大清皇帝"尊号，沿用宣统年号，享受中华民国对待外国君主之礼遇。民国早期在北京走马上任的那些总统，都曾派人向这个逊位的末代皇帝递"国书"。在紫禁城的后半个皇城里，仍然有一批清朝的遗老、旧臣顶戴补服，向逊帝跪拜称臣；仍然有大批太监、宫女、侍卫供小"皇帝"、"皇后"及"皇室"人员役使；仍然有所谓内务府、宗人府等衙署为逊帝和"皇室"人员操办事务。

1924 年，第二次直奉战争爆发。10 月 22 日夜，直系将领冯玉祥的部队突然倒戈，从滦平前线秘密班师回北京。当时，担任冯军先头部队的鹿钟麟第 22 旅和第 8 旅日夜兼程，急行军 600 里，在 23 日晚 9 时便开到北京，接着以迅雷不及掩耳之势，发动震惊中外的"北京政变"，占据北京各个城门、火车站、电话局、电报局。24 日，直系军阀政府被推翻，曹锟被冯玉祥下令囚禁于南海延庆楼，直系军阀吴佩孚的势力被逐出北京，吴佩孚从直奉前线狼狈败退。第二次直奉战争以奉系军阀张作霖获胜而告终。政变成功后，冯玉祥被推为国民军总司令。国民党在北京的领导人黄郛在国民军支持下组织摄政内阁。冯玉祥虽没有在黄郛内阁中任职，但军权在握，无论冯玉祥本人还是国民军，实际上都已成为左右当时北京政局的强大力量。

冯玉祥认为，民国六年张勋复辟，破坏共和，捣乱虽在张逆、祸根实在清廷，不取消《清室优待条件》、不把逊帝请出宫，今后难免有人再搞复辟，共和政体势难安宁，现宜驱逐溥仪出宫，修改优待条件。于是，11 月 4 日下午，冯玉祥召京师警察总监张璧、京畿卫戍司令鹿钟麟到国民军总司令部驻地旃檀寺面谈。那天鹿钟麟患感冒，张璧一人前往。冯玉祥说："平常常谈的那一件事，现在可以办理。"张璧初不解其意，愕然。冯玉祥接着说："就是那个小孩子的事。""如何办？""汝与瑞伯可便宜行事。"当时习惯称字不称名，瑞伯是鹿钟麟的字。张璧以为："这件事过于重大，应当由内阁下命令方好。否则由卫戍司令部和警察厅自行办理，恐怕引起外人误会。""好好，汝立刻就去访黄膺伯。"黄膺伯就是黄郛。当晚，摄政内阁立即召开内阁会议，通过督促溥仪自废尊号，出离故宫，并修改优待条件。张璧列席了摄政内阁会议。散会，已夜半。张璧马上去天安门内的鹿钟麟驻地，传达了冯玉祥和摄政内阁会议的决定，并将命令给了鹿钟麟，约好第二天 8 点到鹿钟麟处会齐出发。

　　第二天早 8 点，张璧到鹿钟麟驻地，临行，鹿钟麟说："就是我们两人进去吗？""是。""只有我们两个人似乎不甚妥当。""你是否怕处于嫌疑地位，恐怕外人造谣，欲外人来作证？""正是此意。""请外人许多人一时在事实上也做不到，只好请北京人所信仰的一二个人做证人，如李石曾者。"李煜瀛字石曾，是前清清流李鸿藻之子，早年留学法国，在当时的学术文化界有相当影响，商定黄郛摄政内阁组成的北苑会议曾提议由他出任教育总长，而作为一个学者的李煜瀛也主张驱逐溥仪出宫，因而为鹿钟麟所熟悉。于是电话相约，告诉作证之意。李煜瀛欣然同意，愿意作为国民代表见证此事。

　　于是，张、鹿二人率领国民军 20 多名士兵和 40 多名警察来到故宫北门神武门和北上门一带，封锁交通，继头一天收缴原来守卫故宫、景山士兵军械之后，又缴了两门卫兵及驻在神武门外东西两侧营房里的四队 480 名警察的械。在与清室人员会谈时，清室人员说到同意搬迁，但物品太多，搬迁不易时，李石曾突然想到说了一句："物品不必收拾，并且有关历史之物以不搬走为是。因为国宝，不应该归一人一姓。你们今天出去后，只须将没有职守的太监开去，各宫殿仍由原管理人管理，并且加以封条，以专职成。"初次谈及文物，这与后来的故宫博物院有很大关系。当初张、鹿二人始终注意令溥仪即日出宫，而未曾想到关于文物的处置。经李石曾这句话提醒，方明白有关历史文化价值的东西当收归国家所有。这句话成为以后财物分公私以及日后成立故宫博物院的前提。

（1924 年 11 月 5 日）下午 4 时 10 分，溥仪永别了清室占据280 年的宫廷，乘坐国民军司令部为之预备的汽车，前往什刹海生父载沣的醇王府。溥仪出宫后，留守故宫的国民军士兵和警察，会同清室内务府人员，逐一为溥仪及其妻妾住所、各个存储文物、物品的主要宫殿和场所都贴上封条，加了锁。

黄郛内阁行动迅速，自始至终都在抓紧处理溥仪出宫后的善后问题。溥仪出宫当天下午，摄政内阁开会，专门研究溥仪出宫的善后问题。议决事项主要有：办理清室善后委员会组织条例草案、善后会委员名额、人选，各种善后问题的处理等。11 月 7 日，临时执政府发布命令："著国务院组织善后委员会会同清室近支人员协同清理公产私产，昭示大公。所有接收各公产，暂责成该委员会妥慎保管。俟全部结束，即将宫禁一律开放，备充国立图书馆、博物馆等项之用，藉彰文化，而垂永远。"11 月 14 日，《政府公报》上公布了《办理清室善后委员会组织条例》，同时聘请李煜瀛为办理清室善后委员会委员长。

11月20日，清室善后委员会筹备就绪，宣告成立，李煜瀛就任委员长职。委员会由政府和清室双方人士组成。

有说易培基就任教育总长后，与李煜瀛一起策动冯玉祥派鹿钟麟等人逼溥仪出宫，组织清室善后委员会，清点故宫古物。易培基是当年驱逐溥仪出宫的主要倡导者，为清室善后委员会首席委员。这不是事实，是想当然的说法，必须予以澄清。

清室善后委员会最重要的任务是点查清宫物品，分清公产、私产，12月20日召开了委员会第一次会议，在清室方面的委员拒绝到会的情况下，按法定程序，通过了《点查清宫物件规则》。清室方面委员拒不参加点查，抵制善后会的行动。12月22日下午，善后会在神武门城楼上召开点查预备会，会议开始前，收到国务院内务部公函，称"政府正在筹议办法，该委员会未便遽行点查"。会议对此进行了激烈讨论，最后一致决定坚持对清宫物品的点查工作，23日正式开始点查清宫物品。按善后会组织条例成立图书博物馆筹备会，聘易培基为筹备会主任。正式点查工作直到24日上午才从乾清宫、坤宁宫开始。其他宫殿的点查工作也随之开始了。因为这些不是我们要讲的主要内容，就略过不谈。这时，段祺瑞已被张作霖、冯玉祥举为临时执政。这里我只想强调一点，人们所说的"段祺瑞与清室的遗老遗少们沆瀣一气，采取种种卑劣手段阻挠点查工作的进行"的说法是不对的。12月24日，经段祺瑞同意，国务会议议决办法五条：原有之委员仍旧；各部长官每日须有一二人前往察看；各部遴派重要员司四人会同点查，但每日非有二人到会不可；清查应需之经费由财政部指拨；清查章程有应酌改者，会商委员会酌改。段祺瑞在呈折上亲笔批了"可，如拟办"四字，这是"故宫"日后能够名正言顺在历史上存在的最关键的一个文件。我们谈历史要根据事实说话。

点查清宫物品，以宫殿为单位，而顺序则由入口左侧起，逐件编号，依序录登。因清宫殿堂众多，善后委员会遂将各宫殿按"千字文"编号，如乾清宫为"天"、坤宁宫为"地"、南书房为"元"、上书房为"黄"等。物品的编号有总号、分号之别：橱柜箱架各为一总号，以中文书写；置放其内之物则属总号之下的分号，以阿拉伯数字记之。点查作业以组为单位，派赴各宫殿点查，谓之"出组"。每次清点，除工作人员外，还有军警参加，最多的参与者近20人。每组各有一张担任职务签名单，称为"组单"，上列六大工作项目：查报物品名目、登录物品、写票（据点查登录簿所记编号写成票签）、贴票（将票签粘贴或悬挂于物品上）、事务登记、照相（重要物品需照相）。

1925年9月29日善后会讨论并通过，决定成立博物馆，定名故宫博物院，于1925年10月10日开幕。根据《故宫博物院临时组织大纲》，故宫博物院的领导机构为临时董事会与理事会，下设古物、图书两馆。李煜瀛任理事会理事长，主持院务，易培基任理事兼古物馆馆长，陈垣任理事兼图书馆馆长。

1925年10月10日，故宫博物院在乾清门前举行了隆重的开院典礼。故宫博物院的成立是中国博物馆事业走上正轨的开端。

1927年，南京国民政府成立。谭延闿登上了南京国民政府常委、主席、行政院长宝座。易培基得谭延闿、李煜瀛、吴稚晖、张静江等人支持，任国民党中央政治会议委员、行政院农矿部长，同时还任劳动大学校长。

图 1　故宫博物院匾额（上 1925 年李煜瀛版　下 1971 年郭沫若版）

　　1928 年 6 月，国民革命军北伐成功，南京国民政府接管北京，改北京为北平特别市。6 月 19 日，国民党中央政治会议议决：派易培基前往北平接管故宫博物院。易培基因病一时不能北上，乃分电委托马衡、沈兼士、俞同奎、萧瑜、吴瀛等五人代行接收之事，并陆续电嘱他们接收清史馆、颐和园（因故未能接收）；要他们向中美文化基金会借款，以补发同人们的欠薪。

　　6 月 27 日，国民政府第 74 次会议讨论了国府委员经亨颐提出的"废除故宫博物院，分别拍卖或移置故宫一切物品"的议案，并函请中央政治会议再行复议有关故宫博物院的决定及有关法令。当时易培基正生病，遂由李宗侗写了一篇 2000 字的驳议，以大学院古物保管委员会主席委员张继（时任国民政府立法院副院长）的名义，呈请维持故宫博物院组织法原案，呈文与经亨颐提出的废除故宫博物院提案一起，交国民党中央政治会议第 155 次会议讨论。易培基在中央政治会议上极力申述维持原案的理由，坚持建立故宫博物院的必要性，经过共同努力，否决了经亨颐的议案，决定维持有关故宫博物院的原决议案。1928 年 10 月，公布了《故宫博物院组织法》与《故宫博物院理事会条例》，明确故宫博物院"直隶于国民政府，掌理故宫及所属各处之建筑古物图书档案之保管开放及传布事宜"，并由政府任命了国立故宫博物院第一届理事会 27 人，包括当时全国政界、军界、财界、宗教界、文化界的众多著名人士。理事会在南京开会再推举理事 10 人，推定李煜瀛为理事长，李煜瀛、易培基、张继为常务理事。

　　1929 年 2 月，国民政府正式任命易培基为国立北平故宫博物院院长。博物院的下属机构做了调整，古物馆未变，馆长由易培基兼任。图书馆的图书部与文献部分别改为馆，在业务方面形成古物、图书、文献三馆"鼎立"的格局。事务方面设总务与秘书两处。1929 年 3 月，易培基呈请行政院转呈国民政府任命李宗侗为秘书长。现在大家都认为李宗侗是李煜瀛的侄子、易培基的女婿，认为是凭裙带关系安排的职位。事实上，李宗侗早年留法，大家都知道五四运动是反对北洋政府签订丧权辱国的"二十一条"，是国内的爱国运动迫使我外交使团没有在巴黎和会上签字。同样，在法国，留学生和华侨们也自发地组织起来，包围了外交使团的住所，使他们不能赴会。李宗侗在这场爱国运动中身先士卒，担任纠察队队长，回国后，担任北京大学法文系教授。因与沈兼士领导的北大国学门研究所联系频繁，当李煜瀛受命组织清室善后委员会时，沈兼士即通知他到李煜瀛家商量对策。当清室善后委员会遇阻时，他慷慨激昂，历陈必须坚持。经亨颐提出"废除故宫博物院"议案时，李宗侗为张继代笔所写的驳议，对维持故宫博物院原决议案起了关键性作用。所以，李宗侗出任故宫博物院秘书长也是不二人选。这时易培基身兼三要职，可谓盛极一时。

1930 年 9 月，教育部长蒋梦麟免去易培基劳动大学校长职务；11 月，农矿、工商两部合并为实业部，由孔祥熙担任部长。至此，易培基只存故宫博物院院长一职。①易培基从 1929 年 2 月任国立故宫博物院院长，至 1933 年辞职，历时 5 年。易培基于 1931 年 3 月到北平，专理博物院事宜，视故宫博物院为自己的"终身之事业"，每天来院，同秘书、总务一室办公，悉心筹措，事必躬亲。易培基从社会上延请了大批专家、学者，成立了各种专门审查委员会，开始从文物的品质、名称、时代、真伪等方面对故宫的收藏进行系统的审核与鉴定；修建了"延、北、保、寿"四个库房，集中整理宫内零乱收藏的文物，并逐步建立起严格、周密的文物保管制度；开始进行有计划的陈列，增辟了大量的专门陈列室，按时对外开放，陈列古画、瓷器、玉器、钟表、仪仗；开辟景山公园和太庙；设立了照相室与印刷所，自己拍摄，自己印刷出版了各种定期

---

① 1930 年 12 月，蒋介石宣布易培基为北平师范大学校长，1931 年 2 月 7 日免职。实际上，易未就任，不久，将家迁往北平，专办故宫博物院事宜。

或不定期的刊物，出版了大量的墨迹、画集和珍、善本书目及各种史料丛编、档案集、文件集。这时期故宫博物院的出版物是民国文化出版的一道亮丽风景线。全院同人齐心协力，奋发工作，使故宫博物院的各项业务均获很大发展。这是故宫博物院历史上的第一个"鼎盛期"。故宫博物院今日的恢弘局面显然与这一时期所奠定的良好基础紧密相关。

　　故宫博物院是中国人民反封建斗争的一项重要成果，同时又因其"百万收藏"而被全世界视为中华伟大悠久文化的象征，盛名著于寰宇。"故宫盗宝案"出来后，易培基下决心回击诬陷，他聘请了北平著名律师刘崇佑作辩护人。但遗憾的是该案于1934年2月3日开庭，易培基却没有到案，这就意味着他自动放弃申辩，失去了自清的机会，失去了民众对他的信心，在客观上给外界以心亏理屈的印象，直至法院对他通缉。域内、海外舆论大哗，洋人讥笑，国民侧目，学者却步，故宫同仁更如惊弓之鸟，惶恐终日。故宫博物院的地位与形象受到极大的贬低与歪曲。易培基1937年9月病殁于上海。临终遗言，再次申诉，"唯是故宫一案，培基个人被诬事小，而所关于国内外之观听者匪细，仰恳特赐查明昭雪"。显然已是无济于事，只能留待历史研究了。

二、文物辗转迁徙

　　1931 年，日本发动"九一八"事变，东三省被占，平津震动，华北告急。北平危在旦夕，高等学校部署南迁。鉴于日军侵略者气焰方炽，一旦入侵华北，故宫文物就有在战火中被毁或被劫的危险。为确保文物安全，国民政府行政院决定故宫博物院选择院藏文物中的精品，迁往异地储藏。

　　文物南迁的准备工作，一是选择文物精品，二是做好装箱工作。这次装箱，可以说装了故宫文物大部分精华。

　　1933 年 1 月，山海关落入日军手中，平津危在旦夕。故宫博物院决定从 1 月 31 日开始，将已经装箱的文物分批南迁。消息传出，一时间舆论哗然。一些人认为：古物在兵临城下之际运出北平，势必会动摇人心，引起社会不安，呼吁政府应以保卫国土为重，以安定民心为重，停止古物南迁，不应对敌处处采取妥协退让态度，且古物"一散不可复合"，绝不宜轻易他迁，以免散失。1 月 23 日，北平市自治区各公所及商会在中南海成立了北平市民众保护古物协会，通电反对故宫古物南迁，在民众集会上公开表示要以武力阻止南迁古物，誓与国宝共存亡。一些故宫职员也收到了恐吓信，并有人宣称要在铁路沿线埋炸弹，以阻止文物南迁。故宫博物院院长易培基当时曾给行政院院长宋子文拍过这么一封电报："（平津卫戍总司令）于学忠转来各团体反对古物南迁函电，举座大哗。

似此情形，倘地方政府不积极负保护之责，物品一出宫门，即恐发生意外。至个人危险，早置之度外。手枪、炸弹、恐吓信件，日必数起。"

这时，政府发表了对南迁一事的态度，劝慰民众：故宫文物是国家数千年的文化结晶，毁一件就少一件。人民留在北京可以协助政府抵御日寇，文物留在北平只有被掠夺和毁灭的可能。国亡还有复国之日，文化一亡，将永无补救！

故宫文物南迁，大家都比较熟悉了，从 2 月 6 日凌晨起运第一批古物，分 5 批共运出 13427 箱 64 包（另有古物陈列所、太庙、颐和园和国子监的文物 6065 箱 8 包 8 件）。这些南下文物，先存上海，再运到南京，成立了故宫博物院南京分院。

1937 年 7 月 7 日，日军发动了卢沟桥事变，开始全面侵略中国。7 月 29 日，北平陷落。8 月 13 日开始大举进攻上海，南京岌岌可危。

为了保护这批国宝，南京政府命令故宫博物院南京分院立即将古物分批西迁到大后方。三路西迁，具体的过程我们就不说了，我们只能说是古物有灵，炸不到，摔不碎，经常是文物前脚刚走，日寇的飞机轰炸就跟着来了；载运文物的车辆也曾翻下桥去，如果车里装的是瓷器之类怕碎的东西也就完了，装的是档案图书之类的纸制品，并不怕摔，车子虽是翻到河里，这里却没有水，而且桥不高，箱子受的震动不大，也没有什么损坏。总之，文物有惊无险，安然无恙。这批文物从 1937 年 11 月开始西迁，到 1947 年 6 月全部东归南京，在后方整整过了 10 年。故宫文物南迁、西迁，文物没有大的损失，创造了第二次世界大战中保护人类文化遗产的奇迹。

　　1948 年，蒋介石国民党败局已定，故宫博物院在京理事开会决定将南迁存京的文物挑选运往台湾。从 1948 年 12 月 22 日到 1949 年 1 月 29 日，共有三批文物运台，总计 2972 箱，约占 1933 年故宫南迁文物的 22%，大都是南迁文物中的精华。1965 年 11 月在台北市士林外双溪建成台北故宫博物院。

图 2　北京故宫博物院（上）　台北故宫博物院（下）

　　未及运走的文物留在故宫博物院南京分院。中华人民共和国成立以后，这批文物的绝大部分从 1951 年起陆续运回北京故宫博物院，辗转了十几年的国宝又终于回到了它们原来的家。

三、藏宝之府与研究发端

　　故宫文物南迁及南迁文物运台已为人们所熟知。不少人以为，当年故宫博物院的文物都南迁了，而其中的精品又都运到了台湾。这自然是个误解。南迁古物，当时决定尽量挑选精品，事实上未能完全做到。中华人民共和国成立以来故宫博物院入藏了国家拨交、个人捐献和收购征集的 24 万余件文物，其中多有国宝级精品。

　　故宫博物院是个藏宝之府，现对社会公布可移动文物数量达1863404 件（套），有陶瓷器、货币、玉石器、甲骨、青铜器、封泥玺印、玻璃器、刻石文物、雕塑、碑帖、书法文物、绘画文物、敦煌与吐鲁番文物、宗教文物、漆器、珐琅器、织绣与服饰、金银器、铜锡铅器、竹木牙角器、匏器、工艺盆景、笔墨纸砚、成扇、卤簿仪仗、乐器、武备文物、科学仪器、钟表、医药器具、戏曲文物、照明用具、日用杂品、娱乐用具、近代交通与通信用具、图书、书板、图样、舆图、档案文书等。故宫博物院已经出版《故宫博物院文物精品全集》60 卷，现在又在出版《故宫博物院藏品大系》，估计将达 600 卷，全是精美图录。有条件的朋友可以去翻阅。

　　今天我郑重地向大家推荐一本小书，但很有分量，就是郑欣淼先生①著的《天府永藏——两岸故宫博物院文物藏品概述》。该

---

　　① 2002 年 9 月至 2012 年 1 月，任故宫博物院院长。2006 年 11 月 17日应邀为北师大师生在英东学术会堂作“故宫与故宫学”的学术报告。

书不仅对两岸故宫博物院藏品的数量、类型、品质提供了翔实的数据资料，而且对故宫文物的来源、构成、流播也进行了细致的梳理分析，最后还从故宫学的角度进行了一些理论探讨，是一部不可多得的佳作。

图 3 《天府永藏：两岸故宫博物院文物藏品概述》

故宫只有一个，故宫博物院却有两个（沈阳故宫博物院是另一个意义上的）。北京故宫博物院过去对藏品的整体整理、研究不够，尤其是宣传不够，致使一般人不明白内里的真相。该书对故宫文物的聚合、流散和回归做了清晰的叙述，厘清了两座故宫博物院皇家旧藏的来龙去脉与现状，全面论述了两岸故宫博物院文物来源、构成、流播、现状、分类、数量及相关史实。该书文字虽然不多，却有巨大的容量，分述两岸两院藏品的动态，把两院藏品分为 12 个类别，清点比较各自的来龙去脉、各自的特点特色，多少有无，将同源分流、庞大繁杂的故宫文物梳理得清清楚楚。北京故宫博物院藏品的 85% 和台北故宫博物院藏品的 92% 均来自原清宫旧藏，这正是两岸故宫博物院同名的根源；北京故宫博物院在藏品总量上远远多于台北故宫博物院，而且文物精品从总体上也远远多于台北故宫博物院，并非像有些人以为的"文物南迁已经把北京故宫博物院搬空了"；在类型上，虽然北京故宫博物院更为丰富，但两岸故宫博物院的藏品都涵盖了我国古代各种艺术瑰宝，同为世界上最重要的中华文化艺术宝库。作者并未计较两座故宫博物院的收藏孰胜，而是把故宫博物院作为一种整体文化来看待，客观地把本属于故宫文物却由于上述原因而分别庋藏于两处博物院的藏品一并加以整理介绍，以求这份文化遗产首先在故宫学的理论框架内进行介绍和探讨。

郑先生的《天府永藏》不是一般的资料梳理，不是公布文物的清点账目，而是研究型的文化整理，是清理文物的研究，其意义远超出文物藏品清点的范围。该著作明显的特点有三：一是客观、准确。全书以大量第一手材料为依据，实事求是地建立起一个故宫、两个故宫博物院根根脉脉、根脉相连的文物文化谱系；资料的索取与考证翔实，结构完整、严谨，文字精练，数字准确，必将深化人们对故宫的价值、意义及地位的认知。二是大历史大文化的文物视野。全书用一半的篇幅对两岸故宫博物院的藏品进行了前所未有的分类论述和比较。除传统的书画、陶瓷、玉器、青铜器等外，更重视发掘更具宫廷特色的宫廷类、宗教类、建筑类文物的历史文化价值，如宫廷类文物，就梳理出帝后玺印、卤簿仪仗、宫廷服饰、科学仪器、戏曲、医药、地毯等 16 类。三是体现作者本人首倡的"故宫学"研究的整体性。虽然主体是可移动文物，但始终置于与不可移动之紫禁城的关系、与宫廷历史文化艺术的关系的框架之中，即置于以"故宫学"为标志的故宫文化整理与研究的整体中。因此，该书不仅为读者清晰地解析了故宫藏宝，更能从历史文化艺术的视角，而不是从所谓藏宝的视角引导人们看待最引人注目的故宫珍藏，从而真正理解"国宝"对于国家、民族、人民及对于世界的意义。

最后，作者对故宫及其藏品的价值从历史、科学、艺术等角度进行分析，指出当代人对故宫及其藏品作为人类宝贵的文化遗产的典守职责，提出通过各方携手开展包括对紫禁城建筑、文物典藏、宫廷历史文化遗存、明清档案、清宫典籍、故宫博物院历史等的系统研究，对以故宫为代表，以皇帝、皇权、皇宫为核心的皇家文化的系统研究建立故宫学，并希望把故宫学统筹和推动故宫及其藏品的管理、科研、交流、展示、弘扬等工作上升到一个新的更加自觉的高度。

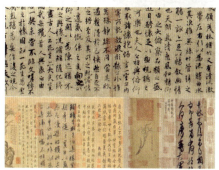

图 4　故宫珍宝选　珐琅器、书法局部　故宫博物院藏

四、"故宫学"视野下的故宫价值

1924 年，溥仪刚被逐出紫禁城，故宫博物院创始人之一的李煜瀛在商组"办理清室善后委员会"时，就明确提出要"多延揽学者专家，为学术公开张本"，后又提出故宫博物院"学术之发展，当与北平各文化机关协力进行"。由于五四运动的原因，北京大学已成为当时全社会在思想与新学科研究方面的先导，在点查清宫物品及后来故宫博物院的业务建设上，北京大学研究所国学门出力最大。当时参加故宫工作并从事研究的学者有马衡、刘半农、钱玄同、陈垣、孟森、容庚、沈兼士、沈尹默等。故宫博物院成立后，主要精力用于清点、整理清宫藏品，包括文物、档案、图书，同时注重向社会公布，出版公布文物、文献档案资料。1925 年开始出版《故宫物品点查报告》。为学术研究的需要，1935 年又成立了书画、陶瓷、铜器、美术品、图书、史料、戏曲乐器、宗教经像法器、建筑物保存设计等 10 个专门委员会。专门委员分特约及通信两种，除本院人员，还聘请社会上颇有名望的专家学者。从研究人员的阵容上，可见故宫博物院的学术研究一开始起点就较高，并且具有开放性、社会性的特点。

中华人民共和国的成立，使故宫博物院有了稳定的发展环境，各项工作全面展开，引进了唐兰、徐邦达、罗福颐、孙瀛洲等一批名家。"文化大革命"之前，故宫博物院按照博物馆的基本要求，从自身实际出发，主要是进行基础性的建设工作。

中共十一届三中全会以后，故宫博物院的学术研究迎来了新的时期，充满活力，成绩骄人。故宫博物院以其特殊的地位、气势恢宏的建筑和典藏的百万珍宝闻名，在图书出版方面开风气之先，最早与港台地区的出版机构如商务印书馆香港分馆等合作，在 20 世纪 80 年代初期就开始出版了《紫禁城宫殿》《国宝》《清代宫廷生活》等有广泛影响的画册。

故宫是学术的故宫，故宫学人薪火相传，特别是 1977 年以后，老专家、新学人的学术论著不断推出。故宫博物院的学者，在清史研究、中国古代书画研究、古陶瓷研究、金石考古研究、工艺研究、宫廷图书文献研究、古建筑研究、故宫博物院历史研究等方面均取得了重要成果。

"故宫学"提出的一个重要基础，是累积已久的相关研究成果。时任文化部副部长、故宫博物院院长的郑欣淼立足于对故宫及故宫博物院的认识和定位、对故宫学术研究的现状以及 80 余年来故宫研究历史的调查与考察，形成了故宫学的思路。他认为，故宫与故宫博物院密切相关，对故宫价值认识的程度影响着对故宫博物院内涵的理解与功能定位。通过对文物认识的深化、对古建筑的重视、对宫廷历史文化的挖掘、对无形文化遗产传承等四个方面的探讨，我们认识到故宫不只是"中国最大的文化艺术博物馆"，而且是世界上极少数同时具备艺术博物馆、建筑博物馆、历史博物馆、宫廷博物馆等特色，且符合国际公认的"原址保护""原状陈列"基本原则的博物馆和文化遗产，是一座博大精深的中国历史文化宝库。这是一个全新的学术理念，将故宫的研究提高到一个前所未有的高度，引起了国内外学界的极大关注。"没有长达 80 年的故宫研究的实践和成果，就不可能准确提出故宫学概念，而故宫学的提出并确立将使故宫学研究进入自觉阶段，将从整体上提高故宫研究的水平。"在郑欣淼看来，故宫不单单是一座皇家宫殿，也不单单是中国最大的博物馆，它是将建筑、文物、典籍等多种元素融合在一起的文化整体，是中国五千年传统文化的结晶。对于"故宫学"，郑欣淼的解读是：它不是经院式的烦琐论证，也不是从书本到书本的刻板研究，它直接面对故宫的文物、古建筑、档案、文献等，是一门把故宫当作一个文化整体的综合研究。郑欣淼坦言："故宫学"内容的物质载体，当然首先是故宫的博大收藏。

对故宫价值的认识需要从故宫学的视野来看故宫，不仅认识到故宫古建筑、宫廷文物珍藏的重要价值，而且看到历史遗存有着同样重要的意义；更为重要的是，古建筑、文物藏品、历史遗存以及在此发生过的事，是一个不可分割的文化整体。这一认识是故宫学得以产生的重要依据，也有利于进一步挖掘故宫的历史文化内涵。故宫文化的这一整体性，也使流散在院外、海外、国外的清宫旧藏文物、档案文献有了一个学术上的归宿。"故宫学"的目的就是不断推进对故宫的综合研究，挖掘故宫文化的深邃内涵。

用"故宫学"的视野来重新认识故宫，会有全新的认识。我举一个在故宫藏品中很不起眼的清宫剧本为例。郑振铎在 1935 年 7 月的《文学百题》上发表《清代宫廷戏的发展情形怎样》，从宫廷戏表演特点上讨论昆曲在清朝衰亡的原因，认为清宫戏需要"极复杂的舞台和布景，极夥众的演员和切末"而流传不广；剧作家们创作力低下，"往往剽窃元、明的戏文，作为自己的东西。便形成了恹恹无生气的作品……自绝于民众，而不能不同时走上了灭亡之路了"。我们用"故宫学"的眼光来重新审视清宫剧本的价值，就得出了完全不同的结论。

第一，剧本是戏剧的物质载体之一，是戏剧的排演依据。中国古代辉煌的戏剧，留下的剧本并不特别多，戏班唱戏留下的剧本更少。现在流通的剧本大都是为了满足社会欣赏阅读、文学研究的需求，并不能代表演出团体的排演剧本，实际上已经是剧本的变种。而且社会上的戏剧演出一般由民间戏班子的演员担任，为了节约经费和增加观众，戏班子大部分没有固定的演出场所，流动性强。这一特点决定了剧本不易进行资料性的保存，有些戏甚至是师徒之间的口传身授，有的演员还不识字，对剧本不重视，留下的排戏用的剧本就更少了。清朝宫廷的戏剧承应活动遵照皇帝的意志进行，对戏本管理规范，有着严格的制度体系和管理方法，活动范围固定，仅限于宫廷园囿，因而留下了大量的种类繁多的南府和昇平署剧本，大都是实实在在的排演剧本，每种戏具有不同内容和用途的本子。有专供皇帝和皇太后看的安殿本，更多的是供演剧人员演出使用的戏本，分为总本、曲谱、提纲、串头和排场等。清宫剧本是演出戏本的宝库。这些剧目应该都曾在宫内演出过，为当时戏怎么演提供了版本。现已知藏有清朝宫廷剧本较多的台北故宫博物院、中国艺术研究院、中国国家图书馆、首都图书馆等单位的藏品数量总共不到 2000 种，册数一时没有找到。而北京故宫博物院藏有 11491 册，数量大，每种戏都有不同内容和用途的本子，其中有不少剧本是其他戏曲著作中不曾著录的珍稀善本和孤本。这是一批极为宝贵的戏曲资料，是清朝宫廷戏剧活动的实物证明，对于恢复清宫演戏旧貌、发扬中国戏曲传统有着极其重要的意义。对于这些剧本在戏剧发展史上的价值，现在的认识是远远不够的。我以为，对其价值，只有我们还没有认识到的，是怎么估计都不会高的。

第二，故宫博物院藏清朝宫廷剧本的题材内容广泛，艺术形式丰富多彩，其中既有元明著名剧作家创作的杂剧和明清传奇，也有清代乐部词臣依据古典小说和佛典故事改编的连台本戏和各种承应戏。演出的艺术形式包括昆腔、弋腔、乱弹、梆子腔和西皮二黄等，有的剧本还配有表演动作或曲谱，词藻华美。这一点似乎少有学者论及。对于穿戴题纲里所反映出的表演程式也是值得关注的。故宫戏本有些只在宫廷里演，外面知道的人很少。也有社会演出的剧本，皇帝欣赏需要，引进宫里，保留了当时外面的戏。外面已失传的，多年后，宫里的也与外面的不一样了。外面的都没有这里丰富。流传在外的，源头能在清宫找到。宫廷演剧体制对戏曲艺术起了重要的规范和提升作用。宫廷与民间演出的交流和相互影响的研究还有待深入。就戏曲发展本身而言，清代戏曲史乃是昆曲走向衰亡，而京剧萌芽、成长并日趋成熟精致的过程。在这个花雅之争的过程中，宫廷演剧扮演着十分重要的角色，起过不可估量的作用。皇帝由于本身的喜好，乐于参与创造，他既是观众，又是导演、监制，直接参与创作，这与以往各朝大不一样。皇帝的参与，从支持雅化了的昆曲、昆弋，排斥民间剧种到后来接受民间剧种，在他的指导下宫廷演剧更加规范化、精致化，也有一部分"政治化"。作为宫廷演出的昆弋戏，是被改编过的，为何如此改编，改编后如何表演，可以看出皇帝的审美取向和欣赏趣味。由于宫廷演剧的特殊地位和影响力，皇帝对花部乱弹的态度、对当时的花雅之争有着重要的导向作用。正是皇帝对乱弹的喜爱，对正在发展中的花部戏曲起了很大的鼓励和推动作用，影响了戏曲的创作演出和发展进程。到光绪朝京剧形成，而到了 20 世纪二三十年代，达到高峰，形成了诸多流派，至今不衰。总之，清朝宫廷演戏的历史，反映了戏剧发展的客观规律，即它起自民间，逐渐完善，贵族加以雅化、利用，排斥昆曲以外的剧种。而其他剧种蓬勃健康地发展，终于突破统治阶级的偏见，在宫廷发展起来，引得皇帝也染指其间，促成新剧种形成的互动关系。民间戏曲的生命力是源泉、是不竭的动力。

　　第三，昇平署①曲本及档案资料不仅仅是清代内廷演剧的历史，同时还是清代兴衰的缩影。国家民族的生存状况，也影响着戏曲创作和演出。一部清代宫廷戏曲史，就是一部缩微的清史，由极度的辉煌走向没落。清代宫廷戏曲不仅使我们了解清代戏曲的发展轨迹，还可为清代政治、经济、文化、社会生活等各个层面的研究提供珍贵史料。对于清廷演戏的研究大多是集中在对于演戏机构的设置上，而机构设置后面的礼乐制度变化的本质，还有待深入地挖掘。清代戏曲艺术在清宫帝后文化生活中的作用和发展具有重要价值。宫廷戏剧文献保留了丰富的清代宫廷生活的文化信息，是研究清朝宫廷史的第一手资料。

---

　　①　紫禁城中的皇家戏班。戏曲演出是清代宫廷中最重要的娱乐之一，因此皇室在宫中兴建了大量戏台，并设立专门的演出机构——昇平署。

　　由一斑而窥全豹，在"故宫学"的视野下，故宫的价值需要重新被认识。

（本文系 2020 年 10 月 22 日北京师范大学图书馆"专家讲座"转录文字节选

及相关论文整理而成）

也   谈

"孔颜乐处"

学而时习之，
不亦说乎？

敬录《论语》首章语，
赠同学诸君，共勉。

钱婉约
2019. 4. 23.

主 讲 人 简 介

钱婉约

　　北京大学文学博士，北京语言大学文学院院长、教授，北京中日文化交流史研究会副会长。主要从事日本中国学研究，同时关注中国传统思想学术发展与转型研究。出版著作《内藤湖南研究》《从汉学到中国学——近代日本的中国研究》，译著有《中国访书记》《长安之春》等，合编与主编《中国文化的历史命运》《台港学者论中国文化》《国学要义精讲读（1、2）》等。

主 讲 提 要

提到"孔颜乐处"，人们惯常认为这是儒家"安贫乐道"义利观的体现，或者是宋代理学命题之一。其实，如果返归与涵泳《论语》文本，可以发现"孔颜乐处"所蕴含的更为生动的人生理想与精神追求。同时，它也是人人均可践行而抵达的"大道至简"的美好境界。本次讲座，钱婉约教授与大家分享自己的《论语》心得。

一、我与《论语》①

很荣幸能够到北京师范大学图书馆与大家分享我关于读《论语》的一点心得。

我自己从读博士开始，20多年近30年来，主要从事中日近代学术文化交流研究。在"4·23世界读书日"暨中国经典文化推广阅读活动中来与大家分享读《论语》的心得，我在讲之前，给大家交代一下我自己的问学经历。我是1981年考入北京大学中文系的，那个时候改革开放，新型的学术刚刚起步，国家经历了一段学术荒漠期，一下子打开窗户，可以读到西方的书，整个社会充满活力，大学生更是领风气之先。我当时也跟着读了一些西学。但是，在我身上有两个比较特殊的情况：一个是我选择的是北大的古典文献专业，自然是要多接触一些中国传统经典；另一个是家庭的原因，我比较早地得到了祖父钱穆先生的一些著作，是家父在香港与祖父相见后带回来的，后来我也在北大图书馆查到一些祖父的书。我特别记得在上大学一年级的时候，在北大图书馆读祖父的《论语新解》时它所带给我的心灵启示。

最近这两三年，我再一次翻开《论语》。作为一种尝试，我跟几个先秦文学的同事一起，带着自己的研究生们，10多个人一起

----

① 章节标题为编者所加。

图 1 《论语新解》书影

师生会读，希望借助一起读《论语》，带动青年学生对以《论语》为代表的儒家文化，有一种沉浸式阅读和体验式认知。今天的讲座，可以说也出于这样的愿望。

日本江户传统汉学，对于《论语》《孟子》这样的经典性儒家著作是十分重视的。在进入明治维新以后，在普遍学习与追赶西方、反思东方文化的时代，日本的中国研究者们都在解读《论语》，比如研究哲学的井上哲次郎、服部宇之吉、蟹江义丸、武内义雄，研究史学的宫崎市定、贝塚茂树，还有搞文学的吉川幸次郎、语言学的诸桥辙次、文字学的白川静，都写过关于《论语》注解或者关于孔子研究的著作。可以说，日本人在近代化过程中，回望《论语》，就像即将远行的人对自己的老祖宗要有个交代一样。

在这个意义上，《论语》不仅是我们中华民族的优秀文化代表，也是东亚文化圈中一个跳不过的伟大存在。

二、孔门气象

大家对《论语》和孔子似乎都太熟悉了，但我仍然想问：孔子是什么人？孔子在历史上做了什么？他给我们留下了什么？请每一个读者都这样问一下自己。好，你们回答：是一个教育家、思想家、政治家，对，还是儒家学派的创始人。大家凑一凑，把孔子的定义都说全了，看来，给他一个定义并不难。

但我想补充一句：孔子是我们中国人一位共同的老祖宗，一位长者。这是不是一下子把我们每一个人与孔子的距离拉得更近了？《论语》就是这位智慧的长者、慈爱的长者给我们留下的思想遗产。

孔子做了什么？做了老师，做了中国历史上第一个私学的老师。西周以来，中国的教育是一个官学教育，国家自天子以至诸侯国都有官学。到了春秋战国，因为礼崩乐坏，整个分封制秩序被打乱了，就有很多贵族流落到民间，他们不再有贵族的身份了，这样民间就有了一些知识人。孔子自己正是这样的人，在一个大动荡的时代进入民间的知识分子。我们说中国人在血缘传承上的老祖宗，世世代代有很多很多人，为什么我们就唯独认孔子为祖宗呢？他是第一个在体制外对中国那时候的后生子弟进行知识启蒙和志向培育的老师，所以是一代祖师，万世师表。

那么，孔子留给了我们什么？我们可以回到《论语》寻求答案。我们只需去读《论语》，用自己的心智和感情去感受孔子的教诲。

图 2 《孔子像》南宋 马远

下面，我介绍一下孔门师生的讲学情况。

宋儒比较喜欢用"气象"这个词，我们就来看看"孔门气象"是什么样的。《史记》说孔子弟子三千，精通六艺者七十二人。《论语》里又说，孔门教学分四科：德行、言语、政事、文学。德行、政事比较好理解，就如字面意义；言语是外交辞令，不是现在的语言学；文学是文献，不是现在的小说、诗歌、散文等，是掌握和整理文献典籍的意思。这四科，德行是孔门的一个统领性科目，是大家都要学的。在德行方面有颜渊、闵子骞、冉伯牛和仲弓四位弟子最出色，其他几位德行也是好的，但是他们各自特长鲜明。所以，分了言语的宰我、子贡，政事的冉有、子路，文学的子游和子夏。每个人都很生动。值得一提的是，这十哲里面就有三个人是一家兄弟，冉耕（冉伯牛）、冉求（冉有）、冉雍（仲弓），伯牛、仲弓入了德行，冉有入了政事，三兄弟的性格、事迹也不一样，都非常有意思。我们读《论语》，就是要去认识那些人，通过这些人去了解当时的社会状况、思想特点等。

我们再来看孔门的师生关系。孔子三十而立，做起了私学的老师，当时跟他学的人，就与他年龄差不多。比较老资格的学生有曾子的父亲曾点、颜回的父亲颜路，还有子路。子路跟孔子就像兄弟一样，一个忠诚于老师，一个很倚重这个像大保镖一样的弟子。还有一些弟子与孔子就像父子一样，如颜回、子贡、冉有、有若这样，差不多与孔子差一辈。至于子游、子夏、子张等晚年弟子，则几乎是祖孙辈。还有一个特点就是，有父子同来入孔门的，曾点和曾参，颜路和颜回，都是家境比较贫寒的家庭。另外，有孟釐子、孟懿子和南宫敬叔是卿大夫，他们是孟孙氏家族。孟釐子不仅自己跟孔子学，还临终嘱咐自己的儿子去跟孔子学。

孔门气象，还可以从学生对老师的评论上面来看。颜回是一个非常低调、默默无语、却被孔子盛赞的学生。颜回在《论语》里话不多，只有在说到老师时，他非常洋洋洒洒地说了一段：

> 仰之弥高，钻之弥坚。瞻之在前，忽焉在后。夫子循循然善诱之，博我以文，约我以礼，欲罢不能。既竭吾才，如有所立卓尔。虽欲从之，末由也矣。(《子罕》)

他用了很多的修辞手法：我看老师的时候，我觉得他很高；我钻研他的时候，我又觉得他很硬，一下子不能吃透。老师他一会儿在我眼前，一会儿在我身后，好像一直在注视着我。他是带着这样一种诗一般的语言在描述他的老师。接下来是正面的阐述：老师对我循循善诱，博文约礼，老师教我们追求仁义，简直就是欲罢不能。我已经使出了浑身的力气来追赶，可老师还是这么高大，使我无法接近赶上的样子。他是真正窥见到了孔子的高深。

子贡是孔子另一个非常得意的学生。子贡在《论语》里就是话比较多，人也特别聪明，也特别会打比方。齐景公有一次挑衅地问：你们那个老师名气很大，到底有多了不起？子贡就打了个比喻来回答，他说：

> 今谓天高，无少长愚智皆知高。高几何？皆曰不知也。是以知仲尼之贤而不知其奚若。（《说苑卷十一　善说》）

大家都知道天高吧，可是天到底有多高，你让我怎么回答？子贡还有一个比喻，当孔子在世时大家就觉得子贡这个人太能干了，长于辞令，又能从政致富，于是就有"子贡贤于仲尼"的说法。子贡说：

> 譬之宫墙，赐之墙也及肩，窥见室家之好。夫子之墙数仞，不得其门而入，不见宗庙之美，百官之富。得其门者或寡矣。（《子张》）

如果用宫墙打比方，我的墙差不多跟肩膀那么高，你们踮一下脚，就能看到里边的情况。我老师的宫墙可高了，如果你不从门里进去的话，根本看不见里面的宗庙之美、百官之富，而真正能够得到那个门的人又不多。言外之意，你们并不能真正认识我的老师。

以上是学生对孔子的景仰，其实学生也有对孔子进行质疑的，特别是一些调皮的、聪明的学生。比方说子见南子，子路就不高兴了，搞得孔子只能信誓旦旦地说："予所否者，天厌之！天厌之！"他举起手来发誓说，他真没干什么见不得人的事。可见，老师对学生的质疑，还是很认真对待的。还有一个孔门非常聪明的学生，就是宰我。有一句话大家都很熟悉:"朽木不可雕也,粪土之墙不可圬也。"说的就是"宰予昼寝",孔子对他大白天睡觉非常激愤,因为古人"日出而作,日落而歇",大白天睡觉可能是非常不好的事情。话说回来,宰我是一个非常有创造力的人,他给孔子提了一个质疑性的问题:

> 三年之丧,期已久矣。君子三年不为礼,礼必坏;三年不为乐,乐必崩,旧谷既没,新谷既升,钻燧改火,期可已矣。(《阳货》)

图3 《孔子杏坛讲学图轴》明 吴彬

儒家讲究三年之丧,父母去世了要守三年之丧,宰我认为是不是太长了。因为治丧三年的话,你就不能干别的事,比如当官的就得回乡歇业三年。宰我说,你看三年不为礼、三年不为乐的话,礼乐都要崩坏了,一年是不是就可以了,一年春夏秋冬,新谷上来了,钻燧之木也轮了四季了,就可以了。

孔子是一个乐于变革的人,既有原则也乐于变革,他说:

> 食夫稻,衣夫锦,于女安乎? ……夫君子之居丧,食旨

不甘，闻乐不乐，居处不安，故不为也。今女安，则为之！
（《阳货》）

孔门讲的这些道德要求是从内心体验出发的，以内心的情感做依据。守丧为什么要三年？因为我们人从出生到差不多能够独立行动，被父母怀抱了三年，所以父母去世我们要守三年的丧。孔子说如果你心安的话，你就改为一年吧。所以，这是一个开明的老师，守丧祭祀等，都是但求心安，是解决我们自己内心的问题。

至于孔子对他学生的评论，有时是很爱，有时又很顽皮，甚至有时候也有点急躁的。他那么爱子路，正因为"爱之深"，所以，他说子路的话，也是"责之切"。"不得其死然"，孔子说，子路你这样的急性子，做事毛躁，怎么办啊？会不得好死的。只有最亲近的人，才能这么说话吧。还有冉求，就是列于孔门十哲、冉家三兄弟里面最小的那个。冉求特别能发财致富，子贡也发财致富，但是子贡取之有道，而冉求却是帮助三桓之一的季氏敛财，孔子就很高兴，又拿他没办法，他们师徒之间已经交锋过几次了，没办法。所以，孔子就动员弟子们说："非吾徒也。小子鸣鼓而攻之可也。"同学们，请你们帮我去打他，帮我把他赶出去。

孔子一生中，30 岁做老师，50 岁短暂地从政了 5 年，基本上也没有什么特别伟大的政绩，如果从功利主义的角度来说，似乎并不成功。但是，只有他成为"万世师表"，成为对中国文化乃至世界文化有巨大贡献与影响的人。

三、"孔颜乐处"之说

我们切入正题，"孔颜乐处"这一命题，是宋儒提出来的。在北宋之前，中国经学史上谈论《论语》，更多的主题是礼乐、仁义，是考虑《论语》在社会秩序、人伦政治或者说个人修养这些方面的意义和价值。到了北宋时期，大家都知道中国儒学进入第二期，进入向内心寻求的一个转换。

> 子曰：饭疏食，饮水，曲肱而枕之，乐亦在其中矣。不义而富且贵，于我如浮云。（《述而》）
>
> 子曰：贤哉，回也！一箪食，一瓢饮，在陋巷。人不堪其忧，回也不改其乐。贤哉，回也！（《雍也》）

"孔颜乐处"的出典主要是这两句话，第一段出自孔子的自述，说他吃饭没什么讲究，吃点粗米饭，喝水也没什么讲究，就喝点凉水，然后，头枕着自己的胳膊，这样很简陋的生活，快乐也就在其中。大家注意他后面一句话很重要：如果这个富贵是不符合道义的，那我看它就像天上的浮云一样。浮云纵是美好，它高高在上，我可以欣赏它，但不会去追求它。所以，物质生活的简陋不能改变孔子的快乐。另一段是孔子赞美颜回，也是讲物质生活非常贫乏，吃喝很简单，特别是住的也很简陋。颜回父子两代人家境很贫寒，住在鲁国很差的地方。下面一句："人不堪其忧，回也不改其乐。"我们看到颜回本身心中有"乐"，故而能"不改其乐"。孔子说完又赞叹了一句"贤哉，回也"！孔子是真的喜欢这个学生啊！颜回去世以后，孔子哭得不像样子，惹得子路又不高兴了，至于吗？您能不能保重身体，不要哭成这样伤身体啊？

这两段话，在《论语》里边沉睡了上千年，到了周敦颐的时代被提出来了。周敦颐专门找出了这两句话，让他的弟子二程去找孔子和颜回到底"所乐何在？"大概是在程颢、程颐十四五岁的时候，他们的父亲是周敦颐的朋友，就把他们送到周敦颐这里来跟他学习。《论语集注》里朱熹就把他老师的话记下来了。（程子）曰：

> 昔受学于周茂叔，每令寻仲尼、颜子乐处，所乐何事。

所以，"孔颜乐处"是由周敦颐提出来的，他自己也写过一段话，部分回答了这个问题。他说：

> 颜子，一箪食，一瓢饮，在陋巷，人不堪其忧，而不改其乐。夫富贵，人所爱也，颜子不爱不求，而乐乎贫者，独何心哉？天地间有至贵至富、可爱可求而异乎彼者，见其大而忘其小焉尔！（《通书·颜子》）

儒家不是排斥富贵，是天地间有比富贵更加"可爱可求"之所在。周敦颐提出的孔颜乐处，被二程以及后来的朱子传承，就成为儒家向内关注人的内心世界的一个重要命题。

宋儒研读《论语》，与之前治国平天下那些大话题相比，更关注人生日常、个人心性这样一些切近生活的话题，所以它成为开启宋代理学的重要命题之一。那么，二程是怎样来给周老师交卷的呢？我看二程的卷子交得很暧昧，这倒也符合宋儒的做法。

> 程子曰："非乐疏食饮水也，虽疏食饮水，不能改其乐也。"又曰"须知所乐者何事。"（《论语》述而篇朱熹《集注》）
>
> 程子曰："颜子之乐，非乐箪瓢陋巷，不以贫窭（jù）累其心而改其所乐也，故夫子称其贤。"又曰："箪瓢陋巷非可乐，盖自有其乐尔。其自当玩味，自有深意。"（《论语》雍也篇朱熹《集注》）

一句是："虽疏食饮水，不能改其乐也。"一句是："箪瓢陋巷非可乐，盖自有其乐尔。"他们都是自有所乐，至于所乐到底是什么，还是没有直接回答，要读者自己"玩味"。朱熹在下面补充说：

> 程子之言，引而不发，盖欲学者深思而自得之。今亦不敢妄为之说，学者但当从事于博文约礼之诲，以至于欲罢不能而竭其才，则庶几乎有以得之矣。

朱熹说程子既然都引而不发，要学者自己去深思玩味，我在这里也不敢妄为之说，但应该像颜回那样，博文约礼，欲罢不能，竭尽吾才，用一生去体会，去实践。

二程没说，朱子也没说，可是近几十年来搞中国哲学史的人却都在说，搞中国儒学史的人也在说。因为我们的学术语境，已经进入把《论语》作为一个思想史的资料来看待、来研究的时代了，所以是可以说一说的。今天我就也来试着说一说"孔颜乐处"。

《中庸》里有一句话："行远必自迩，登高必自卑。"我们一般人读《论语》，不必先好高骛远地去做那些概念的梳理、义理的评判，我们首先要把它读懂，必须老老实实地依据《论语》读《论语》。在泰山南天门下面有一块碑，四个字——"登高必自"，它源于这句话，说从这里开始往山顶上登。基础与出发点，我想，这对于每一个读书为学的人都是有启发的。

四、"孔颜乐处"心得

下边以我自己读《论语》的心得，来找一找孔颜乐处到底有哪些方面。

现当代学者往往从哲学的高度和广度来追寻孔颜乐处，略有几说。一者关涉"义利观"，生活贫困一点儿没关系，只要有精神追求。二者说是"自然观","饭疏食、饮水，曲肱而枕之"，孔子一定是住在郊外，在一个山水胜地，反映了道家和禅家的自然观。三者说这是一个"心性之学"，无论外界多么不如意，只要我这颗心是快乐的，就没有关系。四者甚至还有的从"生态美学"的角度解说。这些我觉得说的都没有错，但都不免立足于当代语境，强为说辞，为学问而学问的意思。如果就《论语》读《论语》，根据孔门师徒当时的社会情景，我们会读到什么呢？这里我先用钱穆先生《阳明学述要》书上的一句话，"讲理学最忌的是搬弄几个理性上的字面，做训诂条理的工夫，却全不得其人精神之所在。"我们应该直透大义，反向自心，这才是读经典的一个办法。我把《论语》里边孔门师生所谈到的内心快乐的话梳理出来，分几点来跟大家分享。是把"孔颜乐处"放大一点儿，也可以说是"孔门乐处"。

　　第一点是"好学而忘忧"。孔门师生讲学，老师当然是要劝学生学习了，其实老师不是劝学生向学，而是自己一直觉得学习很快乐，"学而不厌，诲人不倦"，这就是他自己的样子。学生看到老师的样子，自然也跟着学这个样子，也体会到学习的快乐。我们翻开《论语》第一章就是"学而时习之，不亦说乎"，"说"就是快乐；"有朋自远方来，不亦乐乎"，是招待朋友吗？不尽然，这个"朋"是同门，《礼记》里边讲"同门曰朋，同志曰友"，"朋"是有特定含义的，是同门师兄弟，像你们现在读博士、硕士的，都是一个老师的师门，就是"朋"。当时不光有鲁国人，还有齐国的、宋国的、陈国的学生，纷纷远道而来跟孔子学习，所以孔子说我又多了一个学生，多了一个少年同志，"不亦乐乎？""学而时习之"这个"习"字，大家说不就是复习吗？其实这个"习"字原本的意思是像小鸟一样学习飞翔，反复练习，所以是一个实践的意思。这就是孔子强调的学习，强调学习是一件很快乐的事情，与志同道合的人一起，知行合一地践行所学的道理。《论语》里面，说到好多好学与快乐的事情，孔子唯一自诩的就是好学：

> 十室之内，必有忠信如丘者焉，不如丘之好学也。（《公冶长》）

有十户人家，像我一样做到忠信的人肯定是有的，但是不一定有我那么好学。

> 默而识之，学而不厌，诲人不倦，何有于我哉？（《述而》）

不断地学习，默默地记取，我确实是喜欢学习，喜欢做老师教人，这对我有什么难的呢？

> 若圣与仁，则吾岂敢？抑为之不厌，诲人不倦……（《述而》）

孔子在生前就已经很有名了，大家都觉得他是个圣人。所以他说，不敢说是圣与仁，我只不过就是"为之不厌，诲人不倦"啊。

> 子曰：我非生而知之者，好古，敏以求之者也。（《述而》）

他又说我就是学习古代文献，就是好古而已，勤勉地不断学习。孔子把好学放在人生中非常重要的地位，以身作则、自我解剖，把自己定位为一个好学者，这种好学是可以带来精神愉悦的，这就是"忘忧"，就是快乐了。叶公问子路："你们老师是个什么样的人？"子路不敢说，没有直接回答，回来告诉老师。孔子就说："女奚不曰：其为人也，发愤忘食，乐以忘忧，不知老之将至云尔。"注意这里使他发愤忘食的是什么呢？——是学习。所以这一段印证了学习是可以忘忧的。这种不知老之将至的境界，是儒家非常好的一种境界。老年人现在都讲养生，有些老人在一起聊天，就都说在吃什么中药，又在做哪个健身，都很在意自己的身体。但是，另有的老年人说，最近牡丹花开了，我去公园拍了牡丹花，真漂亮啊，而且，不仅漂亮，我还发现，比去年又多认识了一种新的牡丹品种，真是很高兴啊！我们看，他追逐着牡丹的美，忘却了自己的年龄，也忘却了自己身体哪个地方有不舒服，这就是一种"乐而忘忧"的精神状态。

第二点"重义轻利"。前面已经解读了孔颜乐处这两段最经典的引文，仔细想想，当代人把"安贫乐道"四字的重点放在"安贫"上了，似乎儒家就是这样不思进取、安于贫穷地过日子的人，这样的想法，把"乐道"二字给架空了。但事实上，仔细体味这两段话，更重要的无疑是"乐道"，因为心中有道义，用周敦颐的话来说，因为追求那个"可爱可求"的大道，所以才能够安贫，才可以有真正的快乐。在《论语》里面有很多这样的论述，我就顺便选几句。孔子说："君子忧道不忧贫。"君子真正关心的是道而不是贫富的问题。"士志于道，而耻恶衣恶食者，未足与议也。"这句话是说，如果你是个士大夫的话，你肯定立志于天下道义，可是你如果一边立志于天下道义，一边还在说这个桌椅不够高级，这个茶水怎么不是龙井？你一直很讲究这些的话，孔子说你就是不足以一起共同议论与追求道义的人。孔子也有正面谈论富与贵的时候，说："富与贵，是人之所欲也；不以其道得之，不处也。"如果用合理的方法去取得（富贵），就是好的。孔子有时候也很得意地说子贡真能干，颜回这么好学、这么聪明，他一生都贫穷，而子贡这么富，给我们师门捐点吧，所以他其实很欣赏子贡。"贫与贱，是人之所恶也；不以其道得之，不去也。"如果通过不道义的方式取消掉贫贱——这个"得"的意思就是得以去除——那也不行。可见，孔子对于这些事情，都是有正反两面的论述。原始儒家的生活和生命观是活泼的，没有排斥这个富贵的问题。《大学》里有："富润屋，德润身，心广体胖，故君子必诚其意。"这句话就是说，像财富能够把我的屋子装扮得很美丽一样，德行可以来提升我的人生，把我的气质变美，腹有诗书气自华。所以说，你要是追求财富，追求屋室华美，只要是符合道义的，也蛮好嘛，君子要诚其意。这就是儒家的义利观。

第三点就是著名的"吾与点也"。原文出自"子路曾皙冉有公西华侍坐"一章。有一天这四个学生陪着孔子，孔子跟他们坐而论道，这一段太有名了，以至于徐悲鸿画了这一幅画。

图 4 中这个金刚怒目的大胡子是子路，这个很秀气的戴着葛巾的是冉有，这边年纪比较大的就是曾子的父亲曾点，长着胡子一看就是有点老庄学派的样子，这个很谦和的是公西华。这四个人侍坐，孔子说："现在我做个假设，如果有诸侯国的国君要来重用你

图 4 　徐悲鸿《孔子讲学》　1943 年　纸本水墨　109x113 cm　徐悲鸿纪念馆藏

们,你们将怎么样?你们各自说说自己的理想吧。"子路向来是一个很直率鲁莽的人,第一个就说了:我得到一个国家以后,为政三年,我可以让这个国家处在大国之间而能够屹立不倒,可以让人民都英勇善战,并且能够符合道德的要求。冉有说:我不要很大的国家,就要一个纵横六七十里或者五六十里的,做三年,我可以让老百姓很丰衣足食。公西华就说:我对于礼仪很感兴趣,我愿意替国家去做礼仪方面的事情。曾点一直在弹琴,大家说完以后,孔子说:曾点,你怎么不说啊?曾点说:好吧,我来说说,不过我跟他们三个人都不一样。这一段是《论语》里非常优美的散文诗:

　　　莫春者,春服既成,冠者五六人,童子六七人,浴乎沂,风乎舞雩,咏而归。(《先进》)

他说暮春季节，那种夹袄已经做好了，他带上几个师兄弟（曾点是比较年长的学生），冠者五六人，童子六七人，去到曲阜的郊外，在沂水边洗洗澡，然后到曲阜的舞雩台上再去吹吹风，唱着歌就回来了。结果，对于这四个人的回答，孔子的反应怎样呢？对于子路第一个抢着说的，孔子就是鼻子里出了点冷气——"哂之"；对于后来两个也没有多赞许。到了曾点这儿，孔子喟然叹曰："吾与点也。"——我很赞同曾点你说的啊。结果前面三个人就有点郁闷，说老师你为什么就独独赞许曾点呢？不就是春游一下吗？这一段就很重要，重要在于到底孔子这个地方为什么独独赞许曾点，"喟然叹曰"是深有叹息地说，这又反映了孔子怎样的一种感情？这个问题也成为宋学追寻的一个重要问题。程子说曾点了不得，曾点与圣人之志同，即有尧舜气象。刚才我说了宋儒喜欢说"气象"。朱熹也进行了解释，这一段解释有点繁复，我们大概讲一下。

> 曾点之学，盖有以见夫人欲尽处，天理流行，随处充满，无少欠缺。故其动静之际，从容如此。而其言志，则又不过即其所居之位，乐其日用之常，初无舍己为人之意。而其胸次悠然，直与天地万物上下同流，各得其所之妙，隐然自见于言外。视三子之规规于事为之末者，其气象不侔矣。故夫子叹息而深许之。

宋儒是讲存天理灭人欲的，朱熹说曾点真了不起，"人欲尽处，天理流行"，他带着同伴春游，然后唱歌、吹风、洗澡这些事情是非常自然的事情，是一种天理流行，是一种日用之常，是与天地万物上下同流，与前面三个人所讲的强兵、富民、主持祭祀这些末流具体来比，气象自不一样，所以值得赞许。朱熹到了晚年，在《朱子语类》里边，他跟他的学生说，这段话我解说得太玄虚了，不好，可惜没来得及改掉。《论语集注》里边我们看到没有改掉。

我们要探究这句话到底是什么意思，就需要回到古注。宋学有时确实太玄虚，二程和朱熹总说"自当玩味、自有深处"，不肯明说。你们来看南朝梁皇侃的解说，皇侃《论语义疏》就说得比较好：

> 孔子闻点之愿，是以喟然而叹也。既叹而云"吾与点也"，言我志与点同也。所以与点同者，当时道消世乱，驰禁者众，故诸弟子皆以仕进为心，唯点独识时变，故与之也。

这个话翻译过来就是，孔子在春秋末年见多了礼崩乐坏之状，出走鲁国，周游列国转了一圈，各国都没有用他的，心里面不免是灰心失望的。面对这种"道消世乱"的时事，他的爱徒们还在那儿很积极有为地说"我要强兵，我要富国"。事业是没错，理想也没错，孔子担心这些学生做不到，所以，他心里面不免担忧难受。他不忍心看到他的学生节节失败，所以，在前面三个人说后不表赞许。突然到了最后一个曾点，他能够独识时局，在这一点上跟老师的认识是相同了，孔子喟然而叹曰"吾与点也"，就是因为理想看来也是没法实现了，所以，既"与点"，又不免"叹息"。

这段话，大家看看，是不是皇侃和清代的注释家做得很好，他们比宋儒讲得清楚。顾炎武在《日知录》里面也讲到这一句了，表述了与皇侃接近的意思。他说："三人皆以仕进为心，而道消世乱，所志未必能遂。"而曾点的这些话使孔子想起了"饮水曲肱之乐"，他还是可以返回自然，保持他快乐的心态，并且又引起了他"浮海居夷之思"。我们知道孔子是圣人，但他也是一个真实的生动的人，他在失望的时候曾经也发过牢骚的，"乘桴浮于海"，驾个小船就出走了。他还想"居九夷"，就是到不是文化中心的地方，去开拓边疆，这个中原搞不好。所以，曾点说的春游使孔子想起了这种出游。但顾炎武接着又说，毕竟孔子一辈子"固抱行道救世之志"，岂能真的"忘世自乐"。所以他是喟然叹息，他不是一个真正的隐者。《论语》里边也有一些隐者来讽刺孔子，说你干吗不跟我一样，做个出世者多快乐？其实孔子也就是感叹了一下而已，儒家终究不是出世者。

最后第四点，是保持不愠不怨。这其实是我们自己人生当中经常会遇到的问题，《论语》里边给我们提点了。我说的第一点和第四点，一般谈孔颜乐处的人都不这么说，是我自己体会到而把这些《论语》里面的句子拿出来结合而谈的。因为我们每个人都会困惑，尤其是儒家是要教育青年人立身出仕的，但是社会和时事有清明的时候，也有昏暗的时候；个人的命运有顺达的时候，也有坎坷的时候。如果你遇到社会昏暗的时候，或者你正好遭遇自己命运坎坷的时候，理想不得实现，才华不得施展，怎么办？《论语》里面也有这样论述的："人不知而不愠，不亦君子乎"（《学而》）。孔子在他那个时代，虽然很有名，但他是要扭转世风，是走在时代前列的人；所谓与世抗衡，走在时代前列的人，一定也是不太被人所理解的人。所以，孔子经常遭遇"人不知"。但孔子"而不愠"，他能够心平气和，保持常态。"人不知而不愠"，这是中国文化一个独特的主题词。这并不影响你积极有为，不影响你像孔子那样"知不可为而为之"。他周游列国，永远不失理想，即使感叹"道不行，乘桴浮于海"，也还是回归家乡，整理古文献。他夸奖颜回，"有颜回者好学"。你看孔子对人的最高评价也就是好学，"不迁怒，不贰过"。大家一看都能看得懂，可是，你要真的一辈子做到不迁怒、不贰过，还是非常不容易的。为什么孔子这么看重颜回，他有什么特别了不起吗？他就是"不迁怒、不贰过"而已。我如果有错误，我先找自己的原因，我不找他人的原因，也不推诿成社会的原因。另外，每个人都不可能不犯错误，但是你要做到不要第二次再犯。"不怨天，不尤人""躬自厚而薄责于人，则远怨矣"。如果我们遇到不如意，今天很生气，明天很郁闷，这就不快乐了。这第四点，就是教你怎么排遣这些不快乐的东西。

　　最后，孔子说"下学而上达"，尽管他一直不被当时的社会理解，但并不影响他一步一步踏踏实实地努力而行，努力地求仁行仁，这就是"下学"功夫，到最后，上达到"知天命"。我知天，天知我，所谓"苍天可鉴"。孔子感叹"知我者其天乎？"

　　以上就是我对理解"孔颜乐处"四个方面的心得。小结一下说：第一是好学忘忧，这是一种可以跟随人一辈子的学习态度；第二就是乐道而安贫的义利观；第三就是忘情山水、与大自然合为一体的自然观；第四就是抗挫折，保持不怨天不尤人、不断学习的境界。"孔颜乐处"，与其说是儒家的知识理论、宋学的哲学命题，不如说更是对于孔门精神境界、人生追求的述说，需要儒学后人一辈子的践行。这是我作为一个《论语》阅读者的分享，有不对的地方，希望同学和老师们批评指正，谢谢大家。

（本文系 2019 年 4 月 23 日北京师范大学图书馆"专家讲座"转录文字节选）

书 法 与

中国文化

書印載獵

二〇二一年四月

倪文東於京華

主 讲 人 简 介

倪文东

　　北京师范大学艺术与传媒学院书法系教授、博士生导师，教育部艺术学理论教学指导委员会原委员，中国教育学会书法教育专业委员会顾问。从事书法教学、创作和研究工作近40年。主要著作有《20世纪中国书画家印款辞典》《书法创作导论》《书法概论》《中国篆刻大字典》《篆刻临摹与欣赏大典》等，书法作品被中国国家博物馆、中国美术馆、炎黄艺术馆、陕西美术博物馆、西安碑林博物馆和清华大学等收藏。

主 讲 提 要

　　书法学习研究和弘扬中国书法文化已经成为一个热点。本次讲座，倪文东教授将与读者从多方面探讨书法与中国文化的关系，诸如写字与书法的区别、如何欣赏书法作品、如何看待丑书与俗书、书法与中国人的关系以及新时期书法学科的建设和发展等问题。

　　4月正是读书天，我们今天正好在北师大图书馆做讲座。如果书法家不读书，那就不能称之为书法家。中国书法文化非常深奥，房间里挂什么字，图书馆挂什么字，阅览室挂什么字，都不可以随便写、随便挂。一是内容需要讲究，二是文字造型也需要讲究，我们不能把丑书挂在图书馆。书法作品的内容、形式、造型、章法、题款、印章，每一个环节都必须讲究。

　　当书法成为一门学科的时候，它的要求就更高了。当没有进入这个专业领域之前，大家会觉得书法不是很简单吗？不就是在宣纸上写毛笔字吗？过去书法没有学科，报项目没有书法，评职称没有书法，书法一直是在美术的"括弧里"讨生活。艺术学原来是文学这一学科门类下的一个一级学科。现在不同了，2011年国务院学位委员会、教育部颁布了新的《学位授予和人才培养学科目录》，艺术学首次从文学门类中独立出来，成为新的第13个学科门类。过去我们美术、艺术院校的学生授学士学位、硕士学位是文学学位。学生到国外深造，说是学画画的，画画的怎么拿的是文学学位？国外不承认。现在好了，艺术学门类学科下设5个一级学科：艺术学理论、音乐与舞蹈学、戏剧与影视学、美术学和设计学。书法在哪里？书法是美术学一级学科下面的二级学科，这个学科目录书法人等了30多年。①

――――――――――

　　① 　2007年，北京师范大学艺术与传媒学院正式成立书法系。2012年作为隶属于"美术学类"之下的二级学科"书法学"的名称正式出现；2021年12月国务院学位委员会发布的《博士、硕士学位授予和人才培养学科专业目录（征求意见稿）》对艺术学科目录的调整方案将"美术与书法"列为一级学科。——编者注

一、临帖习字与读书阅世

书法是什么？什么是书法？社会上很多人说：什么是书法家，就是专门写一些一般人不认识的字的人。精神的"神"写完以后，加一个点，广播的"播"少一个撇。关于这个"播"字，我印象特别深。那时候我还在西安西北大学教书，启功先生应邀给"陕西广播电视报"写了个报头，"播"少写了一个撇，引起大众的议论。读者纷纷给报社打电话、写信：听说启功是全国著名的书法家、北师大的教授，他怎么少写了一个撇，把字写错了，这是不应该的。启功先生一笑置之，为什么？"播"字没有撇，古已有之，完全可以这样写，因为你是书法家题字，书法家题字的"播"是可以没有撇的。启功先生的写法不但没有错误，还可认为是一种贴合美学规范、致敬古典的写法。广告牌如果是美术字可以用简化字，如果请书法家写牌匾，就可以写繁体字。现代的大众对书法之所以产生很多误解，是因为我们宣传推广得不够，推广得不好。媒体能不能好好介绍一下传统文化和汉字书法？现在有中国诗词大会、中国成语大会，是不是也应该有一个中国书法大会，让孩子们写写字，比一比书法？

书法艺术是综合修养，没有综合修养，是不成体系的。书法的惊人之处在于集中地表现了文学的内容、哲学的思想、美学的精神。这种集思想道德、诗词文赋、笔情墨趣为一体的综合艺术，它把线条的运用表现出一种超妙如神的境界，达到了抽象艺术的高峰。若不了解书法，就不了解中国人，不了解中国文化。历朝历代的书法家都是综合修养的大家，是琴、棋、书、画精通，诗、书、画、印四绝的典型文人。我们今天的学科分布越来越细。我刚上大学不明白，一个文学史，有好几个老师上课，一人上一段，有专业要求，分工越来越细，现在是学者多了，而文人少了。今天能够通晓琴棋书画的文人、通才太少了。我们当代人太忙了，生活节奏快，整天忙于生计，没有那种闲情逸致。古人那种悠闲自在的生活，对于我们今天的人来说是一种奢侈，恐怕是一去不复返了。

学习书法唯一的不二法门，就是学习和临摹碑帖，学习古人的墨迹和碑刻。绘画可以到山野当中去画山、画水，去临摹、去写生，但书法一定要看碑帖，学习碑帖、临摹碑帖，没有别的办法。启功先生临到去世前还在临摹碑帖。有人说，启功都那么大名气了，写得那么好了，还要摹碑帖。那不一样，写一遍，有一遍的收获；写 10 遍，有 10 遍的收获；写 100 遍，就有 100 遍的收获。书法就是很奇特，一人一支笔，都写行书，风格却完全不一样。这就是书法，奇特无比的中国书法！

当你踏入书法大门之后，你会发现书法无比神妙，特别是草书，变化特别大，有它特殊的线条造型。上字之末即为下字之首，它整个是连在一起的。所以中国书法讲究读万卷书，行万里路。中国书协第七届副主席刘洪彪先生办了一个个人书法展览，展览的标题四个字——"阅世读人"。他 60 岁办个展，60 年，是对整个世界的看法，对人生的看法，所以叫"阅世读人"，这个题目起得太好了。我们很多人办展览却找不见好词，在《书谱》找，"下笔有由""与古为徒"，这些别人都用过了。我们自己要善于总结，"阅世读人"，那就是把读书阅世、了解的人生整个反映出来。我觉得刘洪彪先生是很高明的，值得我们学习借鉴。

当你进入书法领域之后，你会发现书法艺术博大精深。比如我们要写篆书，可以先练石鼓文，再练金文，《毛公鼎》《散氏盘》《大盂鼎》《虢季子白盘》和《墙盘》，这都得练，还要写《泰山刻石》《峄山刻石》，还得写李阳冰，还得写邓石如、赵之谦、吴让之、吴昌硕、黄牧甫等。篆书学 10 年，再学隶书，汉碑《张迁碑》《礼器碑》《史晨碑》《鲜于璜碑》，再学 10 年隶书。邓石如就是这样，穷孩子没钱去上学，他认识了梁巘。梁巘介绍他到江南的梅镠家，管吃管住管学习，所以邓石如 10 年篆书成，5 年隶书成，3 年魏碑成。一个书法家脱颖而出了。邓石如一个碑写 50 遍，甚至写100 遍。现在好多年轻人说，老师这个字我还是写不出来，我说你写了几遍？他说我写了一遍，我说你最少写 10 遍，古人写 10 遍，你写 10 遍是不够的，功夫没下到，功夫下到了，自然就成了。

所以说书法家思想境界要高，生活阅历要深，知识积累要丰富，艺术修养要全面。我们能不能把写书法的叫"书人"？过去专门给人写字、抄书的人，叫"书手"，抄经的人叫经生。经生、书手，挺好的。我记得我 20 世纪 70 年代上大学，大学里有学生甚至工人，专门给教授誊书稿、抄文章。那时候的教授做学问、搞研究，用的全是小卡片。他们写文章时，先自己写好草稿，再请人给他誊抄，然后打印、出版。现在教授都是自己用计算机打字，不要你抄了。书人、书手，这种称谓都不太理想，我看就叫"书法工作者"比较好。千万不要动不动说自己是书法家，"书法家"的帽子不能随便戴，思想境界、生活阅历、知识积累，文学、美学、哲学，线条、造型、印章等，要求太高了。有些人终生追求，也未必能够达到。

二、文化修养是书法的核心

　　书法是一种文化现象，是中国文化的重要组成部分。它从传统文化当中汲取了丰富的营养，来丰富自己哲学的、美学的、建筑的、艺术的、文学的综合修养，同时它又给传统文化以丰富的积累，因为它本身就是文化内容和形式。历朝历代那么多书法家名家，他们的作品，本身就丰富了中国文化的宝库。

　　中国书法很奇特，在宣纸上写黑字，盖上红印章，就能挂在墙上来欣赏，太了不起了。我一向认为，不是书法家了不起，是中国文字了不起。书法家只不过把文字重新组合排列记下来，变成自己的创意作品。但其根基是汉字。我们好多中国人，对汉字并不真正了解。中国汉字从殷商甲骨文开始，再往前追溯，有文字刻符，半坡刻符、半坡陶文、大汶口陶文、浙江良渚陶文、青海马家窑陶文等等。陶文其实就是中国汉字的起源，不过它是不成系统的。而甲骨文则是有系统、有规律的，成为中国汉字之源。从甲骨文到浇铸的金文，甲骨文、金文、石鼓文、小篆、隶书、魏碑、唐楷，整个一条线下来，到今天我们的简化和实用汉字，汉字真是了不起。一位韩国学者写文章说21世纪是汉字的世纪，在《中国书法》杂志发表。"五四"时期，钱玄同等很多学者认为烦琐的汉字阻碍了民族发展的进程，是反动的腐朽的要打倒，要改朝换代，要换汉字。繁体字太复杂了，改了吗？没有改，只是简化而已。

中华人民共和国成立以后，我国政府推广普通话，实行简化字，这是伟大的文化工程。今天我们在座的大部分人，都接受了简化字的教育。两会上个别专家建议恢复繁体字，让我们像香港、台湾一样改用繁体字，说这样中国的典籍文献都能够懂了。他们只看到问题的一方面，而没有看到另一方面。我们这么大的国家，这么多人，年轻人，小学生、中学生都是接受简化字教育的，让他们学繁体字，可能吗？繁体字好不好？好。简化字好不好？好。关键看你干什么用。我们今天的现代化信息交流，简化字没问题。王选等科学家的汉字编码实现以后，在全世界中国汉字互联网交流畅通无阻，这是对全国人民甚至全人类很大的贡献。汉字不灭，书法不灭！

繁体字怎么办？繁体字很好，照样用。像我们这些书法教师，就要有两手准备，上课用的PPT课件是简化字，到书案上写毛笔字是繁体字。拿起钢笔写简化字，拿起毛笔写繁体字，两手准备，两种用途。有朋友总结归纳说是：简体适今，繁体适古；硬笔适今，毛笔适古，这不是很好吗？所以我说，古文字学、中医中药、书法国画、古代文献，这些专业的老师和学生，都要好好学习繁体字，研究《说文解字》，研究繁体字，因为你们是专家，其他全国

80% 的人全部解放，用简化字，不用写繁体字。

我们今天讲主流文化、经典艺术。中国文化几千年的历史，大浪淘沙，留下来的东西很多，书法、绘画、印章、瓷器、玉器，好东西太多了。什么叫主流文化？你说所有的石刻、墨迹都是精品吗？不是。出土的古代刑徒墓砖、儿女造像，歪歪扭扭的东西未必都是书法精品。唐太宗为什么要提倡王羲之的书法，他为什么把王羲之抬得那么高？一个皇帝给一个前朝的书法家写传记，这是不得了的事情，恐怕古代没有第二个。而且评价很高，尽善尽美王逸少！①我们想一想，唐太宗为什么要这样做？是因为当时的政治需要和文化需要。王羲之这种艺术理念不激不厉、风规自远。清风出岫、明月入怀的这种书法审美风格，正适合了唐太宗的治国理念，于是他就选择王羲之。

书法作品的风格与书法家的修养、取法、审美有很大的关系。王羲之的字确实很漂亮，可是到了盛唐，颜真卿把王羲之的书法风格彻底改变了，成为继王羲之之后中国书法发展的第二个高峰。他能够在王羲之之后另立山头，把整个中国书法的审美由"秀美"转变成"壮美"，这是了不起的事情。历代对王羲之敢说不的人，是文起八代之衰的韩愈。韩愈评价说"羲之俗书趁姿媚"（韩愈《石鼓歌》）。一是写得很俗，二是写得姿媚，太漂亮了，太美了，也不一定就好。所以陈独秀看见沈尹默的草书，说你这草书"其俗在骨"。听了陈独秀这话，沈尹默 6 年不敢写草书，认真练楷书。陈

_____

① 《王羲之传论》是李世民为《晋书·王羲之传》写的一篇赞辞，历数各家书法之短，独赞王羲之曰："详察古今，研精篆素，尽善尽美，其惟王逸少乎。"——编者注

独秀一句话成就了沈尹默这个书法大家。

　　唐代的书法家柳公权了不得。到了晚唐，楷书都被写完了，侧身的、正身的，方的、圆的、拙的、巧的，而柳公权另辟蹊径，他归纳总结，把欧、虞、褚、颜综合起来，形成柳体字，既有骨，又有肉，既重笔法，又讲结构。所以启功先生对柳公权的书法评价非常高。启功先生的字，就是四家相结合。第一是智永，他对智永非常看重，崇拜智永。第二是柳公权，他觉得柳公权的字有劲，立得起来，挺拔劲健。第三是赵孟頫，写得很熟练。第四是董其昌。这四家综合形成了启功先生的整个书法营养，他的启体就脱胎换骨，脱颖而出。

　　现在出版的字帖，旁边都有释文。但是我们要注意，释文经常也有错。我们最好买三本同样的碑帖，对照一下，问题就出来了。我们可以发现错误，就可以改正错误。有一次，我在飞机上，看到一个年轻人用 iPad 在看碑帖，周围的人用异样的眼光看他。嘿，这个小伙很有意思，这一张 iPad 图片，全都是黑字，他能看一个小时，这人有问题吧？这是他们不懂，这个年轻人是在研究字碑帖上面汉字的造型、用笔、结构、章法，看得深入进去了，看出门道了，当然要看一个小时。有的年轻学生说，老师这个字我老记不住。你要训练，要把所有碰到的汉字都变成草书符号，把所有碰到的汉字都变成篆书，还不能写错。这个太难了，当然难了，如果不难，所有人都成了书法家了。为什么你们的英文单词记得那么好呢？汉字也要记得好。你日文记得好，英文记得好，德文记得好，汉字为什么记得不好？还是没有下功夫，思想上认识不到识记汉字的重要性是不行的！

　　胡小石①是南京大学中文系的教授，是清道人李瑞清（号梅庵，又号"清道人"）的弟子。书法讲风格传承，从李瑞清到胡小石，从胡小石到侯镜昶，从侯镜昶再到丛文俊，都是有书法风格传承的。

　　胡小石有一件作品是他给九姑写的一张便条，他借了人家的手杖要送还："送上手杖一，乃陈子展先生物，请时便带还，拜托拜托，九姑。""光炜"，胡小石名光炜。所以我告诉我的学生，你们要研究书法家的姓名、字号、籍贯等。王羲之，要记王逸少、王右军。王献之，记王大令。因为古人和我们今天的习惯不一样，古人写文章不能直呼其名，哪像我们今天，直呼其名，表示亲切。古人不这样，你写王羲之，不行，应该写王右军、王逸少。褚登善，不能叫褚遂良。颜平原，不写颜真卿。这样的行文习惯，就是文化传承，好多问题能引导你进行考证。

　　书法专业毕业的学生，不仅仅是当老师，电视台、报社、出版社、博物馆、纪念馆、图书馆，都需要书法专业的学生。有的媒体把皇后的"后"竟然写成了前后的"後"，这就出笑话了。皇后的"后"这个字，商代就有了，怎么能写成双人偏旁的"後"字，双立人旁是前后左右的"後"。拍卖公司特别需要我们书法专业的毕业生去给鉴定书画作品。一件书画作品，是什么材料，题款写的是什么，是谁的字号？特别是印章，要通过这些来判定作者，这就是书画鉴定。启功先生讲鉴定字画是真学问，涉及综合修养，不是随

①　胡小石（1888—1962），名光炜，字小石。文字学家、文学家、史学家、书法家、艺术家、国学大师。曾任北京女子高等师范学校教授兼国文部主任，南京大学中文系教授兼系主任、文学院院长、南京大学图书馆馆长等职。——编者注

图1　叶圣陶先生书法作品
（为私人藏品）

便看一个作品就了事了。

图1是著名的教育家叶绍钧——叶圣陶先生写的字。老先生修养非常好，很全面。过去的文人，只要提毛笔都有可能成为书法家。今天不行，今天的工具改变了，考大学、当研究员、当教授可以不写毛笔字。古代不行，你想考官不写毛笔字是不可能的事情，你得先练好乌、方、光的馆阁体。老一辈学者，学问做得好，字写得好，修养好，为人好。如果没有一定的修养，这副对联他是写不出来的。"情超哀乐三杯足，心有阴晴万象殊"，这副篆书对联里最难的是这个"晴"字，简化字的"晴"字是日字旁边一个"青"字。可篆书是夕阳的"夕"，旁边加一个生命的"生"字。你如果用今天的字去造篆书，那就错了。今天商店的"店"，是广字头底下一个"占"，但是篆书是从土，土字旁一个"占"字，它是完全不一样的。

古人讲书画作品如果不落姓名、字号，印章一定要是作者自己的名字。作品写名字，印章才可以用字号，这是约定俗成的规矩。我们今天创作书法作品，一定要认真落款，这一点很重要。落款是正文的附带说明文字，让人认识你、了解你、知道你、研究你。你写的落款别人不认识，那就麻烦了。别人研究半天，连作者的姓名都让人不认识，这个人不值得研究。

艺术和性格有很大的关系。我们研究启功先生就会发现，启先生是一个非常认真、对自己严格要求的人。他一生写字非常认真，不随便写，写坏了就要撕了，坏字不出门。一个牌匾写好几十遍，最后还要拼贴。启先生为人很认真，做学问也很严谨。你让启先生潇洒，他也潇洒不起来。他的楷书、行书都写得很严谨，你让他写得龙飞凤舞，写得像张旭、怀素，像黄庭坚、王铎，不可能，因为性格使然。所以我觉得书法和人的性情、性格关系太大了。（我写过一篇小文《书法创作与性格的关系》，大家可以去看看。）

沈尹默先生讲得很好，"书学所关，不仅在临写、玩味二事，更重要的是读书、阅世"。张式（《书法论》）讲得更好，更有意思："书法，当先修身。身修则心气和平，能应万物。读书以养性，书画以养心。"练字为了什么？如果仅仅为了练字而练字，想成为一个书法家，想去成名成家，想以此为职业，你明天就会饿死。现在哪个单位要写字的，到单位应聘，说我是写字的，人家说不要，我们要写字的干啥。电脑一打，通知、海报什么都有，还要写字的干吗？写牌匾没人要，写书信没人要，写通知没人要，写对联也快没人要了。那我们想想，书法家是不是失业了？陕西师范大学大约从 2006 年开始，所有的录取通知书手写小楷，非常好，得到许多人的点赞。现在全是计算机打字，这样不好，留不下来，往那儿一搁，觉得没有品位，和手写的感觉不一样。

说到证书，有一个真实的故事，说给大家听。有一次我给一个单位捐了一件书法作品，内容是范仲淹的一首诗。主办单位还专门请书法家用小楷写好了收藏证书。可他们把范仲淹的"范"字写成师范的"範"字，错了。姓范的"范"是草字头，三点水，师范的"范"，上面是竹字头，下面是一个车字。你说这个收藏证书，还能要吗？看来，书法家不认真学习是不行的。孔子云，写成孔子雲，加了个雨字头（雲），是孔子下雨，还是孔子说话？[①]我们说简化字不错，但简化字一旦变成繁体字，你就要小心出错，因为我们不能完全相信计算机。有人说计算机没问题，简化字变繁体字是可以的。我们说计算机也是人造的，对不对？山谷的"谷"和谷子的"穀"不是一个字，干部的"幹"和干活的"干"不是一个字，中国字太复杂了，计算机反应不过来。所以，计算机变过来的繁体字，我们还必须认真校对才行。

从古到今，书法家都讲究修养。（清）沈道宽说得很好，"多读书，则落笔自然秀韵"。你要是字写得很润，读书就很重要，"多临古人佳翰，则体格神味自然古雅"。而这两个最需要什么呢？人品，"而立品又居其要"。他又说"伯英高逸，故萧疏闲淡"，张芝（张伯英）的字"萧疏闲淡"，王羲之则"右军清通，故洒落风流"。

古代许多书法作品，都不是原作、真迹，而是伪作，但我们使用时在后面加一个"传"字即可。辽宁博物馆珍藏的《古诗四帖》，据启功先生考证，不是张旭的作品。你加个"传"也没有问题，你不加"传"就麻烦。《冠军帖》也不是张芝的草书作品。张芝那个

---

① "云"的繁体有两种写法："雲"和"云"。前者用于"雲雨""白雲""雲彩""雲南省"；后者用于"人云亦云""子云""古人云"。——编者注

时代，这种字是不可能产生的，它虽然出现在阁帖当中，但也是伪作。王献之的《中秋帖》也是伪作，不是原作。"三希"当中，王羲之的《快雪时晴帖》不是原作；王献之《中秋帖》也不是原作，是米芾临的；只有王珣的《伯远帖》是真迹，这是有定论的。我们临摹学习可以，但学术研究则是非常严谨的问题，真假必须搞清楚。

三、书法创作任重道远

古人能够做到言为心声、书为心画。写自己的文章，写自己的诗，这一点我们今人也应该努力做到。你看王羲之的《兰亭序》，入选了《历代优秀散文选》，文章写得很漂亮，字也写得很优美，"每览昔人兴感之由，若合一契，未尝不临文嗟悼，不能喻之于怀"。"后之览者，亦将有感于斯文"。王羲之他想到了，你们后人一定会对着我的文章发感慨。《祭侄稿》《黄州寒食诗帖》《妙严寺记》《洛神赋》等，文章都很好，大家都应该临摹学习。曹植的《洛神赋》，许多书法家都在写。文章好，字也好，所以都传下来了。王献之的小楷《洛神赋》，又叫《洛神赋十三行》，为什么叫十三行？只剩下十三行的刻石了，又叫《玉版十三行》，确实写得很漂亮。小楷创作，王羲之、王献之是一个高峰，给后人留下了很好的典范。

学书法为了什么？修养，你心静下来，抄《心经》。抄《心经》，还有抄《道德经》的，抄经就用小楷，心静下来。你抄《心经》，把门一关，电话一拔，手机一关，这样才能安静下来。

图2是苏轼的行书代表作品《黄州寒食帖》，你看这个"纸"字写得很漂亮，"自我来黄州，已过三寒食"，非常漂亮。

图2　苏轼《黄州寒食帖》　台北故宫博物院藏

图3是黄庭坚的《花气熏人帖》，这个作品现藏于故宫。"花气熏人欲破禅，心情其实过中年"（三个弯就是"年"，两个弯是"手"。）"春来诗思何所似，八节滩头上水船"，用最自然的方式来书写，把黄庭坚平日严谨的中锋线和草书中的宛转结合起来，在黄庭坚讲求结构的书法中也是不可多见的佳作。蔡襄则不同，他写得柔和、圆润、儒雅，气息完全不同。所以苏、黄、米、蔡各有千秋。蔡襄是个老实、本分学颜真卿的人，他的字没有太大的跨度，就写得老实本分。"蔡"原来是蔡京，因为蔡京的人品太差，后人就把蔡京拉下来，把蔡襄放上去。蔡襄本来比苏、黄、米三个都年

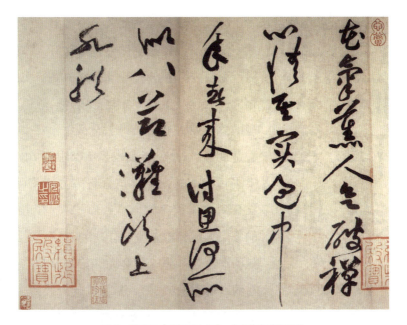

图 3　黄庭坚《花气熏人帖》　北京故宫博物院藏

长，长辈屈居第四，就是因为他是候补的。

　　我们说文学修养、文化修养是书法欣赏的基础和前提。书法欣赏必须建立在一个平等对话的基础上，有共同的语言才行。我们说心心相印、息息相通。要干什么呢？你要做功课，要学书法，先要练练字、读读书，看看书论，看看书史，了解了解，只有这样我们才能和书法家对话，否则老师讲的你都听不懂，你都不知道。所以我告诉我们书法系的学生，你们心中要装有千万张书法作品的经典图片。一说《仇臣生造像记》，就知道在陕西药王山；一说《山河堰落成记》，则为汉中博物馆；一说《西峡颂》，就想到成县。老师一讲到某个书法作品，这个作品的图片马上在你们的脑海里就要显现出来，做到这一点确实需要你们多浏览、多实践才行。

图 4　陈鸿寿《隶书四言联》
北京故宫博物院藏

图 4 这个作品是清代大书法家陈鸿寿的一副对联。要说陈鸿寿，可能有人不知道，要说"曼生壶"①，大家都知道，名气很大，紫砂曼生壶，知名海内外。陈鸿寿写的这副四言对联，说它是篆书，对，说它是隶书，也对，为什么？篆书占到 70%，隶书占到 30%，篆隶结合得方方正正的。汉代入印章的篆字叫"缪篆"，方方正正的篆书，风格非常突出。"山川香草"，这里的"山"字怎么这样写，篆书就是这样写的。香草的"香"，撇捺没伸开收回去，把底下写大，这是装饰性。"草"向上是"草"，向下是竹。"铁石梅花"，这个"石"为什么掏个洞？因为石鼓文就被掏了个洞，是装饰性。上去下来它就好看，如果写个方方正正的"石"反而不好看。那这是从哪来的呢？借鉴篆刻。这样写字的人首先是篆刻家，才是书法家，这就是装饰性。书法家写的字有本源，有来历。梅花的"梅"木字旁过来个"某"，不是每天的"每"，是"某"。再看底下这个是花草的"花"，篆书当中没有花草的"花"。同什么呢？同中华的"华"，它就是篆书的"花"。这就是书法的规律和特点。你不懂得书法的知识、书法的学问，你就不认识这个书法作品，就会读错，解释不

---

① 陈鸿寿（1768—1822），清代书画篆刻家。字子恭，号曼生、曼龚、老曼等。工诗文、书画，善制宜兴紫砂壶，人称其壶为"曼生壶"。书法长于行、草、篆、隶诸体。

了。还有"题款""西桥世兄属"，什么意思？西桥是个人名，因为比陈鸿寿年纪大，所以称为世兄。"属"是什么意思呢？西桥兄叮嘱我给他写一幅字。有的书法家就不明白，给"属"加上一个口偏旁，错了，反而破坏了大家约定俗成的规矩。每一个环节、每一个阅读信息，都表现得很到位。我们综合阅读完整的作品，形式、造型、笔墨、线条、落款、印章全部识读完成，它就是一件精美的艺术品。

书法创作的水平高低取决于书法家的文化修养。书法学习、欣赏，是以修养来作为基础的。所以启功先生把学问修养作为自己的书法基础，而书法只是他的学之余、文之余、教之余了。我们今天千万不要把自己当成一个专业的书法家，一定要好好做好本职工作，同时修养、修身、养性，读书、练字，多练练，你的修养会好，你的字会写得非常好。千万不要想着，我要当一个书法家，要参加什么展览。展览可以参加，但是你的修养需要不断去努力，不断去提高。我们今天要把书法作为我们的一种状态，一种生活状态，一种生命状态，没事就练字，没事就抄书。这就是修养，别人可以看电视，可以散步，我们练字就可以。练字本身也是一种锻炼。写字要用气，你站在那里临帖写字，每天就站四五个小时，这样一天站下来，你想想得锻炼多少，这是用气在写字。所以你看旁边的人不累，写字的人却累得满头冒汗，为什么呢？用气。特别是写大字，用气更多，写小字还好一点。

我想大家一定是对书法有一种崇敬之心、敬仰之心，把它作为学问修养，慢慢练，慢慢学，修身养性，这样我们整个民族的文化品位就提升了。我们要努力传承我们的传统文化，把它一直传承下去。传承我们的汉字、我们的文化、我们的书法，这是我们的使命；传承和发展中华优秀传统文化是我们每个中国人义不容辞的责任。

（本文系 2018 年 4 月 9 日北京师范大学图书馆"专家讲座"转录文字节选）

《四库全书》

讲　　论

敬惜典籍

弘揚文化

黄爱平

二〇一六·十·三一

主 讲 人 简 介

黄爱平

历史学博士，中国人民大学清史研究所教授，兼任国家清史编纂委员会典志组专家、中国历史文献研究会副会长等。长期从事清代学术思想文化、历史文献学的教学与研究，著作有《四库全书纂修研究》《18 世纪的中国与世界·思想文化卷》《朴学与清代社会》等。

主 讲 提 要

　　《四库全书》是清代乾隆时期编纂的中国古代历史上最大的一部丛书，历来被誉为"传统文化的总汇""古代典籍的渊薮"。本次讲座，黄爱平教授将《四库全书》置于中国历史发展和文明传承的背景之下，结合清代的社会、历史、文化，讲述《四库全书》编纂及其所涉及的相关问题，并对《四库全书》的功过得失予以评价。

今天的讲题是"《四库全书》讲论",北京师范大学图书馆也正在举办《四库全书》的展览,我们的讲座就是把《四库全书》编纂的来龙去脉和有关情况给大家作一个简要的介绍。众所周知,在中国乃至世界文明发展的历史进程中,图书典籍占有非常重要的位置。一个民族、一个国家,它的文化要传承、发展下去,在很大程度上要依赖图书典籍,这种情形在中国古代尤其如此。中华文明之所以能够成为世界上从古至今唯一没有中断的文明,重要的原因之一就是中国古代有着连续不断的历史记载,有着最为丰富、浩瀚的文献典籍。

一、《四库全书》的性质和特点

《四库全书》是中国古代典籍宝库中一颗璀璨的明珠,被誉为"传统文化的总汇""古代典籍的渊薮"。之所以它有这样的美誉,与它的性质和特点密切相关。

《四库全书》是一部书,但它并不是任何个人的专著,而是汇聚了数千种书籍的一部大书。这种总汇群书的书,在中国古代有一个专门的名称,叫作丛书。这个"丛",是聚集、众多的意思。草木聚集在一起叫"丛集"；书籍汇编在一起，就叫"丛书"。因此，就《四库全书》的性质而言，它是一部丛书。

那么，"丛书"是什么时候产生的呢？追本溯源，"丛书"的名称最早出现在唐代，当时有一个叫陆龟蒙的学者，把自己的诗文著述编在一起，定名为《笠泽丛书》。但他这里的"丛"，用的是这个字的另外一层含义，即细碎。意思是说自己的著述比较琐碎，不登大雅之堂，因此叫作"丛书"，表示自谦。真正的丛书，也就是把书籍汇编在一起的丛书出现在什么时候呢？南宋时期，有两位学者，一位叫俞鼎孙，一位叫俞经，他们把6种著作合编在一起，给它起了一个名称叫作《儒学警悟》。学界公认这是最早的丛书，但是这部丛书当年没有刊刻，我们现在看到的本子是后来刊刻的。稍微晚一点有一位叫左圭的学者，他把100种著述汇编在一起，定名为《百川学海》，并且把它刊刻出版。所以左圭这部《百川学海》就被学界认为是第一部真正意义上的刊刻出版的丛书，而且它的命名也带有典籍渊薮、知识汇集这样的含义。自此以后，丛书这种图书形式就逐渐得到学者的认可，丛书的编纂、刊刻也开始兴盛起来，到了明清时期，甚至成为学术界的一时风尚。《四库全书》就是在清代乾隆年间编纂而成的。

《四库全书》是一部非常有特色的丛书。这主要表现在两个方面：一是卷帙浩繁，二是收罗全备。正是这两个特点，决定了《四库全书》在中国文化史上占据了重要地位。

从卷帙浩繁来看，中国历代王朝几乎都编有大部头的书籍，如宋代著名的"四大书"——《太平御览》《文苑英华》《册府元龟》和《太平广记》。其中前三者的篇幅都是1000卷。这个

1000 卷是什么概念呢？我们以《太平御览》为例，来做一个简单的说明。《太平御览》刚编成的时候，并不叫《太平御览》，而是叫作《太平总类》。因为当时下令编书的皇帝宋太宗认为这部书"包括群书，指掌千古"，所以下决心要读这部书。为读完这部 1000 卷的大书，宋太宗给自己制订了一个读书计划，每天读 3 卷。正是因为皇帝要读这部书，所以特别诏令改名为《太平御览》。1000 卷的书需要用多长时间读完呢？需要一年的时间。也就是说，一部书要用一年的时间才能把它读完，它的篇幅应该说是相当可观的。而宋代以后编纂的书，篇幅更有过之而无不及。如明代永乐年间所编的《永乐大典》，共计 22937 卷，抄成 11095 册。清代康熙、雍正年间也编有一部大书《古今图书集成》，卷帙为 10000 卷，仅次于《永乐大典》。那么，《四库全书》的篇幅和卷帙有多大呢？根据珍藏在中国国家图书馆的文津阁《四库全书》的数字统计，可以得知，这部《四库全书》有 79337 卷，抄成 36277 册，装成 6144 函。这样的篇幅和卷帙，远远超过历史上任何一部大型的书籍。如果按照宋太宗的读书计划，每天读 3 卷，那么一个人要读完这部《四库全书》，总共需要 70 多年。所以说，《四库全书》是中国古代历史上最大的一部丛书。在清代，单单是它的存放，就需要建造一座专门的藏书楼。

再就收罗全备而言，《四库全书》收录的书籍包罗古今中外，囊括经史子集。从时空范围来看，从先秦至清代，几乎囊括了从古到"今"（这个"今"，指的是当时编书的乾隆年间），也就是从先秦到清代中国数千年历史发展过程中所产生的主要典籍，并且还收录了一些域外学者特别是明末清初来华传教士的著述。就学科范围而言，则囊括经史子集，亦即涵盖了中国传统学术文化的各个学科门类和各个专门领域。可以说，它集中保存了中国古代丰富的文献典籍，也全面展示了中华民族灿烂辉煌的传统文化，因此，《四库全书》历来有"典籍总汇、文化渊薮"的美誉。在 18 世纪，像《四库全书》这样的文化巨著，不仅在中国，就是在世界上也是绝无仅有的。

二、《四库全书》编纂的文化渊源和历史背景

纵观中国古代历史，我们经常能看到这样的人文景观，这就是历代王朝多有访书、修书的举措，并且形成了易代修史、盛世修书的传统。这种情形的出现，与统治者奉行的治国方略密切相关。在中国古代，很早就有这样一句至理名言，即"马上得天下，不能马上治天下"。这里有这样一个真实的故事。

汉高祖刘邦建立汉王朝之后非常骄傲，他觉得自己的武功很了不起，无人能与之相比，因此他看不起儒生，也不把儒家的典籍放在眼里。因为儒家崇尚仁义道德，主张以德服人，提倡德治，讲求仁政。当时，有一个叫陆贾的儒生，经常在他跟前说起《诗经》

《尚书》这些儒家的典籍。刘邦当然听不进去，他斥责陆贾说：天下是我骑马征战把脑袋拴在裤腰带上打下来的，根本用不着《诗经》《尚书》这些东西！陆贾毫不示弱，回敬了一句："居马上得之，宁可以马上治之乎？"意思就是说：驰骋马上能够打天下，可是驰骋马上能够治理天下吗？刘邦听了以后，面红耳赤，哑口无言。于是，他就叫陆贾著书立说，帮他认真探讨秦朝为什么失天下、汉朝为什么得天下的原因。陆贾回去之后，果然发愤著书，先后写成12篇，每写成一篇，他都上奏给皇帝。汉高祖看了以后，连连说好，左右也都非常高兴，山呼万岁，于是便把陆贾这部书定名为《新语》。

这个故事说明了这样一个道理：夺取天下，建立新的王朝，要依靠武力，但是治理天下，绝不能够仅仅依靠武力，而必须讲求文治。这就是"以武开基，右文致治"的道理，文治武功也因此而成为衡量历代王朝兴衰、国家治乱的重要标志。

那么，如何讲求文治呢？最常用的手段和最有效的方法，就是搜求典籍、编纂图书。所以从汉代开始，历代王朝几乎都有访书、修书的举措，特别是在王朝的鼎盛时期，这样的情景我们经常能够看到。比如说汉代，几乎历朝皇帝都曾经下诏访求图书，汉成帝还特别下令整理图书，并编纂了中国历史上最早的图书目录《别录》和《七略》。唐代编纂了儒家经书的官方定本《五经正义》，即《周易正义》《尚书正义》《毛诗正义》《礼记正义》《春秋左传正义》，也称《五经义疏》。唐代还开馆纂修史书，开官修史书之先河，先后编纂了《梁书》《陈书》《北齐书》《周书》《隋书》《晋书》6部史书。其后清代乾隆皇帝钦定"二十四史"，唐代官修的就有6部，占据了其中的四分之一。宋代既有著名的"四大书"，还有图书目录《崇文总目》、编年体史书《资治通鉴》、典制体书《十三朝会要》。明代有永乐皇帝下令编纂的《永乐大典》。清代有康熙、雍正年间编成的《古今图书集成》等。这些大型图书的编纂，不仅构成了中国数千年历史发展进程中独特的人文景观，而且还形成了中国古代盛世修书的文化传统。

乾隆年间，正值清代的盛世，也就是过去史学家经常称道的康乾盛世。其主要标志就是：国家统一，政治稳定，经济发展，文化繁荣。学者治学崇尚考据，强调实证，文献典籍受到学术界的普遍重视。乾隆帝奉行历代统治者的治国方略，尤其讲求文治武功。在武功方面，国家先后进行过 10 次比较大的战争，乾隆帝认为这 10 次战争是国家统一安定的基础，号称"十全武功"，自称"十全老人"。而在文治方面，乾隆一朝动用官府的人力、物力编纂了大量典籍，《四库全书》就是其中最大、最有特色的一部。

乾隆帝即位之后，为了讲求文治，先后 3 次下诏访求图书，不过前两次都没有收到什么效果。到三十七年（1772）正月，乾隆帝第三次发布征书谕旨。对于这次征书，乾隆帝特别重视，谕旨把征书的范围、征书的步骤和征书的手段等等都讲得很清楚。乾隆帝以为这回征书跟前两次大不一样，朝廷这么重视，谕旨要求这么明确，地方督抚应该闻风而动，把好书源源不断地送上来。乾隆帝甚至还想到书太多了怎么办呢？他要求地方督抚先进行筛选，把选出来的好书再呈送上来。但乾隆帝偏偏没有料到，这次征书谕旨正月发下去，足足等了 10 个月，才有一个地方督抚向朝廷递上了奏折。这是一个贵州巡抚，他在奏折中说这里"地居山僻，书籍罕临"，意思就是我这个地方太偏僻了，书非常少，实在难以采择到朝廷需要的好书，只得向皇帝说明情况，希望皇帝不要怪罪。看来第三次征书谕旨的命运也许跟前两次一样，很可能就不了了之了。

然而，就在这关键时刻，事情忽然出现了转机。乾隆帝对地方督抚的敷衍、拖沓十分恼火，他再次下令，严厉要求他们立刻想办法访求书籍，并且还要奏报访书情况。在皇帝的严责之下，山东、河南、浙江、安徽等一些地方督抚开始奏报当地访书情形，其中安徽学政朱筠所上的奏折，对朝廷征书活动的开展尤其是与之相关的编书工程的启动起到了极为重要的作用。在这份奏折中，朱筠向皇帝提出了怎样征书、访书和编书的四条建议。其中在如何访书的建议中，朱筠提出不光要在全国各地访求民间藏书，还要留意清宫内廷的收藏，特别是内廷收藏的《永乐大典》。朱筠说，这部《永乐大典》收录有很多好书，而这些好书经过明末清初的战火之后有不少已经散失亡佚了，现在皇帝下令要在全国各地访求书籍，也希望能够派人去清理《永乐大典》收录的这些书籍，并把它辑录出来。这道奏折奏上之后，在朝廷当中引发了一场争论，出现了两派意见：一派认为访书、征书、整理图书这些事情跟国计民生没有直接关系，可以缓一缓再做；一派意见认为访书、征书甚至编书都非常重要，是讲求文治的重要手段，现在国泰民安，正是做这些事情的机会，应该马上去做。两派意见相持不下，最终在乾隆帝的默许之下，赞成征书、访书和编书的这一派意见占了上风。乾隆帝下令派翰林官员去考察收藏在翰林院的《永乐大典》，果然发现其中收录有很多当时已经不流传的文献典籍。乾隆帝得知后极为重视，很快下了一道谕旨，要从《永乐大典》当中辑录这些失传的图书，并且决定，继续在全国范围内切实开展征访图书的活动，同时全面清理采择清宫内廷收藏的典籍，进而把所有的图书典籍都汇集起来，统一进行编排，定名为《四库全书》。一项大规模的文化工程，就这样拉开了序幕。

三、《四库全书》的编纂情形

乾隆帝下令编书之后，朝廷很快成立了一个专门机构，称"四库全书处"，也叫"四库全书馆"，简称"四库馆"。在这个组织机构中，最高职位是正总裁以及副总裁，负责编书的所有事宜。为表示对这项文化工程的重视，乾隆帝特地任命他的三个儿子即皇六子永瑢、皇八子永璇、皇十一子永瑆来做正总裁，此外还有朝廷高官、宗室重臣等人。总裁、副总裁之下，大体上分为两大系统，一是翰林院勘阅编辑官员，还有一个是武英殿缮写校正官员。从翰林院系统来看，设有总纂官，总揽全书的编纂事宜，还有协助总纂官干活的叫协勘总目官，再往下就是具体承担书籍纂修事宜的纂修官，这是翰林院勘阅编辑官员的主要组成。再就是武英殿系统，负责书籍的缮写校正。为什么还有这样的一个系统呢？因为书籍经过一系列程序编纂完毕之后，要把它抄录下来，包括校勘在内的抄录就是由武英殿缮写校正系统来完成的。所以武英殿系统设有总阅官、总校官来总负其责，下边还有覆校官、分校官，分别负责相关校勘事宜。为做好编纂工作，四库馆集中了一大批当时的一流学者，诸如大家熟知的纪昀，还有陆锡熊、戴震、邵晋涵、周永年、翁方纲、程晋芳、任大椿、朱筠、姚鼐、金榜、王念孙等。他们荟萃一堂，各以其学识专长，为《四库全书》编纂做出了杰出的贡献。

那么，《四库全书》是如何编纂的呢？根据书籍的不同来源，编纂工作大体可以分为三大部分。

第一是《永乐大典》的辑佚。《永乐大典》是明代永乐年间编纂的一部大类书。当年永乐皇帝想要通过编书来讲求文治，以此笼络士子、维系人心，所以特别下令收录书籍要多多益善。也就是说，所有的文献典籍都要访求，所有的文献记载都要收录，所有的知识门类都要全备。也正因如此，参与编纂的官员大都尽可能求全责备，收录了很多书籍的内容，有的是一段一段，有的是一篇一篇，还有的甚至是整本书。而这些文献典籍经过明末清初的战火之后很多已经散失亡佚，只有《永乐大典》里还保留有其中的一些篇章，有的甚至还是全书。因此，《四库全书》编纂的首要工作，就是从《永乐大典》当中把这些当时已经散失亡佚的书籍重新辑录出来。《永乐大典》原书有 10000 多册，到乾隆朝修书的时候已经有 1000 多册找不到了，还有 9800 多册。每一册都要一页一页地翻阅，一条一条地标识，一条一条地抄录，再一条一条地核对，可以说工作量是非常巨大的。而且，《永乐大典》的辑佚工作不仅繁杂、琐碎，还特别需要学识和功力。因为抄录出来的内容大多都是一条一条分散的，怎样才能按照原书的卷帙顺序尽量恢复它的本来面貌呢？这一点特别考验四库馆臣的学识水平。馆臣必须依靠他们的学识和功力，多方考察各种线索，根据各种文献记载，尽可能地把这些条目排纂成编，恢复书籍的本来面貌。《永乐大典》最后辑出来多少珍本秘籍呢？根据四库馆臣的统计，总共是 385 种，其中经部 66 种，史部 41 种，子部 103 种，集部 175 种。也就是说，这 380 多种图书当时已经不见流传，通过馆臣的辛勤工作，使得这些已经散失亡佚的典籍得以重见天日。这部分书籍在《四库全书》里被称为"永乐大典本"，当时曾经有一部分刊刻出来，受到学术界的极大欢迎。

第二是内府书籍的办理。除《永乐大典》之外，清宫内廷各处还收藏有前代流传的旧书，还有皇帝下令纂修的各种书籍。这些书籍被称为内府本和敕撰本，它们也成为《四库全书》编纂的重要来源。比较而言，对于这些内府书籍，纂修官做的工作要稍微轻松一些。前代流传旧书大多有比较完善的定本，因此，皇帝下令纂修的书籍如果不是内容需要增补，纂修官大体看一看也就可以直接送去抄录，所以办理内府书籍的工作量不是太大。只是乾隆帝不断下令要新修一些书籍收入《四库全书》，所以在修《四库全书》的同时，其他各馆的图书也在加紧办理，以便纂修完毕之后收进《四库全书》当中。

第三是进呈书籍的校阅。说到进呈书籍，实际上包括三类，这就是各省采进本、私人进献本和通行本。这个各省采进本是什么意思呢？乾隆帝下令在全国各地征访书籍，地方督抚就负有访书、征书的职责，所以他们想方设法，采取各种方式搜访图书典籍。这些地方督抚征访到的典籍就称为各省采进本。在地方征书过程当中，有很多私人藏书家，尤其是江浙一带，文化发达，士子读书的风气很盛，藏书家也非常多。这些藏书家的藏书是乾隆帝指名要去征访的对象，比如常熟钱氏、嘉兴朱氏、宁波范氏等。本来这些藏书家的好书，乾隆帝是让地方督抚把它们抄录下来，把原本归还给藏书家，抄录的副本进呈给朝廷就可以了。可是因为书太多了，有的一家就有六七百种好书，根本抄不过来。那怎么办呢？这些藏书家就说，我们干脆把原书进献给朝廷吧，我们的藏书能够得到朝廷的采择也是一大幸事。所以这些藏书家珍藏的典籍就这样源源不断地进呈到了四库馆，这些书也就被称为私人进献本。进呈书籍当中的第三类是通行本，也就是从书肆等地方购买或搜集来的文献典籍。当年的书肆相当于我们现在的书店，也就是卖书的地方，从这些地方征集来的书，大多属于流传比较广泛的典籍，所以称之为通行本。那么，这些进呈书籍的数量有多少呢？根据档案的记载有 13000 多种。也就是说，从全国各地征访来的图书，包括各省采进本、私人进献本、通行本在内，总数达到 13000 多种。这个数量是非常可观的。

所有搜访进呈的图书集中到四库馆之后，便交由纂修官进行采择编选、考证校勘的工作。要从数量如此浩繁的书籍中挑选出质量好、价值高、有学术水平、实用的图书，把它们收录进《四库全书》，工作起来可以说是极为繁杂、极为花费时间的。首先要进行全面的清理、甄别，把符合要求、达到标准的书籍挑选出来。在此基础上，进行版本的鉴定、真伪的考辨，进而做内容的考证、文字的校勘。特别是对每一部书内容和文字上的考证和校勘，是非常需要学识和功力的。因为古书在长期流传的过程中会出现许多讹误，有的是有意地删改，有的是抄写刊刻时发生的错误。要发现这些讹误，要用确凿的证据来证明这些讹误，要靠深厚的学识，绝不是一件轻而易举的事情。据当时担任纂修工作的翁方纲记载，在校阅书籍的过程中，凡有需要考证之处，纂修官之间都要反复商量讨论，并且开列需要查阅的书目清单，专门到琉璃厂各书肆查阅。当时江浙一带的书商，知道朝廷开馆修书，需要大量书籍，也都到处访求、购买典籍，运至京城，甚至直接送到这些纂修官的寓所，供他们翻阅查考。纂修官见到这些好书，有的直接买下，有的专门雇人抄写，有的则借留一段时间，以备不时之需。正是因为担任纂修工作的馆臣在书籍的考证校阅方面花费了极大的精力，纠正了许多讹误之处，恢复了不少书籍的真实面貌，所以后来乾隆帝特别下令，把四库馆臣对这些古书考证、校勘的成果汇集起来，编成《四库全书考证》一书，交付武英殿刊刻流传。

书籍经过甄别、校勘、考证等一系列程序并最终确定收录之后，馆臣还要根据乾隆帝制定的标准把它们分成两大类。一类是应抄书籍，就是完整地被抄录下来的书籍，也称著录书籍。一般人们所说的《四库全书》，指的就是这些完整地被抄录下来，收藏在各个藏书阁中的书籍。根据文津阁《四库全书》的统计数字，著录书籍总共有3503种、79337卷。那么，什么样的书籍能够列入应抄或者说著录的范围呢？一般说来，凡是有益于"世道人心"的书籍，流传稀少的珍贵古书，《永乐大典》中辑出来的珍本、善本，各个学科领域具有学术价值和学术水平，以及有裨实用的书籍，或者虽有不足之处，但瑕不掩瑜的图书，都被列入应抄也就是著录的范围。其中尤为稀少的珍本秘籍还特别被列入应刊范围，专门送交武英殿采用活字印刷的方式刊刻行世，这就是后来广泛流传的《武英殿聚珍版书》。还有一类是应存书籍，也叫作存目书籍，就是没有抄录下来只是保存了书目提要的书籍。根据《四库全书总目》的统计数字，存目书籍总共有 6793 种、93551 卷。那么，又是什么样的书籍被列入存目的范围呢？大体说来，凡是不完全符合正统儒家学说和统治者的价值观念，或者在纂修官看来学术水平不高、价值不大，甚至有错误之处的图书都被列入存目的范围。所以这类图书当时没有被抄录下来，只是为它们撰写了一篇提要。因此说，在严格意义上，《四库全书》收录的书籍实际上应当包括著录、存目两大类在内，二者合计多达 10296 种、172888 卷。《四库全书》确实是中国古代历史上规模最大、收书数量最多的丛书。

四、《四库全书》编纂期间的禁书和文字狱

　　《四库全书》的编纂本来是一项大规模的文化工程，但是在这项文化工程开展的过程中也出现了禁毁书籍、毁灭文化的不光彩的一面，这就是《四库全书》编纂期间所发生的禁书活动以及文字狱。

我们刚才说到，为了编纂《四库全书》，乾隆帝三令五申在全国各地大规模地征访典籍。但是在征书活动没有完全结束的时候，禁书活动也开始了，并且持续的时间更长，波及的地区更广，涉及的范围也更大。为什么会有禁书活动呢？为什么会有后来文字狱的发生呢？应该说这是多种因素综合作用的一个结果。清王朝建立之初，统治者采取的剃发、易服等民族高压手段，曾经遭到广大汉族士子和普通民众的激烈反抗。尽管这些反抗最终被镇压下去了，但千百年来形成的华夏正统思想却不是依靠武力就能消灭的。许多汉族士子在武装反抗失败之后，仍拒不与清统治者合作，他们或出家为僧，或隐居著述，或聚徒讲学，把一腔悲愤寄托在语言文字之中。这些具有强烈民族思想和反清意识的各种著述，流传广泛、影响深远，无疑对清统治政权形成了一种潜在的严重威胁。因此，从清王朝的"根本之计"考虑，乾隆帝一定要防患于未然，以求得王朝统治的长治久安。而为编纂《四库全书》开展的大规模征书活动，又把大量的书籍特别是许多民间收藏的遗文秘册集中到了四库馆，这就为乾隆帝清理、查缴"违碍悖逆"书籍、消除那些不利于清朝统治的文字记载提供了便利条件。于是，在征书尚未结束之时，一场由乾隆帝直接操控的查办禁书活动便很快开始了。

那么，哪些书被列入了查禁范围呢？首先是查禁的时限，最早是明末清初的野史笔记，后来上溯到宋、元、明代的著述，继而又扩展到当时当事之人。其次是查禁的内容，从与清朝有关进而延伸到所有具有民族思想、涉及民族问题的书籍，就连一些对专制统治提出异议或表示不满的文字著述也都遭到查禁。再次就是禁书的种类，从初期的野史稗乘，很快扩大到文集笔记、奏疏杂纂、地理方志、戏曲剧本，甚至连卜卦占验、石刻碑铭也都要一一查核。

　　各地查禁的手段也多种多样，诸如在通都大衢张贴告示，以便使人人皆知，派遣地方学官、绅士等去往偏远地区协助查缴，重点检查书肆和藏书之家，等等。各地还互相通报查缴情况，一些省份如江苏、河南、浙江、江西等，先后刊刻禁书书目，分发各府州县，以便照单查缴。

　　在禁书过程中，地方一旦查获"违碍""悖逆"特别严重的著述，督抚都要专门奏上朝廷，乾隆帝下令严加查缴，不仅禁书，还要追责，严厉惩治作者以及刊刻、收藏乃至贩卖书籍之人，甚至株连其子孙、弟子等，造成大量文字狱的发生。归纳起来，编纂《四库全书》期间发生的文字狱，大体可以分为这么几类：第一类是重点追查前人具有反清意识及民族思想著述的专案文字狱，比如屈大均诗文及雨花台衣冠冢案、徐述夔《一柱楼诗》案等；第二类是残酷镇压时人触犯专制权威的文字狱，如王锡侯《字贯》案、刘峩刷卖《圣讳实录》案等；第三类是严厉禁止时人有涉"非分"著述的案件，如刘翱《供状》案、龙凤祥《麝香山印存》案等。其中以第一类为最多，镇压最残酷，株连也最多。

　　那么禁书和文字狱对《四库全书》编纂带来了什么样的影响呢？首先就是书籍的撤出、摒弃和销毁。本来有些书已经被收入《四库全书》，可是后来发现有一些"违碍"的内容，那就被撤出，甚至整部书被摒弃、被销毁。有的书是其中一些篇章或者某些门类有"违碍"的内容，那怎么办呢？就把这些篇章或者这些门类撤出来销毁，这种就叫抽毁。还有一些书籍没有被销毁，也没有被抽毁，但是对其中的一些文字做了改易，最典型的例子就是对少数民族的一些称呼，比如说胡、戎、狄、虏等，在统治者看来，这些称呼带有贬义，要重新把它们改过来。所以禁书和文字狱对《四库全书》编纂产生了非常不利的影响，毁掉了相当一部分典籍，改变了一些文献典籍的原貌。应该说，这对《四库全书》编纂带来的消极影响，这是我们今天特别要指出来的。

五、《四库全书》的编目与分类

我们刚才说到，《四库全书》是中国古代历史上规模最大的一部丛书，收书的数量包括著录、存目在内高达 10000 余种。这么多的图书放在一起，用什么样的方式能够使它成为一个有机联系的整体呢？这就需要借助传统目录学的工具和手段，对每一部书籍进行提要编目，分类编排。这就是在《四库全书》编纂过程中同时撰写的一部大型目录著作《四库全书总目》。它把《四库全书》收录的全部书籍分为经、史、子、集四部，部下分类，类下再分小目，总共是 4 部 44 类 66 个小目。从部到类再到小目，这就是目录学上的三级分类法。通过这样的分类，《四库全书总目》就把《四库全书》收录的包括著录和存目在内总共 10000 多种书籍统括成为一个有机的整体。在建立这样一个相对严密、完善的分类体系的同时，《四库全书总目》为它所分的每一部和每一类都撰写了一篇序，分别放在每一部类的前面，一般称之为小序。此外，一些小目之后还有按语。这些部类的小序起什么作用呢？实际上它是对中国传统学术的梳理、总结和评判。各篇小序大体相当于一篇简明扼要的学术史，告诉我们这个部类是怎么来的，它有哪些发展的不同阶段和情形，为什么要这样分类，为什么要这样归类，等等。并且，《四库全书总目》还为收录的每一部书籍都撰写了一篇提要，总共有 10000 多篇。一般而言，这些提要主要介绍作者生平、叙述典籍内容、考辨篇章文字、评论长短得失，实际上就是对这部书的作者和内容做一个简要的介绍，对它的长处和短处做一个基本的评判。对读者来说，哪怕没有看到这部书，读了这篇提要，也能够对这部书的内容和作者有一个大致的了解。所以在中国古代，一部优秀的目录著作，绝不仅仅是罗列书名、卷数、作者，它还要"辨章学术，考镜源流"，反映学术的发展脉络，起到"读书门径，治学津梁"的作用。而这个作用，就是通过分类、小序、提要三者合一的方式来反映并体现出来的。也正是在这些方面，《四库全书总目》做得最为完善，达到了很高的水平。因此，《四库全书总目》不仅是《四库全书》的目录和总纲，而且是对中国传统文化和传统学术的总结，在中国目录学史乃至学术文化史上都占有极为重要的地位。

六、《四库全书》的装帧与贮藏

　　书籍的收藏和保存，历来是人们十分重视的问题。中国历代王朝大多指定或建造专门处所，用以贮藏典籍。尤其是像《四库全书》这样的大丛书，一部书就需要一座专门的藏书楼。因此，还在编纂工作尚在进行之时，乾隆帝便未雨绸缪，考虑到将来的贮藏问题，决定为《四库全书》建造专门的收藏处所。他听说浙江宁波范懋柱的天一阁久负盛名，是一座非常有特色的藏书楼，就特地下令让两淮盐政官员去实地考察，了解天一阁有什么特别之处，它的藏书有什么讲究，它的建造又有什么特点，还让地方官把它的建筑规制烫成图样进呈给朝廷。

　　那么，天一阁究竟是一座什么样的藏书楼呢？原来，它是明代一个朝廷高官范钦告老还乡之后，在他的家乡宁波建造的一座藏书楼。根据中国古代"天一与地六相得合为水"的说法，范钦特别为藏书楼取名"天一"，用以寄托以水克火的愿望。天一阁的设计和构造也独具匠心，它特别建成砖木结构的六开间楼房，上下两层，楼下是六间，楼上通为一大间，以体现"天一"与"地六"相合的寓意。屋檐和门窗均装饰有青绿颜色的水锦纹、水云带，还专门在阁前凿池蓄水，以防万一。在典籍的收藏方面，也极为讲究。在上下六开间的二层楼房中，只有楼上通为一大间的那间大屋用来贮书。并且，书橱都不靠墙，而是放置在屋子中间，楼房前后开窗，书橱亦前后开门,以便通风,防止潮湿。可以说,正是这种独特的设计建构和严格的保护措施,使得天一阁历经200余年的沧桑,仍然完好地保存了下来。所以乾隆帝下令,仿照天一阁的规制为《四库全书》修建专门的藏书楼。

首先建造的是北方的四座藏书楼。第一座是京城皇宫内的文渊阁,这是红墙黄瓦、金碧辉煌的紫禁城中唯一一座青绿色调的建筑。为什么用这样的颜色呢?就是寄寓以水克火的含义,所以用黑色的琉璃瓦来覆盖房顶,用绿色琉璃瓦剪边,用青绿色的图案来装饰廊柱和门窗。第二座藏书阁位于承德的避暑山庄,叫作文津阁。避暑山庄是清廷的第二个政治中心,也是皇帝去得最多的地方,所以专门在这里建造一座藏书阁。第三座是京郊圆明园的文源阁,这

文 渊 阁

文 津 阁

文 溯 阁

文 澜 阁

图 1 《四库全书》藏书楼一览

座藏书阁已经被毁掉了，据说其设计图样还有留存。还有一座就是东北盛京的文溯阁。盛京也就是今天的沈阳，它是清朝统治者的发祥之地，清朝统治政权就是从这里起家的。乾隆帝特别下令，在当年盛京的故宫内专门修建一座藏书阁，并且给它取名"文溯"，就是要追本溯源，告诫自己的子孙不要忘记当年祖宗创业的艰难。这四座阁，被称为"北四阁"。由于它们都位于宫廷禁地当中，只供皇帝一个人阅览，所以人们又把这四座藏书阁叫作"内廷四阁"。

北四阁之外，乾陵帝还下令在南方建造了三座藏书阁，用来收藏《四库全书》。这就是江苏扬州的文汇阁、镇江的文宗阁和浙江杭州的文澜阁，也就是人们所称的"南三阁"。由于它们都在江浙一带，所以又叫作"江浙三阁"。

《四库全书》的装帧也是非常讲究、非常精美的，同时也是非常有特色的。尤其是《四库全书》的书册，采用的是分色包背装的形式。什么是包背装呢？就是将书页反面相对折齐，使有文字的一面均向外，版心也朝外，书页左右两边都向书背，折叠齐整后用纸捻订起，再用一整张纸或丝绢将书册前后连同书背一并包裹粘连而成。由于这种装帧的方法不露书背，所以被称为包背装。为便于识别和区分，《四库全书》经、史、子、集各部书籍特别采用了分色装帧的方式，用不同颜色的丝绢来做书册的封面。经部书籍用绿色的绢面，史部书籍用红色的绢面，子部书籍用月白色或淡蓝色的绢面，集部书籍用灰黑色的绢面。这四种颜色不是随随便便拍脑袋确定的，而是很有讲究的，它集中反映了古人的智慧。简单说来，就是依据自然界春、夏、秋、冬的季节变化以及东、南、西、北的不同方位来确定经、史、子、集四部书籍的颜色的。所以一看这个书册就能知道它所在的部类是经部还是史部，是子部还是集部，这种装帧方式既美观大方，又非常实用。

图 2　《四库全书》的分色包背装帧书影

七、《四库全书》的历史变迁

在中国古代历史上，文治的兴衰往往与国运密切相关，国运兴而文治兴，国运衰而典籍亡。《四库全书》的遭际也同样如此。

首先我们来看内廷四阁全书。《四库全书》编纂完成，并且把它送到各阁收藏之后，清宫内廷的藏书可以说是云蒸霞蔚，极一时之盛。每座阁都专门设置官职，制定管理章程，指定专人负责，妥善保管收藏。阁中的书册，每年都要拿出来晾晒，再按照顺序逐一上架存放。乾隆帝无论是在宫内，还是去避暑山庄，都会到阁中翻书，有时候还会发现书中的一些问题，并且斥责原先办理的人员，让这些办理人员再重新对《四库全书》进行校勘。但乾隆以后，清朝的统治由盛转衰，特别是近代以来，国家多灾多难，皇帝就顾不上《四库全书》了。自嘉庆以后，在紫禁城文渊阁的《四库全书》就长年沉睡深宫，蛛网尘封，无人过问。辛亥革命后，文渊阁《四库全书》先是由清室善后委员会接管，不久归故宫博物院图书馆保存。1931年"九一八"事变发生，华北局势日益紧张，为防止国宝遭到破坏，故宫博物院图书馆将文渊阁《四库全书》装箱运往上海。后来随着战争形势的变化，文渊阁《四库全书》又辗转迁往重庆、南京等地，最后运到台湾。现在收藏在台北故宫博物院。

文源阁《四库全书》被毁于第二次鸦片战争。咸丰十年（1860），英法联军攻入京城，举世闻名的圆明园被焚掠一空，文源阁与其《四库全书》也在这场浩劫中化为灰烬。

相对来说，文津阁《四库全书》的保存和管理比较正常，基本未受到战乱的影响。民国初年，教育部请示政府，将文津阁《四库全书》移交京师图书馆，以便开放利用。于是，这部《四库全书》连同书架一起，由承德运到京城，交付京师图书馆，并于1915年向社会开放。这个京师图书馆，就是后来的北京图书馆，现在的中国国家图书馆。在现存的几部《四库全书》中，文津阁《四库全书》是最有特色的，因为它是唯一一部原架、原函、原书一体存放保管的，现在是中国国家图书馆的镇馆之宝。

　　文溯阁《四库全书》的管理比较规范，保存也比较完整。这部当年收藏在东北盛京故宫的《四库全书》，民国初年曾经被运到京城，在故宫保和殿存放了一段时间，后来又被运回沈阳，由保管委员会保管。"九一八"事变发生后，东北成立伪满洲国，文溯阁《四库全书》一度在伪满洲国奉天图书馆存放过一段时间。日本投降后，文溯阁《四库全书》则交由国民党政府的国立沈阳博物院图书馆保存。1948 年，沈阳解放，文溯阁《四库全书》由东北人民政府文物处接管，后交东北图书馆也就是后来的辽宁省图书馆保存。1966 年，文化部决定将文溯阁《四库全书》移交甘肃省图书馆代管。于是，文溯阁《四库全书》就由沈阳迁往兰州，保存在兰州市郊的一个专门书库中。21 世纪初，为适应文化事业发展的需要，甘肃省图书馆在当地政府的支持下，于 2005 年选址黄河岸边的白塔山九州台，特别建造"文溯阁四库全书藏书馆"，运用现代化的科学技术，为《四库全书》全书保存提供更为完善的设施和条件。

　　再看江浙三阁全书的情形。江浙三阁《四库全书》是专为当地的读书人建造并收藏的，它们与内廷四阁最大的不同之处就是乾隆帝特别准许当地的士子入阁读书、抄书。所以，南三阁《四库全书》送藏之后，当地士子前往阁中看书、抄书的络绎不绝，盛况空前。由于《四库全书》中收有不少当时社会上已经失传的珍本、善本，因此当地的士子乃至书商还专门雇人入阁抄书，然后刊刻行世，称之为"阁本"。可以说，江浙三阁在一段时间里实际上起到了后世人们所说的公共图书馆的作用，大大促进了当地文化事业的发展。但好景不长，在近代以来的内忧外患中，江浙三阁《四库全书》遭到了更为惨痛的厄运。

文宗阁、文汇阁《四库全书》均被毁于太平天国战争中。咸丰三年（1853），太平天国的军队攻入镇江、扬州，文宗阁和文汇阁在战火中被焚毁，阁中珍藏的《四库全书》被付之一炬、荡然无存。

文澜阁《四库全书》也在太平天国战争中遭到严重破坏。咸丰十一年（1861），太平天国的军队第二次攻打杭州，文澜阁在战火中倒塌，阁中珍藏的《四库全书》大量散失。当地的藏书家丁申、丁丙兄弟在避难中发现市面上小商小贩售卖食物的包装纸十分精美，上面不仅有工工整整的字迹，有的还有大印，仔细一看，竟然是《四库全书》的书页！他们大吃一惊，立即到文澜阁所在地方随地捡拾，当时就捡了几大麻袋，连夜把它们运出去。后来又自己掏钱雇人去捡拾搜访，还委托书商代为收购，总计抢救出8000多册，约占《四库全书》原有数量的四分之一。所缺的部分也就是被毁掉的那四分之三的书籍，是后来经过多次补抄汇齐的。这部江浙三阁中仅存下来并且经过补抄齐全的《四库全书》，现在珍藏在浙江省图书馆。

可见，7部《四库全书》从乾隆以后到现在，也就是200多年间就毁掉了一半。我们说现在仅存三部半，就是文渊阁、文津阁、文溯阁各一部，文澜阁半部。文澜阁《四库全书》号称半部，实际上它不到半部，幸存的还不到全书的四分之一。所以说，盛世书存，乱世书亡。有时，一部书籍的变迁，往往就是一个国家、一个民族命运的缩影。

八、《四库全书》的评价

　　最后我们来对《四库全书》做一个简要的评价。作为中国古代历史上规模最大的丛书，《四库全书》最重要的价值和功用在于保存典籍、传承文化，为学者的研究提供完整的文献资料。在中国古代历史上，文献典籍的保存和流传，有这样一个值得注意的现象，这就是单本的图书、零散的著述往往容易散失亡佚，而凡是汇编或刊刻成一部大书的，则相对来说比较容易保存和流传下来。以《四库全书》的存目书籍为例，当年馆臣编书之时，列入存目的书籍总共有6793种。20世纪90年代，随着文渊阁《四库全书》的影印出版，学界开始关注到未被著录的存目书籍。这些存目书籍在当年的四库馆臣眼里，可能因为这样那样的问题没有抄录，只是为它们分别撰写了一篇书目提要。而在今天看来，它们大多都是非常珍贵的文献资料，具有不可替代的史料价值，学界因而倡议影印《四库全书存目丛书》。于是，国内外各大图书馆、博物馆及其他藏书机构到处寻访，最终访得4727种，约占原存目书籍的三分之二。也就是说，从乾隆年间编书到20世纪90年代，其间不过200多年，当年没有抄录下来的6793种存目书籍就亡佚了三分之一，可见典籍文献散失的严重性。所以说，《四库全书》把3000多种分散的图书汇集到一起，历经200年历史的风云变幻，完好无损地保存到今

图 3 《续修四库全书》书影（上海古籍出版社 2002 年版）

天，并且还将继续流传后世，这样的功绩是值得我们充分肯定的。

当然，《四库全书》本身并非完美无缺。当年编纂的时候，一些与正统儒家思想和统治者的价值观念相悖离的图书，一些与清政权的统治思想和文化政策相抵触的图书都没有能够收录进来，有的甚至还遭到了禁毁的厄运；还有那些记载科学技术以及生产技艺方面的图书，记述国外地理、风土、人情的图书，收录的数量也比较少。所以有人批评说，《四库全书》号称"全书"，实际上并不全。这样的批评不是没有道理的。但是，功过相比，我们仍然可以肯定，《四库全书》的功绩是主要的。这也就是《四库全书》为什么至今仍然被公认为"典籍总汇、文化渊薮"的原因所在。可以说，《四库全书》堪称中国古代最具特色的标志性文化符号，它与举世闻名的万里长城、京杭大运河同样都是值得我们珍视并且为之自豪的中华民族的珍贵遗产。

（本文系 2018 年 10 月 31 日北京师范大学图书馆"专家讲座"转录文字节选）

文化地理学分析中的区位和边界

读万卷书

行万里路

周尚意

庚子秋

主 讲 人 简 介

周尚意

　　北京师范大学地理科学学部教授。现为中国地理学会文化地理学专业委员会主任，并担任国际地理联合会 Cultural Approach in Geography 和 Global Understanding 的委员、亚洲文化景观学会常务理事、区域科学学会中国分会副理事长、中国地名学会常务理事等职务。主要研究领域为文化地理学、资源与环境经济学，出版专著 20 余部。主持和参与完成多项国家级、省部级教学与科研成果项目。曾获得北京市教学名师奖、北京市师德标兵奖、北京师范大学"四有"好老师金质奖章和"宝钢优秀教师奖"等荣誉称号。

主 讲 提 要

　　文化地理学既是地理学的重要学科分支，也是地理学的一个流派。文化地理学的主要研究对象是景观，研究核心是描述景观的形态，发掘景观意义。文化地理学的最终目的是指导人们的空间实践。区位、边界、形状等既是景观空间形态特征，也是人们实践的空间途径。本讲座将以丰富的中外案例，分析三类景观空间形态与其景观意义之间的联系。

一、引言

　　各位老师、各位同学下午好。我非常高兴能够利用雨课堂的线上讲座的形式，与大家共享下午的时光。国内研究文化地理学的学者日益增加，目前有三代：我的老师辈、我这辈以及我的学生辈。很多文化地理学者的研究非常好，内容也很多元。我今天希望"回看"文化地理学的基本问题，因为文化地理学在与其他学科交叉时，有时可能忘了初心（初心就是文化地理学要回答的基本的问题）。我们先从地理学的定义开始，了解文化地理学的基本问题。我非常赞同著名地理学家段义孚先生给出的地理学定义——地理学是将地球作为人类的家园来研究的学科。地球表面是非均质的，因此地理学家要研究人们如何将地球表面划分成不同的区域，从而理解世界。文化地理学就是从文化的角度，分析非均质的地球表面，并分析人们如何将之作为家园。

　　任何人都有空间行为，因此任何人都会有意无意地进行空间决策，而决策的依据就来自个人身上蕴含的文化。文化有广义和狭义之分。面对不同的问题，学者们有时采用广义的文化定义，有时采用狭义的文化定义。今天的讲座更多涉及狭义的文化定义。狭义的文化定义指世界观、价值观、人生观，以及由这三观决定的宗教信仰、审美态度等。人们的空间行为既发生在生活、生产活动中，也发生在社会活动、精神活动中。空间行为的主体既可以是个人，也可以是组织和机构。比如，主持人介绍我在若干个国内外的学术机构中任职，这样的机构也有自己空间的决策。今年（2020）秋，文化地理学专业委员会即将在云南寻甸回族彝族自治县开会。专业委员会为何选择在寻甸开会？其原因是要在那里开展精准扶贫的活动。再如，各级政府的各类空间规划，如国土空间规划、城市规划、乡村规划、产业规划等都包含空间决策。因此，文化地理学与所有的人都有密切联系。下面我们就来回顾人文地理学的基本理论。我们按照人们利用空间的角度，将人文地理学的理论分为四组。

二、人文地理学四组理论

1. 地表下垫面特征理论

图 1 中的横轴是抽象的地表空间，它可以用欧几里得空间中的距离来度量。只要一个人或一群人确定一项人类活动，这个活动的最佳空间位置就基本确定了，该活动与地球表面（地理学将之称为活动的下垫面）有关联。下垫面是指外在于主体的地理要素组合。一类是很难移动到其他地区的自然要素，我们把它叫作"第一本

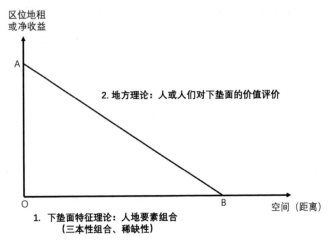

图 1　人文地理学的四组理论图解之一

性"，如气候、地形。自然地理要素中有一些可以发生位移，如河流搬运泥沙入海、南水北调工程将汉江之水输送到中国北方。"第二本性"是人类在一个地方长期积累的实体要素的组合，如云南元阳哈尼人建造 1000 多年的梯田、北京 860 多年的都城建设留下的规模庞大的城市建筑组合。"第三本性"是发生在一个地方的历史事件。图 1 横轴上任何一点都有这三个本性的组合。任何一个点上，下垫面多要素及其组合具有不同的稀缺程度。

2. 地方理论

人们对一个地点的空间决策，是人们基于自己的世界观和人生观，对这个地点上三个本性的价值判断。我们可以在图 1 横轴上选择任何一点作为纵坐标的原点。在这个原点上从事某项人类活动，可以获得效用最大（A）。效用也可以转化为经济学定义的净收益或区位地租。从净效益最高的地点（O）向右侧延展，该项人类活动的净效益逐渐降低，图 1 用净效益曲线（AB）表示。当然这是一个抽象的、简单化的曲线，在现实中，它不是一个单调下降的曲线。曲线 AB 与纵轴的交点 B 表明，在 B 点之右的地区该项活动的净收益为零。人们基于自己的世界观和人生观，以及对这个地点三个本性的价值判断和实践，决定了曲线 AB 的下降斜率。这种对地点的价值判断逻辑就是地方理论。地方理论是文化地理学的主要理论。地方理论是分析人们对客观空间赋予意义或赋予价值的逻辑。逻辑之一是有用程度（物质的、精神的），逻辑之二是稀缺程度。比如说，中国人喜饮茅台酒，这种文化需求延伸为人们对茅台酒最佳产地的判断。贵州茅台镇的小气候环境是酿出特殊味道酱香型白酒的主要原因，这种下垫面的条件（主要是第一本性）非常稀缺，在小气候区之外酿造的酒就没有茅台酒的味道了。茅台镇适合建酿酒厂的土地是有限的，因此茅台镇的工业土地价格或租金就非常高。一个地点的要素组合确定后（供给即定），那么在完全竞争情况下，曲线 AB 是众人需求和供给的综合体现。

地方理论中的许多概念都是文化地理学的概念。地方感是核心概念之一，它由段义孚先生提出，被认为是影响世界的十大地理学思想之一。此外还有感知、认识、情感、感染、记忆、想象、话语、认同等，这些都是分析主体地方感的维度。还有许多概念，我没一一列出，比如表征和非表征。

3. 中心地理论

AB 曲线也可以成为区位地租曲线，前面提到在现实中，它不是单调下降的，而是高低起伏的，如图 2 中虚线（CADA′C′）。如果将空间坐标从图 1 的一维变为两维（即平面），那么区位地租就是一个波状起伏的趋势面。区位地租之所以起伏，是因为在其他地点（O′）也可以开展这项人类活动。以 O′ 为新的原点，也有一条区位地租曲线（A′B′）。曲线 AB 与 A′B′ 可以有三种相互关系：相交、相切、相离。图 2 展示的是相割。无论是三种情况的哪一种，以 O 或 O′ 为中心的生产者都有自己的市场范围。图 2 中的 F 点就是两个市场范围的分割点。地理学的中心地理论等，就是分析多个市场中心的市场范围大小的理论。

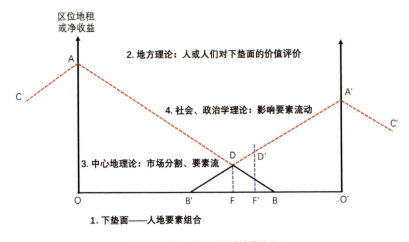

图 2　人文地理学的四组理论图解之二

4. 社会、政治地理学理论

中心地理论基本上是基于市场机制的，即便是具有服务功能的行政区中心，也是由市场决定其服务的。然而现实中人类的许多空间活动不只靠市场力量来决定，许多情况下，是由社会组织、政治组织来决定的。社会组织和政治组织有一定的权力，它们利用权力在空间上设定边界，让边界改变人流、物流、信息流、资本流、技术流等在空间流动时的自由度。图 2 中 D′F′ 虚线就是一条依靠政治或社会组织划定的边界，它与 DF 不重叠，且可以阻止其右侧的资本、劳动力、商品、技术等跨越这条边界到左侧区域来。我们可以将 $D'F'$ 虚线想象为国家领土边界，国家通过一系列边境的管控条例和法规，阻止要素的流动或促进要素的流动。再如历史上实行种族隔离政策的一些城市就是通过一些法规，阻止有色族裔进入某些区域内居住。

三、区位与文化

1. 最佳位置排序——北师大人物雕像位置

人们认同的文化决定人们对最佳空间的排序。我认为北京师范大学校园最美的一个地方是数学楼和物理楼之间的花园（牡丹园）。目前这里有老校长陈垣先生和书法大师启功先生的雕像。但是多数人不一定将这里看作是北京师范大学校园内最美的地方。北京师范大学校园里，除这两尊雕像外，还有至圣先师孔子雕像、曾在北京师范大学前身女高师任教的鲁迅先生雕像以及许多已故院士的雕像。未来我校院士数量增多，知名学者增多，校方就要思考在哪里摆放众多名人的雕像，以及每尊雕像适合安放的地方。这是一个空间决策问题，因此与文化地理学有关。

按照前面的四组理论，我们首先分析师大校园的下垫面特征，它们是自然和人文特征的组合，包括第一本性（植被、空间开阔度等）、第二本性（建筑物体量、建筑物功能等）、第三本性（历史事件）。其次，用地方理论来分析校园多数人认同的、可以摆放雕像的地方，我们通过调查可以找出北师大人的文化空间观。再次，如果摆放雕像的需求增多，就要考虑雕像摆放空间的分割问题。譬如前面提到的小花园还能摆下多少雕像。最后，通过行政手段确定每个雕像空间占据的范围，例如在生地楼前，哪里是可以摆放生命科学院院士雕像的地方，哪里是摆放地理科学学部院士雕像的地方，等等。

2. 意义展示区位——特拉法加广场雕塑

英国伦敦特拉法加广场有许多雕塑。广场上最早的一个雕像叫作纳尔逊雕像。它位于广场的中心，树立此雕像的目的是为了纪念纳尔逊在 1805 年率领英国海军战胜了法国和西班牙的联合舰队。这个时期正是法国拿破仑不可一世之时，英国海军能战胜法国和西班牙的联合舰队，在英国人看来是一件不得了的大事。这个雕像的建立带有强烈的民族主义色彩。在此之后，广场上先后建立了很多雕像。我上网查了该广场其他雕像，既包括全身雕像（Statues），也包括半身像（Busts），见表 1。这些雕像的人物身份说明该广场放置雕像的主要目的是歌颂英国军队的精神。每个新雕像的放置既是实体空间的层累，也是历史事件的层累。

表 1　特拉法加广场上的雕像及其放置年份

坎宁安海军上将	Admiral Cunningham 1967
贝蒂海军上将	Admiral Beatty 1948
杰里科海军上将	Admiral Jellicoe 1948
少将亨利·哈夫洛克爵士	Major General Sir Henry Havelock 1861
查尔斯·詹姆斯·纳皮尔将军	General Sir Charles James Napier 1856
乔治四世国王	King George IV 1843
第四基座	The Fourth Plinth 1841

表 1 中最下一行第四基座，它位于广场的西北角。第四基座的出现是广场雕塑文化意义的转折，它主要体现后帝国的文化符号。譬如某年在第四基座上展示的是"海豹肢症"的孕妇雕像。尽管她四肢都不健全，生活非常艰难，但是她还要成为一个母亲，她有生育的权利。科学家经研究发现，妇女怀孕时为减轻怀孕的身体反应，会服用一种叫作沙利度胺的药物。在服用这个药物的孕妇中，生下"海豹肢症"孩子的比例比较大。这个雕塑体现的意义不仅仅是主张残疾人的生育权利，还唤起人们应用科学成果时的慎重态度。这两重意义都已经不再是宣示大英帝国军事的威武了，而是展示人类文明的进步，即更关心人的安全和健康。

第四基座（雕像基座）最初是由查尔斯·巴里爵士设计的，建于 1841 年，用以展示马术雕像。由于缺乏建立雕像的资金，该雕像基座一直空置到 1999 年。之后，一个调查公众舆情的独立委员会组建了第四基座雕像挑选小组。小组从由英国国内外知名的艺术家委托创作的一系列临时艺术作品中挑选出在第四基座上展出的作品。艺术品每两年更换一次。挑选小组既不受市场因素干扰，也不受权威艺术家左右。每两年第四基座的雕像更换为新雕塑。这种展出方法既加速了广场文化意义的层累，也体现出后现代的流动性。2016 年选中的雕塑是一个竖起的大拇指。雕像的名字叫作"事事皆好"。这个雕像打破了文化群体的界限。第四基座上还展出过德国艺术家制作的蓝色大公鸡雕塑。这个雕塑的特点是没有名字。人们可以放飞想象力，感受这个雕塑的内涵。大公鸡既是自然之物，也是世界许多地方人们生活当中经常接触到的自然禽类，但是蓝色使得大公鸡不再是自然之物了。这种强调日常、强调自然、强调创新的雕塑，与特拉法加广场的政治性是对立的。

然而关注雕像意义的层累和变化并不是文化地理学的核心。文化地理学还关注这些雕塑意义的层累与伦敦城市空间结构的关系。如果没有地图的表达，人们就很难理解地理的空间思维。特拉法加广场南侧是西敏市，它是伦敦下属的一个特别市，是英国最高政治权力中心，而不是伦敦市的行政中心。特拉法加广场的位置最适合体现国家意志。透过这个广场的雕塑意义，人们可以看到英帝国时期和后帝国时期该国或该国民众宣扬的文化。这样的位置是稀缺的，许多雕塑要在这里展示，因此就有了竞争，就有了上面提到的特殊委员会为第四基座挑选雕塑。在伦敦有许多空间宽敞的地方都可以放置雕塑，但是最能表达雕塑师思想的地点是稀缺的。

3. 社区文化地标选择——北京社区地标

通过地标展示地域文化是文化建设的途径之一。地域文化地标有两类：一类是在已有的建筑中确定其一，例如北京是一座悠久的历史文化名城，有 3000 多年的建城史和 860 多年的建都史。这个城市拥有许多宏伟的历史建筑，这些建筑都可以作为地标。天坛的祈年殿被选为北京市的地标，天安门被选为中国首都的地标，即国家的地标。另一类是建造雕塑类的地标。这些地标雕塑的符号可以来自著名的历史事件或人物。在中国，省（自治区、直辖市）之下的行政空间单元是区县，再下是乡镇街道。这里我们选择北京的若干社区，分析它们如何选择社区地标。

第一，科教社区。北京著名的科技文教城区位于海淀区，海淀区的核心区是中关村街道。中关村街道设立的地标是 DNA 双螺旋雕塑（图 3）。这个雕塑始建于 1992 年，原名为"生物链"，取两个抽象的寓意——活力和向上，昭示着中关村科技教育发展的本质活力，以及科学家不断向上、勇攀高峰的精神。关于这个雕塑应该放在什么位置最好，目前还在讨论。文化地理学学者可以从前面提到的第一组和第二组理论来分析哪个位置最好。因为时间有限，就不展开讨论了。

图 3　DNA 双螺旋雕塑——中关村街道地标
（北京海淀区）

第二，商业社区。北京王府井是众人熟悉的商业社区。关于社区文化地标有如下选项。其一是位于王府井大街的一口甜水井的遗迹。据说明朝这里建造了 10 个王府和 3 个公主府，故称之为王府大街。清光绪三十一年（1905）政府重新厘定地名，因街上有一眼甘洌甜美的水井，遂定名为王府井大街，该名沿用至今。北京地下水矿化度比较高，多数井是苦水井，而甜水井非常稀缺，过去只有王府才能占据这么好的自然资源位置。其二是王府井百货大楼前的张秉贵雕像。张秉贵是百货大楼的一名售货员。20 世纪 70 年代，他响亮地提出"心有一团火、温暖顾客心"。1979 年，他被授予"全国劳动模范"荣誉称号。1987 年，张秉贵逝世，在张秉贵雕像基座上刻有革命家陈云的题字"'一团火'精神"。在两个可供选择的地标中，依据文化价值判断，人们更愿意选择后一个，因此张秉贵雕像就是这个商业社区的地标。

第三，居住社区。在北京东城区有一个居住为主的社区叫海运仓。这里是当年漕船进京卸货的地方，周边有若干大仓。位于这个社区的仓过去专门接储海运而来的漕粮，故被命名为海运仓。它与北新仓的两大粮仓连为一体，成为京城最大的粮仓之一。此地的地名就来自这个仓名。该社区的地标是社区中心一个下沉小广场中的船形小亭。设计师用下沉广场模拟运河水道，用船形小亭模拟漕运船只。这个社区的地标很好地体现了区域本性——水道、粮仓、历史事件。而且，它位于公共广场，使得小区所有居民都能够自由地接触到这个地标。

第四，大学社区。北大校园里有许多雕塑，但是最能体现北大精神的"科学与民主"雕塑却"隐身"在原来的 29 楼和 30 楼之间

（这一片改造后我就没有注意该雕塑的位置了）。该雕塑以"科学"和"民主"英文词的首字母 S 和 D 组合造型。我读研究生时正好住在 30 楼，所以可以经常看见它。但是对于多数去北大访问的人，甚至是许多不住在这片区域的北大师生可能都没有见过这个雕塑。该雕塑的文化意义毋庸置疑，但是其位置不佳。而今人们都将博雅塔作为北大地标，其中国古塔的造型和临湖的位置都使得它成为令人瞩目的建筑。虽然它是老水塔，但是人们更愿意认同"博雅"二字的含义。

4. 稳固的空间结构——五岳

中国文化中有许多以空间模式作为文化符号的能指。空间模式就是若干实体要素的空间位置关系。五服、五岳、四渎、四镇等是中国传统文化中相对稳定的空间模式。这里以五岳为例，它是古代民间山神崇敬、五行观念和帝王巡猎封禅相结合的产物。今天流行的五岳分别是中岳嵩山、东岳泰山、西岳华山、南岳衡山、北岳恒山。五岳的数量和相对位置是一个空间结构，它是由中国古代的五行世界观决定的。五岳代表 5 个方位、5 个自然要素、5 种颜色。有人奇怪，中国有许多名山，为何这五座山被尊为"岳"？难道是因为它们雄伟、壮丽吗？

其实不尽然，历史上的五岳发生过变化，并不全是而今流行说法中的五岳位置。北岳和南岳的位置都发生过变化。历史上北岳曾在大茂山，南岳曾在天柱山。北岳北移，南岳南移，使得由它们"护佑"的疆土范围扩大了。古代帝王决定移动北岳和南岳的位置，有其政治统治的目的。虽然五岳的位置可以变换，但是五岳的东西南北中的位置组合是稳定的。这就是中国文化地理空间传统。

5. 最佳区位的变化——洛可可

北京有一个工业设计公司名为洛可可。2003 年成立，2013 年入选工信部认定的首批"工业设计中心"，业已服务过世界 500 强超过 100 家，国内 500 强超过 200 家，为客户成功开发千余款产品，业务深入智能机器人、消费零售、交通出行、医疗健康、文化创意、公共事业等领域。这个公司从创立到现在已经换了 4 个地点。这种迁移说明最适合企业发展的区位是在不断变化的。

我和学生曾两次采访这个公司的创始人。据他介绍，2003 年创办时，办公地点离北京师范大学不太远，他租了写字楼中的两个工位。2006 年他们的设计产品获得了一个国际设计大奖，公司发展上了台阶。他们搬到北京 DRC 工业设计创意产业基地，位置也离北京师范大学不远，在小西天。搬到这个地方之后，北京西城区政府给园区内的企业很多优惠政策。该企业又获得了国际工业设计领域的红点奖、中国工业设计领域的红星奖。在这个园区驻留了几年后，洛可可又搬到了后海，然后又从后海搬到了朝阳公园附近。

本文图 1 和图 2 介绍的分析逻辑可以解释企业最优区位变迁。当企业经济活动确定后，企业决策者可以根据城市下垫面的特征找到最佳区位。但是在洛可可的例子中，城市的下垫面和企业都在变化。下垫面的变化主要表现为办公条件、政府优惠政策的变了，例如原来不是创意产业园区的地方变成了创意产业园区，原来西城区给予企业的几年优惠政策已经用到头了，朝阳区的优惠政策还可以用。企业的变化主要表现为企业规模扩大、企业经营领域扩大，因此不同的经济活动需要的最佳办公区位也就不一样了。变化是地理学空间分析最需要把握的。

6. 城市结构的力量——798 创意产业区

北京 798 文化创意产业区是北京著名的旅游打卡地。厂房设计非常独特，使得室内采光条件很好。进入 21 世纪，北京制造业开始调整，798 工厂内许多厂房开始闲置，因此企业将闲置的厂房出租。北京一些先锋艺术家看到 798 厂房的空间特点，因此向这里聚集。最早来到这里的艺术家大约是在 2000 年。2002 年、2003 年是艺术家进入的高峰。2004 年 798 开始举办"北京大山子国际艺术节"，后来发展为双年展。北京市政府看到这个地方艺术企业集聚，便给 798 挂上"文化创意产业园区"的牌子。政府希望这个艺术区成为北京具有特色和规模的文化创意产业园区。然而，几年后这里的许多艺术家陆续搬走，取而代之的是许多咖啡厅、酒吧、餐厅等。比如，一位第一批入住的艺术家，把自己租到的一个大车间变成了酒吧，而把自己的画室搬到了其他地方。这个车间位于厂区主要街道上，来 798 参观的人都会路过，因此酒吧的生意也很好。因为开酒吧赚到的钱远高于将之作为画室带来的收益，所以这位画家就自然将画室变为酒吧了。798 文化创意产业园区中有许多这样的艺术家。

为何当初没有人在这里开酒吧、咖啡厅？而不到 10 年，这里酒吧和咖啡厅多了起来？这是因为当初这里的"下垫面"不是而今这样。2000 年到 2010 年，北京城市人口（含常住和流动人口）迅速增加。北京市制定的《北京城市总体规划（2004—2020）》预计 2020 年北京城市总人口控制在 1800 万之内，但是到了 2010 年第六次全国人口普查时，北京的常住人口已经达到了 1961.2 万了。北京人口的快速增长，拉动了城市中心区范围、建筑密度、建筑容积率的增加。2004 年 798 还是位于北京中心城区建成区的边缘地带，但是随着中心区向外拓展，798 就已经是中心城区建成区之内的了。按照城市空间结构的一般规律，城市的商业服务业的等级和密度是从中心向外递减的。随着 798 逐渐靠近城市中心，其商业服务业的用地需求也逐渐提升，这里的画室变为酒吧和咖啡厅是由城市自身结构变化决定的。因此这个艺术区无法抗拒这种结构的控制力，就像当初工厂变为艺术家聚集区一样。

四、边界与文化

边界是地理学研究的另一个重要概念。不论是自然地理学，还是人文地理学，边界都是其主要研究对象。比如自然地理学家要调查青藏高原藏羚羊出没的地区在哪里，其核心分布地区的边界在哪里。划定了这些边界，就可以有针对性地重点保护它们出没的地方，甚至将之确定为人们不可以进入的地区，从而减少对珍稀动物生活的干扰。人文地理学者所做的多数工作也是划定边界。

任何区域都是有主体的：一类主体是学者，划区界是为了认识世界；另一类是使用者。除了个体和群体之外，政府也是重要的边界使用者，政府依据边界进行各类管控。比如，依据少数民族自治地区边界实行双语道路标识的管理措施。

1. 功能文化区边界——景来村

在中缅边境有一个傣族小村庄，傣语名为勐景莱（勐是聚落的意思），在傣语中将地名的通名部放在地名专名部的前面。该村的标准地名是"景来村"，但当地人只用原来傣语中的表达。为了吸引游客，当地还用另一种汉字书写形式——"梦景莱"。村里还新建了许多具有文化符号的景观，例如缅甸式样的佛塔，目的是给游客营造一种异域（缅甸）文化的视觉感受。村里傣族信奉小乘佛教。小乘佛教的出家人有不同等级，所在寺庙也分为不同等级。在文化地理学中，这样有等级序列、有组织中心的宗教区属于"功能文化区"。

当地的人生活中的婚丧嫁娶、生老病死的重要活动都请宗教师做仪式。通常村民在某个活动时所请的宗教师级别越高，表明对此活动的重视程度越高。每个村里通常都有一个寺庙，寺庙里有一个宗教师。但是不同村庙里的宗教师级别不一样，级别高的宗教师会被请到其他村做宗教仪式。景来村的宗教师的级别低，因此村民常请国界另一侧金山寺的一个宗教师来做法事，因为他的级别较高。中缅两国对边界两侧一定距离范围内居住的国民发放了边境证，持有边境证的居民可以在划定的边境地带内跨界走动。因此，金山寺的宗教师就可以到景来村做法事。了解寺庙所服务的功能区的边界，就可以理解跨境宗教活动了。

2. 形式文化区边界——北京的洋地名

按照国家民政部地名管理部门的要求，2019 年全国多地开展清理整治不规范地名工作，不规范之处主要被归纳为"大洋怪重"，例如小房子冠以"大厦"；居住小区冠以国外洋地名；令人匪夷所思、不得其义的地名；在同一个区域内有重复的地名。文化地理学者参与这项工作的切入点有两个：第一，找到开展清理整治工作的重点地区；第二，研究地方语言表达习惯对"大洋怪重"的定义。比如不同地方的人，对大和小的理解不一样；有些地名在外地人看来是奇怪的，但是当地人不认为奇怪。这两类工作使用的文化地理学概念是"形式文化区"，确定这类文化区的边界需要有大量的地名样本的定位信息和实地调查资料。

3. "一横一纵"与划界——哈尼梯田保护区

"一横一纵"是地理学的基本思维，"一横"是指地理事物的空间联系，"一纵"是指地理事物在一个点上的相互关系。划定一个面向管理而划定的区域边界，一定要依据地理学的"一横一纵"。划界工作看似与文化无干，但它还真与文化相关。这里就以云南元阳红河的哈尼梯田为例，谈谈它与文化地理的关系。

2013年6月，元阳哈尼梯田被列入联合国教科文组织《世界遗产名录》，成为中国少有的世界文化景观遗产。要保护这个世界文化景观遗产，就要做一个保护规划。规划图中要有核心保护区和缓冲区。这里的景观空间格局是山顶上为山林，山林下方是聚落，聚落下方是水稻梯田。这个农业或乡村景观，土地利用有清晰的秩序。这里之所以被列为世界文化景观遗产，是因为它巧妙地利用了自然的赋予。在中国北方，也有很多地方修建了梯田，为"靠天田"。如果"老天"不降雨，要灌溉，必须靠扬水设施。而元阳这个地方天然降水丰富，雨季印度洋暖湿气流进入这片山谷，形成丰沛降水，雨水中一部分被山顶上的林子截留，没有直接流走，而是渗入地下，形成地下水，并以泉水形式缓慢地流出地表，形成终年不断的水源。泉水出口处，就是村庄选址的地点，水流经过村庄，之后才流进稻田。巧妙地利用水流的自然流动，布局乡村各类土地，是这个文化景观遗产的核心，其本质上是地理学定义的"一纵"。

分水制度和分水技术是这个文化景观的第二核心。因为这里是季风区，有明显的旱季，有的年份泉水水量不够灌溉之需，因此就会出现抢水。抢水是人和人之间的矛盾，其本质上是地理学定义的"一横"。当地人通过长期的磨合形成一套分水制度，并利用刻木分水的技术工具，让人与人之间、家与家之间、村与村之间实现公平分水。今天我们要保护这个文化景观遗产，就要把最能体现刚才提及的这两点所涉及的区域边界划分出来。

有学者已经绘制了保护区核心区和缓冲区的范围。麻栗寨河谷两侧山地上的大面积连片梯田就是核心保护区。我们在当地考察时提出的问题是：核心区和缓冲区的边界是如何划定的？从地理学家的角度来看，可以根据核心区和缓冲区内各类的边界的属性来划分。第一类是流域边界。它们与山脊线重合。第二类是村域边界，既包括劳作空间——梯田，也包括居住空间——村庄。第三类是生态系统区的边界，既包括村域界，还包括林地界等。按照这样的分类，我们将核心区和缓冲区的界线分成了 11 段，其中有些是依据两种属性边界划定的，例如流域范围边界也是生态区边界。

我们回到前面提到的划区原则，即确定保护区边界的目的是为了更好地保护该遗产。但是目前当地又出现了新的抢水问题，而保护区的划界无法解决该矛盾。当元阳哈尼梯田被评为世界文化景观遗产之后，当地开始发展旅游业，各个村子出现了民宿，有些民宿的规模还不小。所以村落的生活用水量增多了。当天旱的时候，如果旅游业使用了大量的水，留给灌溉的水就少了，且如今进入农户的水不再使用水渠，而是使用 PVC 管，这样原来的刻木分水技术就用不上了。当地人抢水的纷争逐渐多了起来。我们建议再加一类边界，将之定义为市场边界。所谓市场边界就是由一个市场中心组织的区域范围的边界。在目前的核心保护区外缘，有一个市场中心叫"新街"。我们建议将那里作为游客集散中心，将核心区扩大，将之包含在核心区内，并规定游客的住宿集中在这里，这样就可以减少对村落用水的压力。外面的游人进入核心区的游客集散中心，可以开车或者坐游览车进入景区。当然这个建议还没有付诸实践。但是不失为一种利用划定管理边界来解决人与人之间的矛盾的方法。

在本研究中，我们用"四维评价"来评价规划图中的边界。四维评价的第一维是判断一项人类活动（在本案例中是划界）是否增加了所有人的福祉，如果只增加了富人的福祉，将穷人兜里的钱转移到富人兜里，这不是我们要追求的目标，哪怕是潜在的帕累托改进；所以，第二维是判断划界是否促进了社会公正；第三维是判断划界是否促进人地和谐；第四维是判断划界是否增加了当地的文化活力。我们对每段边界都进行了判断。根据这样的评价，我们就给未来的保护区边界优化提供了参考，即修改那些仅满足四维评价中一两项的边界。

今天我们通过若干案例，介绍了文化地理学研究使用的区位和边界，以及其他相关的概念。案例中包括我和学生一起完成的研究成果，这些成果虽然已经发表了，但是也还有待学术界和社会批评，从而推进我们对学科、对世界的认识。也欢迎老师和同学们在线上和线下进行互动和交流，谢谢大家。

（本文系 2020 年 10 月 15 日北京师范大学图书馆"专家讲座"转录文字节选）

光影的魅力

中国共产党百年与中国电影①

---

① "光影的魅力——中国共产党百年与中国电影"讲座内容源自周星《党领导下的中国电影价值观确立的意义》一文。——编者注

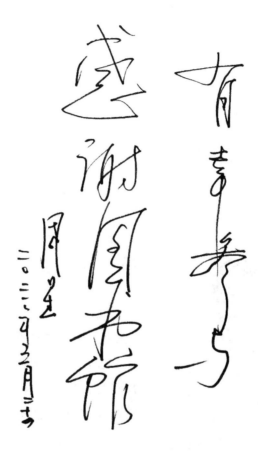

有書為証

感謝圖書館

周星
二〇一二年三月二十七

主讲人简介

周　星

北京师范大学艺术与传媒学院二级教授、博士生导师。曾任北京师范大学艺术与传媒学院院长，现任北京师范大学艺术教育研究中心主任，兼任教育部高校戏剧与影视学类专业教学指导委员会主任、国务院学位委员会（第五、第六届）艺术学科评议组成员、中央马克思主义理论研究和建设工程首席专家等多项职务。主要研究方向为影视史论、影视文化传播与艺术批评、艺术教育理论。出版专著、教材数十部。

主 讲 提 要

　　电影是一个国家、一个民族和一个时代艺术文化的折射，中国共产党的精神谱系始终影响着中国电影的发展。在中国共产党成立一百周年之际，周星教授从百年影史红色影视认知与欣赏的视角，阐述中国电影的核心价值观和党的文艺理论建设的密切关系，探讨中国共产党百年与中国电影价值观认知。

各位朋友大家好，非常高兴能参加图书馆建党百年系列讲座，非常可惜，由于疫情的原因不能与大家直接见面。今天我们探讨的主题是"光影的魅力"。在电影之中所散发的不仅仅是影像的魅力，其实也包括中国共产党在百年历史中和中国电影所交织的那些年代里，给予中国电影引导和所赋予的魅力的力量。

一、电影价值观的意义

习近平总书记指出，从根本上说，人民对美好生活的向往就是中国共产党的奋斗目标。这就是中国共产党价值观在电影中体现的核心所在。从电影的角度来强调价值观，的确是并不多见的。而把中国电影和中国共产党的价值观联系在一起，似乎还有人会有些犹豫。梳理上百年的中国电影史和其非常重要的实际的发展过程，我们很难抹去中国共产党介入电影之后的价值观所给予中国电影的特色。而究其实质，中国共产党领导下的中国电影在不断的发展之中坚守价值观，并赢得人民群众的欢迎。我们强调中国共产党的价值观，就会涉及一个问题，即电影的产生和中国共产党的产生之间似乎有一个时间差。从理论上来说，中国电影在中国共产党诞生之前就已经存在。从西方舶来的电影形式在中国落地，并且和中国的文化紧密联系，形成了中国自有特色的中国电影的形态。比如和茶楼的结合、影戏观念的建立，成为中国人欣喜接受的新的艺术形态，并且发展百年之后，成为世界电影之中独特的中国电影的艺术形态。中国共产党诞生之后与电影产生了或疏或近的关系，虽然早期电影并非是在中国共产党的直接关注和影响下成长的，但是，中国共产党经过一段尚未关注电影的初期之后，必然要和电影产生联系，而一旦如此牵扯，实际上它或隐或显地对电影价值观的确立产生重要影响。今天中国电影在世界上处在的重要位置，包括世界第一多的银幕数量、第二高票房市场和世界第三年产量，简称为"123"，可见一斑。重要的还在于中国电影形成了自己独特的发展道路，在吸纳西方电影的许多优势基础上，又坚守着中国电影自身的文化传统和价值观，成为世界电影中令人刮目相看的本土电影的形态表现。尤其是在强大的好莱坞电影横行世界时，中国电影一直保持着在自身市场上占据半壁江山，甚至很大程度上占据更多比例。2016 年到 2019 年 4 年间，中国电影市场国产片票房占比分别是 58.33%、53.84%、62.15%、64.07%，整体是渐趋增长。2019 年 642.66 亿元总票房中，国产电影总票房为 411.75 亿元，同比增长 8.65%，市场占比 64.07%；全年票房过亿元影片 88 部，其中国产电影 47 部，国产片全面占优；票房前十的电影中，国产片占了 8 部。疫情袭来的 2020 年中国电影更全面占优，除了第一次成为全球票房第一和《八佰》单片全球票房首位外，2020 年度中国电影总票房达到 204.17 亿元，其中，国产电影票房 170.93 亿元，占比全年票房 83.72%，以至于好莱坞电影在世界上的票房总量甚至要依赖在中国电影市场上的票房数来增加它的分量。好莱坞电影要在中国电影市场上去获得票房利益，甚至不惜为了取得中国市场收益，去按照中国市场要求修改赢得准入规则。

中国电影市场的地位举足轻重，博大且有自己的特色。而中国电影的受众对于世界电影的开放态度以及对中国电影本身的爱好这两者之间的独特关系，又是中国电影具备独特价值的体现所在。近年来中国文化里比较重要的一些元素被好莱坞所需要而介入拍摄，比如功夫和熊猫聚合的《功夫熊猫》，比如《木兰辞》被好莱坞改造成电影《花木兰》，并且试图在世界电影市场上获得高票房，以此来增加它的影响力，这都映射出中国电影和中国电影市场所支撑的中国电影的受众影响力。被认可的中国电影市场，寓意中国观众和中国电影市场所坚守的价值观在某种程度上不容忽视。确切地说，中国电影所依循的价值观具有独特的存在理由，也逐渐成为中国电影创作以及受众认可的基础，其价值和意义不容置疑。中国电影独特的价值观并没有消泯对世界电影的开放度，反过来，它又能在吸纳国外电影的基础上，保持更大分量的中国电影份额。疫情之前的 2019 年，国产电影占中国市场份额超 60%，而 2020 年更超越 80%。没有理由不承认中国电影的重要性。而这一切的背后，中国电影形成中国电影学派，或者说中国电影的本身价值观越来越被强化，使中国电影更具魅力。

可以肯定，中国电影的成就和独一无二是在中国共产党领导下的文化政策和电影价值观的引导和支撑基础上实现的。恒守着为人民而创造的信念，中国电影跌宕起伏，始终没有放弃自身的价值观追求，成就了中国电影的状貌。在外界有这样那样的疑问中，在

　　试图把电影只作为艺术创作而忽略它的社会环境和社会特性的背景下，以及在一味地拿着国外的价值观作为标准的未必正确的倡导中，中国电影实现了坚持多样发展的正确道路。这其中逐渐完善的价值观起着核心作用。

　　我们说，好莱坞电影是作为美国的价值观最重要的输出，并且影响世界的一个重要对象。美国电影聚集了美国的国家实力、价值观和它的艺术表现来影响他国受众。我们承认美国电影既有高科技优势、国家价值观的强力输出，也有其艺术表现成功的重要因素。美国电影宣扬自身的价值观且依赖国家影响力而不断打开各国市场。所以，千万不要把美国电影所表现的包括很出色的东西和隐藏在后面的价值观都当成是放之天下而皆准的正确的价值观。美国的价值观是以美国利益为优先，在不断的传输中建立起电影的价值观且影响深远。

　　新时代在党的领导下，中国的文化传统和价值观的坚守越来越被意识到具有本土的吸引力。中国电影正因为确立了这些价值观，以至于以不同时期独树一帜的电影表现、文化表现和价值观的坚守而赢得了人民的心。由此证明，我们必须坚守我们的价值观，才能创造具备中国特色的中国电影。时至今日，我们越来越认识到党所倡导的文化价值观的重要意义。由此，我们来回溯整个中国电影的历史中党所确立的价值观是怎样在发展之中形成自己的特色，并且慢慢为人民所接受的。山东大学王学典教授对于学术发展的阶段性有过著名的论断，他认为 1949 年以来中国的人文社会科学经历了两次大的范式变迁，而眼下正在经历人文社会科学的第三次巨大转型，也就是"以现代化（西方化）为纲"的人文社会科学正在向

"以中国化为纲"的人文社会科学的转变。[①]事实上这正是包括电影在内的人文社会科学需要正视的问题。中国电影应该更快地进入转型研究，从而进入中国电影学派理论探究的新阶段，这也就是中国化创作聚焦于中国化理论研究的新阶段。

二、中国电影价值观形成的阶段性

中国共产党对于电影文化的高度重视，体现了它对电影价值观的引领和毫不放弃的领导责任。从绝对意义上说，中国电影的价值观是在中华人民共和国成立以前与国民党统治体制下的电影观念、市场观念、审查观念等的角逐中逐渐摸索形成的。但很显然，中国共产党从一开始就确立了自身革命的价值观影响所及的影像价值观，并体现在电影建设和发展之中。从早期以隐含的方式巧妙地影响大众来显露中国共产党人的价值观主体内容，到后来主动确立价值观影像，中国电影成为中国共产党文化倡导的重要场域，由此形

---

① 王学典：《学术上的巨大转型：人文社会科学 40 年回顾》，载《中华读书报》，2019-01-02。

成了中国电影的主流价值观的不同阶段。

（一）未介入阶段

1921 年成立的中国共产党，作为一个新兴的革命党自然在初始时期有生存发展的任务。当时中国共产党的建设重心显然不可能也无意关注弱小的电影。对于中国共产党巩固自己的队伍、团结工农，以及文化建设，纸质媒体依然是其宣传的主要工具。此时中国共产党的重心在于夺取政权的武装革命和建立党的队伍等正面力量的培育上，因此，它不仅不熟悉电影，而且电影娱乐与革命大业还似乎风马牛不相及。在中国电影前 20 多年的历史上，既是电影自身散漫发展，也是未曾和政党产生关联的阶段。事实上，鲁迅等对于电影的评价认识在 20 世纪 20 年代已经开始，他早在 1930 年 1月就翻译了日本著名电影理论研究工作者岩崎昶的《现代电影与有产阶级》。鲁迅作为左翼的重要干将，后来对于电影的意义的认识无疑是站在高点上的。但进步人士对于电影的认识还是极少的，包括从属于五四运动等进步人士对于电影的认知还是相对处在观望和没有明确的介入的基点上。简言之，电影作为都市文化消费的对象，作为影响社会人心的城市文化的对象，对市民的影响还很弱，但开始被社会关注。尤其是 20 世纪 20 年代的古装武侠魔幻潮流被进步人士抨击，也成为政权关注对象，社会批评渐渐兴起。

（二）中共价值观渗透阶段

从 20 世纪 30 年代开始，党的建设重点从农村转移到城市，重视争取劳工阶级和城市扩展。对于市民文化的教育和统治阶级所盘踞的城市文化宣传，促发党对电影意义的认识。作为一种现代的传播形式，电影无疑越来越受到党的重视。瞿秋白就批评《火烧红莲寺》这些影戏作品，认为在其意识形态里充满着乌烟瘴气的封建妖魔和小菜场上的道德。[1]重要的转折体现在党的电影小组的成立。1932 年，中国共产党地下组织正式建立了党的电影小组，由瞿秋白直接领导、夏衍等人具体主持，逐步开展对于电影的工作。"早期'电影小组'的构成人员比较单一，大多是共产党员，且他们都有过革命斗争的经验。"[2]为电影制定的基础方案，包括通过当时在报刊上已经有的戏剧评论队伍，把重点逐渐转到电影批评上来，也包括把当时在话剧界已经初露头角的有进步思想的导演、演员，通过不同的渠道输送到电影界去培养新人，扩大阵地；还有翻译和介绍外国进步电影理论和电影文学剧本，来提高创作的思想艺术水平等。[3]以瞿秋白、夏衍等作为主要代表的中国共产党人和中共电影地下领导组织，对于电影给予人们的思想启蒙和给予旧时代的批判的价值和意义的认知越来越清晰。因此，党的领导小组对文化事业的领导，包括对于电影的领导越来越明确，假手创作渗入成为体现中共电影文化方针的基本策略。因此，党对于电影的认知是从剧作的角度为起点的，这是极其重要的关口；同时也从评论的角度来阐释党的思想和观念的影响力；还包括通过进步人士介入电影产业制作生产等途径，以促进进步价值观对电影的影响力。事实上 20 世

---

① 瞿秋白：《瞿秋白文集》第三卷，856 页，北京，人民文学出版社，1953。

② 周旭：《从主体迁变到话语重塑——中国电影批评话语的"同时代性"思考》，载《艺术百家》，2020（6）。

③ 罗素敏：《20 世纪 30 年代中国共产党与电影文化运动》，载《广州社会主义学院学报》，2004（4）。

纪 30 年代中共对于电影介入的成功策略卓有成效，其中进步的价值观特别给予了中国电影创作新的气象，包括对于电影表现时代困苦成为创作最重要的价值观体现。影像再现旧时代对劳动人民的欺压、对于人生痛苦的揭示和给予受苦百姓反抗意识的觉醒，这些都成为中国共产党人的进步思想和价值观在电影占据主流市场的国民党统治之下的有效渗透、介入和思想引导。实践证明，中国共产党人意识到电影是现代重要的传播媒介，即刻开始用进步思想来引导创作。20 世纪 30 年代的中国电影开启了创作的高潮。中国共产党人成功地将自己的主流价值观通过优秀创作人介入，通过出色剧作拍摄，通过艺术潜移默化的表现形态，呈现出自身的价值观的影响魅力，并且迅速地使之成为优秀电影最主要的构成因素。中国共产党介入电影创作和引导电影成为文化战线上的重要工作，并且迅速取得成效。

与此同时，对进步人士的熏陶、对错误倾向的批判和社会讨论，也扩大了进步价值观的影响。这集中体现在对于软性电影的论争上，进步思想得到更为广泛的传播。"发生在 20 世纪 30 年代的左翼电影批评，并不是偶然的迸发式的激情产物，而是特定历史时期的一种社会文化现象——左翼电影批评作为一种革命话语的实践，其发生背景、批评主体构成以及批评话语焦点都显现出强烈的时代印记。"①从隐含的剧作的角度入手，到进步人士进入电影创作的主流行业施展影响力，通过社会舆论上的鲜明的认真辨析，从艺

---

① 周旭：《从主体迁变到话语重塑——中国电影批评话语的"同时代性"思考》，载《艺术百家》，2020（6）。

术到思想内容的论证来扩大主流价值观的影响力，就成为30年代中国共产党价值观的最主要的表现。至今看来，早期中国共产党对于电影艺术从有效渗入到扩展影响都是非常成功的。通过打破占据主导权的国民党统治时期的电影壁垒，冲破白色恐怖的阻碍，成功实现用思想舆论、出色的创作呈现、价值观的论争打开缺口而扩大影响，鼓舞大众追求光明，中国共产党早期的自身价值观与进步思想对电影产生重要影响，并且创造了中国早期电影的高潮，而其中支撑性的作用无疑是进步的价值观力量。这一进步的思想价值观和反动的统治阶级的价值观不断搏击，显然进步的价值观和电影艺术表现的感染力，使得20世纪30年代到40年代的中国电影取得了非凡的成绩，并且为中国电影以后的价值体系打下了良好基础。

（三）新中国电影价值观确立阶段

中国电影的独特价值观开启了自身的不断修正阶段。初始阶段国家试图纠正过去的创作习惯，试图摒弃旧思想，建立属于自己的新的法则。中国共产党对于电影歌颂新时代、控诉旧时代、歌颂新人物和英雄人物的新阶段开始了。这是一个创建新的中国电影形态和凸显中国主流价值观的新的探索时期。尽管我们说这一时期的主流价值观对电影的要求属于歌咏新中国并且批判旧世界，以此确立新中国电影的合法性，但从某种程度上说，强化这个时期的主流价值观的呈现，却又有意无意地削弱了这一主导形象的政策性。这个时期的主流价值观引导的复杂性和矛盾性得失是值得总结的，它和三四十年代中国电影单纯用光明来吸引人们产生了不一样的状态。主流价值观凸显其对受众的影响力，符合中国共产党坚定不移的政策，使艺术表现的要求从此提高，并且呈现出与经典电影结合的特性。

（四）价值观被曲解阶段

"文化大革命"时期扭曲的价值观损害了电影自身发展的规律，也损害了党的全心全意为人民服务的价值观。在政治上，全国掀起批判资产阶级反动路线的狂潮，"电影被推向空前绝境，颠倒黑白，偏差越来越大"的背景下，是非颠倒。[①]优秀影片如《早春二月》《舞台姐妹》《逆风千里》《兵临城下》《北国江南》等被作为重点批判与全面清理的毒草电影，许多电影人被要求思想改造而受到迫害。电影的价值观违反了党介入电影创作所设定的以影像创作为人民谋福利、为人民的艰难而揭露黑暗、推翻旧世界的初衷。"文化大革命"时期"四人帮"歪曲了价值观核心，为政治阴谋服务，而歪曲的价值观与舆论成为电影走偏的印证。

实践证明，当价值观扭曲的时候，影像的表现就会偏离艺术创作的路径，艺术创作被全盘否定。我们在认知电影艺术发展中，的确看到了"文化大革命"时期电影呈现出最集中、最典型地反映意识形态和文化思想之间的扭曲。艺术观念的扭曲是因为艺术价值观的扭曲，它使得"文化大革命"时期的电影成为历史影像的暗影时空。

---

① 丁亚平：《中国当代电影艺术史（1949—2017）》，121~123页，北京，文化艺术出版社，2017。

图 1 《早春二月》剧照（资料图）

图 2 《舞台姐妹》海报（资料图）

图 3 《兵临城下》海报（资料图）

（五）主流价值观丰富呈现阶段

从"文化大革命"到改革开放，纠正错误的价值观成为首要之举。真正的文化价值观、人民价值观和影像艺术价值观的统一，是和改革开放同步的。中国共产党人的价值观在拨乱反正中得到确立，从概念引导到注重现实主义精神回归，艺术表现现实生活的人民需求成为多样化体现的核心。随着电影回归现实，价值观坚守和多样化表现就成为中国共产党把握中国电影发展的两个不可分离的侧重点。最典型的价值观体现凝聚在主流电影、主旋律电影、新主流电影等主题性创作丰富的发展之中。这条路径和电影从计划经济向市场经济的转变并行不悖。重新认识其在历史进程中这一称谓变化的内在逻辑，对于理解后来的中国共产党领导下的中国电影发展至关重要。

1. 称谓衍变路径

从"主旋律电影"到"主流电影"，再到"新主流电影"，是称谓的变化，从中我们可以看到坚守原则日渐扩展的趋势。改革开放一直到新世纪的中国电影发展，循着多样的发展路线，但始终不变的是越来越成熟的价值观体现。同时，中国电影经历了改革开放初期，在适应面向开放的世界文化的同时，开始思考自己的价值观如何得到凸显和光大。与此同时，在相对控制力更强的计划经济背景下，国家统一意志的呈现保证了它和国家利益的相对连带性，并意识到需要改进的不足。但市场因素的逐渐增强又多少牵拉着关于国家价值观和市场经济利益之间的矛盾冲突。于是在 20 世纪 80 年代后期，多样的冲突改变了中国电影发展的一些面貌，价值观游移的纠偏也同时促使国家对于国家价值观的认定的强化及其高度的警惕性，还需要进一步加强价值观的意味无形增强。20 世纪 90 年代的中国电影开始尝试在葆有中国价值观的基础上如何处理适应市场、适应娱乐文化、适应艺术创作和适应国家核心价值观之间的关系。

90 年代中期开启的美国大片引进和 90 年代末期进入世界贸易组织的准备变化过程，使中国电影面临如何开放市场与坚守文化价值观的难题。但时代不可阻挡地开始进入市场化、规模化的改革，中国电影实现了市场取代计划经济的新世纪改革。更严峻的市场改革所带来的主流价值观的探索持续了十余年。在碰撞中，中国电影主流价值观逐渐形成丰富的更符合时代需要的电影核心。于是，明显的一个事实就凸显出来：国家价值观的丰富性体现在从起步于"主旋律电影"，到微妙变化于"主流电影"，再到自觉扩大为"新主流电影"，一直到更为丰富而获得最广大人民群众的认可。

改革开放中国电影 40 余年阶段性发展，波折变化不断，但在党的领导下，始终坚持着一个主流价值观。它从艺术发展和吸纳国外的艺术经验、电影语言到逐步服务于中国共产党人所倡导的价值观，不断丰富并与文化艺术表现相统一。在这个阶段中，改革开放时期，中国电影进入创作正轨，通过多元性的开放而适应市场的娱乐化发展、电影语言形式的拓展、多代导演各自的艺术能力锤炼发展，中国电影实现了立体化的丰富演进。

2. "主旋律电影"

国家对于中国共产党的主流价值观落实到影像创作提出明确的要求，无论这个要求在当时带有怎样的时代激进特点，都必须响应衡量价值标准的中坚力量——主旋律电影的倡导。于是，一方面电影试图按照域外电影类型或者市场受众的要求去尝试，另一方面国家强调歌咏党和人民、赞美祖国的核心价值观。因此，在电影审查和题材引导以及评奖的导向上，主旋律口号明显突出，"但整体而言，主旋律电影作品所取得的成绩，仍然未达理想境界，特别是在感召青少年观众方面，离众望所归的目标仍有相当的距离"[1]。但中国电影没有放弃创作主流价值观强化的任务意识，并将其作为在多元化创作中绕不开的方向。但是应当看到，这一时期的主旋律电影实现主流价值观的倡导，恰恰是和引进外国大片并行不悖的，也是在时代变化中对于电影在更开放的路径和多样发展之中可能会溢出常规的一种警醒。

3."主流电影"

主旋律电影本质上是凸显了主流价值观，行使自己倡导国家价值观的职责和使命。随着电影的发展，进入 21 世纪之后，电影市场放开，如何体现既往的主流价值观而扩大自身的影响力成为新的问题。于是倡导主流电影，改进了对于主旋律某种程度上的单一性。主流电影事实上在默认电影多元化发展甚至在吸纳好莱坞电影的经验前提下，强调主流价值观的呈现。主流价值观在明显显示出坚守意识形态要求的同时，不断丰富自身，在处理艺术的多样性类型电影的发展等命题时做了新的尝试和实践。当市场相对成熟、稳定，主流价值观需要更宽容地吸纳，并且和多样的艺术电影一起获得更为广泛的认同。

4."新主流电影"

中国电影被认为更为开放地发展的是在新主流电影产生之后。新主流电影更大程度上削减了差异性，在凸显党的价值观核心即为满足人民群众对于美好生活的需求基点上，将只要有利于国家和人

---

① 王海洲：《国际视野下中国电影的叙事策略与文化再现》，载《北京电影学院学报》，2020（8）。

民的文化精神需要的创作都纳入自己的怀抱。这一事实是建立在中国自信力和精神感召力基础上的最大限度的创作认可，再次给予中国电影开阔创作限度的自由。在多元化艺术风格开放中，主流思想已经渗透在多样的创作中，开始出现包括对红色电影经典的演绎等在内的自觉的追求。一直流变到 21 世纪第二个十年的后半期，

图 4　新主流电影代表影片海报

新主流电影自觉呈现主流价值观，其集中体现包括从《建国大业》《建党伟业》《建军大业》等前所未有的独特类型的创造为明星进入主流价值观创作、青年融入主流价值观打开了大门，到《我和我的祖国》《我和我的家乡》等所谓拼盘式的主题创作，人们自觉自愿地接受这一类主流价值观不动声色地吸纳生活和艺术表现。至此，中国共产党领导下的百年中国电影的主流价值观的浑厚度、成熟度以及艺术创作的丰富性都达到了较高的程度。

　　百年再出发，祝福我们的党和我们的中国，特别感谢主办方图书馆、北京师范大学出版集团给我这样的机会，真的希望大家带着感情、带着价值观、带着真正的人生阅历去欣赏电影。

（本文系 2021 年 5 月 24 日北京师范大学图书馆"专家讲座"转录文字节选

及周星教授《党领导下的中国电影价值观确立的意义》论文整合）

北京中轴
线的历史
与 文 化

魅力北京中轴线

是北京的文脉 了

解北京的窗口

李达平

主讲人简介

李建平

　　北京市哲学社会科学规划办公室原副主任、研究员，北京史研究会名誉会长，北京师范大学北京文化发展研究院特约研究员，北京联合大学特聘教授，北京学研究基地学术委员会主任。长期致力于北京历史文化研究，代表作有《魅力北京中轴线》《皇都京韵——走近北京城》《北京学学术文库：北京文脉》等。

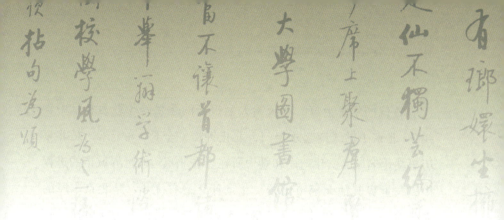

主 讲 提 要

　　北京有3000多年建城史，800多年建都史，形成了老北京别具一格的市井风情：大气、庄重，正统而又不失闲适、清雅。一条贯穿城市南北的中轴线集中展现了古都北京的优秀文化。随着城市化的推进，浮华、摩登气息正在吞噬着北京的古韵。我们该到哪里寻觅风味犹存的地道京味？如何保护残存的历史遗迹？又该如何促进传统和现代的水乳交融？

各位同学晚上好！今天给大家报告的题目是《魅力北京中轴线》。北京中轴线南起永定门，北止钟楼，全长 7.8 千米，是北京历史文化名城的文化遗产和魅力所在。在北京迈向世界城市的进程中，与世界其他大都市比较，北京什么最有优势？是北京丰厚的文化遗产。2008 年北京成功举办奥运会后，就由"人文奥运"转入"人文北京"建设，提出要加强北京老城整体保护，提出北京中轴线申请世界文化遗产。这个愿望一经提出，就受到各界人士的支持。2012 年，"北京中轴线"被列入《中国世界文化遗产预备名单》。

一、北京中轴线的文化特点

北京中轴线有什么文化特点？有人概括说"一城聚一线，一线统一城"。"一城"就是北京历史文化名城，"一线"就是北京中轴线。我们深切感受到，北京城市中轴线是北京古城的灵魂与脊梁，蕴含着中华民族深厚的文化底蕴、哲学思想，也见证了时代变迁，体现了大国首都的文化自信。中轴线既是历史轴线，也是发展轴线，是北京建设全国文化中心的魅力所在、资源所在、优势所在。由此可见，北京中轴线是北京古城的灵魂与脊梁。说"脊梁"，是说北京中轴线在北京城市规划建设中起着骨架作用；说"灵魂"，是说北京中轴线体现了北京城市文化的魂儿，是北京作为都市文化的核心，有着统领、示范作用。

　　北京中轴线到底有什么文化特点呢？它的特点就是荟萃了北京作为中华都市的历史与文化。从永定门一直到正阳门，这里不仅有皇帝出行的御道，还有商业街，有很多老字号。在"五牌楼"①前，西边有大栅栏，东边有鲜鱼口，两条商业街。这一段体现了老北京的风俗，也就是特色鲜明的京味文化。从正阳门到天安门，这一段展现了新中国的首都风范，文化主题就是人民至上，人民当家做主，人民崇尚民族英雄。这里有天安门、人民英雄纪念碑、毛主席纪念堂，在东西两侧还有左右对称的国家博物馆和人民大会堂，这些都体现了北京是全国的政治中心、文化中心。天安门后面是端门，一系列宫廷建筑相继出现，有故宫的午门、太和门，然后是皇帝的金銮宝殿，有太和殿、中和殿、保和殿，还有皇帝、皇后的寝宫，等等。黄色琉璃瓦建筑一直延伸到景山万春亭，集中展现了明清北京古都风貌。从地安门再向北，经过万宁桥，一直到钟鼓楼，展现出中国古代都市居住区、商业街的建筑风貌。

　　一些外国朋友说北京中轴线体现了中国不同历史时期的文化，他们把这种通过一条轴线串起不同时期的文化称为"文化的混搭"，

---

　　①　"五牌楼"即北京正阳桥牌楼，位于正阳门护城河正阳桥南，是内城九门城池特有的装饰。内城九门在明朝正统年间修建后，在护城河大石桥外修建牌楼，八座城门外均为三开间牌楼，只有正阳门外为五开间牌楼。一说去"五牌楼"，特指去前门外大街。

在这里既有民国时期的老北京文化，又有展现明清时期的宫廷文化，还有新中国开放、包容的创新文化。由此，要了解北京，要从北京中轴线开始，它像一把钥匙，能打开北京文化的大门。

提出北京"中轴线"概念的是中国建筑学家梁思成，他是这么赞美北京中轴线的："一根长达八公里，全世界最长也最伟大的南北中轴线穿过全城。北京独有的壮美秩序就由这条中轴的建立而产生；前后起伏、左右对称的体形或空间的分配都是以这中轴为依据的；气魄之雄伟就在这个南北引申、一贯到底的规模。"[①]北京中轴线集中展现了北京城市的特点。因为有了这样一条中轴线，北京城市有了壮美秩序，使北京城与其他城不一样，有规矩，有首都的风范和特点。例如，北京城的规划和布局是有讲究的，所有街巷、胡同、四合院、寺庙等建筑都是围绕着中轴线展开的，有东单（牌楼）就一定有西单（牌楼），有东四（牌楼）就一定有西四（牌楼），太庙一定对着社稷坛，国家博物馆一定对着人民大会堂，这使你不得不尊重"中心明显、左右对称"的北京城市文化特点。

北京中轴线体现什么文化？最近很多高校都在开展传统文化学习。传统文化并不神秘，就在我们生活、学习、工作的这座城市。要了解传统文化，就要了解北京；要了解北京，首先要了解北京中轴线，它把中华上下五千年的文化都浓缩在这条线上。中国的"中"在哪儿？北京老城有一个特点，坐北朝南，四重城都是"口"字形。核心是皇宫（紫禁城），现在叫故宫，中轴线正好从城池的

---

① 梁思成：《北京——都市计划的无比杰作》，载《新观察》第二卷，1951（7、8）。

中间穿过，从空中看宫城墙与中轴线就是一个"中"字。再看这张沙盘（图1），是在东城区皇城艺术馆拍的，沙盘如实地展现了北京的皇城，中间是故宫，高大的建筑，四个角楼，故宫城墙组成了一个"口"字形，这是中轴线，中轴线一竖从正中间穿过，中国的"中"就展现出来了。

图1　北京皇城沙盘图①

　　有了"中"，"国"在哪儿？"国"字是由一个方框和一个"玉"组成，繁体字"國"内是"或"，"或"从"戈"，就是兵器了，还有"一""口"，寓意是人口，即"城以卫民"，保护城内人口。"国"字简化之后方框是城墙，里面是"玉"，"玉"就是统治者的大印，城墙和大印组成了"国"字。古代"国"字和都城是相

――――――――――――――――

① 　除注明外，本文插图均由李建平教授拍摄和绘制。

图2 北京老城示意图

通的，可以互相代替。北京就是都城，所以"国"和北京城是通的，北京城是都城，就是国的象征，所以在《吕氏春秋》中有这样的记载——"古王者，择天下之中而立国，择国之中立宫，择宫之中立庙"。这里"择天下之中而立国"，天下指王所统治的区域，而"国"是指都城，"择国之中而立宫"就是在都城的中间修建皇宫。《周礼·考工记》记载的"匠人营国，方九里，旁三门。国中九经九纬，经涂九轨"，这段文字中的"国"也指国都、都城。由此，我们说北京城就是中国的形象，就是中国的象征。

归纳北京中轴线的文化特点有中正、对称、和谐、创新四个特征。其中，中正、和谐是最大的亮点。"和"是中华民族的文化，博大精深，北京中轴线通过中正、和谐的城市建筑景观和太和、中和、保和的宫殿命名把中华"和"文化讲得淋漓尽致。创新也有特点，表明北京中轴线是有生命力的，是活态的，是一条发展的轴线，在发展中展现出守正创新、与时俱进的特点。

二、北京中轴线南段的历史文化

北京中轴线南端点要从永定门讲起。永定门是在明朝嘉靖年间修建的，是北京老城四重城池中外城正中的城门，其文化寓意是永远安定。"安定"是中国古代城市的追求。北京是首都，这种祈盼就更加突出。在北京老城城门中有安定门、广安门、天安门、地安门、东安门、西安门等，在永定门左右还有左安门、右安门，不难看出北京城对天下安定是有祈盼的。"一城永定、左右相安"就是北京中轴线南端点的文化特点。历史上的永定门由箭楼、城楼、瓮城和护城河组成，在岁月的沧桑中，城楼、箭楼、瓮城墙被拆除了。2001 年北京申办 2008 年奥运会成功之后，北京提出"人文奥运"这一理念。什么是"人文"？内容太丰富了，根据奥林匹克精神，追求的是人的全面发展；根据举办城市特点，要弘扬举办城市的特色文化。国家奥林匹克体育中心与北京老城中轴线一脉相连，要展示北京中轴线，这时候才发现北京中轴线最南端的建筑永定门没了，怎么办？修复永定门城楼！于是，2004 年修复了永定门城楼，北京中轴线南端点恢复了标志性建筑。

北京发展还要体现"绿色北京"。北京申奥成功之后这几年，市政府做了大量的工作，在中轴线东西两侧的天坛、先农坛加快了腾退和文物修复。首先做的工作就是把坛墙找出来修复，这样就保证了两个皇家祭坛保护的基本格局。这个格局就是中轴线居中，两个皇家祭坛左右呼应。天坛是祭天的神坛，历史文化主题是人对天的敬畏，现在还有保存完好的圜丘坛和祈谷坛。先农坛原叫"山川坛"，是祭祀土地、山川、河流的，以后增加了对先农的祭祀，以及太岁殿、观耕台、皇家"一亩三分地"等祭祀建筑和场地，突出了国家对农业生产的重视。

从永定门沿着当年的御道（石板路）一直向北行进，就能找到

图 3　新修复的永定门城楼

天桥的位置，在天坛路西口、天桥南大街北口、前门大街南口、永安路东口马路交汇处。现在很多人都知道北京有天桥，但是没见过天桥。在人们记忆中的多是天桥市场，市场的特点就是有撂地摊的、唱大鼓的、说评书的、练把式的，老北京人记忆中还有"天桥八怪"等。实际上天桥不仅有市场，更重要的是标志性建筑——天桥，这座桥是中轴线上的文化遗产，也是北京帝都文化的象征。这座桥在元代就有了，是元朝帝王去南郊祭天的必经通道。如果从明朝修建大石桥算起，距今也有600年了，在明清两朝的时光里，天桥都是皇帝行走的御道。

图 4　天桥老照片

图 5　天桥示意图

　　从这张天桥老照片①（图 4）可以看出天桥桥栏是汉白玉的，有荷花的望柱、透雕的栏板，和我们现在地安门外鼓楼前万宁桥的形制是一样的，但是天桥要比万宁桥高。高成什么样，因为没有老的好的照片，我就画一张图给大家讲一讲（图 5）。这个桥很高，原宣武区政协黄宗汉先生研究天桥，他找老人问天桥什么样。老人说，站在天桥的南边看不见正阳门箭楼，站在天桥的北边看不见永

———————————

　　①　图源:《北京旧影》人民美术出版社 1997 年 6 月第二版。

定门城楼，桥身的高度把人的视线都遮住，这就是老天桥。每当皇帝从桥上通过，大驾卤簿，旌旗招展，场面十分壮观。老百姓走哪儿？在天桥两边搭建有两座木桥，供老百姓行走，中间是皇家御道，两边是民间通道。桥下面的水沟就是龙须沟，后来修成了下水道，是老北京城夏季泄洪的水道。

讲完天桥我们就直接前往正阳门。正阳门俗称"前门""大前门"。在正阳门箭楼前有牌楼，名"正阳桥牌楼"。原来在牌楼北面还有大石桥，名"正阳桥"。正阳桥牌楼修复了，正阳桥还没有，它的位置在正阳门箭楼前面的月牙形马路正中。月牙形马路就是当时护城河的位置。桥就建在护城河正中，桥体是三座连体的大石桥，在桥面上用桥栏分别隔为三座桥。对正阳桥遗址要进行保护，文化揭示，文物考古。今后，我想有条件时还要恢复护城河，这是水穿京城的重要城市景观，也是北京中轴线上重要的河湖水系。如果有护城河，正阳门城楼、箭楼、牌楼就更加完美了。

讲完正阳桥牌楼，我们再来看正阳门箭楼。现在我们看到的箭楼是民国后改造的，体现了民国风格。民国风格和明代风格有什么区别？明代的风格就是方方正正不加修饰，民国的风格就是修了白色的护栏和箭窗檐，在箭楼东西两侧还有白色西洋图案。这些白色我原来以为是汉白玉的，后来才知道是水泥。就在前两天我有机会到前门箭楼上，还亲手摸了摸，是水泥的，是100年前的水泥，它是民国初年北京第一次使用的水泥，质量真好，到现在100年过去了，还坚守在正阳门箭楼上，已经是奇迹了。在当时水泥是新型建筑材料，比传统的汉白玉价格更贵。当时用水泥，不是简单的建筑材料更替，表明一个新时代的到来。仔细研究历史就会发现，水泥、钢铁在当时都是新的建筑材料，而且是富贵的象征。当时，法国在塞纳河边修建了埃菲尔铁塔，用的就是当时最好的钢铁，表明法国的富有，而当时的中国钢铁产量很低，就用当时最好的水泥来装饰正阳门箭楼。由此，我们说埃菲尔铁塔和正阳门箭楼是异曲同工，反映的都是一个新时代的到来，都有纪念意义。为此，在正阳门箭楼修缮过程中，我们保留了这一特点。

图 6　正阳门建筑群示意图

这是正阳门城楼，皇帝从这座城门出来、进去，祭天也好，出巡也好，出征也好，大驾卤簿，气势磅礴，都是国家的重大事情。由此，正阳门城楼又被称为"国门"。在正阳门城楼下，原来有两座左右对称的庙宇，一座在东，是观音庙；一座在西，是关帝庙。一座属于佛教，一座属于道教，形制完全一样，与正阳门城楼组成等腰三角形。在几何图形中等腰三角形最稳定，正阳门与两座庙宇就是稳定的象征。自古以来，北京就是一座追求稳定和谐的城市，因为只有稳定才能发展。正阳门箭楼是城堡式建筑，是根据城防需要设计的；正阳门城楼是楼阁式建筑，现在经过修缮，已经对外开放。现在大家有机会可以去那里参观，里边有《康熙南巡图》的展示，同时还有解说，特别是康熙南巡的队伍出正阳门的场景，充分展示了城楼作为"国门"的作用。城楼内还有《乾隆京城全图》的展示，这张图是乾隆盛世时绘制的北京老城全景图，中间就是北京中轴线，由此可以看清乾隆年间北京中轴线上的建筑布局。

讲正阳门，不得不说"前门楼子九丈九、四门三桥五牌楼"这句方言。先说正阳门（俗称"前门""大前门"）城楼高度，经过专家测量，在城台上的城楼，从柱础石到屋脊吻兽，高度确实是九丈九，而且有历史文献佐证。"四门"指城楼门洞、箭楼门洞和东西两座闸楼的门洞；"三桥"指正阳桥并排三座桥；"五牌楼"是指正阳桥南侧的正阳桥牌楼，五开间，是内城九门外开间最多、最大的牌楼。

三、北京中轴线中段的历史文化

　　过了正阳门，现在我们看到的是毛主席纪念堂，古时候这个地方是皇宫的大门。这个大门最早是明代修建的，当时叫"大明门"。据传说，皇城修完之后，皇帝朱棣非常高兴，说这个大门修好了，谁给题个字？一般的人不敢接茬，皇城大门口题字那得有气势，有文化，找德高望重的文化人。据说这个人找到了，与清代纪晓岚的水平不相上下，名叫解缙。解缙大笔一挥，题写了一副对联，上联是"日月光天德"，日月合在一起为"明"；下联是"山河壮帝居"，这里"壮"是壮丽。这副对联出自古人诗句，但用在这里就恰到好处。"德"突出的是大明王朝的威德。明朝把北京老城北城墙西侧的城门命名为"德胜门"，特别强调不是取得胜利的"得"，是道德的"德"。在古代社会对皇帝的要求"德"是第一位的，从西周开始，人们就意识到天子无德江山社稷就会葬送，商纣王就是前车之鉴。由此，人们将"敬天保国"改为"敬德保国"。北京作为封建帝都长达千年，一直就是一个厚德之城。清朝入主北京城，发觉皇城大门太重要了，改称"大清门"，表示改朝换代了。清朝统治者一到北京就发觉这北京故宫太大了，尤其皇城大门太壮观了，赶紧改名了，改成了大清门，满汉文。当时在大清门前面，还有石狮子、石碑，文武官员到此都要下马。大清门平时关闭着，只有皇帝进出的时候才开启。经过大清门长长的御道，才能到达天安门。

现在，天安门广场经过改造，已经由封闭的广场变成开放的广场，而且是世界上最大的城市广场。在广场正中矗立着人民英雄纪念碑，东面是国家博物馆，西边是人民大会堂，南面是毛主席纪念堂。从正阳门向北，毛主席纪念堂、人民英雄纪念碑、国旗杆、天安门相继在中轴线上，形成了北京中轴线新时代的特色和建筑风貌。这个特色就是由封闭走向开放，由封建皇权至高无上变为人民当家做主。建筑风貌也发生了变化，开放的中国、包容的文化、崇尚英雄的品质在这里得到升华。特别是天安门广场东面的国家博物馆、西面的人民大会堂，形成新的左祖右社，继续传承着北京中轴线的文脉。天安门历经沧桑，现在已经成为北京的标志性建筑。

100 年前，八国联军进北京时对天安门城楼进行了破坏，楼阁窗棂都被打坏，门洞大开。1919 年 5 月 4 日，中国人民开始抗争，北京大学的学子开展了轰轰烈烈的五四运动，内惩国贼，外争主权。一直到开国大典，天安门几经修缮，有了今天的新面貌。歇山重檐的琉璃瓦、朱红的墙身、高高的城台，在蓝天白云映衬下显得十分壮丽。古代遗留的汉白玉金水桥、石狮子、华表与城台形成鲜明的对照。城台上有毛主席画像，有"中华人民共和国万岁""世界人民大团结万岁"两条醒目的标语，在城楼重檐中镶嵌着国徽，同时在金水河畔又增加了人民观礼台、绿色的植物带，使今日的天安门更加美丽。

走过天安门，迎面是端门，（端门）古代是与天安门一模一样的建筑。端门也被称为礼仪之门，皇帝出巡的仪仗就放在城台上方的楼阁内，楼阁正中有大钟，皇帝出巡时撞响，表示一个良好的开端。现在，登上城楼看不见皇帝的仪仗了。八国联军进北京的时候，看到皇帝出行的仪仗如此豪华，斧钺刀叉都是鎏金的，就抢走了。在清末民初，中国的文物流失太多了。从端门走过，我们就能看到故宫午门。

午门也是正中的意思，是时光正午，也就是"子午时"。古人认为正午时刻太阳光线正南正北，正南为午，正北为子，所以子午线就这么来的。午门是故宫（紫禁城）最中间的城门，这个城门的门洞从外面看是方的，三个；但是当我们进入午门，再回过头来看时，门洞已经变成圆的，而且是五个门洞。这就是午门门洞的建筑特点——明三暗五、外方内圆。也就是外边看门洞是方的，里边看门洞是圆的，而且还多了两个，那两个在哪？在午门东西两侧，称"掖门"，东边的叫"东掖门"，西边的叫"西掖门"。东西掖门在城台内有一个直角拐弯，增加了通行难度，却加强了城门的防御。古时候午门是干什么的？午门是举行重大仪式的。午门呈现"凹"字形，两侧伸出的城台楼阁被称为"雁翅楼"，大殿居中，坐北朝南，重檐庑殿顶，九开间，是帝王的宫殿。皇帝一般就坐在大殿正中的位置。打胜仗了，大将军凯旋了，例如平定准噶尔叛乱，平定三藩叛乱，大将军归来十分威武，穿着盔甲，拿着刀枪，带着卫队，能进皇宫吗？不能，紫禁城是不能让穿着盔甲、拿着刀枪的人进去的，怎么办？午门的防御功能就体现出来了。国之大事，在祀与戎。在庆贺战争胜利的时候，皇帝驾临午门城楼上，归来的将军在午门前广场上，形成一上一下的场景。皇上听完大将军报告之后，由大将军把战利品和俘虏献上，午门钟鼓齐鸣，两侧雁翅楼上鼓乐齐鸣。

过了午门，迎面是太和门广庭。内金水河水潺潺流过，五座金水桥在正中的轴线上，十分端庄。过金水桥就是太和门，太和门内是太和殿。太和门歇山重檐，满铺黄琉璃瓦。太和殿为重檐庑殿顶，十一开间，建在高台上，庄重、大气，是皇宫最核心的建筑，被称为金銮宝殿，也是中轴线上和谐乐章的最强音。什么是太和？《易经》解释："乾道变化，各正性命，保合太和，乃利贞。"这段话告诉我们，皇帝的金銮宝殿是追求和谐的，而且是大和。古代"太"与"大"同，这也是北京文化的特点，大气，例如太和殿、太庙、太学。什么是太和？就是天地之间的阴阳和谐。故宫三大殿分别为太和殿、中和殿、保和殿，讲的就是中华"和"文化。这种文化不仅大气，而且文脉源远流长，可以溯源追寻上下五千年。太和殿内，皇帝坐在金銮宝殿，他的臣民来拜见皇帝，永远都是仰视。每当太阳落山的时候，金灿灿的阳光斜射在太和殿屋脊上，很壮观。

图 7　太和殿

太和殿后是中和殿。中和殿是北京故宫外朝三大殿之一，属于汉族宫殿建筑之精华，位于紫禁城太和殿、保和殿之间，是皇帝去太和殿大典之前休息并接受执事官员朝拜的地方。凡遇皇帝亲祭，如祭天坛、地坛，皇帝于前一日在中和殿阅视祝文，祭先农坛举行亲耕仪式前，还要在此查验种子和农具。皇太后上徽号，皇帝在此阅视奏书。玉牒告成，恭进中和殿呈请皇帝御览，同时要举行隆重的存放仪式。中和殿始建于明永乐十八年（1420），明朝初年称"华盖殿"，嘉靖年间遭遇火灾，重修后改称"中极殿"。清顺治元年（1644），清皇室入主紫禁城，第二年改"中极殿"为"中和殿"，是皇帝举行大典之前休息的地方。"中和"是中华"和"文化的精髓。2500年前，孔子提出了中庸之道，也就是"中和""致中和"，后人也概括为"中道""中观"等。什么是中和？"中和"二字取自《礼记·中庸》"中也者，天下之本也；和也者，天下之道也"之意。"中和"一词在《礼记·中庸》还有"致中和，天地位焉，万物育焉"的说法，也就是保持中和，天地万物就能按照客观规律兴旺发展。

中和殿之后是保和殿，歇山重檐庑殿顶。"保和"是圆满之和，自身文化含义是安心休养、保持自身和谐之状态；在太和殿与中和殿之后，引申义是保持太和、中和之景象，达到中正、和谐、圆满、吉祥。

在故宫三大殿左右还有文华殿和武英殿，在太和殿前广场东西两侧有文楼（体仁阁）、武楼（弘义阁），前者与三大殿形成稳定的等腰三角形；后者与太和殿形成等腰三角形，都是国家、江山、社稷稳定、和谐的象征。故宫前朝三大殿建在三层高台阶上，三层高台阶也有讲究。从北向南看，三层高台阶是一个土地的"土"字。它的文化寓意是天下的土地都是皇上的，这就是中国皇权的思想，即"普天之下，莫非王土；率土之滨，莫非王臣"；还有一个寓意，就是阴阳五行，东西南北中，金木水火土，土居正中央。这里不仅是土地的中心，"土"字上建有皇宫，皇宫中坐着真龙天子，这里就成为天、地、人的中心。中轴线太有文化了，在游览故宫的时候，我们要讲好中国故事。

过了保和殿，出现一个东西长的空间，这就是乾清门前广场。这个广场不大，东西长，是故宫前朝后寝的分界线，也是故宫空间十字交汇点。在西北处是军机处值班房，和珅曾在这儿办公。后面是养心殿，从雍正朝开始，是皇帝起居的地方。这个东西长的空间让人感到放松多了。我每次参观故宫，到这就可以松口气。一般说，参观三大殿很紧张，尤其夏季，阳光充足，显得很晒、很累，下了保和殿高台阶之后，就放松了，凉快点儿了，可以休息和放松片刻。三大殿是皇帝举办重大典礼的场所。可以想象，皇帝从三大殿退朝回来，要回家了，回家还让他那么累吗？中国古代建筑很讲人文关怀，也就是我们今天强调的"温度"，建筑空间要让人放松、感觉舒适。三大殿后面就是皇帝的家，古人的设计体现了建筑的"温度"。

那皇帝的寝宫是什么样呢？皇帝的家大门叫"乾清门"。北京四合院叫"如意门"。如意门有大有小，也就是一开间或半开间的，有鱼鳃墙，门在中间，上有门簪，写有"如意"二字，门前没有进深。有钱的人家大门叫"金柱大门"，门前留出三分之一的进深，门两侧有柱子，称"金柱"。门前进深二分之一的是广亮大门，门开得更大一些。还有王府大门，更气派了。但乾清门就一个，它是皇帝的家门。皇帝家门也有门楼，比一般老百姓大，五开间，歇山重檐，满铺黄琉璃瓦，也有八字墙，这个八字墙向外。老百姓的八字墙灰砖灰瓦，不能用琉璃瓦，更不要说这黄琉璃瓦，王爷府也不能随便用黄琉璃瓦。图案也是一样，皇帝家是蟠龙，一般老百姓家里的八字墙上都是牡丹，表示富贵吉祥，荷花表示和和美美。

　　进了皇帝家的大门，台阶就不高了，后面就是皇帝的寝宫，御路和空间都给皇帝回宫提供了便捷。皇帝的寝宫叫"乾清宫"，这里又是重檐庑殿顶，九开间，体现九五之尊。但是这个宫殿和太和殿不一样，皇帝回家不需要上高台阶，而三大殿的台阶就很高，达8米多。从乾清门到乾清宫就显得平坦多了，无论皇帝漫步还是乘轿，都很平稳，可以平稳地回宫殿了。皇帝的起居室中间是宝座，也称"龙案"，后边是龙椅，还有屏风，上面也有龙。皇帝坐在这儿被称为"真龙天子"，他一高兴叫龙颜大悦，他一生气就是龙颜大怒，反正都跟龙有关系。匾额下还有五条龙，是按照东、西、南、北、中设计的，即东海龙王、西海龙王、南海龙王、北海龙王、中海龙王。前年是壬辰年，也就是大龙年。生肖票用的是蟠龙，选蟠龙就是中海这个龙的造型，以前选的龙多为侧龙，而蟠龙是居中的。

　　乾清宫的正匾有"正大光明"四个字，这个匾不是一般人家能挂的，在乾清宫它还涉及皇权交接，被称为秘密立储制度。什么是秘密立储制度？古代皇帝要死了，得找接班的，原来有明确规定，叫嫡长子继承制，就是皇帝嫡出的大儿子继承，老大没了老二，老二没有老三，看着挺科学，其实不科学。朱元璋在南京当了皇帝，就考虑接班人的事，按制度他选择大儿子接班。他的大儿子叫朱标，人很忠厚。朱元璋有了接班人，就考虑都城。他说为了江山长久，就要选好都城，南京历史上没有当过长久之都，他就让大儿子赶紧选一个长久之都。朱标真听话，就到全国去找了，跑到西安，赶上冬天，得了伤寒，回来没多久死了。朱元璋还健在，大儿子没了。没了太子，怎么接班？按顺序只能选太子的大儿子，太子的大儿子生了就死了，那么再选二儿子朱允炆。朱允炆就是后来的建文皇帝。皇帝才20来岁，管这么大一个国家，镇不住。他的四叔在北京，也就是燕王朱棣，找个理由就带兵打到应天（南京）皇宫了。之后建文帝跑了，找不着，朱棣即位了。从这个例子可以看出，嫡长子接班也不可靠，历史上刀光剑影、宫闱斗争太残酷了。到清朝有了变化，康熙多子，到他要安排接班人的时候，膝下王子十几位，能当皇帝的有好几个，他只好按照传统，先立太子。没想到，立了太子之后出问题了，所有人都攻击太子，是权力之争。最后雍正继位了。雍正即位之后深感皇权接班人是大事，不能过早透露。由此，从雍正朝以后，不再立太子了。不再立太子有好处，每个皇子都有可能继位，但要以德为先，从道德上培养自己，才能当个好皇帝。不设太子，宫廷斗争也减少了。但是，大臣又提出一个问题，如果有一天皇帝突然驾崩，选谁来接班呀？雍正想了一招，就是事先不告诉大家谁接班，写好继位者名字藏在"正大光明"匾后面。为什么要藏在匾后头？匾额就告诉你，要正大光明，不许偷看，谁要想窥视，谁就想篡位夺权。英法联军打到北京，跑到承德避暑的那个皇帝就是咸丰。当时道光皇帝也有好几个皇子，按照顺序，老四排在最前面，皇四子叫奕詝，但是老六叫奕䜣，聪明伶俐，文能安邦，武能治国，是个文武双全的人才。按才能应该选老六，按顺序应该选老四。大臣们也关注皇子继位的人选，因为其他皇子都没法跟他们俩比，只有他们两个有条件。皇帝也着急选谁。据说皇帝写个字，旁边的太监看，皇帝很不高兴，怀疑太监是受大臣指使来刺探情报的。据说有一回皇帝到南苑打猎，老六奕䜣高兴，认为稳操胜券。老四奕詝着急了，他跟老师说："我不能文，也不会武，根本射不好箭，这打猎我不行，看来今天得输了。"他老师说："不一定，做好皇帝，聪明智慧更重要。"皇帝在大帐等着皇子打猎归来。老六先回来了，马上挂着鹿、兔子、鹰，总之打的东西很多，皇帝一看就高兴，说："我就知道我六儿能骑马善射，在一旁等候。"工夫不大，其他皇子也都回来了，猎物都没有超过老六的，只有老四没有回来。大家等啊等，太阳快落山了，老四才回来，骑在马背上，没有任何猎物。他来到皇帝跟前，扑通一声就跪下来。皇帝大怒，说："这一天你都干什么去了？你打的猎物呢？"皇帝接连发问。老四回答说："皇阿玛，我早上看见个鹿，拉开弓刚要射，发现那个鹿是母鹿，而且怀孕了，我犹豫半天，要是一箭射下去，就是两条生命呀。在我犹豫的时候，鹿跑了。到中午时分，我就看一只小鹿在山顶上，我拉开了弓，这一箭肯定能射中它，但这时小鹿叫唤了，远处还有母鹿的回应，我想我这一箭下去，母鹿就会丢失一个孩子，我就又犹豫了，犹豫时小鹿跑了。所以我就没射着猎物，空手回来了，你要怎么处分就怎么处分吧。"皇帝听完觉得："我儿仁慈啊，这样的孩儿不能处分，这样的人当了皇帝他不会残害自己兄弟。"所以回宫后皇帝就下决心选老四继位。老六在这待了一个多时辰了，猎物的血已经把地面染红了。皇帝再看老六，觉得残忍了。考察的结果是老六吃了亏，老四达到了目的。我们来看诏书，皇帝是这样落笔的："皇四子奕詝为太子"（满汉文），而且还加了旁白，大意是"诸位大臣你们不要再议论了，我立他是有道理的，你们不要再提相反意见，我是以江山社稷来考虑的"。他又觉得委屈了老六，前面先加了一句"皇六子奕䜣为亲王"。一般都是新皇帝登基后根据兄弟功劳再分封亲王，而老皇帝早就把奕䜣的位置确定了，用心良苦，这是让兄弟二人齐心协力，保住江山社稷。由此可见，秘密立储制度后面有很生动的故事。

走出乾清宫，后面是交泰殿，位于乾清宫和坤宁宫之间。交泰寓意"通"，在八卦中"泰卦"是乾卦和坤卦组合，意在天地相通，皇帝与皇后沟通，达到阴阳和谐、天地和谐的境地。交泰殿内正匾是"无为"二字，即"无为而治"。无为，不是没作为，而是要求按照客观规律去办事。"无为"出自老子的思想，强调治国要注意休养生息，现实的意义就是各级官员不能只重政绩，搞政绩工程会不惜劳民伤财。在交泰殿内的"无为"也是一种警示，让皇帝、皇后知道"治大国若烹小鲜"，不能翻手为云、覆手为雨，忌讳朝令夕改，使民无所适从。

交泰殿后边是坤宁宫，歇山重檐黄琉璃瓦，是皇后的寝宫，位置在后宫最北边。根据前为阳、后为阴，它属于阴位置上的建筑，在紫禁城规划设计中，考虑属阴的建筑冬天阴气重，采取"减柱法"。"减柱法"就是减少柱子和大殿之间的距离，这样冬天阳光就能直接照进殿内，求得阴阳平衡。在坤宁宫东侧是皇帝、皇后大婚的洞房。北京有很多有特色的博物馆，其中北京服装学院有服装服饰博物馆，里边有一件百子衣，上面绣了一百个小孩，没有重样的。皇帝、皇后盖的百子被，也绣了一百个小孩，表明祈盼多子多福。

　　出了坤宁门，就进了御花园，迎面是"人"字形的树，强调人和。什么是"人和"，就是做人要正，心要静。人和更强调厚德。当皇帝、皇后游览御花园时，同样要注意天地之和，即帝后和谐。只有帝后和谐，国家社稷才能稳定。在"人"字形树后是天一门，这是道教的世界观，出自道教的"天一生水"。由此，后面的正殿是掌管水的神，也就是玄武大帝的殿堂，名"钦安殿"。钦安殿是明朝修建的，是紫禁城中轴线上唯一的宗教建筑，屋顶为盝顶，黄琉璃瓦，造型独特。古时候故宫怕火，不怕水，大雨天去故宫，可以看到丹陛上每个龙嘴往外喷水，白花花水雾漂亮极了。最奇特的是大雨停了，地下没积水，雨水都能顺畅排出去，因为故宫有很完善的地下排水设施。但是，故宫内古建筑怕火，古代不懂避雷技术，中轴线上的高大建筑容易被雷劈。起火了怎么办？要用水灭火，所以水是救命的，管北方之水的神就显得更加重要，不仅要敬畏，还要保佑故宫建筑不失火。出了御花园，就是故宫的后门，也称北门，名"神武门"。神武门是清朝命名的，明朝叫"玄武门"，因为清朝康熙皇帝名"玄烨"，根据避讳，改称神武门了。"神武"为皇家御林军后卫军的称呼。

四、北京中轴线北段的历史文化

出了故宫（紫禁城）后门，便可仰望景山万春亭。这里是中轴线上的最高点，也是北京城的制高点。我小时候来景山，看到五座亭子，后来才知道这是五个佛祖的庙堂。景山正中间是万春亭，两边的亭子左右对称，这是清乾隆的杰作，他把北京城"中心明显、左右对称"的文化特点演绎到了极致。清朝尊崇藏传佛教，在五座亭子里安放的是五方佛，藏传佛教被称为"五方赞"。"五方佛"这一名称源自密宗金刚界思想，即在东、南、西、北、中各有一佛主持，正中央是毗卢遮那佛，也称大日如来，东方是阿閦佛，西方是阿弥陀佛，南方是宝生佛，北方是不空成就佛。1900 年，八国联军进北京，来到景山上，发现五个亭子内有的五方佛是鎏金的，就把它们抢走了，而万春亭内大佛他们搬不走，就给破坏了。从此，景山五亭就透风了，成为山顶上的凉亭了。景山五亭是五座佛座的庙堂，是北京中轴线上重要的宗教建筑，在清乾隆年间得到精心设计，当时在山前修建绮望楼，内供孔子的画像；山顶是五座山亭，内供五方佛；山后是寿皇殿，是中华道家文化的展现。由此可见，景山是北京城市儒、释、道很重要的文化景观。最近，景山的宗教文化景观逐步恢复了，例如，在万春亭内已经修复了五方佛之首——大日如来，也就是毗卢遮那佛；重新修缮了山前的绮望楼，并对外开放；山后的北京景山少年宫已经迁出去了，寿皇殿已经修缮，也将对外开放。从景山向北看，就能看到鼓楼了。在景山后面，有两座对称的宿舍大楼，是 20 世纪 50 年代修建的，设计者是当时大名鼎鼎的设计师陈登鳌。他将两座新时代的大楼一左一右，对称安排在中轴线北段的两侧，尤其是楼顶，他采用两大四小的中式攒尖宝顶，将现代建筑与古代建筑完美融合，特别是在色彩上采用灰绿色，与远处鼓楼屋顶色彩一致，称为寿皇殿红墙黄琉璃瓦的"图底"，不仅有创新，而且保持了北京中轴线的和谐景观。

出了景山，就来到地安门。地安门建筑已经消失了，但位置清楚，就在地安门东西大街和地安门外大街十字路口，可以作为遗址很好保护起来。沿着地安门外大街继续北行，这能看到万宁桥，老百姓俗称"后门桥"，因为这座桥在皇城后门——地安门北面。万宁桥是北京中轴线上的重要文化遗产，这座桥经历了多次修建，历经元、明、清、民国、中华人民共和国五个历史时期，有 700 多年的历史。桥上是南北通道，也是皇帝出皇城北门的重要通道，同时也是老北京著名商业街；桥下是通惠河故道，桥东为玉河，桥西为什刹前海风光，在元大都城时，这里是著名的"前朝后市"中的集市，现在还有迹可寻的有鼓楼西斜街、烟袋斜街、白米斜街等。万宁桥建筑也很有特点，桥栏板与天桥相似，拱券单孔石桥，荷花的望柱，透雕的栏板，汉白玉石材，只是在造型上"天高地矮"，没有天桥那么高的桥身，由此它对现代交通影响不大。

站在万宁桥上，就可以清楚地看到鼓楼。鼓楼、钟楼合称"钟鼓楼"，是给北京内城报时的，也就是古代社会的"北京时间"，而这一时间是根据皇帝颁发的授时历来确定的一年节气、时候。由此，高大的鼓楼、钟楼又是北京城内与天最接近的建筑，体现"天

图 8　钟鼓楼示意图

人合一"。"天人合一"就是天有天的运行规律，是客观的，是不以人的意志为转移的，这就是天道；人有人的生长、生活规律，生、老、病、死也是客观的，不以人的意志为转移，没有一个人能长生不老。由此，人按照天体运行，遵守节气变化，进行生产、生活，就达到天人合一的和谐。鼓楼里边有个大鼓，它是给老百姓报时用的，也称"更鼓"。每天 12 个时辰，每个时辰相当于 2 个小时；每晚分 5 个时辰，俗称"五更"，首更也叫"定更"，即要黑了，老百姓要休息了；最后一更为"亮更"，即天亮了，该起床了。1900年，八国联军进北京的时候，有个日本军官登上了鼓楼，他不拿鼓槌敲鼓，用军刀给大鼓捅个窟窿。这面鼓还保存着，就是让人们不要忘记过去。鼓楼在八国联军撤离后，一度改称"明耻楼"，专门举行过八国联军侵略北京罪行展，以此通过活生生的事实，让人们不要忘记国耻。

鼓楼后的钟楼作为单体建筑，高47.95米，根据这个建筑高度和北京老城南低北高，钟楼的位置和高度就成为北京中轴线上离天最近的建筑。钟楼还有一个特点，就是不怕火烧，是纯砖石建筑，包括它的斗拱、窗棂。在古代社会，因为没有避雷针设计，很多高大的古建筑往往遭遇雷击起火。古人在和水火斗争中不断展现出聪明才智。清乾隆年间修建钟楼，就考虑到用歇山重檐砖石防止雷击起火，建筑材料虽然冰冷，但在建筑功能上有温度。钟楼内置明代大钟，撞击声音非常优雅。在古代社会，没有汽车，没有高层建筑，悠扬的声音能传得很远。钟楼自身建筑还有个秘密：钟楼楼阁像个大音箱。大家去过天坛回音壁吧，回音壁的墙面平整光滑，能传递声音。钟楼外看是歇山重檐顶，内看是穹顶，环以拱形回廊，用砖磨砖对缝，均能拢音、传递声音，使撞击后的声音变得悠扬。钟鼓楼报时也有特点，人们常说"暮鼓晨钟""晨钟暮鼓"，敲击是有规律的，这个规律就是"紧十八，慢十八，不紧不慢又十八"，总计54声，敲击两遍，为108声。古时候定更鼓、钟敲响了，人们就要休息了，不能外出了，城门关闭了；亮更听到鼓、钟敲响了，人们就要起床了，外出了，城门打开了。

鼓楼、钟楼，两座建筑一前一后，前为阳，后为阴。人们说前面的鼓楼像个红脸大汉，魁梧的小伙儿；后面的钟楼像苗条淑女，冰清玉洁。鼓楼、钟楼间距离100米，是个小广场，古代的时候非常热闹，人们称之为"小天桥"，摆地摊的、耍把式的、说评书的，说相声的，什么都有。现在，这里是一个开放的停车场。站在广场中央仰望钟楼、鼓楼，你会发现，它们在蓝天白云之下，真的是离天很近的建筑。时间到了！今天就讲到这，谢谢大家。

（本文系 2014 年 10 月 10 日北京师范大学图书馆"专家讲座"转录文字节选）

中国古纸与传统手工纸

纸裁千秋
书传万卷.

马晓辉

2021.3.29

主 讲 人 简 介

易晓辉

    国家图书馆副研究馆员，北京林业大学造纸专业硕士，目前在国家图书馆古籍保护实验室从事纸质文献保护技术和传统手工纸相关领域的研究工作。主要研究方向为古籍纸张保护技术、传统手工纸及纤维分析、造纸术的发展和传播等。

主 讲 提 要

　　柔软而坚韧的传统中国纸，承载了百代先民的智慧精华。本次讲座，易晓辉老师为大家梳理传统手工纸的分类，解读纸张的特性和老化过程，阐述合理使用纸张对了解纸质文物的材料特性，以及对古籍、字画、档案等纸质文物保护和修复的意义，以扩大典籍文化的传播力和影响力。

一、纸张的概念与起源

潘吉星先生在《中国造纸史》中对纸这样定义：传统上纸指植物纤维原料经过机械、化学作用做成分散的纸浆，流经多孔模具滤去水分形成湿纸页，干燥后靠纤维素的氢键结合交结而成的片状物，主要用途是书写、印刷、包装等。他给出了四个核心要素。

第一是原料为植物纤维。这跟现在特种纸里面的矿物纤维、合成纤维相区别。第二是制造过程需要经过化学、机械的作用，把纤维完全分散后，再重新聚合成为一张纸，这是纸张概念里很重要的一个过程。许多纸前书写材料如埃及的莎草片、原始部落的树皮布，因为没经过纤维分散再聚合的过程，都不能称之为纸。第三是外观形态，平整坚韧，由纤维交结形成薄片。第四是用途，主要有书写、印刷、包装等。

关于造纸术的起源，目前学术界还存在一些争议。史料中对造纸术的发明有明确记载，最早在《东观汉记·蔡伦传》中就详细描述了蔡伦发明造纸术的过程。但是到20世纪，考古发掘陆续出土了几件被认为是西汉时期的纸张，让造纸术的起源问题开始扑朔迷离。

争议主要有两方面：一方面，有的专家认为在蔡伦之前存在纸张雏形，但考古发掘的纸样在断代和是否为纸的问题上仍不能确证，不能轻易推翻正史关于蔡伦发明造纸术的记载；另一方面，有的专家则认为一系列西汉纸的出土足以证明西汉有纸，蔡伦只是造纸术的改良者。两派观点争论了几十年也没有明确结果，仍需要进一步研究和考证。

二、造纸术的发展与古代纸张演变

从古到今，各个时期的纸张在原料、工艺、形制、用途上一直都在不断发展和演进。将手工纸的发展历程和书籍史中写本时代、刻本时代这样的划分方式相结合，可以大致将纸张的发展分为四个阶段。

从造纸术的发明到隋唐五代，纸张主要功能是书写，称为书写用纸时期。这一时期的纸张都要经过二次加工。由于以前的书写材料主要是简牍，表面平滑不洇墨，纸张要取而代之，必须延续这种质感和书写习惯。早期的造纸原料主要为麻、桑构皮等粗长纤维，纸张如果不加工，质地会比较粗松，容易洇墨，不符合当时的使用习惯，需要通过捶打、研光、涂蜡、涂布等二次加工，让纸变得平滑致密，改善书写性能。这一时期代表性的纸有左伯纸、捶纸、硬黄纸等。

在简牍时代，人们在竹片或木片上写字，空间有限，书法创作

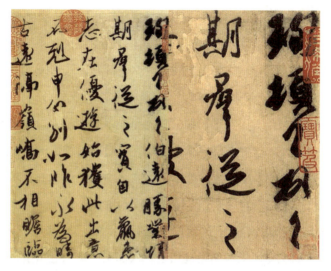

图 1 晋王珣《伯远帖》局部 北京故宫博物院藏

也受到限制。纸张出现以后，书写空间变得自由，可以随意挥洒，这为书法乃至绘画艺术的发展提供了可能。王珣的《伯远帖》是传世的晋代真迹，从纸张质感可以看到，经过加工处理之后书写性能非常好，笔画流畅。在造纸术发明之初，纸张性能尚未完善，魏晋时的绘画主要用绢创作。到唐代纸本画开始流行，这标志着造纸术已逐步成熟，纸张质量能够满足绘画需求。

五代以后，造纸术已发展到很高水平，能够把长纤维的皮麻纸做得非常细匀，当时产生了一种非常著名的纸——澄心堂纸。它是以南唐皇帝的宫室澄心堂来命名，由李煜派人监造，制作精良。南唐被宋灭以后，宫廷的澄心堂纸流散到民间，得到许多文人的追捧，称其"百金不售一枚"。据文献记载，澄心堂纸可能是桑皮纸或楮皮纸，制作过程繁复精细。梅尧臣在诗中提到"寒溪浸楮"，强调这个纸要在冬天做，因为冬天天冷水质好，做的纸更加白净。

台北故宫博物院收藏的蔡襄《澄心堂帖》，是目前认为比较可靠的一件澄心堂纸实物，从纸面的细部特征可以发现，它跟魏晋以及隋唐的纸相比已经有一些变化，颜色洁白，纤维比较清晰，具有宋元纸张的一些特征，变得比较素净。

宋元时期为写印用纸时期。随着印刷术的普及，对纸张的需求量变得非常大。这种大宗的需求，往往会对产品特性产生一定的引导作用。在印刷术出现后，纸张的性能逐渐适应印刷的要求。造纸技术越来越精细，对后期加工的需求逐渐降低。这个时期纸张的普遍特征是加工比较轻，开始使用不加工的纸张。

隋唐的文化用纸都要经过加工，未加工的纸只能用于丧葬。唐代做纸分两步，先在乡村纸坊造纸，然后运到城里，由打纸坊进行二次加工后供人们使用。到了宋代，加工已非必备。很多宋版书的纸，已经看不到二次加工的痕迹，有很标准的生纸质感。

宋代的高端纸张主要是精制的皮纸，原料有桑构皮、瑞香皮、藤皮等，比较著名的有当时仿制的澄心堂纸、四川的玉版纸、浙江的金粟山藏经纸，还有一些笺纸也做得非常好。

图 2　宋代的精致皮纸局部　中国国家图书馆藏

　　2019 年国家图书馆曾展出北宋内府的《仙源类谱》，虽然页面上下有些残破，但中间部分纸张的颜色和质感精美绝伦，说明当时皮纸的制作技术已经炉火纯青。从实物质感可以判断它为桑构皮纸，但与一般的桑构皮纸不同，它的纸面极其匀净，没有一丝纤维束，纤维感也不太明显，跟今天宣纸的质感非常接近。桑构皮是比较粗长的纤维原料，用粗长的纤维却能做出宣纸这种细纤维原料的纸张质感，是相当耗费工夫的。

　　宋代还有非常重要的一点是竹纸开始成为文化用纸，这是造纸术发展中的一次重要革新。从原料角度看，皮麻等韧皮纤维的纤维素含量非常高，造纸时要去除的杂质少。早期用破麻布、废麻头、树皮造纸，工序都比较简单。但竹子完全不同，它属于茎秆纤维，木质素含量高，要提纯纤维就有些难度，因此工艺成熟的时间晚很多，直到宋代才造出可供书写印刷的竹纸。

　　使用破麻布造纸，虽然工序简单，但原料的来源受限。树皮尽管取材广泛，但造纸要用 2～3 年生的枝条韧皮，在印刷术出现后，这两种原料都无法满足大量的用纸需求。竹纸的出现很好地解决了这方面的问题。竹子是速生材，尤其毛竹被认为是地球上生长速度最快的植物，南方许多地方竹子漫山遍野，几乎是取之不尽用之不竭。用竹子来造纸，原料短缺的问题就完全不存在了。

　　明清时期为印刷用纸时期，此时传统造纸术已发展到顶峰，纸张产量巨大，能够满足大规模印刷需要，纸张性能也以印刷需求为主导，兼顾书写、绘画等需求。造纸过程繁复精细，一般不进行加工，纸质绵软细薄，吸墨适中，书画用纸开始追求洇墨。种类上以竹纸居多，存世古籍中竹纸占到九成往上，其他品类也非常丰富，比较著名的像白棉纸、宣纸，以及各种笺纸等。

白棉纸就是纸质比较精细、洁白的皮纸，以桑构皮为主，正确写法是白绵纸，纸纤维比较长，纸质如丝如绵，与棉花无关。桑构皮纸在宋代常被称为白麻纸，当时的纸张纤维感比较明显，像麻的外观。到明清则叫白绵纸，说明其纸质更加精细，这也是造纸技术进步的表现。

明清时产量最大的是竹纸，此时竹纸的制作技术发展成熟，产品体系非常丰富。学者们根据造纸工艺的不同，把这一时期的竹纸大致分为五类：连史纸类、贡川纸类、毛边纸类、元书纸类和黄表纸类。前三类竹纸在古籍当中比较常见，元书纸则常用于书写。

宣纸也是在明清时发展成熟，早期被称为泾县纸，大约在元末明初开始出现。到明末时，泾县连四纸便被《装潢志》《长物志》认为是最好的纸。到清代，（安徽）泾县出产的连四纸被大量用于内府刻书，其原料为纯青檀皮，跟今天的宣纸略有不同。这种纸洁白晶莹、细薄绵韧，后世大名鼎鼎的开化纸其实就是这个泾县连四纸。添加有稻草的宣纸因其独有的洇墨性和润墨性，主要在书画领域使用，纸性恰恰符合明清以来流行的写意画法和篆隶书体的用纸需求，很快兴起发展，逐步成为传统手工纸的杰出代表，而今人们常以宣纸统称所有的手工纸。

明清时期还有一些著名的笺纸，如明代的宣德贡笺，这是宣德时宫廷做的一批加工纸，包括磁青笺、羊脑笺之类。清代康乾时期也有很多著名宫廷笺纸，乾隆曾仿制过金粟山藏经纸、澄心堂纸、明仁殿纸，还有著名的梅花玉版笺，都非常华丽、精美。

图 3　金粟山藏经纸（左）　宋徽宗草书千字文（右）　辽宁省博物馆藏

从晚清、民国一直到现在则为书画用纸时期。随着 19 世纪机器造纸技术的发展，尤其是清末洋纸大量涌入抢占市场，替代了传统的印刷用纸。传统手工纸失去印刷市场后急剧衰落，不得不在书画用纸市场中发展。带来的结果是迎合书画需求的宣纸逐渐兴盛，麻纸、皮纸、竹纸等不太洇墨的纸种大量消失。

到 20 世纪 70 年代后，由于宣纸生产所需的青檀皮等原料来源单一，工艺复杂，纸价也比较高。四川夹江发现龙须草造出的纸跟宣纸非常像，成本很低，于是以龙须草、慈竹、木浆等原料制成的廉价书画纸又逐步占领市场。而且这些书画纸还冒充宣纸的名称，让消费者难以区分。真正传统的手工纸又一次面临新的危机，不得不依靠非遗保护存世。

以上就是我国手工纸大致的发展脉络，以及各时期纸张的主要用途和特征。

三、传统手工纸的种类及纸张特性

前文讲发展历程提及很多纸张名称，对这些名目繁多的纸张，若要有比较系统的了解和把握，就要将它们进行分类，了解各类纸张之间的特性和差异。

通常可以按照原料、工艺、产地、造纸人等不同的标准，将手工纸分成若干不同的类别。考虑到不同原料对手工纸特性的决定性影响，一般依照纤维原料的类别划分手工纸的种类。

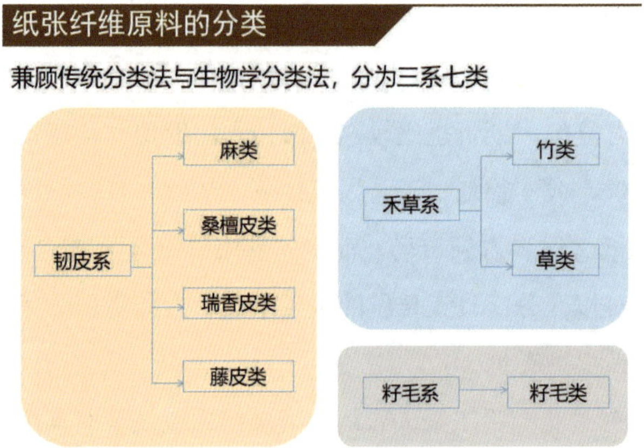

图 4　纸张纤维原料分类图

依照现代植物学的分类，结合传统的麻皮竹草的分类方式，可以将手工纸所涉原料植物简单分为三系七类：麻类、桑檀皮类、瑞香皮类和藤皮类原料都采用韧皮纤维造纸，归为韧皮系；竹类和草类都属于禾本科原料，归为禾草系；还有一种特殊的棉花属于种毛纤维，归为籽毛系。

麻类纤维是造纸术发明之初就用到的原料，主要有苎麻、大麻、亚麻等，常来自旧麻布、废麻头、麻绳，直接用新麻做纸非常少。麻纸的特点是纤维粗长，强度非常好，手感粗硬挺括，表面略粗糙，耐久性好。由于新造的麻纸质感粗松，一般要经过捶砑加工才能适于书写。在宋代以前的古籍中比较常见，北方出产居多。

桑檀皮类则是用桑、构、楮和青檀的韧皮制成的纸张，一般常被称为皮纸或者白绵纸。这类原料纤维柔软纤长，制成的纸张柔韧光洁、平滑绵软、细匀洁白、强度好，同样也有非常好的耐久性，而且制作精良的皮纸还有非常漂亮的丝质光泽，如绵似玉。古人说的蚕茧纸，其实就是这类皮纸。桑檀皮类纸张使用的历史非常悠久，在造纸术发明初期，构皮就被用于造纸，魏晋时桑皮也随之纳入。这类原料的分布非常广泛，构、楮不仅在我国大部分省区都有分布，周边的朝鲜半岛、日本及东南亚也广泛栽种。其中的桑皮不仅能制作文化用纸，还能制作纸币，最早的纸币"交子"便是用桑皮制成的。明清的宝钞、银票，也都是由桑皮纸制成的。

瑞香皮类的原料大家的关注度不高，但其植物种类非常丰富。它的原料为瑞香科植物的韧皮纤维，包括结香皮制作的三桠皮纸，滇结香制作的腾冲纸，荛花制成的雁皮纸，澜沧荛花制成的东巴纸，瑞香、狼毒制成的藏纸，等等。这类原料大多分布在南方及西南地区的山区，产量都不大。瑞香皮类纤维柔软细长，比桑构皮纤维更短更细，成纸洁白细腻，纸质柔韧绵滑，有轻微丝质光泽。纸面细匀吸墨适中，非常适合书写，墨色乌黑亮泽。三桠皮纸在日本被称为书道用纸，便是这个缘故。藏区使用瑞香、狼毒韧皮制成的藏纸，在经研光处理后，墨迹能在纸面堆积，有很明显的立体感，这都是瑞香皮类纸张的特点。

结香皮纸（三桠皮纸）

图 5　结香皮制作的三桠皮纸局部

藤皮类纸张主要是用紫藤、葛藤这些藤蔓类植物的韧皮造纸，其纤维短细，成纸细腻，到唐代时曾有"剡溪藤纸甲天下"的说法，不过可惜后来滥砍滥伐，原料被砍光，这种纸也就消失了。

以上是四类韧皮系的纸张，禾草系则以竹纸最为常见。它以嫩竹的茎秆造纸，包括毛竹、苦竹、白夹竹、慈竹等。由于传统手工造纸蒸煮时使用的石灰、草木灰碱性都不强，只能用当年新生的嫩竹。

竹纸成熟于宋代，在宋以前纸质不佳，主要为生活及丧葬用纸，宋以后随着技术进步，逐渐用于书写印刷。竹纸的特征是纤维比较短，杂细胞多，纸质紧致细匀，表面平滑，吸墨适中，不仅书写手感很好，还非常适合印刷。宋代米芾《珊瑚帖》即为竹纸，米芾喜用竹纸，他在《评纸帖》中讲竹纸比剡溪的藤纸还要好。由于竹纸吸墨均匀，书写时笔画非常流畅。《珊瑚帖》纸张放大之后还能看到很多竹筋，表明当时竹纸虽然已成为文化用纸，但技术还不够成熟。不过即便是不太成熟的竹纸，已经有这等书写效果，可见竹纸在这方面的性能优势。得益于吸墨性带来的优良适印性，明清时伴随书籍印刷业的蓬勃发展，竹纸很快成为产量最大的纸张。浙江、福建、江西、湖南等省生产的竹纸行销全国，纸张质量也达到顶峰，纸质光洁细匀，当时许多官私刻书也都以竹纸印刷。

草类原料单独造文化用纸在古代并不多见，一般是掺入长纤维原料制成混料纸。宣纸就是青檀皮跟稻草两种原料混合制成，尽管它出现的时间比较晚，但制作工艺精细繁复，纸张质量非常突出。宣纸中长纤维的青檀皮提供了良好的韧性，短纤维的稻草赋予纸张优秀的吸墨性和润墨性，因此宣纸被称为中国书画最广泛的艺术载体。

传统手工纸特性：生产工艺

备料 → 浸沤 → 蒸煮 → 漂白 → 打浆 → 抄纸 → 牵晒

图6　传统手工纸生产工艺流程图

按照原料划分一般指未加工的纸张，如果将纸张进行二次加工处理，则常称为加工纸，或者熟纸。由于未加工的纸张表面粗松，易洇墨不利书写，经过加工后不仅使纸质紧致匀滑，书写流畅，还可以对纸张进行美化处理。加工的方法既可以有简单的捶打砑光、施胶涂蜡，还可以进行涂布填粉、染色、点缀描纹等，使纸张更加精美。

了解了纸张的种类，接着就该讨论这些纸张的特性。纸张特性涉及面非常广，我们根据手工纸的使用功能，简要梳理一下书画特性和耐久性。手工纸的书画特性一般从三个方面进行评价，即洇墨性、润墨性和墨色。

洇墨性指的是纸张落墨后发生洇散的特性，实质是纸张的吸水性。宋以前的纸一般不强调洇墨，都比较熟。明清以后随着写意画和碑学的兴起，人们逐渐喜欢用洇墨的纸，这也是宣纸逐渐流行的重要因素。

润墨性是指水墨在接触纸面之后形成的浓淡分明、洇散匀称的墨迹效果。良好的润墨性还包括笔画叠加时互不干扰、水线清晰、呈现出错落的层次感。

墨色则指烟墨着于纸张所呈现的色调，上好的手工纸能够做到浓墨乌黑、鲜而不亮，淡墨清透、淡而不灰，层次分明，立体感丰富，墨分五色、墨韵万变。

文博领域由于保护修复的需要，对纸张的耐久性能比较关注。纸张的耐久性是指纸张在保存和使用过程中，抵抗外界温度、湿度、光、有害气体、霉菌、害虫等因素的损坏，并保持原有的理化性能的能力，简而言之就是抗老化的能力。耐久性的好坏决定了纸张的寿命，耐久性下降时纸张出现酸化老化、脆化、糟朽粉化等现象。一般而言，传统手工纸因采用弱碱性的造纸过程，纤维处理比较温和，纸张耐久性比较好，寿命比较长。影响纸张寿命最重要的原因就是酸，纸质文献和文物长期保存时候最重要的就是要避免酸性危害。

纸张耐久性还包括防虫防霉的能力，大部分传统手工纸都不具备显著的防虫防霉能力。传统手工纸纤维纯净，杂质少，较机制纸更容易招致虫霉病害。染潢纸、苦竹纸、东巴纸、狼毒纸这些具有防虫性的纸张，实际防虫能力都有待证实。

四、造纸术对世界文明的贡献

造纸术对世界文明的发展和传播具有非常重要的作用。在纸张发明后的魏晋时期，随着大江南北的广泛传播和应用，文学、历史、地理和科学技术领域的著书之风悄然兴起，《文心雕龙》《文选》《三国志》《水经注》《齐民要术》等不朽的著作都诞生在这一时期。钟王的书法、佛教的兴盛，纸张在其中就显示了对文化发展巨大的推动力。

随着中国造纸术逐渐向域外传播，不仅为各个地方带去了全新的书写材料，也如星星之火，在不同的文明世界中开启了一个又一个文化发展与繁荣的序幕。

造纸术向东传播，在 4 世纪由东晋高僧摩罗难陀带到朝鲜半岛，7 世纪由昙征和尚传至日本，纸张的传入直接促进了日本文化的发展，随之而来就是日本白凤时代、奈良时代文化的兴起与繁荣。

向西传播，造纸术在 8 世纪怛罗斯之战后传至撒马尔罕，很快又传到阿拉伯帝国的首都巴格达。由于造纸术所提供的质优价廉的书写材料，阿拔斯王朝主导下的百年翻译运动轰轰烈烈地展开，不仅让古印度、波斯和古希腊的文明在这里交融和延续，也开启了阿拉伯帝国的黄金时代。阿拉伯人太了解造纸术的重要性，他们一方面在大马士革、开罗等地兴建新的造纸厂，把产自埃及的莎草纸扫进历史的尘埃中，同时又严格封锁技术机密，一直将造纸术垄断了近 400 年。

终于到 13 世纪，造纸术被带到罗马，廉价的纸张迅速替代了昂贵的羊皮纸，同时也加速了知识的广泛普及，为欧洲的文艺复兴铺平了道路。纸张的大量生产促使了铅字印刷技术的诞生，知识的传播被插上了腾飞的翅膀，宗教改革、启蒙运动因此得以在欧洲蓬勃发展，人类文明的快速发展与现代化历程也由此开启。

五、传统手工纸相关领域的研究

传统手工纸虽然在今天看来已经离我们的日常生活有些遥远，但从文化遗产保护以及优秀传统文化发展的角度来看，依然在发挥着举足轻重的作用。正因如此，很多学者积极开展传统手工纸相关领域的研究，这方面的研究内容也非常丰富，这里仅做简单总结以供参考。

一是纸史的研究。例如这些年许多学者广泛争议又悬而未决的造纸术起源问题，此外还有历代造纸术的发展过程，传播过程，纸史与书籍史、印刷史的相互关系，古代名纸的研究与复原，等等，都属于非常值得深入研究的问题。

二是手工纸的非遗保护。传统手工纸在过去举足轻重，而今又濒临消失，作为我们民族重要的非物质文化遗产，如何将这一传统技艺很好地延续传承和保护下去，让更多的人接触和了解，也成为许多学者研究的热点。

三是传统手工纸的工艺研究。国内许多传统的手工纸坊，师傅大多学历不高，年纪比较大，对造纸只是根据经验按部就班地照做，探索、革新和发展的意识不足。这就使得传统手工纸的发展受到很大制约，质量上不去。如何在现有条件下提升传统手工纸的技术水平，甚至是与现代科学技术相结合，是当前值得深入研究的课题。

四是关于传统手工纸的分析和鉴别。要对传统手工纸的许多特性进行深入研究，相关的分析和鉴别技术就非常重要。它包括纸张理化性能的直接分析、古纸样品的无损分析、相关检测标准的制定等。只有解决分析检测这一关，才能开展更加深入的科学研究。

另外，纸质文献及文物保护也是近年在文博领域比较值得关注的一个研究方向。文博机构（以及部分图书馆）收藏的纸质古籍、字画文物和档案在保存和保护过程中涉及保藏环境的控制、材料劣变机理的研究、虫霉病害的防治、保护技术的研究及相关标准的制定等。作为首批全国古籍重点保护单位，北京师范大学图书馆就拥有 40 万余册古籍线装书，可见纸质文献的保护工作也很重要。

还有就是手工纸艺术领域的研究，也就是纸艺。纸张不仅可以作为书写画画的材料，同样也是生活用品以及艺术创作的素材。采用不同类型和材质的纸张、纸浆和纸纤维，通过艺术加工和创造，可以制作成非常精美的艺术品。许多艺术品还兼具实用功能，进入人们的日常生活。

总体来说，传统手工纸与很多领域息息相关，具有非常深厚的文化内涵、科技内涵和艺术内涵，欢迎感兴趣的老师和同学加入这一领域，开展更多深入而且有趣的研究。

（本文系 2021 年 3 月 29 日北京师范大学图书馆"专家讲座"转录文字节选）

临渊羡鱼不如退而结网

艺术作品的形式及其转化

师者通识通向更远，教一人即教一师。

朱青曼 二〇二三

主 讲 人 简 介

朱青生

　　北京大学教授。主要教学和研究领域为艺术史。主持"中国现代艺术档案"（1986年起）和《汉画总录》编辑工作，主编《中国当代艺术年鉴》《中国汉画研究》学刊，策划"中国当代艺术年鉴展"（2016年起）等多种展览。在任国际艺术史学会主席期间（2016—2021），领导国际艺术史界联合建立全球图像链接系统，同时推进世界艺术史研究理论与方法的总结与更新。

主 讲 提 要

　　艺术是什么？如何看待鲜活的当代艺术？它能做什么？它之于现代人又意味着什么？当代艺术的本质是什么？它是如何发源的？特征如何？在此次讲座中，朱青生教授以新的视角讨论艺术学的基础理论问题。

很高兴再次来到北京师范大学，与老师和同学们来讨论艺术学的基础理论问题。说起来我跟你们是"同学"，我们有共同的老师，我当年在中央美术学院读研究生的时候，有一门书法史的课就是启功先生给我们上的。言归正传，本次讲座咱们主要讨论艺术学的一些基础理论问题。

一、导言：作品及其载体形式①

作品一般具有载体形式。此处并不是讨论作品（自身）的形式，而是说作品需要一个作为载体的形态，无论是物质的还是非物质的形态。

作品是具有独创性并有某种"有形形式"的创作成果。知识产权法保护作者的权利，并不是保护作品。作者的权利体现在创作形式的独创性和可复制性。作品的独创性与作品意义无关，也与所反映的思想、观点、认识和信息等无关。作品可复制性体现在作品是能以物质复制的形式而生成生产效益，从而关系到作者的名誉和利

---

① 章节标题为编者所加，下同。

益。艺术作品有时并不在其独创性，精致的复制也可以成为作品，作品的要素更不在于作品是否关系到作者的名誉和利益。

这种定义可以与"文化遗产"的定义相重合。根据《保护世界文化和自然遗产公约》，"文化遗产"包括"历史文物、历史建筑、人类文化遗址"。文物：从历史、艺术或科学角度看具有突出的普遍价值的建筑物、碑刻和雕塑、书籍、书法与绘画、具有考古性质成分或结构、铭文、洞窟以及联合体；建筑群：从历史、艺术或科学角度看在建筑式样、分布均匀或与环境景色结合方面具有突出的普遍价值的单立或连接的建筑群；文化遗址：从历史、审美、人种学或人类学角度看具有突出的普遍价值的人类工程或自然与人联合工程以及考古地址等区域。

随着艺术概念的扩大，艺术品还包括"非物质文化遗产"，被各群体、团体、个人视为其文化遗产的各种实践、表演、表现形式、知识和技能及其有关的工具、实物、工艺品和文化场所。这种定义可以与"工艺品"的定义相重合。

作品一般的载体形式包括各种作品要素，其中既有形式要素，也有由形式承载的内容要素。作品的形式要素因作品的门类而各异。传统意义的作品的载体形式要素可以以《汉画总录》著录规范作为例证。[①]

图像数据

图像的基本信息（诸如编号、尺寸、质地、时代、出土

---

① 以 1995 年实际编辑的《汉画总录》著录方式为例，分项进行分析。

地、收藏地等）实际上是图像数据库的一个简明提示。收入的汉画相关信息通过数据库的方式著录，其中包括总编目号、名称、时代、出土（征集）时间、出土（征集）地点、所属墓葬、所在位置、组合关系、原始状况、完残情况、原始尺寸、质地、色彩、形状、图纹尺寸、图纹描述、原始照片、拓片、线描、铭刻文字、制作者、订件人、发现人、鉴定意见、鉴定人、鉴定时间、原收藏号、收藏单位、著录与文献、备注、制表时间等项。画像石墓表包括墓葬所在地、时代、墓葬所处地理环境、封土情况、发现和清理发掘时间、墓向、墓葬形制、随葬器物、棺椁尸骨、画像石装置、发现人、发掘主持人、著录文献、备注等项。建立数据库的目的和价值在于方便对数据库中的所有记录进行检索、比较、统计、分析，有助于研究的完备性和规范性。

图片说明

图片说明分为两个部分：其一是关于图片的基本信息，归入"图像数据"中说明；其二是对图像内容的描述。描述古代图像时，基于古今处在不同的观念体系中这一基本前提，要采取不同方式来判定图像：

1. 尝试还原到当时的概念中给予解释，在此方向下通常有两种途径：

1.1 检索古代文献中与图像对应的记载或描述，做出判定。但现存的问题是：一是并非所有图像都能在文献中找到相应的记载或解释，即缺乏完备性；二是这种"对应"关系是人为赋予的，文献与图像并不存在必然的联系，且不同研究者可能做出不同的判断；三是现存文献只是当时多种版本中的一种，民间工匠制作画像石时依据的口述或文字版本未必与经过梳理的传世文献（多为正史、官方记录和知识分子的叙述）相符。

1.2 依据出土壁画上的题记、画像砖／石上的榜题、器物上的铭文等出土文字材料，对相应图像做出判定。这种方式切近实况，能反映当时当地的用语，但是能找到对应题记的图像只占图像总体的一小部分。

2. 在缺失文献的情况下，重构一种图像描述的方式，尽量类型化并具有明晰的公认性。如大量出现的独角兽，在尚不确定其为"罴"还是"獬豸"的情况下，暂描述为独角兽，尽管现存汉代文献中可能无"独角兽"一词。同时采取结构性方式，即先不作局部意义指定，而是在形状、形象、图画、幅面、建筑结构、地下地上关系、墓葬与生宅的关系、存世遗迹和佚失部分（黑箱）之间的关系等关系结构中判定图像的性质或意义。尽管没有文字信息，图像在画面和墓葬中的位置和形相关系也能提供考察其意义和"功能"的线索。

现代意义的作品的载体形式要素（从 CMAA 作品著录规范切入论证）：

1. 作品
1.1 作者（包括合作者、题字者和其他相关人员）
1.2 时间
可分为创作时间、修改时间、题款时间、复制时间（如冯法祀复制《刘胡兰》）。

如无其他时间，则默认为创作时间；如有其他时间，则加以注明。

1.3 尺寸

1.4 类别

不用选项制，用添加制（即"有就写，没有或不清楚就不写"）。将传统说法也写上，如素描、速写（速写可以并入素描，也可分写）、国画、油画、水彩、书法。尽量将可能涉及的选项都写上，以便于稽查。

1.4.1 底材。如布面、板面、壁面、纸面（包括素描纸、水彩纸、宣纸、皮纸等）。

1.4.2 颜料。如水墨、淡彩。

1.4.3 用具。如毛笔、钢笔、铅笔、指画、油画笔、水彩笔等。

1.4.4 方法。如抽象、写实、写意、工笔、兼工带写、草书、篆书等。

1.4.5 内容。如风景、人物、肖像、人体、静物。

1.4.6 画种（传统分类方法）。如素描、速写、国画、油画、水彩、书法等。

举例：

纸质　铅笔　素描　人物肖像；纸质　水墨　国画　动物；纸质　铅笔　淡彩　风景；纸质　钢笔　速写　风景；纸质　水彩　风景；布面　油画　人物肖像

1.5 作品名称

原有标题照录。原有标题有变化的，按最为通用的记录，其他作为附录在括号中出现。作品的习称一般也予以记录；如果习称比原标题更为流行，则先录习称，加括号标示原标题。

1.6 作品内容

指作品本身的主题和内容。其中包括画面描述和作品主题。因为图像记录方法的方便和清晰，因此此栏把稽查要点记录即可，不必描述得过于精细。

1.6.1 作品主题：如李大钊和鲁迅的创作草图。

1.6.2 画面描述：如鹰、具体被画者的名字、女人体；或"多个画面（具体画面的简单描述）"。如果画面上有文字说明，加上"画面上有附注："。

如果画面上的文字与画面没有关系（比如记了两个外语单词，但与画面无关），则这部分文字记入"备注"栏。

1.7 相关事宜（与作品内容无关的各项事宜）

1.7.1 作品的目的与功能（事）

如：某张作品是某幅油画创作的速写稿或草图。

1.7.2 作品的相关委托与赞助（人）

如：张开济委托为天文馆壁画所搜集的资料和研究手稿。

1.7.3 作品的创作时间和流传过程的相关信息（时）

如：与某作品（编号）用的同种材质的纸，疑为同时期创作（当某种作品缺少时间信息时）。

1.7.4 作品的创作地点和保存地点的相关信息（地）

如：留学期间、西行、1951 年印缅之行、十张纸斋等。

1.7.5 作品保存状况

如：作品损坏、修复的状况。

如：两张不同时期的作品被裱在同一张纸上。

凡是以上诸项都不能涵盖者，放入备注暂存。

1.8 题字／签字

1.9 印章（包括收藏印、手印和公章）

1.10 组合关系

1.10.1 一般是指组画、系列作品，即有意设计的组合关系。

1.10.2 也有偶然形成的组合关系，如正反面作画（如扇面），或一张纸上出现多个"画面"。

1.10.3 一个画面之内的（指同一空间和内容，具有逻辑）记为"画面内容"，一个画面之外的（不同逻辑）记为"组合关系"。

1.11 发表记录

1.12 展出记录

1.13 收藏者

1.14 收藏记录

1.15 备注：凡是上述各项不能涵盖者，均记入此项。

如：画面上与画面内容无关的文字。

艺术作品的形式正在由旧的向新的形式转化，形式转化产生新的媒体艺术。

二、艺术作品的新媒体形式

在本文导言中，论及作品发展到新媒体艺术的阶段，其载体形式的方式又发生了一些重要变化。新媒体是"艺术作品脱离了手工制作，即是新媒体艺术。如果不计辅助器械，摄影就是最早的新媒体艺术。也就是说，它是以机械摄制的方式做成艺术作品，其产生的时间是 1839 年 8 月 19 日。这个层次的定义摆脱了对于'新'与'旧'之间的相对意义的纠缠"①。"旧新媒体"摄影作品——照片还可以按照绘画的方式著录，但是到了"中新媒体"电影，情况就发生了重要的变化，如何定义动态的意义依旧是个问题。而到了"新新媒体"艺术，作品发生了更大的变化，变化不仅在于其媒介材料的变化，更重要的是作品的观念发生了根本的变化，作品的根本性质的某些方面改变，尤其是作者、观众和作品之间的关系发生了变化。

那么，新媒体艺术的"新"到底在哪个方面呢？一共有四个方面，现在已经越来越清晰地表达出来了，而这些方面过去一直被掩盖在"代孕母体"动态影像／电影中间。尤其是像蓬皮杜艺术中心这样的新媒体部门，至今还是把其主要的藏品内容放在 video 上

---

① 朱青生：《中国当代艺术年鉴 2017》，桂林，广西师范大学出版社，2018。

面，那么也就说明动态影像／电影到现在为止，依旧还遮蔽着大多数已经和正在诞生的新媒体艺术。新媒体艺术的重新定性，就成为我们现在正在进行的现代艺术理论研究内容，亦即《中国当代艺术年鉴》对艺术现状记录和关注的主要工作。

我们定义当代艺术中可能正在替代动态影像／电影成为新媒体艺术的四个要点分别是：

第一，新媒体艺术改变了动态影像的对象关系；

第二，新媒体艺术将感觉的综合变为整合；

第三，新媒体艺术根植于以计算技术和材料科学为主导的发展；

第四，新媒体艺术依赖互联网条件。

（一）新媒体改变了动态影像的对象关系

新媒体艺术作为人造的"作品"，不再作为"人的对象"，而是把"人的介入"放到作品里面去。人在此处是指在艺术中趋于具备平等权利的作者和观众的整体。介入就是说这个作品不仅跟人发生了关系，而且这个关系并不是被"完成"后形成固定的作品之后再被观看。作品不再是被观看（接受）的一种可能性，也就是说观众从一开始就成为真正的游戏参与者。当然，现在的游戏和作为当代艺术的新媒体创作目前离这个目标还比较远，大多数的作品如同网络电子游戏，其实是用算法设计好的几种结局，人只能在一个备选项中被动地选择，作品（游戏）还是处于一种对象性的状态。但是新媒体艺术的真正的意义恰恰是对这种状态的击破，参与和互动的意义正在出现革命性的变化。从此以后，世界和对象作为人造或人参与制造的一种作品，作为一种艺术作品，不再是人的对象，而是人的一种生存环境或者是人的一种真正自我的显现。这种显现不是现象意义上的到达感知和认识，而是依赖于观看的人的选择和行为。作品作为存在的扩展和变化，作者和观者的关系彻底被清除。那么，这就是新媒体艺术所提供的一种新的艺术的可能性。

作为艺术，艺术作品作为观看对象（外在和对立与观看和接受主题）的"祛除"，就改变了动态影像/电影所保持的艺术与人的关系，这个关系是到"真正的"新媒体艺术诞生前为止艺术的普遍状况——艺术是由作者—作品—观众三体构成的。但是这个艺术的基本结构关系将会随着新媒体艺术对观众和作者之间的关系的重构而在理论意义上终结。动态影像/电影，无论是故事片、纪录片还是实验影像，都是一个做好了的、被观看的、外在于人的东西，而现在已经不存在，这样的观看人就得在其中，前提是新媒体艺术实现了自己的功能，这个实验的过程就是 2017 年我们在到处观察和寻觅的东西。这就是新媒体和影像之间、和电影之间根本的区别。不管电影有多少与人的关联，总是一个外在于人的对象，是作为对立于人的行动而被对观的客体。

作为新闻（信息传播）的动态影像/电影，今天被我们描述成沉浸式介入，在意义次序上正好是一种相反的颠倒表述：人不是沉浸于媒体给出的新闻（信息传播）之中，和媒体之间不再是一个互相传播信息的外在关系，而是直接在信息的过程中间显示自我的差异。

以往的新媒体理论总结，经常将从 2D（二维）到 3D（三维）看成是传统电影和新媒体之间的区别，其实只是描述了新媒体艺术的发展期，到目前为止这是主要根据影像艺术/电影提出的任务和需要而进行的自我发育的过程，是新媒体艺术作为胎儿在代孕的母体中的状态。3D 作为一种影像的制造技术，实际上只是利用新媒体艺术改进了影像艺术/电影所描述的视觉对象的幻觉，因为"真正的 3D"不是对象的虚拟立体感，而是能够把人包围在里面的一种无隔阂、非对立的方式。

这种无隔阂、非对立的方式有两个基点"共场和互动"。第一个基点就是在场者和对象之间是同在的共场；第二个基点是互动本身才能产生结果。

第一个基点意味着观者自身与各对象之间物我一体、主客一体。简单用 3D 来描述是不准确的，因为 3D 可以是一种整体上作为对象的幻觉，比如说电影变成了 3D 电影，但是这个 3D 电影并没有摆脱其作为人的对象的地位。也就是说，它和在场的人是一个对观的关系。从 2D 到 3D 是一个风格的、效果的变化，依旧保持着看和被看的关系。这种 3D，人并不可以介入，它只是一种似乎可以介入的作为对象的幻觉。而新媒体艺术实际上解决的问题就是介入与同在的问题，就是说新媒体艺术也是 3D，但并不是做出 3D 来了以后，让人再去看 3D 的结果，而是把观看者融汇在里面一起存在和行动的一种状态。它不再是对象，而是与主体在同一个空间中的共享。增强现实 AR 的各种试验和设计即是如此。

第二个基点是具有互动关系。互动有两个层次，一个层次的互动是对已有的对象进行选择。目前新媒体艺术所制造的游戏和装置主要是一种预先设计好的假设的互动，作品的效果其实是被创作者事先完成，或者事先预计到的，最多只是在有限的范围之内做一种可规范的改变。这个情况已经成为一种被称为互动的表象，作者的能力和技巧主要在于如何使用现代技术和内容制造出作为结果的效果和风格变化，力求奇特和古怪。无论是对于现成的游戏内容和玩法进行设计，还是把游戏再变成电影的叙事方式来播放，目前都还处在初级、尝试阶段。由于技术目前正在迅速发展，从相当原始的获取参与者（玩家）的意志和感觉的穿戴设备、可拉伸的晶体管阵列的有源矩阵以及触摸传感器作为媒介（媒体与人的连接）的方面看，或是从计算速度、储存能力和连接方式正在飞跃的量子计算作为主动方和被动方的对应能力的方面看，理论和应用上都在实验室阶段，游戏的根本性质基本没有占据现有的作品（产品）的主流，还局限在旧有技术的编辑阶段。编辑水平和投入的人、财、物的有限，使沉迷于旧的媒体（包括文学、戏剧、绘画、摄影和电影）高度艺术成就的人们对新媒体艺术充满了怀疑和嘲弄，特别是误以为现在的游戏就代表新媒体艺术。

第二个层次的互动，是所有的结果在观者介入互动之前并不存在。在这种互动之中，任何观察都不是对预先设计的结果的观察，任何行动都不是对已有的行动后果的接受，而是主体的行为（包括观察）的共同结果，并时刻随自我参与而改变。这种互动不是对一个已有的东西的选取和组合，而是说可以改变对象的结构本身。结果不是作者预设和制作完成了的，而是作品与观众（接受者）随其浸入而改变自己活动的结果。没有一个作者设计的结果，而是不同的人有不同的结果，同一个人在不同的进入中也会产生不同的结果，并且根据自己在这个浸入动作中间的不同程度和不同层次的意愿，其结果是不被设计和预设规定的，结果（作品）随着这个参与者的存在而发生了根本的变化。正是在这个方向上，艺术家的活动和科技结合，但是目前还是没有很好的解决方案。这显示出新媒体艺术以艺术主导，启发和推动了整个的技术发展取向。

共场和互动互为表里。只有进入人与环境的同在共场中，才有真正意义上的互动和浸入。浸入并不是浸入一个已经完成的结构，而是说结构根据浸入者而发生改变。

（二）新媒体艺术将感觉的综合变为整合

感觉的共同与整合，这是关于共觉的问题，也就是说，过去虽然我们把电影看成是综合艺术，但是是很多"单纯的"艺术形式和门类共同叠加的结果，每个艺术形式和门类各自的频道、声道和方法都是分离的，有些部分受制于人的感觉，而每种感觉所发展起来的媒介并非同时，也因运用不同的原理和技术而分别作用于视觉和听觉，这些原理和技术目前在电影中间也只是一些触觉、嗅觉和味觉上的辅助应用。从理论上来说，新媒体艺术是把这些不在活动影像／电影中的感觉（触觉、嗅觉和味觉）补充作用于人的身体，进而通过神经科学、脑科学、生物结构和遗传分子学等，对人的神经机制和感觉机制进行更为深入的研究和认识，从而对于如何干预人的感觉及其行为——无论是从生物的角度、化学的角度还是从机械、物理和信息刺激的角度——实验使用各种技术和方法，发展出新媒体艺术。然而新的技术已经突破了自然的层次上的感觉分类，更加深入地从分子以及原子结构的层次上、从纳米尺度上重新进行了描述和分析，所以这样的感觉已经不是在按照我们人体外在感觉器官的方式去处理所有的感觉问题了，统觉和移情已经不再是一种诗意的描述，而是一种实际针对人的生物工程的做法。虽然新媒体艺术还是为了满足观众接受的习惯和艺术界的权威博物馆、策划人、收藏家的成见而把作品分组诉诸几个感官，但是作品已经偏向于处于一个主体。主体对人类脑部和神经系统有一定的区划，功能作用也有一定的区隔和次序（虽然对之认识有限）。现在的新媒体艺术可以制造的艺术品的活动范围虽然是人为的，甚至是用粗暴、机械式的装置，但其趋势毕竟是朝向整体交互发展。也就是说，新媒体艺术不是一种工具而是一种感觉，这种感觉是全局互动，动一发而牵动全身，似乎接近了生命现象本身。任何一个感觉实际上是跟其他的感觉综合来起作用的，这样就构成了一个整体，这个整体就是我们说的感觉的全体。这就将动态影像／电影感觉的综合变为新媒体艺术的整合。

其实第三和第四要点与其说是新媒体艺术在"替代"着动态影像／电影，倒不如说新媒体在回护、赡养着动态影像／电影。计算技术和材料科学、互联网条件使得动态影像／电影会在未来的长尾效应中通过自身的创作和精彩的呈现，把人情世故以及对社会的关怀转化为无限的创作而延续下去。但是，看到这个表象背后的危机，才是我们现在讨论问题的重点之所在。

（三）新媒体艺术根植于以计算技术和材料科学为主导的发展

以数码技术及数码／计算技术为主导的分析和控制技术的发展，被人们认为是新媒体艺术发展的前提，这一点是毫无疑问的。一个旧有的媒体逐步或彻底地成为历史，必然伴随着一种结构性替代技术的出现，而这个对旧的艺术形态的结构性替代就是数码／计算技术。

数码／计算技术着胎、催生的新媒体艺术一开始其实也是在影像艺术／电影的代孕母体中间发育的。也就是说，几乎所有的数码／计算技术的实验都是根据影像艺术／电影的突破和完善的需要，以建造和扩大影像艺术的效果为目的而进行的实验。影像艺术已经发展到 3D 电影和对各种电影的五大技术层面全方位的探索和发展（另文详论）阶段。

　　数码 / 计算技术现在其实已经促使新媒体艺术进入了自我独立生长的阶段，进入了"哺乳期"，甚至接近"断奶"，因为新媒体自由的发展已经显示出它可以跟影像艺术 / 电影无关，而是和上述的第一点，即跟主体发生直接的关系，从而不再作为对象，而是与人对接，作为"对手"的机器，进入人机一体的状态。人机一体的创作并不是给人提供了一个对象，而是增强了作为主体的人本身。当然我们必须这么说，事实上我们看得到的新媒体艺术作品到目前为止还没有完全脱离母体，都还依附于代孕的母体，没有进行根本脱离（"分娩"），甚至都谈不上到达"哺乳"的阶段，更何况"断奶"，因为游戏中间使用的是屏幕而不是接通全部感觉的接收器，在自然和建筑等各类型的环境和展场范畴之内，不是使用人机介入，而是还在使用多媒体的影像"给人看"。新媒体艺术在数码 / 计算技术支撑下只能说最多才进入了被影像艺术 / 电影主导的发展过渡阶段。

　　数码 / 计算技术与新型材料科学和制造技术的结合，就是人工智能的无限可能的开端。

（四）新媒体艺术依赖互联网条件

　　具备互联网制作、传播、接收条件说起来是一个新的技术，其实是人类作为一个整体的性质的改变。今天互联网和数码 / 计算对人类智能的冲击，其实与其说是技术对人的冲击，倒不如说是人类的全体的联合性——联合起来作为一个整体，而且在（量子和未来尚不可知）计算速度增长的条件之下，把人类和人造整体中间的所有细节迅速并以特别精密的针对性调用出来，对每一个个体进行比拼和冲击，这种冲击必然获得胜利。

任何一个个体都在所有的人类群体中，这个人类的全体甚至包括了有人类以来历史上的全部成员的智慧。在计算速度和数据的复制和记忆、储存、索引、调用能力方面，在与量子计算（和未来尚不可知）的技术的合作下，相比而言，个人只是沧海之一粟，不可能不被击败。所以我们在围棋中看到的机器人的胜利只不过是一个象征，其实这种象征对人毫无意义，很多人对其恐惧或者欣喜都是毫无道理的，因为这是互联网造成的人类的联合新机制的胜利。这不是人工智能对人的胜利，而是人对人的胜利，是未来的新人对过去的旧人的胜利。人类就是这样发展起来的，如果没有这样的胜利的可能性，今天我们还是类人猿，或者是纯粹的低等生物。互联就是团结，我们从来都讲团结，团结就有力量。什么叫团结？团结并不是大家服从统一的意志或者单一规定的方向，所有个体都变成被奴役和被压迫的追随者，而是所有的人可以通过一个方法让自己的智慧成就全体并保持对一切差异性的理解，对任何一件事情的反应、批判和认识，凭借互联网条件而获得互相交流的方便，并且这个方便的程度在理论上应该覆盖每一个人类。只要拥有人权，只要拥有表达个人意见的权利，他就应该而且能够把他的智慧和意见传达给所有的人，为所有的人所意识、认识、选择和使用。这种人类全体的联合就是互联网的真正的意义之所在！

我们今天讲的新媒体艺术是在互联网条件之下的新媒体，如果没有这样的一个条件，任何新媒体艺术只不过是实验室的课题和少数人的玩具，或者是部分人对其他人进行干预和压迫的密招暗器，而只有互联成为可能，并且介入、上传和发布技术方便、便宜而且不受控制，才是互联网的真正意义上的普及和实现！正如《中国当代艺术年鉴2016》的导论开始反复论证的"山水社会"理论所说，因为互联网已成为一种网络的道路，它终于撬动和拆解了"景观社会"和"机器复制社会"公共媒体传播、控制大众注意力的权柄，资本主义发展被少数的寡头和强权垄断的权力开始出现衰象。电视、广播，最后是影像艺术／电影，只是少数人占有发布的权力和制作的技术，背后需要大量材料、财力和人力才能够完成播送，而今天的互联网的条件最大的意义是在于切入口已经下放给个人，无论其国籍、语言、文化水平、政治地位和经济条件如何，每个人都能介入传播，构成对舆论和潮流的不同角度的、多层次的干预和引导，构成新兴的多维、个人意向独立、自由表达的"山水社会"，类似于散点透视的山水画，一反过去透视准确、结构分明的"风景画"社会。在其中，每个人都可以介入，每个人都在发布。当这个资源已经便宜到就像任何人使用空气和海水一样可以使用的时候，互联网才得到了真正的技术性的解决。

当代艺术对新媒体利用问题的讨论[①]，强调新媒体、新技术已经引起了社会变动和政治后果，并探讨了社会演变的主要因素。新媒体本来应该是中性的，却具有引发剧烈社会变动的潜力。一种新媒体的诞生，实际上既可以被视作人的认识、交流和感觉能力的延

---

① 朱青生：《中国当代艺术年鉴2016》，桂林，广西师范大学出版社，2019。

伸，也可以被利用、强制而成一种暴力。中性只是抽象的性质，并不表现为具体的状态和功能。①

（朱青生教授以本文代替在北京师范大学图书馆"专家讲座"演讲稿）

---

① 朱青生：《中国当代艺术年鉴 2017》，桂林，广西师范大学出版社，2019。

世界著名
博 物 馆
巡 礼

君子自強不息

邵凌

二〇一〇年九

主 讲 人 简 介

郭小凌

　　北京师范大学历史学院教授、博士生导师。时任首都博物馆馆长、中国博物馆协会副理事长等职。现为首都博物馆学术委员会主任、《博物院》期刊主编、中国世界古代史专业委员会名誉理事长。研究方向为世界古代史和西方史学史。主要学术成果有《西方史学史》《历史研究》《剑桥插图考古史》等。

主 讲 提 要

　　巴黎卢浮宫博物馆、伦敦大英博物馆、纽约大都会博物馆这些以丰富的藏品和独特的历史而享誉世界的博物馆，每年吸引着全球数以百万计的游客。本次讲座，首都博物馆馆长郭小凌教授带领大家环游世界著名博物馆，"阅读"各馆收藏的艺术珍奇和镇馆之宝，品味展品背后或波澜壮阔或润物无声的历史，理解和体悟人类文明。

同学们好，非常高兴借图书馆"专家讲座"这个机会，谈谈有关博物馆的话题。大家知道，博物馆是重要的公共文化空间之一，重要到什么程度？在公共文化空间中，学校是最重要的文化设施，除了大中小学校之外，博物馆和图书馆就构成了仅次于学校的两个重要的公共文化设施。所以每个国家都有博物馆和图书馆，必不可少。当然，还有一些别的公共文化空间，比方说体育馆（场）、剧院、电影院、文化馆等。但这些公共文化单位和博物馆、图书馆相比，人们参与的程度差别很大。比如我国博物馆去年（2013 年）接待的观众总量达 5 亿多，仅故宫博物院一年观众量就达到 1800 万人，世界第一。另一个世界最受欢迎的博物馆是法国巴黎的卢浮宫博物馆，去年观众人数约 950 万，排世界第二位。所以就人们参与的数量而言，博物馆无疑是一个极其受欢迎的重要文化设施。为什么那么多的人愿意飞行几千公里、上万公里到某个国家，比如到英国去看大英博物馆，到牛津、剑桥这些大学去参观牛津的阿什莫林博物馆、剑桥的菲茨威廉博物馆，这当然不是偶然的，而是有必然的原因。

这涉及博物馆的性质，也就是博物馆是什么、博物馆怎么来的、怎么判断一个博物馆的好坏、博物馆的内部构成是什么样的这样一些基本问题。

一、博物馆ＡＢＣ

博物馆是什么？各国博物馆有一个统一的行业组织，总部设在巴黎，名称叫国际博物馆协会。现在的董事长是德国的一个老先生，叫汉斯。每三年国际博协要举行一次国际博协大会，比方说第22届于2010年在上海举行，很是隆重，世界各国有3500多位代表出席。国际博物馆协会是一个权威的组织，它在第21届大会的时候通过了国际博协章程，通过了关于博物馆的定义："博物馆是一个不追求营利的、为社会和社会发展服务的、向公众开放的永久性机构，为研究、教育和欣赏的目的，对人类和人类环境的见证物进行搜集、保存、研究、传播和展览。"这个定义指出了博物馆的两大基本功能，对人类和自然的见证物也就是文物进行收存和展览，这无疑是对的。但它没指出许多博物馆拥有的其他功能，比如作为所在城镇的公共客厅、公共仪式场所、餐馆、咖啡厅等功能。举例来说，英国女王在博物馆接受外国驻英大使的国书。有一年我去墨西哥访问，新当选的总统就职典礼恰好在我刚参观过的皇家博物馆大厅里举行，包括就职宴会、舞会都在那座博物馆。所以国际博协的博物馆定义并不完整。

而且这个定义开宗明义地说博物馆是"不追求营利的"永久性机构，也不符合客观实际。世界上大多数博物馆的确强调为社会服务，不以营利为主要追求目标，特别是公立博物馆，因绝大部分公立博物馆由政府财政支持，因此一般免收门票，或者收低价门票，如大英博物馆免费，卢浮宫博物馆门票价格为 15 欧元。我们国家的所有公立博物馆，除了遗址博物馆之外，全部免费，所以在我国，没有哪个公立博物馆指望卖门票营利。现代博物馆的设备、设施非常先进，耗费的资源非常多，工作人员数量多，如果博物馆靠门票、靠建立公司创收来维持运转，保障工作人员的工资和奖金，这对于绝大多数博物馆都是不可能的。所以国际博协特别强调博物馆是一个非营利性的机构。但我觉得国际博协这样讲是说给各国政府听的，弦外之音是博物馆为非营利的公共文化机构，政府应该给博物馆慷慨地拨款。近年来欧美多国出现严重的经济、金融危机，各国政府都压缩了对博物馆的国家财政支持，规定博物馆自己创收的一定比例。如英国政府规定大英博物馆每年的财务预算，70% 由中央政府提供，30% 由博物馆自身筹措。这是欧美的普遍现象，只是政府资助占比不同。所以欧美博物馆的馆长和大学校长一样，很重要的职责是去筹钱拉赞助，推销自己馆的展览。

我们知道，任何定义应该能够涵盖它所定义对象的所有类型，博物馆定义如果加上"非营利"就不符合博物馆的实际。事实上几乎所有博物馆都有营利的成分。有少数私立博物馆是能够充分营利的，如美国的古根海姆博物馆，在西班牙毕尔巴鄂市另办了一个分馆，这个分馆因造型奇特，不仅给城市带去了过去难以想象的旅游资源，还因自身经常举办一些精彩的文物展览，门票加各种文化产品的出售，实现了博物馆营利。我们国家也有个别私立博物馆是营利的，譬如北京的观复博物馆，马未都先生善于经营，他的博物馆就实现了自负盈亏。

　　即使是公立博物馆，也几乎都具有营利的项目，比如收费的特展、为观众服务的餐饮、书店、文化产品商店。

　　所以国际博协的定义不太完善。迄今我在博物馆工作了 9 年多，根据直接观察，我试图给博物馆下个定义，表述为：博物馆是人类群体记忆的表现形式之一，是一种与学校、图书馆、档案馆有所不同的公共文化与教育设施，其主要职能为收集、保存与展示有关人类史与自然史的实物证据，并以馆藏与外借的其他藏品为依据，向社会公众传递有关人文和社会科学以及自然科学知识。许多博物馆还兼有整理、研究、修复各种文化遗产的功能，甚至作为临时政治、文化仪式与经常性的休闲娱乐（会议、接见、宴会、购物、饮食）场所。

　　下面对这个定义做些解释。博物馆是人类群体记忆的表现形式之一。人类群体记忆有多种表现形式，博物馆是其一，历史学也是其一，二者表现形式既一样又不一样。我们看博物馆里的一个个展览，和历史学家写的专题史十分相像，唯一的差别是博物馆必须用实物来说明某个历史事物、历史故事及故事情节，而叙述史则主要通过文字来加以表述。

博物馆重要的社会职责就是为人类保存自身历史和自然史的实物证据。实物是可靠的、不可重复的证据，仅靠文字记载而没有实物证据，人类对自身的历史认识就没有依据，这是博物馆的基本价值所在。对于博物馆人来说，每一件文物都独一无二，十分珍贵，没有什么特殊的镇馆之宝。所谓镇馆之宝的说法实质上是一种营销的噱头。举卢浮宫为例，它自己列出三大镇馆之宝——胜利女神像、断臂的维纳斯像、蒙娜丽莎画像。是否这三件文物比其他文物就更珍稀？并非如此。博物馆学专门有一个学科叫博物馆营销学，这是一种营销宣传的方法。法国人自己就批评过断臂的维纳斯是法国政府有意炒作的产物。

每个地区、每座城市、每个国家，都有自己的博物馆。没有博物馆里收藏的实物证据，成文史书就没有依据。我们要讲实证，实证在哪里？实证收存在博物馆，以实物形式表现出来的人类群体记忆体现在博物馆。所以我们关于博物馆的定义说它的主要职能在于收集、保存和展示有关人类史和自然史的实物证据。保存的文物总是越积越多，不能老是束之高阁，而是要活起来，展示给观众。但由于没有任何一座博物馆的藏品包罗万象，办临时展览可以不求人，所以博物馆的定义还要涉及文物的外借。例如英国藏品数量最多的大英博物馆在本月（2014年9月）的19日举办一个中国明代的社会生活展，从我国 30 多家博物馆借了几百件文物，其中也包括首都博物馆的藏品。大英博物馆的文物多达 1300 万件，我们国家文物藏品最多的是故宫博物院，有 180 万件。可是大英博物馆仍然需要借展。它在历史上所办特展的观众人数最多的是秦始皇兵马俑展，3 个月达 80 多万观众，特展门票每张 30 磅，收益大大超过展览的成本。

再者，世界上许多博物馆还兼有整理、研究、修复各种文化遗产的功能，拥有修复文物的技术部，可以把损坏的书画、青铜器、金银器、陶瓷器、塑像、工艺品等文物修得完好如旧。大馆还有文保技术部，像科研院所一样有实验室，配备各种仪器。国家博物馆、故宫博物院、首都博物馆都有，大英博物馆、卢浮宫这些大馆也有很出色的文物修复设备，但是小博物馆没有，它缺乏人才、设备的条件。我们到欧洲去旅行，常会看到有一些街头小博物馆。例如在阿姆斯特丹街头，外立面只有五六米见宽的小房子，也挂着博物馆的牌子，如监狱的刑具博物馆，专门展示一些脚镣手铐。它只保存和展示，没有研究修复文物的人与技术。因此博物馆的定义必须说明还兼具这样的功能。

另外，博物馆还常常作为一国、一城市、一地区的临时政治、经济、社会和文化仪式的举办场所，还是居民休闲娱乐的空间。譬如 2008 年奥运会，北京市是主办城市。近百个国家的元首、省州市负责人等来京。在哪里给他们举行招待会呢？除了人民大会堂，在首都博物馆大堂举行盛大宴会是不错的选择。这是博物馆的政治文化功能。有些博物馆还可能是一个城市最好的餐厅之一。比如苏格兰爱丁堡的苏格兰国家博物馆，它就有一个与博物馆主建筑分开的大型餐厅，是当地人待客、聚会的一个重要场所。把这些功能都纳入博物馆定义，就符合现代博物馆的客观实际了。

我们介绍了博物馆的定义，了解了博物馆是什么之后，再来看一下它的物理结构。所有博物馆，特别是大中型博物馆，都包括展厅、文物库、观众服务区和办公区，用于正常开馆营业，供观众服务、安全保卫、文保修复等部门使用。它还包括各种设备，特别是现代博物馆，大型设备非常多，像制造和保持恒温恒湿等局部环

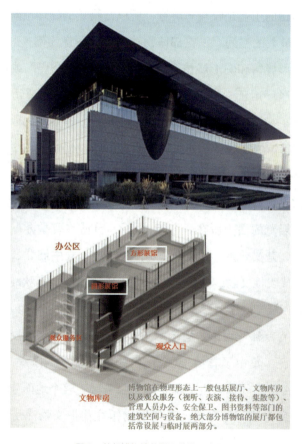

博物馆在物理形态上一般包括展厅、文物库房以及观众服务（视听、表演、接待、集散等）、管理人员办公、安全保卫、图书资料等部门的建筑空间与设备。绝大部分博物馆的展厅都包括常设展与临时展两部分。

图2 首都博物馆外景及结构示意图

境的设备，有大型空调设备，有特殊的演示、灯光、监控、消防设备，不一而足。

有些专题博物馆，包括植物园、动物园、水族馆、户外遗址和特定自然景观，比如遗址博物馆、民俗博物馆。有些馆把一座村落整体保护起来，进行修缮装饰，加装说明牌匾，比较典型的像安徽被列入世界遗产名录的村落。现代博物馆的内涵在继续外延，可以说大千世界处处都可发掘和建立博物馆。

博物馆的主业是收存与展览，所以博物馆的物理空间为展厅往往保留了最大的空间。以首都博物馆的三维图像为例，64000 平方米分作方形展馆和圆形展馆，它们又分成了 13 个展区或展厅。其中有 9 个展厅用于常设展或基本展，这是任何一个博物馆的核心展，可能 5~10 年甚至更长的时间不会更换。常设展的职能在于表明一座博物馆的定位。譬如国家博物馆的常设展定位在中华文明的展示，包括中华文明史展和复兴之路两大展览。

除常设展之外，还有 1 个月或 3 个月展期的临时展览，这是一座博物馆展览的活力所在。今年 11 月，首博将要举办一个非常精彩的展览，楚文化展，展名叫"凤舞九天"，集中湖北、安徽、湖南省馆的代表性文物，这是一个过去未曾展过的、春秋战国时期的楚文化展，展期 3 个月，一直到春节，欢迎大家去参观。

大家看首都博物馆结构示意图（图 2）的北面有 6 层楼，整体上是办公区，集中了首博 19 个部门的办公室、工作室、实验室。展馆和办公区之间那些空隙都是观众服务区。整个地面建筑的下面是文物库房与地下停车场。现代博物馆往往把文物库房设计在地下，相对安全。文物库房几乎收存一个馆的所有文物，有些文物价值连城。比如首博馆藏的两个很小的明代成化斗彩葡萄杯，可能价值几个亿。首都博物馆物理建筑包括布展的费用，总计约 14 亿元，而馆藏的几件文物可能就值这个数。它们都是国有资产，是我们大家的资产，所以必须保障它们的安全。为了安全，库房设计在地下，配备复杂、精密的安保系统、监控系统，包括人防、物防、机器防，而且有严格的制度。即使是经过严格审查的库房保管员，出入库除了登记之外，还要录像，以保证万无一失。

示意图的地下二层是设备层，保证博物馆整体运转的水电气，甚至包括发电设备。奥运会时提倡绿色奥运，所以首博试验在公共建筑中利用光伏发电。当时的光伏板我国还不能制造，不像现在这样便宜，只能到美国去买，因此价格很贵，一块板差不多 10 万元。现在我国成为世界上最先进、产量最高的光伏发电设备的制造国，使光伏板变成了白菜价。首博楼顶整个铺的是这样的板，年发电量 10 万度。

以上是博物馆物理形态上的一般情况，归纳一下，每座博物馆物理结构上基本包括三部分：展区，分为经常展和临时展区；观众服务区；办公区。

就博物馆的类型来说，可分为四大类，第一类是社会历史类，如美国华盛顿的国家历史博物馆。我们国家也有单纯的历史博物馆，如陕西西安的陕西历史博物馆，这是中国最好的博物馆之一。第二类是自然科学类博物馆，如北京的自然博物馆、中国科学技术馆等。第三类是文化艺术类博物馆，这是最受欢迎的博物馆类型。世界最著名的博物馆，全是文化艺术类博物馆。为什么文化艺术类博物馆最受观众欢迎？因为艺术博物馆收藏与展示的藏品，绝大部分都代表一定历史时期中的某个地区，甚至整个人类的最高工艺水平的艺术品。比如卢浮宫博物馆，无论是意大利画廊还是法国画廊，集中了文艺复兴以来意法艺术家的杰作，一幅幅载入人类美术史的、我们耳熟能详的大型油画，代表了法国油画的最高水准，极富观赏性，当然受人欢迎。我们到故宫博物院，看明清皇宫的藏品，大多是中国最好的工艺品，由当时最优秀的艺术家创作，每一件作品可能蕴含意味深长的故事，所以吸引人。台北故宫博物院的文物也不错，但因为文物搬迁时十分匆忙，搬走的主要是比较容易运输的、体量不大的文物和大批善本古籍。人们爱问北京的故宫博物院和台北的故宫博物院，哪个馆的文物更好、更多？记得故宫博物院的院长在电视采访时解答过这个问题，他只是说各有长短。以我个人的经验看，北京故宫博物院目前精品文物在数量上要比台北故宫博物院更多、更好。当然台北故宫博物院有一些精品珍品，比如宋代的名画，包括皇帝画像。我们到台北故宫博物院观看，一般展品都精美纤巧，有不少皇室的小摆件。而北京故宫博物院则有恢弘的大型摆件。以家具为例，北京故宫博物院收藏着最精致的皇室家具，多达两万多件，大多是最好的楠木、黄花梨材质。

举几个国外最具代表性的艺术博物馆，如梵蒂冈博物馆、卢浮宫博物馆、大英博物馆、纽约大都会博物馆。这些馆都是文化艺术类博物馆。还可以补几个名馆，如俄罗斯圣彼得堡的艾尔米塔什博物馆、西班牙马德里的普拉多博物馆、意大利佛罗伦萨的乌菲齐美术馆。如前面所说，它们之所以最好，是因为它们的文物精品多、覆盖面广、观赏性强。这些博物馆的藏品，都不局限于自己国家，而是世界性的，包括世界众多文明的珍贵遗产。这一点和我国以及广大发展中国家的博物馆残品的属地不同。我国博物馆收藏的文物，几乎均属于不同时期我国自身的遗存，没有博物馆有世界诸文明的文物。这是因为国际上收集文物的黄金时期是 18、19 世纪，欧美列强当时对世界其他文明具有压倒的优势，所以它们的官员、军人、财阀、商人、学者、文物贩子大规模地在世界各地进行收买、劫取、盗抢文物，所以能够把人类创造的大量最精美的艺术品（不能说全部至少是大部品分）收罗到自己门下。

　　第四类博物馆是综合类馆，集前三种馆于一身。举一些国内馆的例子。福建博物院、湖南博物院都是综合类的博物馆，有自然史的展厅，也有本省历史展厅，还有专题文物精品展厅。需要指出，四大类中还可分出众多专题博物馆，如历史类的遗址博物馆，像陕西兵马俑博物馆、北京老山汉墓博物馆等。

二、博物馆是怎么来的

　　博物馆的历史不长，只有 500 来年。整个农耕文明时期没有任何博物馆，在古希腊与古罗马，曾经有过类似的博物馆的雏形，比如公元前 3 世纪至公元 4 世纪的亚历山大里亚的缪斯之宫及其附属的图书馆。虽然它不是现代意义上的博物馆，却是具有类似博物馆成分的王室或国家文化与科研机构。托勒密王国的人把那座建筑称作缪斯的房子，是缪斯待的地方，并不是博物馆的意思，因为博物馆是一个公共的文化机构，它要向社会公众开放。所以农耕时代没有博物馆。博物馆的建立，最早在意大利的罗马，15世纪诞生了第一座博物馆——卡皮托林博物馆。之后梵蒂冈博物馆出现，再后来传到了英国，传到了瑞士，这是最早的博物馆，星星点点在欧洲浮现。什么时候开始多起来了呢？是在英国革命和法国大革命之后，公共政府的建立，把公共教育当作政府的职责之后，博物馆就开始发展起来。但还不能说普及开来，因为那个时候的博物馆数量也不多。真正最大的发展是在20世纪50年代之后，以美国为例，美国目前共17000多个博物馆，绝大部分是"二战"以后建立的，特别是20世纪80年代以后，即美国进入富裕社会之后。

图3 世界第一座博物馆卡皮托林博物馆（Capitoline Museum）

这张图（图3）是世界第一座博物馆，1471年建成于意大利罗马的卡皮托林山上。那时还没有博物馆的正式名，所以这第一座博物馆起初名叫卡皮托林宫。这里还有一个很有趣的语言学的问题，卡皮托林（Capitoline）在印欧字母文字中有资本、首都、国会山的意思，意味特别重要。卡皮托林山丘为什么重要？因为它是古罗马的主神庙，是朱庇特神庙所在地。古罗马人要出兵打仗，胜利归来，都要到这里来请示、汇报、感恩，所以卡皮托林为古罗马第一山。因为这个缘故，许多国家最高权力——议会所处的位置称卡皮托山，即国会山。若从卡皮托林博物馆内的窗户看古罗马广场废墟，十分壮观。

卡皮托林博物馆现在的建筑是1536年由米开朗琪罗设计和建造的，他不仅是艺术家还是建筑师，梵蒂冈的圣彼得大教堂也是他的作品。他建造了卡皮托林宫，矗立在卡皮托林山丘的顶部。我们常看到的罗马城标记——母狼哺乳两个男孩，这件著名的青铜艺术品就收藏在卡皮托林博物馆。这个馆是意大利国家博物馆，是意大利最好的博物馆之一。它有三座建筑物，围着一个小广场，广场中央是由米开朗琪罗塑造的罗马皇帝奥里略的骑马青铜雕像（注意古罗马时代还没有马镫）。这座雕像的原作因为空气污染的缘故放在博物馆的展厅，广场中是复制品，很有气势。

那么博物馆名称是从哪来的？来自英国牛津大学。牛津大学建立了学校的第一座博物馆，起名为阿什莫林博物馆（Ashmolean Museum）。为何起这个名字？原因是有个牛津大学的学生叫阿什莫林。他后来发财，将收集的文物等捐给了母校，捐赠条件是得专门找个建筑做展馆。于是学校就找了座楼房，起名"Ashmolean

Museum"。英文博物馆"Museum"这个词在中世纪的时候是文物清单的意思，起初这个馆名意思就是捐赠人"阿什莫林的文物"，后来这个名字传开来，到大英博物馆建立的时候，英国国会就采用了这个词，于是 "Museum" 就流传开来，中文译作"博物馆"，实际上原意是"大英的文物"。

图 4　阿什莫林博物馆（Ashmolean Museum）的正门（郭小凌摄）

这幅图（图 4）是现代的阿什莫林博物馆的正门，新古典式的建筑，希腊式山墙、柱头、石柱，都很漂亮。前些年又扩了一个展厅，扩了一万多平方米。这个博物馆是英国品质最好也是最古老的博物馆之一，一进牛津城的入口处就可看到。英国最早的博物馆位于首都伦敦市的伦敦塔，那里有一座皇家军械博物馆，1660 年开放，比卡皮托林博物馆晚了 100 多年，现在仍然存在并对观众开放。

时钟转到 18 世纪中晚期，随着资产阶级革命的胜利，公共政府普遍都把国民教育当作自己的任务，所以这时候，欧洲先是在英国出现世界上第一座国家级的公立博物馆，就是大英博物馆。随后在巴黎，法国大革命尚未完全结束时，共和政府建立了法国的国家博物馆——卢浮宫博物馆。这样一来，博物馆建设就逐渐成了政府的职责，有力地推动了博物馆的发展。

大英博物馆在建立的时候，国会通过一个决议，指出博物馆的职能是要对英国国民提供教育资源，让他们不用出国，不用出伦敦，就可以看到世界各国的社会、经济、文化的成果。所以国立博物馆一开始就具有国民教育的职能。然后博物馆在欧洲各地流行开来，大英博物馆建立于 1759 年，卢浮宫博物馆建立于 1793 年。现在大家比较熟悉的大英博物馆建筑其实是新馆，最早的大英馆是在类似于阿什莫林老博物馆那样的一个小楼里，因为当时有个捐赠者，要捐他的生物学标本。起初他要捐给英国国王，索要 2 万英镑，不是无偿捐。国王把这个事推给议会。议会就根据他的要求收下来，办了个博物馆，开始在小楼里，后来做了扩建，扩建成现在看到的新古典主义的希腊式建筑。

大家对于卢浮宫博物馆外景比较熟悉了。法国总统爱搞政绩工程，什么工程呢？就是建博物馆或者建公共文化设施。这个传统非常好，公共文化建筑可以惠及后代，也是创建者的永久纪念碑。蓬皮杜总统建了蓬皮杜现代艺术博物馆，现在成巴黎一景，是重要的公共文化中心。德斯坦总统做了卢浮宫的改造，向地下挖出一个巨大的集散大厅，在挖的过程当中把老巴黎城的城墙挖了出来，所以地下又成了一个展室，展览城墙和城市史。密特朗总统执意在卢浮宫大堂上方建了一个金字塔式的玻璃罩。这个玻璃塔的设计，包括蓬皮杜现代艺术馆的设立，初期大多数人都反对，认为巴黎多是巴洛克式建筑，与这些新设计看上去不太和谐，如今，这些建筑已变成巴黎的标志性景观，没人"吐槽"贝聿铭的金字塔设计了。

纽约大都会博物馆的来历比较特殊，这是世界上几个大型博物馆中唯一一座由老百姓也就是几个纽约的律师建立的博物馆。几个创始人算是 19 世纪末纽约的中产阶级，他们在巴黎一个餐馆里聚会，约定在纽约建一个博物馆。他们提出这个建议时，手里一件文物都没有，所以大都会博物馆是一座白手起家的博物馆，和大英博物馆、卢浮宫博物馆、梵蒂冈博物馆不一样。后三个馆原本是皇室博物馆，随着国家到处扩张，到处收集文物。开头没文物怎么办？他们就把欧洲馆藏的艺术精品用石膏模翻制出来做展览。迄今这个馆积攒了将近 25000 个石膏模，这些石膏模现在也成了文物。大家如果去纽约大都会博物馆参观，会见到石膏模厅。大都会博物馆也对观众免费开放，具有公益性质。再一个最著名的艺术博物馆是圣彼得堡艾尔米塔什博物馆，原是沙皇的博物馆。沙皇收集到好东西，都放在冬宫。

现在世界上博物馆界公认最好的几座博物馆，是大英国家博物馆、卢浮宫博物馆、纽约大都会博物馆、圣彼得堡艾尔米塔什博物馆。此外还有教皇的梵蒂冈博物馆，这五大博物馆是世界上最著名的博物馆。它们收藏与展示着人类史前与文明时代最具代表性的一些优秀文化遗存，希望大家出国旅行不要错过这些博物馆。

随着社会经济的进步，博物馆目前在世界各国都在蓬勃发展。北美和欧洲如此（如现在美国的博物馆一共 17500 座），我们国家的情况也是这样。所以博物馆的发展是同社会经济的发展密切联系在一起的，当然也同教育的普及联系在一起。

首都博物馆开馆的时候，起初收门票，一张门票30元钱。为了更好地服务于社会，我们的社教部对观众情况进行了调查。调查问卷的结果表明，在买票到博物馆看展览的人中，70%以上是大学本科、研究生。所以参不参观博物馆是和受教育程度联系在一起的。

美欧也是这样。大英博物馆在开馆前100多年，全部加起来的观众量也不过100万人。美国大都会博物馆也是这样，我看过好几幅卡通漫画，大都会博物馆建立的头几十年门可罗雀。到了20世纪50年代以后，美国逐渐进入富裕社会，欧美基本上陆续进入发达社会，也就是整个社会结构变成了橄榄型的。于是人们有闲暇、有资金，博物馆适应人们的需求，调整开馆时间，馆的数量也有飞跃式的增加。

为了更好地满足社会对精神文化的需求，第二次世界大战以后，欧美博物馆普遍实行了策展人制。策展人制是博物馆业务的专业化，策展、内容设计、形式设计都由专业人员负责，不像过去的博物馆并不要求有专业技能。随之大学设立文博专业。由于有专业的策展人，所以展览越办越好，各种手段都被使用，博物馆逐渐成了第三产业的重要组成部分，成为旅游业的有力推动力量，给城市带来巨大的间接经济效益。比如卢浮宫博物馆，去年（2013）达到950万观众，门票和各种餐饮、文化产品服务不仅使卢浮宫获得收益，而且给整个巴黎带来了消费。至2012年，美国博物馆的观众高达9.2亿，是访问量最多的文化设施，超过电影院、迪士尼游乐园。好的博物馆和好的展览往往一票难求，比如芝加哥艺术博物馆、梵蒂冈博物馆，都是如此。

博物馆界有个统计，至2012年，世界上观众量最多的博物馆是中国的故宫博物院，2012 年是 1300 万人，2013 达到 1800 万人，卢浮宫博物馆是 972 万人，国家博物馆是 880 万人，中国科技馆是 700 万人，梵蒂冈博物馆是 550 万人。圣彼得堡的艾尔米塔什博物馆要少一点，2012 年 288 万人，现在也就 300 多万人，因为俄罗斯的旅游业还不太发达。另外还有芝加哥的科学工业博物馆、韦斯曼艺术博物馆、密西根的密尔沃基艺术博物馆，都是非常独特的建筑物。以上是世界博物馆发展的简单脉络。

在看到近 50 年博物馆高度发展的同时，我们也应该看到博物馆发展事业的不平衡。目前三分之二的博物馆位于发达国家，即欧美日发达国家。这些国家的博物馆数量和人口的比例基本是 3 万～5 万人一座博物馆。可是在发展中国家，比方说印度、尼日利亚这些国家，150 万人一座博物馆。中国现在差不多 30 万人一座博物馆。

三、中国博物馆的历史与现状

中国在 1868 年有了第一座博物馆，是一个法国传教士在上海建立的，叫徐家汇博物院，我还去过那个旧房子，早已变成生物研究所了。徐家汇博物院是一个小型的自然史博物馆，展出植物标本。之后俄国人、英国人、日本人、美国人都在中国的一些城市建了博物馆，如大连博物馆就是俄国人建立的。中国人自己的第一座博物馆，是1905年由中国企业家张謇在江苏南通建立的自然博物馆。1905年有了第一座，到1949年，全国有博物馆21座，两位数，少得可怜。这21座馆中，有故宫博物院，有现在国家博物馆的前身北平国立博物馆，有南京博物院，有河南博物院。老河南博物院的主要藏品被挪到了台湾，成为台湾历史博物馆的藏品。除了台北故宫博物院和台湾历史博物馆，台湾别的博物馆基本没有什么珍贵的文物。

　　1949年到1978年，我国博物馆总数增加到349座，三位数。此间有一个博物馆发展较快的时段，就是1958年"大跃进"以后。据报道，毛泽东主席他一生只参观过一座博物馆，就是1958年参观安徽省博（后名安徽博物院）。他参观的时候提出每个城市都应该建一座，博物馆要作为教育人民群众的场所，这样各省市开始建

图5　安徽博物院（左上）上海博物馆（右上）陕西历史博物馆（下）

博物馆，建了 349 座，很了不起。之后是改革开放以后，这是我国博物馆的飞速发展期，博物馆数每天都在增加，2014 年 5 月达到了 4615 座。老馆也做了改造，比如国家博物馆改造得非常漂亮，可作为老馆改造的典型。

一些省博物馆很有代表性。比如上海博物馆是我国省级博物馆的优秀馆，它引进了类似于西方的策展人制度，管理规范，临时展览的策划、内容及形式设计也具颇高的品质，所以它在博物馆考核中经常被评为中国省级博物馆第一名。河南博物院也是很不错的大馆，还有陕西历史博物馆、湖北省博物馆。我国是博物馆后发的国家，后发有后发的优势，博物馆的硬件条件可以和世界最好的博物馆相比，甚至超过了国外绝大多数博物馆。譬如首都博物馆，硬件条件绝对超过世界 90% 以上的博物馆，部分软件条件也达到世界一流水平。比方说陈列设计、观众服务、社会教育、文物保管与修复等多项指标，都可以同世界先进水平媲美。这里专门推介一下我国一级博物馆的佼佼者，共 10 多个，是由文化部直属领导的。它们是通过每年考核，由国家文物局组织考核组对国内的一级博物馆进行评估，对一系列指标包括观众量、观众服务、展陈设计、展览效果、科研成果、文物征集等析解成一定分值，经过评审团组打分产生的。此外还有两座博物馆，即国家博物馆和故宫博物院，处于我国博物馆前列。总之，最近 20 年，随着我国社会经济的高速发展，博物馆事业也进入了自身发展的快车道，越来越多的博物馆进入世界博物馆的前列。

但中国博物馆也有一个自身难以克服的弱点，就是在藏品的广泛性方面很难追上外国最出色的博物馆，原因在于我国博物馆有个先天的缺陷，就是缺少文物的多样性。我们有代表中华文明最高艺术水准的各种文物，却没有或很少有其他文明的遗存。为什么？主因是中国错过了 19 世纪收集文物的黄金时期。19 世纪，帝国主义列强瓜分了世界，有条件到全球各地搜寻异邦异地的文化遗产，利用自己的优势地位，以合法或非法的手段广泛收集。中国因当时积贫积弱，是列强掠夺和收集文物的主要对象国。据说我国流失国外的文物总数大约高达 3000 万件。它们分散在欧美以及日本的大中小型博物馆中，如果加上民间的广泛收藏，其数量惊人。当然，其中有复杂的历史原因，我国确有许多宝贵文物是被掠夺去的，比如英法联军对圆明园的大肆掠夺，八国联军在北京的大肆掠夺。但也存在人为因素，比如一些文物是由国内盗墓贼、文物贩子倒腾出去的。

　　不过，我们也有许多是通过购买或捐赠获得的，比如敦煌藏经洞的文书，被看守人王道士卖掉了大部分，国内尚余一万多卷，现收藏于北京国家典籍博物馆中，大家可以去参观。英国国家图书馆是收藏敦煌文书很多的一个馆，这些文书原来由大英博物馆保存。这里面可能有一些文物若细究起来属不合法获得，比如希腊政府就长期同英国政府以及大英博物馆交涉，要求归还 19 世纪流入大英博物馆的雅典帕特农神庙的雕塑，人称埃尔金大理石雕塑，由英国派驻奥斯曼土耳其的大使埃尔金破拆所得，卖给大英博物馆。英国方面说埃尔金的破拆行为得到当时统治希腊的土耳其帝国政府的批准，埃尔金并为此缴纳了费用。希腊政府不承认土耳其统治希腊的合法性，因此长期据理力争。对流失海外的文物，我们也必须保持索要外国博物馆中可能非法获得的中国文物的权利。

总之，我们错过了 19 世纪收集文物的黄金时期。进入 20 世纪，世界各国普遍认识到文物遗存的重要文化价值和经济价值，把考古发掘、文物发现与收藏、文物流转与售卖整个流程严格监管起来，所以博物馆在文物征集方面都显得捉襟见肘。因为一件古物，比方说一件瓷器，动辄可能两三亿元人民币，两三千万欧元，有可能比毕加索的画还贵。所以无论是外国博物馆还是我国博物馆，要想像 19 世纪那样广泛收集古代珍贵的历史遗产，那等于痴人说梦。而且即使我们现在有一些本钱，想去收集古埃及、两河流域、印度、希腊罗马的文物，或者收集中古时期西欧的文物、伊斯兰世界的文物，那做起来也很困难，因为我国博物馆人缺乏鉴定国外文物真伪的能力。

四、著名博物馆的评判标准

最后讲一下评判世界最著名博物馆或者最出色博物馆的标准。有个首要的标准，就是文物精品多、覆盖面广，最好是包括一些人类史上仅存的精品，只有一件，那肯定是最珍贵、无法替代的。有一二十件、二三十件，这也可能珍贵得不得了，比方说汝瓷，传世的就那么几十件，而且个头都不大，一件就了不得，价值连城。精品多、覆盖面广，这是好博物馆的首要条件。比如兵马俑博物馆，专题式的遗址博物馆，出土的兵马俑独一份，别的地方没有，所以是著名博物馆。但它覆盖面不广，没有综合的艺术品，所以达不到前面提到的几个博物馆的声望。

还有一些次要的标准，比方说馆设的面积和设备、设施条件。最著名的博物馆都是大型博物馆，展厅多在四五万平方米以上，一般都有几十个展厅，甚至上百个展厅。再一点是看科研和文保的技术条件，展陈内容设计的质量。还有就是看观众量、观众服务的水准，但这些都是次要的条件。

最后再特别补充介绍一个大家较少注意的博物馆——梵蒂冈博物馆。这个馆很了不起，它是继卡皮托林博物馆之后出现的世界第二座博物馆，于1506年建立。如下组图（图6）是它的大门、展厅之一（一个大庭院，四面大楼里都是展厅）、松果庭院中的现代雕塑作品。这个博物馆像欧美的大馆一样，各个文明的东西都有，古埃及的、埃特鲁利亚的、两河流域的、中国的、印度的文物，但它最好的展品却是文艺复兴晚期的，巴洛克的，还有就是古希腊罗马的一些精品。还有大量的地图，至少5万幅以上，包括国别图、城市图、地区图和世界地图。

梵蒂冈博物馆共有25个展厅，其中最重要的有8个，比如埃特鲁利亚厅、埃及厅、绘画厅、古希腊罗马厅、地图厅等。还有最精彩的，如文艺复兴晚期拉菲尔的绘画厅，以及米开朗琪罗的壁画，这都是梵蒂冈馆的镇馆之宝。镇馆三宝之一是名为《拉奥孔和他的儿子们》的雕塑。这个馆就是因为这一件希腊雕塑的发现而

图 6　梵蒂冈博物馆组图（郭小凌摄）

图 7　梵蒂冈博物馆外的买票长队（郭小凌摄）

建。这是一尊大型的、精雕细刻的雕塑作品，2 米多高，形象非常复杂、动人。出土后它被存放在梵蒂冈教皇的宫殿里。关于这座雕像，古典艺术评论家都说好，也确实好，因为它是一整块大理石雕就。大理石很脆，要把它刻成如此复杂的造型，刻完了还要细心地打磨，一不小心就碎了，就断了。这件作品用的是最好的帕罗斯大理石，卢浮宫的胜利女神像也是由帕罗斯大理石塑造而成的。

　　关于拉奥孔及两个儿子的故事，《荷马史诗》有所描述，大家可能比较熟悉。这座雕塑（图8）表现的正是两条毒蛇杀死这一家的惊心动魄的情景，我们可以看到三人的恐惧、垂死挣扎的一刻。拉奥孔的右前臂在这个雕像刚发现的时候是没有的，当时还举行过一次讨论会，拉斐尔、米开朗琪罗都参加了。拉菲尔认为手是往前伸的，因为他是一种无奈的状态。而米开朗琪罗认为是向后伸。后来在一次建筑施工中，把右前臂给挖掘了出来，证明是向后伸的，接上后就是现在的样子。这个大型雕塑高2.42米，一般希腊雕塑不到2米，到2.2米就不得了了。拉奥孔群雕最高2.42米，非常了不起。

图8 《拉奥孔和他的儿子们》（郭小凌摄）及局部（梵蒂冈博物馆藏）

《观景楼的阿波罗》是另外一件镇馆之宝。希腊人的雕塑绝大部分是青铜雕像，我们现在看到的大部分是比较晚期的希腊化时代或者罗马时代的大理石复制品。青铜像原作因为战乱缺少金属，大部分都被急需金属的人熔化了，非常可惜。此馆还有乔托、达·芬奇、拉斐尔、米开朗琪罗等画家的作品，如达·芬奇的《荒野中的圣杰罗姆》、拉斐尔的《君士坦丁受洗》《拉斐尔自画像》《雅典学院》、米开朗琪罗的西斯廷教堂天顶画等。大家如果去罗马旅游，千万不要错过梵蒂冈博物馆——世界上最大的艺术馆之一。

关于国外博物馆，有一本颇具内涵的游历大英博物馆的书，就是北大陈平原教授写的《大英博物馆日记》，图文并茂，从博物馆向周边知识延伸出去，推荐给大家阅读。今天我就讲到这里，谢谢。

（本文系 2014 年 9 月 17 日北京师范大学图书馆"专家讲座"转录文字节选）

但 丁
在中国的
百年之旅

与师大结缘四十载

今日诗以朝拜圣地

辛丑春文铸荔题

主 讲 人 简 介

文铮

　　罗马大学文学博士、北京外国语大学欧洲语言文化学院教授、意大利研究中心主任，兼任中国意大利语教学研究会会长、中国意大利研究会副会长等，曾任意大利罗马大学孔子学院院长。主要研究意大利语语言学、意大利文学、比较文学、翻译理论与实践及中西方艺术史等。出版各类著作 40 余部，编著各类教材 30 种。曾荣获意大利总统授予的"意大利之星"骑士勋章和意大利文化部国际翻译最高奖。

主 讲 提 要

　　但丁自清末民初进入中国人的视野，对 20 世纪的文化甚至当代的文坛和思想界都产生了广泛的影响。本次讲座，文铮教授从一个特别的视角——"但丁在中国的百年之旅"，来审视但丁对我们中国的影响，以此纪念这位世界文化名人逝世 700 周年。

一、百年前的初遇

　　说到但丁，几乎没人不知道。但很长时间以来，我们绝大多数中国人对于但丁的认识只是中学历史教材中引用的恩格斯的那句话："但丁是中世纪的最后一位诗人，同时又是新时代的最初一位诗人。"（出自《〈共产党宣言〉1893 年意大利文版序言》）这是绝大多数中国人对但丁唯一的认识。

　　但是，但丁究竟是一个怎样的人？他究竟写了怎样的作品？他给世界带来了什么？尤其是给中国带来了什么？很多人就不太清楚了。只知道他是一位伟大的作家，他写了《神曲》。但是《神曲》又是一部怎样的作品呢？甚至我们很多人至今还认为《神曲》是一本小说。今年是但丁逝世 700 周年（2021）。在全球范围内，包括在中国都进行了很多纪念这位诗人的活动，这是因为但丁太伟大了，伟大到什么程度呢？比如说让你去一个与世隔绝的荒岛，出发前你想带一两本能够反映西方文学总体价值的文学作品，你会带谁的书呢？如果要把这个问题换成唐诗的话，我想大多数人都会选择李白和杜甫吧——他们是唐代诗人中难以逾越的双峰。那么就西方文学而言呢？这两座山峰就是但丁和莎士比亚。那么荷马、维吉尔、塞万提斯、歌德……这些人呢？伟大归伟大，但是能排到但丁和莎士比亚前面去吗？我想不太可能。

　　关于但丁的话题太多了，博大精深。那么今天我只想利用北京师范大学"专家讲座"这个机会，和大家聊一聊但丁与中国的渊源，以及他对中国的影响。

其实早在100年前，中国也搞了大规模的纪念活动。在1921年的时候，也就是但丁逝世600周年的那一年，上海《小说月报》专门开辟了一个专栏来纪念但丁。但是当人们发现，直到那个时候，中国人，尤其是不会外语的中国人竟然还没有读过《神曲》，也就是说还没有出版《神曲》中文译本。那我们纪念但丁还有什么意义呢？于是杂志社就开始物色翻译人选，就算时间仓促，至少也要让大家尝一尝翻译的片段吧。

我想顺便问问在场的诸位，你们觉得《神曲》是什么文体？小说、诗歌，还是散文？有人说是小说！其实这不怪大家，因为有些很著名的译本把《神曲》翻译成了散文体。但是，《神曲》是诗歌，是一篇很长的诗歌，一共有14233句，而且句句押韵，比如说第一句的结尾韵脚是A，第三句则也是A，第二句是B，第四句也是B，所以就形成了ABA、BCB、CDC、DED的连环韵形式，每一首歌的韵脚像链条一样从头押到尾。

若把《神曲》译成诗歌体，最难以传达的是原诗的韵律与节奏。《神曲》的创作时间大概是在1305年至1321年之间，当时的书籍还基本是手抄的，不是印刷的。可是请抄写匠抄书的成本很高，一般的老百姓买不起书。所以那时候的文学传播很大程度上都是依靠诵读的。而但丁写《神曲》的初衷是要让不懂拉丁文的人也能读懂或听懂，如果他的诗句不优美、不吸引人、没有情节、不接地气的话，怎么能让人通过听觉的记忆完成欣赏和审美的过程呢？所以诗歌的韵律和节奏是翻译《神曲》的障碍。但从诗歌的形式而言，《神曲》每一行诗都是 11 个音节，这种形式的诗句意大利语称作 "endecasillabo"。和意大利语的 11 个音节对应的应该是中文的 11 个字，因为我们汉字绝大多数都是单音节的。我们的古诗中有五言的、七言的，没有"十一言诗"，所以只有相对自由的骚体才有这么长的诗句。但是除了字数之外，原诗的逻辑重音、节奏、韵步、韵脚、修辞等这些元素都是经过但丁精心设计的，想要以中国传统诗歌的形式对译出来谈何容易！即便像钱稻孙这样有着深厚中国古典文学功底的人也只能勉强为之，远未做到尽善尽美。

　　另外，我们中国文学，尤其是汉民族文学中是没有史诗传统的，但西方有。比如《伊利亚特》《奥德赛》《埃涅阿斯纪》之类，都是成千上万句的，而我们的《离骚》还不到 400 句，《孔雀东南飞》也差不多，所以我们即便勉强用中国古典诗歌的形式翻译出来，恐怕我们的读者也没有像意大利读者那样的美感享受。再者说，屈原和但丁差了 1000 多年，他们之间的时空差异显而易见，在诗歌风格上很难调和。

二、但丁作品和思想在中国的传播

但丁进入中国人的视野是在 19 世纪末，那时的中国正处于一个变革时期，在内忧外患的双重压力下寻求着民族复兴的出路。就目前发现的史料来看，著名传教士汉学家、英国人艾约瑟在其编译的《欧洲史略》（1886）一书中最早提及了但丁的名字"丹低亚利结理"。但是但丁之名在中国更广泛的传播还是在戊戌变法之后。戊戌变法的发起者之一梁启超在经历了变法失败和一系列的挫折之后避祸日本，在那里创办了一份叫《新民丛报》的报纸，以宣扬民族意识，鼓吹君主立宪的改良思想。自 1902 年 10 月起，该报刊登了他本人创作的一部戏曲剧本《新罗马传奇》，讲的是意大利 19 世纪民族复兴运动中三位杰出英雄的故事，也就是加富尔、加里波第和马志尼。按照剧情，最先登场的是从古代穿越到现代的但丁，一副仙风道骨的打扮，先做了一段开场白，替梁启超道出了心声：

> 老夫生当数百年前，抱此一腔热血，楚囚对泣，感事啼嘘。念及立国根本，在振国民精神，因此著了几部小说传奇，佐以许多诗词歌曲。庶几市衢传诵，妇孺知闻，将来民气渐伸，或者国耻可雪。［……］我闻得有一位青年，叫什么饮冰室主人，编了一部《新罗马传奇》，现在上海爱国戏园开演。［……］我想这位青年，漂流异域，临睨旧乡，忧国如焚，回

天无术，借雕虫之小技，寓道铎之微言，不过与老夫当日同病相怜罢了。

在某种程度上，这里但丁之于梁启超的意义，就像《神曲》里维吉尔之于朝圣者但丁那样，是他出离险境走向希望的引路人。政治斗争失败的梁启超感到，自己与被佛罗伦萨放逐的但丁有着相同的际遇，这个时候但丁在他心目中的形象，不仅是爱国的民族诗人，还是精神的导师和效法的榜样，不过这种崇敬不只是来自但丁本身，更来自但丁所属于的意大利。我们知道，意大利在1861年刚刚完成民族复兴的伟业，成立了统一的意大利王国，而意大利人民族国家的意识恰恰是从但丁用意大利语创作《神曲》开始的。梁启超从但丁和意大利那里看到了中国的希望。

与梁启超一样，学贯中西的王国维也关注《神曲》，但他不是政治家，更不是革命家，他关注的是文学本身。他写过一篇著名的文章《〈红楼梦〉评论》，在批评索引派研究方法的时候就举了《神曲》的例子：如果要说《红楼梦》是作者自己亲身经历的话，那么《神曲》就是但丁经历的真实故事了。

就在王国维发表这篇文章的同一年（1904），在日本留学的鲁迅弃医从文，从仙台返回东京，决定把文学作为毕生的事业以唤起中国民众觉醒。鲁迅为他的文学事业做的第一个努力是编辑文学杂志，他借用但丁第一部诗歌作品《新生》的名字为他自己这本文学刊物命名。但事与愿违，办杂志的计划很快就流产了。鲁迅自己为该杂志写的文章也只能转投其他刊物，其中有一篇题为《摩罗诗力说》的文章，颂扬了西方浪漫主义诗歌，还高度评价了但丁及其诗作对于意大利民族不可替代的作用。鲁迅认为，历史上意大利虽然处于长期分裂的状态，但用意大利语创作的但丁是意大利民族的灵魂和心声，而意大利语则成为凝聚意大利民族的力量，有了这些因素，便能促成国家的统一。在这一点上，鲁迅的想法与梁启超如出一辙。

但对于《神曲》，鲁迅的态度却比较复杂，一方面，他因为自己喜爱的先贤古哲被但丁作为"异端"，置于炼狱中苦受煎熬而感到不满，甚至一赌气不再读《神曲》；另一方面，他的文学创作又潜移默化地受着《神曲》的影响。在20世纪90年代，曾有人写文章说鲁迅厌恶《神曲》，并最终疏离了这部作品。其实我觉得，这种判断未免有些片面和武断，只是凭着鲁迅在一篇文章中的一句话，就完全割断了他与《神曲》的关系。近年来，人们选择了不同的角度对鲁迅和但丁的关系进行了深入的讨论，有一些颇为新颖的观点，但今天由于时间的关系，我们无法展开论述。

可能是由于时代的特点，身处社会激烈变革之中的中国知识分子对但丁的关注往往侧重于他的政治观点、改革精神和民族意识，在这一点上，就连后来政治主张针锋相对的鲁迅和胡适也是趋于一致的。远在美国留学的胡适和在日本的梁启超一样，也从但丁那里获得启示，寻找解决中国社会问题的"良方"。1917年他在发动白话文运动前夕写了一篇具有宣言性质的文章，就是大家都知道的《文学改良刍议》。胡适在文章中明确指出，中国要效法14世纪的意大利，用"俚语"创作"活的"文学作品，取代用文言创作的"死文学"，从而像但丁"创造"意大利语那样，创立以白话为基础的、口语与书面语一致的中国国语。胡适在研究文艺复兴历史的过程中，发现但丁的《论俗语》中要解决的问题很多都是中国社会正在面临的问题，而意大利民族语言的变革为意大利民族统一创造了条件，于是他也想借助语言和文学的力量唤起中国民众的民族意识，从而实现民族复兴。

后来，胡适又写了一篇对中国白话文学运动至关重要的文章《建设的文学革命论》（1918），他在文中又以但丁和《神曲》为重要的参照系，他说 500 年前，欧洲各国只有方言，没有"国语"，而欧洲最早的国语是意大利语。那时欧洲各国的人多用拉丁语著书通信。直到但丁极力主张用意大利语来替代拉丁语，因为拉丁语是已经死了的语言，不如意大利语俗语那样鲜活、优美。所以他在文章中明确指出，"喜剧"风行一世，乃至后来被人们冠以"神圣"二字（《神曲》最初的名字是"Commedia"，也就是"喜剧"。在但丁死后差不多半个世纪，薄伽丘在前面加上了"Divina"一词，也就是"神圣的"，这样才有了"神圣的喜剧"这个名字，而我们当初在译成中文时，因考虑其诗歌的性质，就用了"神曲"的译法）。"神圣喜剧"所用的白话后来成了意大利的标准国语，此后的文学家薄伽丘和洛伦佐等人也都效法但丁的白话文写作。所以只用了不到 100 年的时间，意大利的民族语言就完全形成了。

如果说胡适第一篇文章是针对语言的，那么这第二篇就是针对文学的。这两篇作品里都以但丁创作《神曲》和"创造"意大利语作为白话文运动和新文学运动的榜样。所以我们现在讲白话文、写白话文，都和但丁有着密不可分的联系。这一点虽然都写在了胡适的日记和文章里，但除了我们研究意大利学的人感兴趣外，似乎就很少有人强调了。在两个特别重要的中国近现代历史的节点上，但丁都起到了非常重要的参考作用。

刚才说过，1921 年是中国对于但丁及其作品翻译研究的重要一年，在但丁逝世 600 年后，中国读者终于用自己的语言读到了这部伟大作品的一部分，这比但丁之名进入中国整整晚了四分之一个世纪。这一年中国的学者还发表了不少介绍和评论但丁的文章，比如左翼作家胡愈之就在《东方杂志》上发表了《但底（但丁）六百年纪念》，基本是沿着梁启超、鲁迅的足迹，强调了政治和社会的重要性，但同时也没有忽视对但丁作品的全面评价。文章中谈到了但丁与贝雅特丽齐的爱情，并引用但丁《飨宴》的内容，阐明了为什么但丁在贝雅特丽齐死后要从波伊提乌的《哲学的慰藉》和西塞罗的《论友谊》等书中寻求宽慰，这是因为但丁在这些书中发现了一条通往哲学和科学的道路，他的思想因此得到升华，将他对贝雅特丽齐的情爱上升到哲学的高度，变成了悲天悯人的大爱，按文章中的话说，就像一个苦苦寻找银矿的人意外发现了金矿一样。

20 世纪 30 年代中国文学界在译介但丁方面取得了空前的成绩。1935 年茅盾在《中学生》杂志上连续发表了介绍《神曲》的文章，在这篇文章中他大量引述了薄伽丘《但丁传》的内容和结论。作为中国左翼作家的领袖，茅盾文章的视角又是历史唯物主义的和具有阶级意识的，他指出《神曲》这部"中世纪的史诗"是具有二重性的：

　　　虽然是中世纪文化最后之哀声，虽然作者是在中世纪文化没落的阶段表示了顽强的挣扎的一个人，然而正因为那是在成长着、强化着的都市的"市民"文化环境中的产物，因而不能不带有二重的烙印，在内容和形式上都预告了新的历史的阶段——文艺复兴阶段之就要降临。

因此，茅盾认为，在但丁死后50年，佛罗伦萨成为文艺复兴文化的发源地，而这种新的文化恰恰属于那些被但丁所痛恨的商业者及手工业资产者，而他们却非常崇敬这位诗人半个世纪以前的遗作，专门请薄伽丘开设讲座，宣扬这位伟大的诗人，但是这时他们的手中已经拥有了稳固的市民政权，已经不再相信《神曲》里的天堂，同样也不怕地狱了。至此，《神曲》的中世纪禁欲主义色彩渐渐淡化，而人文主义精神愈发彰显。除了上述内容外，这篇文章还有一个简短的引言，作者将但丁和屈原、《神曲》和《离骚》作了简短的对比研究，认为"这两位大诗人都是贵族出身，都是在政治活动失败以后写了诗篇以寄悲愤"。但是他们之间最大的不同在于，"但丁是站在自己的立场上肯定地批判了一切，而屈原则是惶惶求索"。在此，茅盾提出了一个比较文学的命题，但只谈了大致的观点之后就放弃了。多年之后，有人专门写文章，就茅盾提出的这个有趣的命题进行了进一步的研究，但无论是看问题的角度，还是分析的深度都不是很令人满意，没有领会到茅盾的真正意图。茅盾在这篇文章一开始引用了钱稻孙译本开头的六行诗，这不禁使人想到，他比较《神曲》与《离骚》的这个想法是受到了钱稻孙翻译的启发。茅盾这篇评述《神曲》的文章有见地、有深度，代表了同时代中国人对但丁研究的最高水平。

尽管20世纪30年代中国对于但丁的研究已日渐深入，但遗憾的是《神曲》的全译本还迟迟没有出现，一些最有条件的学者和翻译家，如王独清、严既澄都与《神曲》擦肩而过。可能是因为《神曲》艰涩的语言和艰深的内容使译者们产生了畏难心理，但更有可能是像王独清认为的那样，《神曲》的内容和我们现在的思想感情距离得太远了，所以没有人愿意做这件费力不讨好的事。

相反，以但丁"梦中情人"贝雅特丽齐为中心的诗集《新生》似乎更能得到国人的青睐。1934 年，对但丁顶礼膜拜的诗人王独清出版了《新生》的全译本，虽然在此后的十余年中，中国一直沉浸在战火的洗礼和政治的动荡中，但截止到 1948 年这本书再版了至少 7 次。就在同一年，上海作家傅东华译述的《神曲》也出版了。既然是译述，就不再是一个从头到尾的译本，而是作者按照自己的理解和喜好讲述的一个《神曲》故事。傅东华的整个故事分为 11 节，第一节《故事的故事》主要讲的是但丁对贝雅特丽齐的爱恋。《地狱篇》占据了这个故事一半以上的篇幅，但《天堂篇》则只有最后一节。傅东华的故事讲得精彩，连书中插图都绘制得形象生动，起到了很好的普及作用，但未能展示原著的深刻内涵，所以后来很少被人提起。1936 年，年轻诗人朱湘出版了一部译诗诗集，名为《番石榴集》，其中有 7 首十四行诗来自《新生》。但是可惜的是，这位才华横溢的诗人在此前 3 年已经在南京投江自尽，年仅 29 岁。从《番石榴集》中的 7 首但丁十四行诗来看，我认为朱湘应该是翻译《神曲》的最佳人选之一。

王独清和朱湘这两位诗人都没有把《神曲》译为中文，而《神曲》的第一个中文全译本却出自一位数理学家之手。还是在 1934 年，数学和物理学家王维克凭着自己对《神曲》的热爱，开始了长达 10 年的翻译工作。第一部《地狱》在第二年 3 月中旬译完，但由于抗日战争的全面爆发，这一部《地狱》直到 1939 年 2 月才出版。在中断了 8 年之后，1943 年王维克重拾译笔，又用了一年多的时间，译完了《净界》和《天堂》，1948 年 8 月完整出版。至此，中国第一部《神曲》的全译本终于问世，但是中国人从开始认识但丁到能够通读中文的《神曲》译本，足足用了半个多世纪！王维克没有像钱稻孙那样用有韵律的诗歌体翻译，而是以散文体的形式翻译了原诗的内容。

几乎与王维克同时，朱维基也开始了对《神曲》的翻译。朱维基是一位上海的诗人，但在诗歌方面的成就不高，他最重要的作品就是这个《神曲》译本。朱维基是由英译本转译的，他没有选择与王维克一样的散文体，而是利用自己擅长的自由体新诗来翻译《神曲》，译笔自然，但晦涩拗口的句子也时有出现，有时由于缺少注释，会有一些怎么也弄不明白的诗句。另外，此译本虽然与原诗的行数基本保持一致，但是并不讲究韵律。

同样是在 1935 年，还有一位译者也翻译了《神曲》的《地狱篇》，他同样选择了自由体诗歌作为译文的形式，但这个译本却往往被研究者所遗忘。这位译者叫于赓虞，是非常著名的新月派诗人，他的《神曲》译本的特色就是最大限度地保持了原诗的格律，每三行为一个诗段，虽然未能按原诗那样押韵，但每一行诗的字数（音节数）却基本与原诗相当。于赓虞凭借自己对诗歌的感悟和熟练的修辞技巧，译出了形式与原诗最为接近的《神曲》，而且读起来很有诗歌的味道，这个白话诗译本或许更能反映出但丁用"俗语"写作的主张。

在受但丁影响的中国作家中，老舍最有代表性，可以说他是中国现代著名作家中最喜爱《神曲》的人之一。老舍在《写与读》这篇文章中说，使他受益最大的文学作品是但丁的《神曲》。为此，他搜集了好几种英文译本。有一个不短的时期，老舍甚至成了但丁迷，用他的话讲，读了《神曲》，他才终于明白了何谓伟大的文艺。

老舍对《神曲》的热爱几乎持续了一生，尤其是在他文学创作最为旺盛的阶段。他有一篇关于《神曲》的重要文章题目是《灵的文学与佛学》，文章中他将《神曲》与托尔斯泰的《战争与和平》相提并论，认为《神曲》是所有对文学感兴趣的人都应该认真阅读的作品。老舍还分析了《神曲》中关于灵魂的描述，比较了中世纪欧洲基督教和中国佛教对于人类精神生活认识的差异，指出"中国文学是漠视精神生活的"。老舍对《神曲》的热爱不只是停留在理论层面，在他的文学作品中我们也经常会发现《神曲》的影子，例如 1936 年，他曾经模仿《神曲》的样子，创作了一篇题为《鬼曲》的诗歌，在《现代》杂志上发表。

和老舍一样，巴金对于《神曲》也有特殊的感情。"文化大革命"开始后不久，巴金即遭到了迫害，在被关押改造期间，他唯一的信念就是顽强地活下来，《神曲》一度成为他生命的支点与生活的寄托：

> 1969 年我开始抄录、背诵但丁的《神曲》，因为我怀疑"牛棚"就是"地狱"。这是我摆脱奴隶哲学的开端。没有向导，一个人在摸索，我咬紧牙关忍受一切折磨，不再是为了赎罪，却是想弄清是非。我一步一步艰难地走着，不怕三头怪兽，不怕黑色魔鬼，不怕蛇发女怪，不怕赤热沙地——我经

受了几年的考验，拾回来"丢开"了的"希望"，终于走出了"牛棚"。

"文化大革命"结束后，但丁作品的译介研究得以恢复。1982年，北京大学教授田德望开始从意大利语原文翻译《神曲》，而这时他已经是 73 岁高龄了。最后一部《天国篇》于 2001 年出版，这时译者已经去世 7 个月了。就译文的严谨和注释的翔实而言，田德望译本超越了前人，并为此后的翻译工作树立了榜样。

就在田德望去世的这一年，另一个从意大利语原文直接翻译的《神曲》全译本也出版了。这个译本采用了自由体诗歌的形式，译文中诗的行数保持与原文一致，虽然每行诗句长短不一，但能尽量保证韵脚，读起来有诗的韵味。黄文捷译本也同样做了大量的注释。

进入 21 世纪以后，中国人对《神曲》的兴趣仿佛骤然浓厚了，除了翻译《神曲》之外，对但丁其他著作的翻译工作也自 20 世纪 80 年代以来有了很大进展。《论世界帝国》《论俗语》《新生》《飨

田德望译　　　　　　黄文捷译　　　　　　肖天佑译

图 1 《神曲》新译本选介

宴》都有了中文译本。2004 年吕同六先生还选编出版了《但丁精选集》，收录了但丁的主要著作。

近 20 年来，中国人对但丁的研究也逐渐专业化、系统化和多元化。经过不断的努力与沉淀，中国的"但丁学"研究已经成为一种学术常态，回归了其学术的本来面目。最值得高兴的是我们有一批很年轻的学者，在但丁研究领域可以与世界同步，他们的教育背景、语言能力、学术视野和水平已经超越了前辈。当然，我们的前辈们也是老当益壮，我们意大利语界资深翻译家肖天佑先生和王军先生在今年（2021）都出版了自己的《神曲》译本，而且都做了新的尝试。今年（2021）是但丁逝世 700 周年，这些新译本的推出具有重要纪念意义，为我国但丁文学的研究发展做出了贡献。

三、700 年后我们还要读《神曲》

近年来，国内关注和研究《神曲》的人越来越多，新译本也不断出现，各有各的风格与特色，当然也各有各的局限和遗憾，这是再正常不过的事，就像我们的《论语》《道德经》《红楼梦》也有不少英文译本一样，每个译本都是译者的解读方式，也有其一定的时代特征和适用范围。像《神曲》这样博大精深的作品几乎不可能有完美的译本，仅从英文译本的情况来看，几乎每个世纪都有一两个公认的"权威"译本和十几甚至几十个"普通"译本出现。同样道理，《神曲》的中文译本，以及解读、评论和研究著作也应该与时俱进、生生不息才对。

当然，《神曲》的很多妙处只能在意大利文原著中才能淋漓尽致地显现出来。但我们千万不要以为意大利人就都是但丁迷或《神曲》的忠实读者，他们中的大多数人除了在上中学时被老师逼着读过一些以外，也许一辈子不会再读。

《神曲》作为世界文学史上最重要的经典作品之一，读者却不是那么踊跃，即便硬着头皮读了，也觉得力不从心，这恐怕有以下几个原因。

第一，《神曲》写成之后的这几个世纪，世界已发生了翻天覆地的变化，但丁的世纪已经完全抽象成书中的文字和博物馆里的展品，最多是屏幕上的纪录片而已。所以我们发现，但丁的存在意识与现代人截然不同。比如但丁一上来就说自己曾在一片幽暗的森林里迷失了道路，并用"原始""险恶"和"举步维艰"这样的词来描述森林的恐怖，还说"现在想起也仍会毛骨悚然"。对于很少有机会步入原始森林的现代人而言，很难与一出城马上就能见到荒林蔽日的但丁产生共情。

第二，但丁的三观我们现代人也不易理解。他对天主教的信仰是极其虔诚的，一点也不会因为他对当时教皇的痛恨而打折扣，因此他相信上帝的存在，也相信《圣经》中描述的事都真实发生过，还相信自己与神界之间保持着非同寻常的默契。虽然今天 90% 以上的意大利人仍是天主教徒，但与但丁那个时代相比，宗教在现代人心中的分量要轻得多，几乎已不再能支配人们的意志、判断和情感。《神曲》采用诗歌叙事的形式，这和我们现代人习惯的讲故事的方式大不一样，虽然有些译本呈现出散文体的面貌，但读起来依然不像读小说或散文那样直截了当，需要读者投入更多的注意力和想象力，乃至共情力。特别是对于我们中国读者而言更是如此，因为但丁这部长诗比我们以前读过的任何一首中国古代长诗都长得多，然而它遵循的韵律和规则却并不比我们的格律诗简单。

第三，也是我们最不好意思承认的一个事实，就是《神曲》的信息量太大，但丁在其中注入了太多的内容，极尽"东拉西扯"之能事，几乎每一行诗句都在考验读者的知识与耐心，如果不借助大量的注释，阅读过程会举步维艰。

时隔 700 年，这 14233 行诗句中蕴含的宏大力量，仍然能够穿越历史、跨越文化，不断焕发新生。虽然在不同时期和不同语言中，人们对《神曲》的诠释会与原作有很大差异，然而但丁仍然能够为读者提供足够的理由来欣赏他的这部杰作。无论世界如何千差万别，人们都能领悟到但丁通过《神曲》展现的文化，正如庞德和T.S. 艾略特这两位超级但丁迷所说的那样，《神曲》的的确确是一部适合于每个人的作品，每个人都能从中发现自己的本性和希望，觉察自己的错误，明确自己的伟大使命，感受到认知世界万物的张力，同时也认识到我们不可能无所不知。

那么，我们应该如何阅读《神曲》这部具有中世纪文化色彩和强烈宗教意识的作品呢？

现代读者想要看懂《神曲》，当然最好先了解一些但丁那个时代的背景知识，但这不是最关键的，作为现代人，现实主义的生活态度与欣赏习惯会时时处处提醒我们要克服虚幻的想象，然而这样的提醒在面对《神曲》时会失去作用，因为我们的想象和愿望会被但丁紧紧绑缚在他诗歌的韵律中。

这样说来，我们在读《神曲》的时候，完全可以为了寻求审美的快感而忽略相关的知识、文化和思想，满足于那些光怪陆离的故事、美妙的场面和精妙的诗句，沉浸在作者为我们营造的或恐怖或神圣的氛围中。不过，如果我们肯多付出一点儿时间和精力，参照注释和其他必要的资料，从字里行间读出但丁或深或浅地埋藏在文字中的情感和思想时，那么最终收获的将不仅仅是故事情节带给我们的刺激与愉悦，还会有许多让我们意想不到的感受和体悟。

如果但丁知道我们把《神曲》当作一部纯文学作品来读的话，肯定会非常失望。但历史与社会的发展已经不允许我们再赋予《神曲》那么多哲学乃至神学的意义和价值了，理解《神曲》也并不意味着要认同但丁的一切观点。其实这种观点在《神曲》诞生后不久的文艺复兴时期就已经有人提出了，可见但丁的意识和思想不但与我们不同，即便与同一个世纪的人也大不相同。我们没有必要把《神曲》当成阿奎那的《神学大全》来读，信仰归信仰，文学归文学，这未尝不是好事，我们可以就此探寻新的阅读意义。

《神曲》是一部让人自由地游走于时空之间的神奇作品，一会儿见到古希腊的英雄，一会儿邂逅古罗马的拉丁诗人，一会儿遭遇法国的国王和罗马的教皇，一会儿又面对现实中的人和事——我们通过主人公但丁的眼睛体验这种时空交错的感觉，又通过诗人但丁的叙述了解他伟大而又任性的思想，这样的阅读乐趣难道不值得我们尝试吗？所以，在但丁逝世 700 年后的今天，我们才会在距意大利万里之遥的中国纪念但丁，翻译、阅读、讨论他的作品。

（本文系 2021 年 4 月 8 日北京师范大学图书馆"专家讲座"转录文字节选）

美的天使

拉 斐 尔 逝 世
500 周 年 纪 念

存在即是光辉

甄巍

师大美丽的秋天.
2020.11.05

主 讲 人 简 介

甄 巍

　　北京师范大学艺术与传媒学院副院长、教授、博士生导师，教育部美术学类专业教学指导委员会委员，国家义务教育课程标准修订美术学科组成员，国家图书馆文津讲坛特聘教授。主要研究领域为素描、色彩、油画、现代美术史、中外美术比较、美术教育和数字艺术等。出版有《西方现代美术史》《西洋油画与中国水墨》《脑洞书》等专著和画集，在国内外多次举办画展。曾获国家级教学成果二等奖和北京师范大学教学名师奖。

主 讲 提 要

　　500 年后的 2020 年，世界各地正在经受新冠肺炎疫情磨难的人们，以多种方式纪念拉斐尔这位意大利文艺复兴时期最伟大的画家。本次讲座，甄巍教授通过对大师画作的赏析，以当代人的视角去体验、沐浴古典和谐之美所传递的人性光辉，用经典艺术的美感疗愈疫情带来的焦虑与恐惧，以此纪念这位文艺复兴大师。

　　非常高兴能够通过云端与大家见面，我想你们一定期待着跟我一起翻开这本拉斐尔的画册。大概30多年前，我刚刚上学，没有手机，没有电视，没有电脑，晚上最好的活动就是去图书馆看画册。这可能是我一生都难以忘怀的美妙感受。今天我也想找回当时学画的初心，和大家一起像翻画册一样去重温拉斐尔。

一、文艺复兴管窥①

　　拉斐尔是文艺复兴盛期的（艺术）三杰之一。他有一种天使般的古典美，各种记载都说他性情温和、长相英俊、为人善良——当然最重要的是才华横溢。"美的天使"这个称号名副其实。"拉斐尔"在犹太教、天主教里是一个天使长的名字，意思是"神治愈了"。在疫情期间重返拉斐尔，也算是一种疗愈。看画有三法，一是要平视经典，大师就在我们身边，他可能是美术系的一个老师，或者你身边一个很有才、很英俊的艺术家。二是回望传统，回望我们曾经有过的美好遗产。三是近观自身，不只瞻仰历史，也要带着

---

　　①　章节标题为编者所加，下同。

当下的感觉去观照自身。

说到意大利文艺复兴，不得不提人文主义第一位重要人物，那就是彼得拉克。他在法国阿维尼翁长大。从前人们并不重视道德和修辞，彼得拉克希望把人文主义教育——主要是道德和修辞，纳入基本教育。他讨论过一些有趣的观点，例如真理的相对性、语境的重要性。他也是最早建立个人图书馆的人；文学方面他创作了十四行诗歌集，对欧洲抒情诗影响很大。彼得拉克在历史上还有一个贡献：他把古代、中世纪和近代做了分期，初次使用了"Dark Ages"一词，即"黑暗的中世纪"，这一概念延续了很久。不过史学家现在也在为中世纪"正名"，例如澄清中世纪并非不热爱古典。

还有一位非常重要的艺术家或诗人——但丁。我们现在看到这张画（图1）就是（法国浪漫派画家）德拉克洛瓦在1822年根据

图 1 【法】德拉克洛瓦《但丁之舟》 1822 年
布面油画　189×246 cm　卢浮宫藏　巴黎

《神曲》画的。画家增添了一些浪漫主义的幻想，让诗人维吉尔带着但丁游地狱之河，所以这幅画就叫《在地狱中的但丁和维吉尔》或《但丁之舟》。恩格斯这样评价："封建的中世纪的终结和现代资本主义纪元的开端，是以一位大人物为标志的，这位人物就是意大利人但丁，他是中世纪的最后一位诗人，同时又是新时代的最初一位诗人。"

提到美术的文艺复兴，我们会想到乔托。艺术史一般会认为乔托是文艺复兴运动的第一位画家，包括著名的布克哈特。不过现在也有很多学者认为乔托是中世纪末期的画家，比如查尔斯·纳尔特。乔托的画还保留着中世纪的特征，对马萨乔影响很大。文艺复兴其实很像素质教育。尽管中世纪对人的了解还不是很全面，但文艺复兴有一种全人的概念，包含物质的、社会的、文化的、生理的、情感的。人们受到激发和鼓励，热情地追求使用价值。文艺复兴的成因很复杂，如果只从艺术的角度来说，多纳泰罗和布鲁内莱斯基是比较重要的。

图 2 右边是多纳泰罗的雕像，左边是《圣·马克》。多纳泰罗对艺术创造的价值在于彰显面容与体态的美感。布鲁内莱斯基在透视学上有很大贡献。虽然古代就已经有透视了，但他是把透视当作一门学问去研究的。后来阿尔贝蒂在《论绘画》中专门引用了他的观点，并赞赏有加。布鲁内莱斯基一开始是雕塑家，去过罗马后就迷上了建筑。他设计了佛罗伦萨大教堂，也叫圣母百花大教堂。这个教堂的穹顶非常有特色，尤其在透视与结构方面对传统技术做了改良。

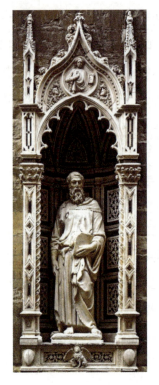

图2 【意】多纳泰罗《圣·马克》（左） 1411—1413 年
大理石 高 235 cm 圣弥额尔教堂藏 佛罗伦萨
【意】Girolamo Torrini《多纳泰罗》（右） 1848 年
大理石 乌菲兹美术馆名人廊藏 佛罗伦萨

二、乌尔比诺的天才少年

　　回到今天的主题，来谈一谈这位在乌尔比诺出生的天才少年。乌尔比诺是拉斐尔的家乡。除了乌尔比诺，还有三个城市对他很重要：一是佩鲁贾，他学画的地方；二是佛罗伦萨；三是罗马，20岁时他就被教皇招到罗马，直到 1520 年去世。我们现在看到的两张素描是他的自画像（图 3），线条用得很委婉，画家的容貌也非常秀气。

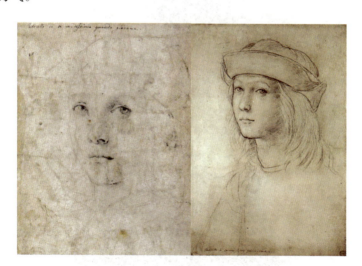

图 3 【意】拉斐尔《自画像》 500—1501 年　纸本粉笔 （原作纸张大部分损毁）
现有尺寸 38×26.1 cm　阿什莫林博物馆藏　牛津大学

　　拉斐尔 7 岁失去了母亲，11 岁又失去了父亲。他父亲是乌尔比诺大官的画师，拉斐尔从小跟着父亲学了很多东西。后来他父亲把他送去佩鲁贾跟佩鲁吉诺学画画。在宫廷里长大的经历影响了拉斐尔个人的心性、修养、谈吐，人们都认为他是一个既有教养又有知识的人。他职业发展中有几位很重要的教皇：尤里乌斯二世和朱诺二世，还有教皇利奥十世，他为教皇利奥十世工作了近 10 年。拉斐尔很像"别人家的孩子"，10 岁就开始跟父亲和佩鲁吉诺学画，20 岁就取得了"佩鲁贾最优秀画师"的荣誉；1509 年定居罗马就为教皇做重要的工作了。1514 年，他接替布拉曼特成为圣彼得大教堂最重要工程的负责人——相当于 30 岁就已经是教皇手下最重要的艺术家和艺术管理者，只可惜英年早逝。

这张画是《圣母子》（图 4），有可能是他老师也有可能是他

图 4 【意】佩鲁吉诺或拉斐尔《圣母子》 约 1496—1497 年（一说 1480 年以后） 湿壁画 97×67 cm 拉斐尔故居博物馆藏 乌尔比诺

本人的手笔——如果是后者，那么大概作于十岁到十五六岁。这是一幅湿壁画，现在这张画在画家乌尔比诺的故居。拉斐尔的老师一般被认为是佩鲁吉诺，但他博采众长，也受到了平托瑞丘等画家的影响。

　　我们再举例对比一下老师和学生的画。1503 年佩鲁吉诺画了一幅《圣母的婚礼》；我们再看 1504 年，21 岁的拉斐尔画的《圣母的婚礼》（图 5），这张画拉斐尔处理得就更舒服。我们把两张画对比着看一下，左边佩鲁吉诺的画构图比较平淡，夫妻两人没有主次之分。但是我们看右边拉斐尔的画，圣母被凸显出来了。她有一个非常美丽的身体弧线，中间主持仪式的神父也将身体侧向这边，他的目光聚焦到了结婚的动作上，形成一个和谐、安宁的画面结

图 5　【意】佩鲁吉诺《圣母的婚礼》（左）　1504 年　圆顶嵌板油画
236×186 cm　卡昂美术馆藏　法国
【意】拉斐尔《圣母的婚礼》（右）　1504 年　圆顶嵌板油画
174×121 cm　布雷拉美术馆藏　米兰

构。并且，在佩鲁吉诺的画中后方空间的透视线不是太明显，拉斐尔则加强了这种透视。他有意识地把建筑物缩小了，暗示的是圣母后来的陵墓。具体到建筑的刻画，佩鲁吉诺画的面少而硬；而拉斐尔的画中，后面的小陵墓几乎成了一个圆形，人和人之间的空间也拉大了，更突出了主体。拉斐尔这张画其实在构图、色彩、人物的组合和视线、情绪的把控上更加成熟，甚至超越了他的老师。最后教皇把老师的画铲掉，画上了拉斐尔的画。

拉斐尔刚到佛罗伦萨时，米开朗琪罗和达·芬奇正如日中天。当时佛罗伦萨的市政厅征集一幅画作，要求通过描绘战争表现佛罗伦萨的荣光。1503 年，达·芬奇画了一张画，1504 年米开朗琪罗又画了另一幅。两幅画对着挂在一个屋子里，由市民投票。当两张画展出时，拉斐尔刚好到了佛罗伦萨，他也渐渐地崭露头角，开创了自己的肖像风格。

如前所言，拉斐尔很擅长学习。他曾经临摹过米开朗琪罗的《大卫》、达·芬奇的《蒙娜丽莎》。拉斐尔《阳台上的贵妇人》画中人物的动作、眼神、体态、发型都与《蒙娜丽莎》有一定相似性，虽然《蒙娜丽莎》的创制年代也仍然是未解之谜，不能完全肯定拉斐尔是在临摹达·芬奇，但至少可以确认，他确实吸收了达·芬奇的技法，比如他在佛罗伦萨时期的肖像画代表作《多尼夫妇肖像》（图 6）。多尼夫妇是佛罗伦萨的名流，是富商，也是大收藏家。1505 年至 1507 年，拉斐尔已经很受欢迎了，他经常在佛罗伦萨与佩鲁贾穿梭，已经开始有了自己成熟的肖像画风格。《多尼夫妇肖像》这幅画已经有了一种现代气息，反映了现代生活中人的个性。

图 6　【意】拉斐尔《多尼夫妇肖像》　1504—1507 年　木板油画
63.5×61.6 cm　乌菲兹美术馆藏　佛罗伦萨

三、古典美的视觉逻辑：从拉斐尔的圣母画谈起

　　我上学时印象最深的就是拉斐尔的圣母画。几乎所有美术史著作都会这样说："拉斐尔是把圣母从天上请到人间的一位大画家。"他的画充分体现了人文主义色彩，把以神为中心的时代拉回到以人为中心的时代。他一生画了 40 多幅圣母画，在佛罗伦萨时就已经

画了 25 幅，包括一些最著名、最动人的圣母画。比如 1507 年的
《美丽的女园丁》、1506 年的《草地上的圣母》（图 7）。贡布里希
在《艺术的故事》序言中专门提到了这张画，他通过这张画提醒读
者注意画家的思维。一般人看画只会感慨"画得好美啊"，但贡布
里希说，要从画家的视角出发，去理解画家的创作思维。他在书中
附上了拉斐尔《美丽的女园丁》的草图，我们从中可以看到，在作
画过程中拉斐尔考虑了很多动态关系，比如说当中有 S 形的曲线，
有动势线，有三角形的构图关系。视觉是一种力量，是一种看不
到的张力，画家通过图像向我们暗中传递，这是视觉心理学要研究

图 7 【意】拉斐尔《草地上的圣母》（左） 1506 年 油画和蛋彩混合
113×88 cm 维也纳艺术史博物馆藏 维也纳
【意】拉斐尔 Cuatro estudios para La Virgen del prado（右上）
1505—1506 年 墨水纸本 36.2×24.5 cm 阿尔贝蒂娜博物馆 维也纳
【意】拉斐尔 preparatory drawing in red chalk（右下） 1506—1507 年
红色色粉 22.4×15.8 cm 大都会博物馆藏 纽约

的方向。因此我很喜欢看拉斐尔的草图，通过草图能够感觉到他的思维。

　　今天读拉斐尔不完全为了欣赏他最终的完成作，我想带大家换一个思路，想想一个画家是怎样运用视觉语言去思考问题的。视觉是一种思维方式，我们是通过视觉去理解和把握这个世界的，进而再创造出一些新的视觉图像，创造一个新的艺术的世界。荷兰艺术史家米克·巴尔致力于研究视觉叙事的符号学，她认为观看可以产生叙事。比如圣母、小基督和施洗约翰之间交错的目光构成了一个静止的画面，而观众在看这个画面时会选定一个视角，不同的视角延伸出多个视线，同时观众也会关注画中人的视线。这些视线的关系就是一种视觉叙事，不同视线的交界就是事件的发生。拉斐尔这幅画就是一种目光叙事。《埃斯特黑齐圣母》也叫《圣母子和小圣约翰》（图8左），这是一幅未完成的画，通过它和草图，我们可以

图8　【意】拉斐尔《埃斯特黑齐圣母》（左）　1511年
油画从木板转布面　94.5 cm　美国国家博物馆藏　华盛顿
【意】拉斐尔《椅中圣母》（右）　1514—1515年　木板油画
71 cm　皮蒂宫藏　佛罗伦萨

看到拉斐尔的绘画过程：先素描，然后在上面用多层画法，再一遍一遍上色，有点像中国的工笔重彩，最后完成一幅画。这和20世纪的一些画不一样，比如毕加索采用了一种颠覆性的绘画方式，但古典绘画有一个非常严整的工艺性、理性的程序。它像一种数学程序，是一种精心设计以传递信息的媒介形式。

我们可以将圣母子与小约翰看成一个母亲带着两个孩子。这也是拉斐尔动人的地方：他把神性拉回到人间，我们看到的是母亲拿着书教孩子，陪他们玩耍。那为什么他能把母爱画得这么感人呢？后人也有许多解释，有人说是因为他很小就失去了母亲，但他在宫廷里获得了很多关爱，例如当时大官的公爵夫人就很关心他。我们也可以反过来想，这其实也是人间的人性被神圣化的过程，普通的母爱拥有了神性的光辉。那时还有很多画家，比如达·芬奇、米开朗琪罗，把人的英雄感中那种崇高的悲剧性升华到了一种近乎神性的地步。

拉斐尔式古典美最大的特点就是和谐，这种审美传统里包含诸如建筑、哲学等很多因素。如果从视觉与形式美的角度分析，最核心的还是在对比中产生的和谐统一。比如这幅作于1513年的《椅中圣母》（图8右）。我们可以用中国的太极图去解释这种和谐的对比关系：画中嵌套着许多圆环、环形，视线可以顺着边缘线一直循环往复，然后顺着这个孩子的脚尖上去，形成一种循环、和谐、安定的构图。你可以看到约翰的眼神从这条线延伸出来，而他的手势又把重心拉了回来。拉斐尔非常擅长描绘目光，画中的圣母看着画外的人，好像在与看画人对话。

当然，画的结构是很复杂的，我们看到循环往复的同时还有一些直线的运用和黑白灰色块的应用，这些都是重要的形式因素。拉斐尔最重要、最常见的构图就是这个金字塔形的构图，这也是肖像画最常用的一种稳定的构图方式。所有线条，包括轮廓线的描绘都讲究一种比例的搭配，没有任何突兀的地方。尤其在早期的绘画里看不到那种特别强烈的波动，呈现出的是和谐、安静、单纯之古典美的典范。但是后期有变化，如下作品就会看到。

　　早期这种圣母像非常多，这一幅叫《王座上的圣母子和两名圣人》（图9左），两边有两名圣人，圣母在让基督去看《圣经》，充满了人间之爱。而这幅画叫《面纱圣母》（图9中），圣母的目光好像是一道慈祥的母爱的光，她把面纱揭起来，看向一个小婴儿，无论何时看到都会在人们心中产生美的回应。对比一下中世纪的圣母子，就能够发现拉斐尔的高明之处。这是一张中世纪的圣母画（图

图9 【意】拉斐尔《王庭上的圣母子和两名圣人》（左）　1506—1507 年
木板油画　216.8×147.6 cm　国家博物馆藏　伦敦
【意】拉斐尔《面纱圣母》（中）　1511 年　嵌板油画
120×90 cm　孔德美术馆藏　尚蒂伊
《圣母和圣婴与两位天使》（右）　推测为 13 世纪末期活跃于意大利托斯卡纳
的画家　推测创作时间为 1265—1290 年　157×89 cm
柏林国家博物馆藏　柏林

9 右），1200 年前后这种画是非常典型的，它把所有事物抽象成一种概念。这跟中世纪时反对偶像的运动有关。这一运动在 8 世纪延续了七八十年。当时教会教皇发布了一道敕令，不许再用凡人能见到的偶像去表达神性。很多时候绘画造型不只反映了审美观，还有哲学对生死、永恒的看法，是超越我们一般世俗的生命体验的那种对灵魂、对精神的看法。怎样看待这个世界，就会有怎样的造型观。因而拉斐尔的画迥异于中世纪。

这是一定会出现在美术史中的一幅画——《西斯廷圣母》（图 10 左），作于 1513 年到 1514 年。我在欧洲看过原画，展出时是在一个昏暗的厅堂里，只有这一张画。四下黑暗，一束光打在画上，就好像圣母正向你走来。这就不像拉斐尔早期的圣母画像，他早期的作品没有这种戏剧性，"往前走出来"的感觉也没那么强烈。而这时他营造画面和强调气氛的能力更强了，我看到的是一个舞台而不仅仅是一幅画。下方两个小天使为什么在场？他们的眼光看的是什么？画面和画框之间因此营造出了一层空间。同时，圣母的形象也非常动人，我们在她眼神里看到的是一种忧伤，小基督仿佛也预见到了未来。《西斯廷圣母》更多带有了一种画外之意，它不仅仅指涉画面所凝固的那个"当下"，还隐含着叙事的延伸。

阿恩海姆在《艺术与视知觉》里专门谈到了这幅画，他指出，如果把这幅画进行镜像，你马上会感到构图不协调。这张是镜像后的画面（图 10 右），我们会发现右边太沉了，还是原画更加和谐。这就是画家视觉的感觉力。这个力我们完全无法测量，但是通过心理学的分析、视觉心理学的研究，它可以被感应到。它甚至可以指导画家们按照这样一种视觉心理学的原理去创造新的图像。在拉斐

图 10 【意】拉斐尔《西斯廷圣母》(左) 1513—1514 年　布面油画
265×196 cm　历代大师画廊　德累斯顿国家艺术收藏馆藏　德累斯顿
《西斯廷圣母》(右) 镜像画面

尔的时代，他通过这种创造性的方式，做到了前人没有做到的事，又激励和启发着后人去进行更多的视觉创作。

但是一个画家一直都是在创新吗？其实更多是对传统的继承和发扬。我们欣赏一幅画更多的时候是在回味，就像唱戏一样，其实是在吟诵或者歌唱着很多年前流传下来的老唱段，但百唱不厌。艺术的味道不完全在于新东西，它也在吟咏着经典。一个人活着，不只是肉身地活着，他身体里也有传统的血脉，一种文化基因。古典的很多东西是一脉相承的，文艺复兴体现的正是对古典的热爱。

1506 年雕像《拉奥孔》在罗马被发掘出来，人们震惊地发现，古典时代的雕像艺术竟然可以达到这样的成就。拉奥孔是古罗马时期对古希腊艺术的模仿，它的主题就是拉奥孔的故事。拉奥孔是特洛伊城的祭司，他得知了特洛伊木马的阴谋，想要把这件事告诉民众。然而所有市民都被神下了一道雾，什么都听不见，只有拉奥孔

图 11 【意】拉斐尔《亚历山大的
圣凯瑟琳》 1507—1509 年
木版油画 72.2×55.7 cm
国家博物馆藏 伦敦

在呐喊。他因泄露天机受到神罚，神让毒蛇去缠绕和撕咬他和他的两个儿子。但就像莱辛在他的名作《拉奥孔》里说的："拉奥孔不在雕像里哀号。"雕像没有刻画大张的嘴、黑洞洞的脸，不论多么痛苦都要保持端庄、肃穆、典雅。德国美术史家温克尔曼对古希腊艺术有一个著名的评价："高贵的单纯，静穆的伟大。"这也是我们能在文艺复兴时意大利艺术家的作品里找到的东西。拉斐尔的画《亚历山大的圣凯瑟琳》就是这样（图 11）。圣凯瑟琳要受到车刑，所以这幅画中她倚靠在这个车轮上，但是她的表情非常恬淡优美。她的手表示了自己的圣洁，手指也有一些宗教上的寓意，她的眼睛好像在看着某些神迹的发生。拉斐尔的处理方式是很含蓄的。

拉斐尔能成为大师也跟他的故事分不开。《费娜丽娜》或《年轻女子的肖像》这幅画就与拉斐尔的爱情故事有关，据说画的是锡耶纳面包师的女儿，是一段被隐藏的爱情。这幅画是在拉斐尔去世后从他卧室里的密室中找到的。画中裸体女性的姿态显得与作画人非常亲近，更重要的是她的臂带上还有"拉斐尔·乌尔比诺"这样一行字。拉斐尔其实与一个女人有婚约，但一直到死这个婚礼也没办成。拉斐尔的情人也许不止一个，听说有个有趣的故事：拉斐尔给教皇汇报工作，偶然被教皇发现了一张素描。教皇就说："你把速写本给我看一看，哦？上面还写情诗了。"拉斐尔很紧张、很害羞，不过教皇对拉斐尔宠爱有加，也没有责备他。后人猜测拉斐尔画了很多与费娜丽娜的想象画，试图勾勒他和情人共处的场景。拉斐尔的情诗：

> 爱，用你美好的光明温暖我吧。我在你明媚的双眸里辗转反侧，惴惴不安，你如同雪花落下，又如夺目的玫瑰花，我心因你愉悦。

四、不止于古典：多向度的拉斐尔

下面要重点探讨一下：为什么拉斐尔是文艺复兴时期人文主义的代表呢？因为他有四个大房间。拉斐尔当时给教皇画了四个特别大的房间，赚了不少金币。这是最重要的一个房间——签字大厅（图 12 左），教皇在里面做各种仪式。他先画的是《雅典学院》，教皇非常满意，甚至把他的老师佩鲁吉诺的画都铲掉了。这四个大厅四面分别对应着哲学——也就是《雅典学院》，音乐、法律，以及神学，四幅壁画反映出了当时人文的特点。比如描述音乐的这幅画，我们看到阿波罗身边是缪斯，地点是在帕纳索斯山，是有象征意义的一幅湿壁画（图 12 右）。

图 12　签字大厅（左）代表音乐的壁画（右）
【意】拉斐尔《帕纳索斯山》（右）　1509—1511 年　湿壁画
跨度 670 cm　梵蒂冈教皇宫藏　梵蒂冈

需要说明的是，湿壁画一定要看环境。壁画的构图形式不是方形，而是要与建筑物连在一起，它有适用性和工具性。这一点与其他艺术形式都不同：绘画尤其有这种造物的感觉。《雅典学院》也是一样的：既要完成教皇对主题的要求，又要在构图上、形式上与旁边建筑物的造型、穹顶有所呼应。这幅画描绘了柏拉图的学生亚里士多德传播知识和理想的场景，它实际上是文艺复兴时期人们对古典时期智识的畅想和认可，包括文艺、艺术、学科、科学各个方面。当时的教育包含语法、修辞、逻辑、数学、几何、音乐、天文，是一种全人教育。艺术家之所以在文艺复兴时终于摆脱了工匠地位，就是因为他们身上已经融汇了这样一种精神：曾经的画家只是作坊里面的手艺人，但是到了达·芬奇、米开朗琪罗、拉斐尔这一代，他们已经是这个时代各个方面都很杰出的人，展现出理性和感性的结合，既有智慧女神雅典娜，也有音乐之神阿波罗。科学与艺术在《雅典学院》（图 13）中融汇为一种人文的理想。画面中后部建筑物其实结合了古代与当下，圣彼得大教堂里的一些设计也体现在这幅画里。圣彼得大教堂的设计者布拉曼特是拉斐尔的同乡，也是由他引荐的。

图 13　【意】拉斐尔《雅典学院》　1510—1511 年　湿壁画
500×770 cm　梵蒂冈博物馆藏　意大利

《雅典学院》是一张很有趣的想象画，真实的历史人物、传说人物、拉斐尔的朋友和当时的贵族齐聚一堂。中间最核心的两位就是柏拉图和亚里士多德，他们两个在论辩，柏拉图指着天，亚里士多德则向下指。我们之前谈到彼得拉克的修辞学，这与古希腊的论辩传统息息相关，是当时人文主义一个很重要的表现。因为这张画的主题是哲学，苏格拉底也被画到里面了，亚里士多德的学生——亚历山大大帝也在其中，时间轴是混乱的。还有数学家毕达哥拉斯，他的观点如"世界就是数学的"影响了古希腊哲学。又如赫拉克利特、德谟克利特等哲学家也得到了表现，拉斐尔让他崇拜的偶像米开朗琪罗扮演赫拉克利特；在旁边，欧几里得拿了一个圆规演算；犬儒主义的哲学家第欧根尼也在中间；值得一提的是拉斐尔也把自己放进去了，在右下角有一个小小的画家向外看，他的朋友布拉曼特也在画中。这种绘画方式是很现代的，不同时空中的人物在一张画中对话，却并不繁乱。通过这张画，我们能体会到艺术家对于科学、哲学的敬意。

图 14 【意】拉斐尔《嘉拉提亚的凯旋》
1511 年　湿壁画　295×225 cm
法尔内西纳别墅藏　罗马

这张湿壁画叫《嘉拉提亚的凯旋》（图 14），作于 1511 年，是为富商朋友吉吉的别墅而作的装饰画。这张画充满韵律和运动感，拉斐尔在罗马时期的作品都有这个特点。画面中间是海神，丘比特在上面上拿着箭，两边有很多的人鱼和水神，海神驾着两只海豚。这种富有生命力的画面让我们想到文艺复兴之后的巴洛克运动。拉斐尔的作品已经体现出了前兆。

这张画是另外一个大厅里的一张画，在其中拉斐尔使用了新的造型语言，体现出他的创新能力。这个房间叫埃利奥多罗室，拉斐尔的这张湿壁画叫《圣彼得的解放》（图 15）。它有点像话剧舞台，把不同的场景并置在一起，尤其是中间这部分：圣彼得被囚禁

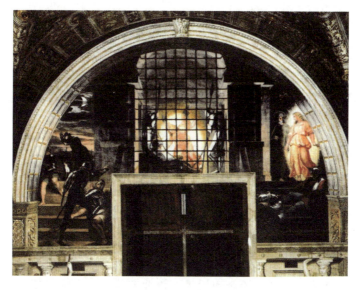

图 15 【意】拉斐尔《圣彼得的解放》 1514 年 湿壁画
跨度 560 cm 梵蒂冈教皇宫藏 梵蒂冈

在监牢里，天使带着光降临，右边有个护卫倚靠在墙上，拿着枪睡着了，于是天使就来解救圣彼得。他们走出了房间，右边的护卫还是没有醒来，左边的护卫好像听到了响动，他的手指向了监牢。我们似乎看到了这个场景，他们在舞台的场景的那一边。这幅画的打光很有趣，既有一种特殊的室内光，也有室外的自然光，也就是月光。头盔和盔甲上面反射的月光与室内的灯光、火光营造出一个戏剧性的场面。栅栏在前面隔绝出一个空间，构造出一个非常真实的场景，让你觉得你就在现场。这种剧场效应，或者说现场感是一种很有想象力的风格。"优美""古典"是我们对拉斐尔的既定印象，但像今天这样重新翻开画册，才会有一些新发现：原来他也是一个很有巧思、很有创造力的画家。艺术是一脉相承的，早期的马萨乔在《失乐园》其实就表现了光影效果。而在几十年后的巴洛克时期，意大利则出现了另外一个善于用光的大师——卡拉瓦乔。对《圣彼得的解放》的解释也很多。有一种观点认为表现光线并非拉斐尔的原创，我们可以想象文艺复兴时期的意大利充满各种各样有趣的发明，既有技艺的竞争，也有工作上的竞争。那个时候能请大师工作的人非富即贵——最尊贵的肯定是教皇，所以在相当长的一段时间里，教皇手底下只有三个大师：布拉曼特设计建筑，拉斐尔画壁画，米开朗琪罗则制作西斯廷教堂的天顶画。

我们回到对拉斐尔的阅读。这是拉斐尔的肖像画（图16左），他的肖像画很有造诣，而且充分体现出了人文主义特征。拉斐尔对人性的辨析可以用"传神阿堵"来形容：他通过眼神刻画个性。肖像画不只是对造型和姿态的记录，还要展现一个人的品格、修养、性情。我们看到，这幅画中卡斯蒂廖内伯爵沐浴在左侧的一束光中。这位伯爵与拉斐尔关系很好，二人有许多书信往来。伯爵也是一位人文主义者，是拉斐尔家乡乌尔比诺驻教廷的大使，正是他劝说拉斐尔去保护罗马城的古迹。我们看到拉斐尔在作画时会沟通理性和情感。讨论及此，也有必要提一下拉斐尔对罗马城的保护，他在生前几年中做了各种各样的测量，提出了许多保护古迹的方案，这属于他的政绩。

拉斐尔后期有一幅很有趣的画，叫作《博尔戈的火灾史》，表现了一次火灾。这时他已经有很多学徒了，这时候的画不一定都出自拉斐尔，但一些关键之处还是由他来画的。他的画风已经有了不少转变，比如说人或者灾难，他的作品已不尽然是从容的优美了，而是有更复杂的情绪表现。他笔下的肌肉有很强的肌理感，特别像米开朗琪罗的画，据说他看到后者未完成的西斯廷教堂的天顶画后

图 16 【意】拉斐尔 Portrait of Andrea Navagero and Agostino Beazzano（左）
1516 年　布面油画　107×76 cm　多利亚潘菲利美术馆藏　罗马
【意】拉斐尔《教皇利奥十世》（右）1518 年　木板油画
155.5×119.5 cm　乌菲兹美术馆藏　佛罗伦萨

深受震动。我们可以看到，在拉斐尔身上已经体现了艺术向前演进的趋势。他画的《教皇利奥十世》（图 16 右）处理得很写实，不是一贯的正襟危坐，而是设计了一种平视的效果，人物的配饰也很生活化。拉斐尔还有一幅作于 1516 年的肖像画，画面的背景黢黑，已经带有巴洛克时期的色彩：人性不再只是含蓄而克制的，而是把人物面部刻画得十分强烈，与卡拉瓦乔的画很像。另有他未完成的遗作，后来被称作《基督显容》或《基督变容》，他画了截然二分的两个世界，下方的世界虽然画了很多圣徒、使徒，但他们好像没有主心骨一样，是一种混乱、无序的状态，而上方的天界则是光明的、有序的、神圣的。

在此延伸一下与拉斐尔完全无关的拉斐尔前派。这是英国 19 世纪中叶的美术改革运动，反对文艺复兴后兴起的样式主义，想要恢复拉斐尔那种有细节、有信仰的、纯粹的美术，拉斐尔与拉斐尔前派是两回事，但拉斐尔的受欢迎无疑是穿越时空的。拉斐尔其实在多方面影响了美术史。

五、观画所思：美术的价值

我会想现在美术是不是小众了？其实我很想问大家——特别是没学美术的听众们，除了齐白石和徐悲鸿，你还知道哪位当代中国的著名画家？我想我们要重新思考美术的价值，或者说图像、空间和形象的意义。

贝克曼说过："我们不能抛弃空间形象，离题地转到形而上学或者哲学。"学美术的是不是只有写论文才能做研究呢？我想不是，我们还是可以用图像创作、形象创造来表达我们的思想。拉斐尔告诉我们：美是一种力量，绘画是有意义的——和谐的美感，整体的美感，如狄德罗所说，"美在关系"。视觉的东西无法靠语言或抽象概念表达。柏拉图说："我们应该找一些有本领的艺术家，把优美的东西描绘出来，培养青年从小就培养容美于心灵的习惯。"亚里士多德也认为，这种肉体和心灵、理性和非理性要有一种和谐的结合才能有幸福和完美的人格。

在画家看来，美还是有标准的，或者换句话说，灵韵的消失不等于灵性的消失。趣味无可争辩，我们的认知和智能也在不断发展，但我们仍应保持谦逊的心灵。也许我们进入了数字时代、复制时代，我们更喜欢欣赏符号，但通过中国视角看拉斐尔、当代视角看拉斐尔，通过重新理解拉斐尔，理解他的理想与现实，他的含蓄与自我表达，从和谐单纯到复杂混乱，我们理解的越多，越能获得这种丰富、多元的艺术观和对人性的看法。

平视经典、回望传统、近观自身、远眺未来。今天，向古代大师致敬，可以帮助我们重新体会绘画所具有的创造力和个性之美，认识古典、和谐美感的人文意义，画画，依旧是值得的。无论自然科学还是社会科学，我相信视觉的方法、美术的方法一定能够让你如虎添翼。

希望大家能够继续享受艺术，推荐阅读《拉斐尔的异象灵见》（［法］达尼埃尔·阿拉斯著，李军教授翻译），我们有机会再见。

（本文系 2020 年 11 月 5 日北京师范大学图书馆"专家讲座"转录文字节选）

艺术美化
人们的世界

的世界
和心灵。
席靖

2019.5.16

莱奥纳

多·达·

芬奇和

他的时代

藝術美化
人们的世界
和心靈.

陳敏

2019.5.16

主讲人简介

张　敢

　　清华大学美术学院教授、博士生导师，中国美术家协会美术理论委员会秘书长。现为清华大学学位委员会委员、艺术学学位分委员会主席、清华大学美术学院当代艺术研究所所长、《清华美术》主编。主要研究方向为欧洲文艺复兴美术、西方基督教美术、西方现当代美术和中国当代美术批评。代表著作有《绘画的胜利？美国的胜利？——美国抽象表现主义绘画研究》《欧洲 19 世纪美术》《外国美术史简编》等。

主 讲 提 要

　　莱奥纳多·达·芬奇是意大利文艺复兴时期的杰出代表，他在艺术和科技等领域都取得了令人瞩目的成就。2019 年是达·芬奇逝世 500 周年。本次讲座，张敢教授引领大家一起回顾莱奥纳多和他的时代，更好地领略文艺复兴艺术的魅力。

　　大家好，谢谢甄巍老师的介绍，我是在北京师范大学长大的。北京师范大学刚好在三环以里，我读中央美院的时候每周要回到家里（师大）来。我一直搬家，也是围着师大的周围转，所以跟北师大的渊源很深。

　　言归正传，我们今天的主题是莱奥纳多·达·芬奇和他的时代。今年是达·芬奇逝世 500 周年，作为一个伟大的艺术家，他对后世产生重要影响。我们教授美术史的时候，都要回溯到达·芬奇和他的时代。乔尔乔·瓦萨里在《意大利艺苑名人传——达·芬奇传》写道：上苍通常将最丰厚的禀赋倾注于人类，而且有时还把这些盖世奇才奇迹般地融合在一起，赋予一个人美貌、德行和才华。因此这个人无论从事什么都出类拔萃，从而向世人昭示他是上帝的赐予，而非人类力量所能造就的奇才。人们在莱奥纳多·达·芬奇身上便清楚地见到这一情景，他英俊潇洒、风度翩翩、无人能敌；他才华横溢、智慧超群，似乎无所不能；他拥有伟大的人格力量，辅之以机敏和经久不变的忠诚、仁慈。这使他声名大振，不仅生前受到极高的评价，死后更是流芳百世。这段话表明与他同时代的人就已经给他非常高的评价。所以我们从他一生的创作可以了解到，达·芬奇确实在各个领域都取得了令人瞩目的成就。

一、第一佛罗伦萨时期（约 1472—1482）①

　　莱奥纳多·达·芬奇是意大利文艺复兴时期最具代表性的艺术家，与米开朗琪罗和拉斐尔并称"文艺复兴三杰"。莱奥纳多集画家、雕塑家、建筑师、设计师、理论家、工程师和科学家等多重身份于一身，在诸如音乐、数学、文学、解剖学、地质学、天文学、植物学、历史学等范围内都有所研究并且成就斐然。他所展现出的近乎全能型的天赋，使他成为文艺复兴时期理想型人格的化身。在绘画上，他对人物性格的刻画、空间的表达、光影的描绘、风景的再现以及叙事的能力都代表了文艺复兴绘画所取得的最高成就。他对艺术的见解，深深地影响了之后统治欧洲 400 余年的学院派的艺术标准和理想。

　　如果仅依据年龄，莱奥纳多与米开朗琪罗和拉斐尔似乎不属于同一个时代，他比后两者分别大 23 岁和 31 岁，与他们的老师吉兰达约和皮鲁吉诺同辈。但是，他的作品中所表现出的高超技艺和人文主义精神，使他超越了自己的时代，成为兴盛期文艺复兴艺术的代表。通常，西方学术界将莱奥纳多的艺术生涯分为以下几个阶段：第一佛罗伦萨时期（约 1472—1482）、第一米兰时期（约 1482—1499）、第二佛罗伦萨时期（1500—1508）和第二米兰时期

---

　　①　章节标题为编者所加，下同。

（1508—1513）。1513 年，莱奥纳多接受教皇利奥十世的邀请前往罗马，可能正是此时绘制了那幅保存在都灵的著名的自画像。1516年，他接受法国国王佛朗索瓦一世的邀请前往法国，居住在昂波瓦兹附近的克卢城堡，并在那里度过了自己的余生。

莱奥纳多家境殷实，他的父亲皮埃特罗·达·芬奇（1504 年去世）是托斯卡纳大区芬奇镇的财产公证人。莱奥纳多第一次以画家的身份被记载在历史上要追溯到 1472 年。在那一年他开始向佛罗伦萨圣路加公会（Compagnia di St. Luca）交纳会费，这标志着他成为一名被行业认可的画家。莱奥纳多在第一佛罗伦萨时期师从安德烈亚·委罗基奥，这位老师的工作室接受了各种各样的委托，包括青铜与大理石雕像、陶器制作、金属与多种石材的装饰、绘画以及建筑工程等，这不仅给莱奥纳多提供了广阔的平台，并且为其创作打下了坚实的基础。乔尔乔·瓦萨里记载了这样一桩趣闻：委罗基奥在绘制《基督受洗》的时候让莱奥纳多绘制了一个局部。作品完成后，大家一致认为画中莱奥纳多完成的部分最为精彩。委罗基奥在感慨学生天赋异禀的同时也对自己从事绘画创作失去了信心，决定从此往后只做雕塑作品。不论这则趣闻是否属实，莱奥纳多的早期智慧确实是人所共知的。

最早能够反映他的绘画天赋的作品被认为是 1473 年 8 月 5 日创作的钢笔速写，这是一幅描绘佛罗伦萨风景的作品（图 1）。这件以高视角俯瞰阿诺河谷的作品用笔潇洒并且透视严谨，被有些学者看作西方美术史上第一幅真正意义上的风景素描。此后一直到他在 1482 年左右前往米兰，关于他在艺术创作上的记载十分稀少。1478 年，莱奥纳多接受委托绘制了市政厅中圣贝尔纳多祭坛画，

图1【意】莱奥纳多·达·奇《阿诺河谷》1473年
墨水笔、墨水　乌菲兹美术馆藏　佛罗伦萨

他的名声也开始在当地传播。但是，这件作品最终由菲利宾诺·利皮完成。莱奥纳多在草图《头部和机器的研究》中的笔记中记载他"画了两幅圣母像"，也许仅仅就是两幅小画而已，并不是上文提到的祭坛画。一年之后，他绘制了带说明的速写《贝尔纳多·巴罗切尼的绞死像》。画中的主人公参与了刺杀富豪洛伦佐和其弟弟朱利亚诺的"帕齐阴谋"，最终朱利亚诺被刺死，洛伦佐重伤。在这一时期，第二个有记载的委托是1481年为圣多纳多教堂绘制的祭坛画。尽管主题未知，但是现存未完成的《三博士来拜》被推测就是这次委托的作品。教堂的祭坛画后来被菲利宾诺·利皮完成的相同题材的作品取代，两幅作品现都藏于乌菲兹美术馆。

　　这一时期的佛罗伦萨是早期文艺复兴艺术的中心，初出茅庐的莱奥纳多见识到了早期文艺复兴的诸多成就。保罗·乌切洛醉心于透视法的研究，达到废寝忘食的地步；安东尼奥·波拉约洛则开始进行人体解剖的研究，他笔下《战斗中的十个裸体》展现出佛罗伦萨画家自古典时代之后对于人体结构的重新关注；比莱奥纳多年长 8 岁的桑德罗·波提切利注重线条的运用，以柔美俊朗的画面著称……因此，莱奥纳多所取得的成就，在他的学徒时代就能找到源头。而我们也会意识到，历史正是需要一位像莱奥纳多一样的渊博之人，才能够兼采众家之长。精力旺盛的他似乎要把全部映入眼睛的东西都加以研究。学者们后来统计，仅在第一佛罗伦萨时期他就留下了 7 万多页手稿。

二、第一米兰时期（约 1482—1499）

第一米兰时期是莱奥纳多艺术创作逐渐走向成熟的时期，创作了诸如《岩间圣母》和《抱貂的女人》等传世之作。属于这个时期的作品还有《音乐家》，创作于 1485 年。他对人物面部精致的描绘让人想起佛兰德斯画家的作品。画中男子曾被认为是米兰教堂的唱诗班指挥佛朗奇诺·歌弗力奥。但另一些学者认为该画中人物只是一位并不出名的普通人。从他手上所握纸张上的字迹可以看出，这是一张乐谱。相对于描绘细腻的音乐家的脸部，红色帽子和宽松的外衣以及卷曲的头发更像是另外一位画家绘制的。学者们推测，莱奥纳多在绘制了脸部后并没有进行其他部分的创作，或者说没有全部完成该幅作品。

　　莱奥纳多在米兰还接受了米兰圣母无原罪教会的委托，绘制一幅包括圣母、先知和天使的油画。不过，直到 1503 年，这幅绘画的酬劳也没有送到莱奥纳多的手中，而此时的他已经离开了米兰。争执的核心在于教会认为莱奥纳多没有按照合同所说的构图和人物身份进行创作，同时觉得一幅油画作品不应该享受当初所制定的高昂价格。1506 年，米兰的仲裁机构最终确定由莱奥纳多重新绘制一张同样题材的作品。如果他在两年之内完成，赞助方需要提供重新商定好的佣金。这两幅作品就是现在被命名为《岩间圣母》（图 2）的油画。普遍认为，现藏于伦敦的作品是莱奥纳多后来完成的，而藏于卢浮宫的画幅便是那张充满争议的早期作品。

　　《岩间圣母》的画面描绘了幼年的施洗约翰在圣母面前朝拜幼年的基督，这种题材在 15 世纪后期的佛罗伦萨十分流行。艺术家将故事的发生地置于一个野外的场景，人物被耸立的岩石和植物包围。圣约翰往往被描述成一个隐士，所以画面中的他身上披着一层薄薄的骆驼毛织成的服装。圣约翰左膝跪地，双手合十注视着耶稣，而耶稣神态自若地举起右手来祝福他。耶稣身后的天使右手指向施洗约翰，眼睛则看着画外。圣母通过她的姿势将两组人物结合成一个整体，她右手揽住圣约翰，左手像是正要去抚摸耶稣。学者对于莱奥纳多为何将此故事的场景设定在野外的岩洞尚存疑问，包括各种植物所蕴含的寓意等。但是透过这些精心描绘的植物，我们

图 2 《岩间圣母》（左） 1485 年 法国巴黎卢浮宫藏
《岩间圣母》（右） 1495 年 英国伦敦国家画廊藏

看到艺术家以大自然为师的成果。圣母和两个孩童以及天使构成稳定的三角形，使画面看上去既具有稳定性，又不显得僵硬，人物之间的顾盼和手势引导着观者的视线在这个稳定的框架内游走。他自己十分喜欢这种既稳定又蕴含着动感的三角形构图形式，这种形式在随后的历史中也反复被其他艺术家所借鉴。莱奥纳多将后面的岩石和退到远处的景色以线性和大气透视法表现出来，将画面营造成一个具有深远空间的神秘境地。

莱奥纳多在第一米兰时期的很多作品，都有赖于米兰大公路德维克·斯福尔扎的赞助。当时的米兰与威尼斯经常发生战争，所以米兰的宫廷对军事人才颇为倚重。因此，在当年写给斯福尔扎的自荐信中，莱奥纳多并没有把自己说成一位艺术家，而是强调了自己作为一名军事工程师的才能。在信中的草图里，至少有 10 个种类的军事工具被他描绘出来，其中包括陆地或水域上所使用的坑道、枪支、大炮、桥梁等。事实上，莱奥纳多最早一批成规模的手稿就出现在第一米兰时期。这些手稿集中体现出他对自然科学的热衷。其中，他在解剖学和生理学上的兴趣最为浓厚。他笔下的人体结构图和研究记录比前人的研究更加严格和准确，因此他也被认为是近代解剖学和生理学的始祖。

　　在这些手稿中，最著名的要数《维特鲁威人》（图3），画中描绘了一个男子摆出的两个不同的姿势。画中人物的上下两个部分都是莱奥纳多参照维特鲁威的《建筑十书》所写下的注解文字。文字

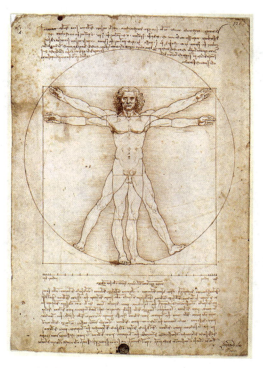

图3　【意】莱奥纳多·达·芬奇《维特鲁威人》1490年
墨水笔、墨水　34.4×24.5 cm　威尼斯美术学院美术馆藏　威尼斯

中包含的"人伸开手臂的宽度等于他的身高"，就是双脚并拢、双肩水平伸出的姿势。另一个表现了叉开双腿，使身体高度降低1/14并且分举两手使中指端与头顶其平时，脐眼恰好是伸展四肢所外接圆的圆心。画中的男子被置于代表了宇宙秩序的正方形和圆圈中。莱奥纳多笔下的人物肌肉结实而健美，被认为体现了最完美的人体黄金比例。

2017年展出的《最后的晚餐》复制品，是参照莱奥纳多在1498年的原作完成的。这幅作品由米兰的费德里科·博罗梅奥委任维斯皮诺绘制，是莱奥纳多绘画作品中最重要的复制品之一。由于原作已受到不可修复的损坏，所以才有了将这一巨作进行复制的

图4 【意】莱奥纳多·达·芬奇《最后的晚餐》1495—1498年
湿壁画　460×880 cm　意大利米兰圣母感恩堂藏　米兰

想法。这件复制品虽无法达到原作洞察"人物灵魂深处的动机"的完美程度，但是却高度复原了莱奥纳多对画面构成的意图。

《最后的晚餐》缘于斯福尔扎公爵委托莱奥纳多装饰米兰的圣母感恩堂的餐厅。莱奥纳多打算在这件作品上实验自己新研究的绘画技巧，若成功的话就能取代费时费工的湿壁画。但是他用蛋彩、植物油和石膏作为原料所实验的新画法是失败的，壁画在余下的几百年内虽经过精心的保护和修复，但仍无法让其保持完好的原貌。画面中，耶稣被放在画面的最中心，整幅画面的亮点就在耶稣的头上。原作中后面打开的窗子在数量上有三位一体的寓意，还有类似于头光的强调效果，使耶稣成为视觉的中心。两侧的圣徒因强烈的反应恰好让出中间的耶稣所处的位置。圣徒们以三人一组表现出惊恐、愤怒和诧异的情绪。有的在向耶稣解释和询问，有的在讨论背叛者是谁，有的则激动地从桌上站起来。画面左侧的彼得愤怒地抄起刀子拉着约翰在诉说，把犹大推到了二者的前面，使得紧握钱袋的犹大和其他的圣徒形成鲜明的对比。耶稣的双手摊开，显示了对神的命运的服从和奉献的精神。画面以人物的姿势和运动显示出莱奥纳多对画面布局的娴熟控制以及对人物内心刻画的高深造诣。

三、第二佛罗伦萨时期（1500—1508）

　　1500 年后，莱奥纳多离开米兰回到了佛罗伦萨。在第二佛罗伦萨时期，他创作出《纺车边的圣母》和《圣母子与圣安娜》的素描。举世闻名的《蒙娜丽莎》是这一时期最重要的作品，尽管这幅绘画的最终完成时间存疑，但莱奥纳多确实是在这一时期开始创作的。画中人的身份在很多年里都是疑问，瓦萨里声称主人公是"丽莎女士"，是弗朗切斯科·德尔·乔康达的夫人（因此这件作品也被称作《乔康达夫人》）。这一观点在 1991 年得到确认，学者们凭借对协助了莱奥纳多 30 多年的助手吉安·贾科莫·卡普洛提的遗物研究得出了这一结论。1495 年，丽莎·吉拉尔迪尼嫁给了乔康达，后者是共和政府中的一个重要人物，甚至莱奥纳多也想给他画肖像。根据瓦萨里的记载，莱奥纳多在 1500 年左右开始绘制这幅作品，但是 4 年之后这个作品也没有完成。事实上，作品的外观也能证明该幅作品的创作时期很长，因为其面部和手部的龟裂纹路有明显的区别。蒙娜丽莎的脸上表现出来当时的一些时尚：妇女不留眉毛，宽广的前额也被认为是美的，所以最前端的头发也要剪掉。画面中的人物以 3/4 侧面端坐其中，双手优雅地搭在腰际。这种稳定的三角形构图成为一种经典，被以后的艺术家多次套用。如果我们回想一下之前的肖像画大多处于室内而且都以侧面像表现，就知道莱奥纳多已经取得了多大的进步。光线有选择性地增强了对面部和手的照射，使得主次突出。人物面部展现出迷人的而又捉摸不定的笑容，这种不确定性给了观众极大的联想空间，也成为此画盛名于世的原因之一。关于蒙娜丽莎暧昧的微笑意义为何，迄今并无明确的定论，或者认为其展现了刹那间情绪的反应，表现了孕育新生命的欣喜或者丧子后的哀伤；或者认为表达了一种主观的象征性表情，一种基于母性温柔地对生命的永恒关切。

《蒙娜丽莎》除了历史上众多未解的谜团和在艺术方法上的突破之外，还集中展现出了莱奥纳多对光、色、影的娴熟运用。《岩间圣母》里已经使用过的渐隐法在这里已经臻于完美。他自己曾说过："绘画的最大奇迹，就是使平的画面呈现出凹凸感。"他改变了过去画家在处理明暗交界时生硬的描绘，主张从明到暗的过渡应该柔和。这种方法使得画面的层次更加丰富，也使得绘画在自然主义的道路上走得更远。在莱奥纳多看来，佛罗伦萨共和国不能给他提供一个合适的发展自己的空间。或许正是这点，使他在 1502 年接受了切萨雷·波吉亚的邀请而成为军中建筑顾问和工程师。他随军前往意大利中部城市乌尔比诺，这一时期他最出名的作品是《伊莫拉地图》。这件作品显示出他在城市规划方面的才华。他将车马路与人行道分开，并且规定了房屋的高度和道路的宽度。此外，城市的下水道系统、护城河的构建都依照了莱奥纳多的设计实施。1503 年，他又回到家乡，时值佛罗伦萨与比萨的战争，莱奥纳多参与到筑城防御工事之中。同年，他接受了政府让他在市政厅绘制壁画《安吉里之战》的委托。安吉里战役是 1440 年发生在昂加里的一场佛罗伦萨和米兰人的战斗，最终佛罗伦萨胜利。1505 年，米开朗琪罗也受到政府的邀请绘制《卡辛纳之战》，描述的是 1364 年佛罗

图 5 【意】莱奥纳多·达·芬奇《蒙娜丽莎》 约 1503—1505 年
木板油彩 约 76.2×53.3 cm 巴黎卢浮宫藏 巴黎

伦萨在卡辛纳战胜比萨的战斗。这是一场大师之争，佛罗伦萨人迫不及待地想要观看两位天才在类似题材上的卓越表现。可惜的是，这两件作品最终都没有完成。莱奥纳多所试验的一种新的壁画技法失败，导致该作品在未完成的阶段就开始脱落。米开朗琪罗则被罗马教皇征召制作陵墓雕刻。实际上，随着莱奥纳多对自然科学不断增长的热情和涉猎领域逐渐扩大，他对绘画所倾注的热情在不断减少。在这一时期我们几乎很难找到一张他独立完成的且完成度很高的作品。

四、第二米兰时期（1508—1513）

　　莱奥纳多曾于 1508 年至 1513 年又回到米兰。在第二米兰时期，莱奥纳多在科学上的成就体现在他对人类肌肉解剖的研究和骨骼系统的探索上。在几何问题上，他痴迷于探索体积与面积的计算和转化（比如，从圆形到正方形的等面积形变问题）。另外，他研究水在容器中的流动和人体内部血液的循环系统，这些研究对象隶属于后来的流体力学以及生物医学的研究范畴。

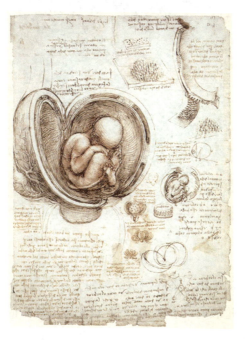

图 6 【意】莱奥纳多·达·芬奇《子宫中的胎儿》 约 1510 年　红色粉笔打稿、墨水笔、墨水

　　《子宫中的胎儿》是莱奥纳多持续不断的好奇心促成的研究成果的代表之一，这件手稿于 1960 年在马德里被发现。这下我们能够理解为何他大量的手稿要以左手反写而只能通过镜子的反射才能看清了。一方面是为了使自己的成果不被剽窃，还有一种可能是为了避免自己的学说被当作异端而受到苛责。《子宫中的胎儿》开创了现代科学以图解的方式研究解剖和生命体的先例，这在 X 光发明之前具有十分重大的意义。

图 7 【意】莱奥纳多·达·芬奇《伯灵顿家族肖像草图》1500 年
纸本装裱于画布上、炭条、白色粉笔 141×105 cm　国家美术馆藏　伦敦

　　第二米兰时期内，唯一记载清楚的并且完成了的莱奥纳多绘画作品是现存于伦敦的《岩间圣母》，这件作品是在他返回米兰后在工作室助手的帮助之下完成的。相比之下，可以确定完全由他独立

完成的绘画是《施洗者约翰》。他为法王路易七世所做的主题为圣母子的作品尚无法从现存的作品中甄别出来。通过对史料和现存作品的分析，莱奥纳多在类似题材中惯用的两种构图方式可以划分如下：一种是 1501 在佛罗伦萨绘制的草图（已经佚失）和现存巴黎卢浮宫的油画作品；另一种是施洗约翰参与到画面叙事当中，就像存于伦敦国家美术馆的《伯灵顿家族肖像草图》那样（图 7）。后者曾被认为创作于 1490 年至 1500 年，但是风格分析和现存于伦敦的准备手稿（钢笔、墨水和黑炭笔的素描）都让学者们推断出它应该创作于 1505—1507 年。现存于卢浮宫的《圣母子与圣安娜》，学者们依据温莎城堡的手稿推断出其成品更晚，大约完成于 1515 年。

　　1513 年 10 月，莱奥纳多在前往罗马的途中顺便在佛罗伦萨停留了一段时间，在那里他接受了朱利亚诺·德·美蒂奇的艺术赞助。随后，在朱利亚诺的安排下，莱奥纳多开始参与教皇利奥十世的军事工程。这一时期莱奥纳多开始深入研究解剖学（心脏病学和胚胎学）、光学和几何学，但其多方面的涉猎让无心的利奥十世感到不满，他怀疑莱奥纳多可能不会真正地完成某一项工作。

五、客居法国的晚年与 5 个世纪的影响

　　莱奥纳多很有可能在 1515 年和利奥十世以及法国的新国王佛朗索瓦一世在博洛尼亚会面。他绘制的现存于温莎城堡的《狼和鹰的寓言》创作于这个时期，有可能影射这两个位高权重者的政治协定。佛朗索瓦一世像他的前任国王一样，对莱奥纳多的作品狂热追捧。在 1516 年 8 月到 1517 年 5 月，佛朗索瓦一世邀请莱奥纳多来到法国做客。在莱奥纳多接下来的人生中，佛朗索瓦一世扮演着一位理想中的赞助人的角色——他主动满足莱奥纳多创作作品的全部需求，而且非常理解这位学者对自然科学的热爱。1516 年至 1519 年，作为法国国王的首席画家和工程师，莱奥纳多居住在安博瓦兹（法国中部）的皇家庄园中。

　　莱奥纳多的晚年被几何学的热情和逐渐增长的悲观情绪所环绕。他的系列素描作品《大洪水》集中地反映出他的这两种情怀。他的健康状况逐渐变得不容乐观，可能由于脑中风的缘故，他的右侧身体部分地出现了麻痹的症状。所以很多涉及体力劳作的事务都由他的助手和学生帮助完成，但是他的思维依然敏捷，1516 年至 1519 年的日记和手稿中依然延续了他之前的研究和思考。目前关于莱奥纳多在法国的绘画记载主要依凭于 16 世纪晚期的转述资料，真实性存疑。只能确定《蒙娜丽莎》《丽达与天鹅》和《圣母子与圣安娜》被莱奥纳多带往法国。他有可能给法国国王绘制过一幅龙

和狮子相争的作品以及被称为《瓦纳女士》的油画。

1519 年 4 月 23 日，莱奥纳多起草了他的遗嘱。5 月 2 日，莱奥纳多与世长辞，享年 67 岁。8 月 12 日，他的灵柩被安葬于安博瓦兹的圣弗洛朗坦教堂。但是，教堂在法国大革命中遭到了破坏而不得不被拆除，目前他的遗骨收藏在圣胡伯特礼拜堂。研究莱奥纳多的英国学者查尔斯·尼科尔用下面这段话表达了自己对这位天才离世的哀伤："埋葬在圣胡伯特礼拜堂的大颅骨曾经容纳了莱奥纳多的大脑。而如今，笼子空了，心灵已经飞走了。"确实，他的离开，标志着人类历史上一个集中体现伟大时代精神内核的完美人格的消逝。这位被瓦萨里称作"上帝的特殊赠予，而非人类力量所造就的奇才"离世已经近 5 个世纪，之后再也没能出现一位像他那样多才多艺的天才。

然而莱奥纳多·达·芬奇在他死后很长一段时间，并不是西方美术学院里面最受欢迎的艺术家，那么最受欢迎的艺术家是谁？是拉斐尔、莱奥纳多，最后是米开朗琪罗。拉斐尔的作品是理想化的，他认为人间没有完美的女性，他要把所有女性身上最好的一点集中在一个人的形象上，所以他画的圣母是一个完美的形象，是一个理想化的形象，而不是一个真实的形象。这种理想美影响了后来学院派的教育，学院派认为你就得画的像拉斐尔，构图像拉斐尔，人物造型像拉斐尔，色彩像拉斐尔，结果导致在 19 世纪中叶的时候，英国出现了一个拉斐尔前派。为什么不学拉斐尔，而是要到拉斐尔之前的那些画家那里去寻找灵感的来源？我们喜欢波提切利，喜欢菲利普·利比等等。所以对莱奥纳多的研究也从 19 世纪兴起，像佩特开始对他感兴趣。20 世纪以来，大家慢慢发现这个人是一个那么了不起、那么神奇的人，他对这个世界有那么多的想法，有那么多的先进设想。

图 8　史上最贵艺术品"达·芬奇"《救世主》
据传完成于 1490—1500 年

前不久有一件作品叫《救世主》，这件作品拍了很高的价格，1 亿多美元①，大家认为这个是莱奥纳多·达·芬奇的，但从我的分析以及大部分美术学家认为这不可能是莱奥纳多的，因为被改化

---

① 2017 年 11 月 15 日，《救世主》在纽约佳士得举行的"战后与当代艺术夜场"中被拍卖，估价约为 1 亿美元，最终以 4.5 亿美元（约合人民币29.8 亿元）的天价成交，打破了史上艺术品拍卖价格的纪录。2010 年年底，一个由国际专家组成的团队被召集到伦敦，该木板油画被鉴定为达·芬奇真迹，估价也因此扶摇直上。——编者注

的太多，画面中从这个手势手的处理，包括这只手的处理，绝对不是莱奥纳多的水准，可是今天也被认为是新发现的莱奥纳多的一件作品，卖了极高的价格。由此可见，莱奥纳多还在引起世界的注意，他还在不断地有一些新的故事出现，这位被恩格斯称为"巨人中的巨人"超越时空还在与我们对话。通过这些珍贵手稿，我们或许能够捕捉到这位 500 多年前的智者的风采，体会全能天才的伟大。所以可能在他逝世 600 年的时候，还会引起世人的研究讨论和兴趣。今天我们就讲到这里，谢谢！

（本文系 2019 年 5 月 16 日北京师范大学图书馆"专家讲座"转录文字节选

并参考张敢教授同主题论文整合而成）

从 玉 路
到 丝 路

神助自助者

叶舒宪

二〇一五年三月
廿八日

主 讲 人 简 介

叶舒宪

　　中国社会科学院研究员、上海交通大学讲席教授，兼任中国民间文艺家协会副主席、文学人类学研究会荣誉会长、中国比较文学学会会长。主要研究方向为新兴交叉学科——文学人类学。著有《中国神话哲学》《诗经的文化阐释》《文学与人类学》《玉石之路踏查记》等，译著《苏美尔神话》《结构主义神话学》等6部，发表论文数百篇。主持中国社会科学院重大课题、国家社科基金重大招标课题多项。

主 讲 提 要

　　"君子温润如玉""化干戈为玉帛",为什么国人善用玉来比喻真善美或体现人格理想?为什么 1877 年德国人李希霍芬命名的"丝绸之路"上有关口叫"玉门"? 20 世纪末以来学界对"玉路"的探索有怎样的价值和意义?本讲座揭示周穆王西征昆仑的采玉实践和汉武帝命名昆仑山、玉门关的文化史意义,解说上古"河出昆仑"神话地理观,并尝试阐明丝路中国段的 5000 年发生史脉络。

　　今天这个话题跟当下主流话语非常契合，"一带一路"的"一带"主要指丝绸之路经济带。若从中国本土立场看历史，这条中西交通的路究竟是从什么时候开通的？在这条路上最重要的物资是什么。有人说丝绸之路，那还用问什么物资吗？"玉、马、佛"这三种物质对中国文化至关重要，全部是从西向东运输的。那后面的一个是布、丝绸，古代就叫帛，合称布帛，是内地向外运输的。所以我把这五种物质放在一起，明确这两类货物的不同走向。丝绸之路到底是怎么样的路？什么时候开始的？这几种物质之间有什么关系？将玉放在第一位，是因为从因果关系上看，没有运玉的需求就不会有这条路，后边的一切都谈不上。那运玉的路怎么又演变出运输马和佛？物资要交换，中国这边有的是什么？我国是东方著名的养蚕、缫丝的大国，在这里丝并不稀罕。对西方人来说，没有丝，不会养蚕，丝绸的市场价格比黄金贵 10 倍。那怎么办？要靠贸易。所以这条路，其意义在于商贸原理：互通有无，你那儿有什么，我这儿有什么。丝绸不是由国家政府出面来组织外贸，古代没有这个，全部是中间商人按照市场交换的利益驱动原则将丝绸传播出去的，是市场行为，主要的运送力量是中间者。因为这条路太远了，从东亚到地中海将近一万公里，没有一个商队能走完全程，是转口贸易，一段一段的运输，贸易的利益就这样叠加上去。

一、文学人类学派的中国文化理论

我们的出发点和理论方法是什么？文学人类学。文学不用问，众所周知，大学中文系都是文学专业。人类学则在一般的院校里都没有，咱们北师大有。人类学是研究文化的，全称叫"文化人类学"。文史哲、政治、经济等，实际上和文化有各种联系，但是在我们的大学里，恰恰没有整合性的"文化"学科。人类学提供的文化视野，给文学、艺术、音乐、绘画都可以找到一个整合的背景。今天的人文社会科学中，每个学科都和文化人类学交叉，产生出新学科。大家听得比较多的——历史人类学、艺术人类学，都是如此。各个学科之间原来有森严的壁垒，文化视野把这些单一的学科还原到整体背景中。

文学人类学提出自己的理论和方法，其方法论叫"四重证据法"（文献、出土文献、口传文化与非遗、文物及图像）。其文化理论，将传统分成两部分：大传统和小传统。以时间长短为判断尺度，把口传的没有文字的文化、史前的文化叫大传统（前文字），把凡是进入书写的、文字记录的传统叫小传统（文字书写）。这样一来，把文化分成两大部分，什么用意呢？我们不知道的东西全在大传统里，你要了解中国小传统，从司马迁、班固开始就太晚了，因为文字记录的东西是挂一漏万的。我们要做的就是还原文字没有记下来的东西，就是真相，都在文字以外。这个理论是 2010 年提出的，就几年时间，希望重新进入并理解文化传统。

二、丝路发生史：玉、马、佛、丝的多米洛效应

回到正题，玉、马、佛、丝，丝路发生史上这四种物质哪个在先？哪个在后？哪个是原生的？哪个是派生的？这非常明确。多米诺，就是一环扣一环。讲佛像的问题，要弄清佛是哪儿来的？佛不是中国的，佛教为世界五大宗教之一，由古印度人始创，但在印度没传承下来，全传到我们东亚和东南亚了。我要发问：印度人生产的佛教为什么全往东走，不往西走？不向西亚传播？中国的佛教徒也用玉做佛像，只要读过宋元话本《碾玉观音》就明白了。偶像崇拜在东亚始于玉雕的神像。上海东方明珠旁边有一个震旦博物馆，其镇馆之宝就是一件红山文化玉雕神像。

兽头人身的雕像似乎王者一般，呈端坐姿势。古代人用切磋琢磨把心目中的神像塑造出来，呈半人半兽玉雕像。崇拜偶像的这个传统，在我国史前已经盛行。但是往西看，犹太教禁绝偶像崇拜，基督教禁绝偶像崇拜，伊斯兰教禁绝偶像……不用问佛教为什么产生于南亚没有往西走，全跑到东亚来了！既然有个大传统崇

拜偶像，自然容易把佛像小传统接引过来。西亚那边不允许崇拜偶像。到教堂里想看上帝什么样子，谁也不知道，顶多给个十字架。偶像崇拜是过去西边三大宗教的禁忌，当你明白了丝路的发生史，便知道佛像是沿着运输和田玉进入中原的这样一条路过来的，即先到新疆，通过新疆到敦煌，从敦煌进河西走廊再进甘肃东部，然后进中原，所以这条路

图 1　红山文化玉雕神像
震旦博物馆藏

就是史前到商周运送和田玉的路。丝路中国段是怎么形成的？丝路的中亚到地中海那一段是怎么形成的？这在国际学界已解决了，那就是青金石之路，也是早在 5000 年前就形成的。

青金石主产地在阿富汗，靠近新疆喀什。青金石的消费地主要在南亚和地中海地区，古埃及、苏美尔就是排在文明史第一、第二位置的，他们大量需求和崇拜这种石头。青金石产地和消费地之间画出来一条路线。欧亚大陆上最早的国际贸易对象，都是这些被神话化和神圣化的石头。青金石又叫天青石，这个名称已经暗示出其神话化意义的由来：代表天、代表神，用来建造神庙，象征神权、代表王权背后的神圣力量。这样一来，你去大英博物馆也好，卢浮宫也好，都会看到两河流域出土的五千年文明最珍贵的宝物以青金石、黄金为主。玉石之路是五千年前就有的。张骞通西域是在公元前 138 年，丝路的命名是以张骞通西域为起点的，距今两千年上

下，而四大古文明是五千年前出现的。所以玉路比丝路不知道要早多少！过去没有研究，大众毫不知情。我们说的什么大传统，没有文字记载，只有苏美尔文明的楔形文字的文学作品，记录了苏美尔国王派大军到东方遥远的地方去换珍贵的青金石。过去把这当作文学、当作神话来看，现在看来不是神话，这是神话中的历史。新疆西部到中原之间，大约有三四千公里，到底什么东西在这里输送的最早、输送最多？文学人类学派组织 14 次玉帛之路田野考察，每一次就是一段一段走，以县为单位，每一个地方出的东西被送到县博物馆的文物库房，跟玉有关的所有实物都被采样或拍照，最后告诉大家这条路是怎么形成的。田野考察涉足了中国西部的四大戈壁和沙漠，有些地方今天我们认为没有路，但古代是有路的，主要走骆驼队。这十多次考察都有简报发表，在中国甘肃网上也有纪实报道。这次考察总行程大概是 25000 千米，所以概括起来叫"五万里路云和月"。如果把每次考察的路线图复原出来，就是以河西走廊为中心。一边到了晋陕、内蒙古交界的河套地区，那边到新疆的南疆和北疆，一共覆盖中西部七八个省区、200 多个县市，主要采样哪里出什么样的玉，跟古代的用玉制度之间作对照。

关于丝路，看看中国地图，汉代以来有个地名叫玉门，包括玉门县、玉门市、玉门关……全跟"玉"有关。"玉门"是什么意思？汉武帝目睹张骞等从西域带回来和田玉，就下令建立敦煌四郡，叫河西四郡，这实际上就把秦国原来没有的领地全部划在中国版图里了。玉门关就是当时的中国海关。军队在这儿住着，来往的贸易是要收税的。这个玉门关在今天不止一个，瓜州当地的文物部门用遥感技术在黄沙之下测出了 6 个玉门，都是从新疆往这边运玉的路线关口。不是单一之路，而是网状的路，一般是有河流的地方就有路，沿着河走。今天的高铁、高速很多都是沿着河边走的，就是这样的原理。古人最便利的运输是什么，是河水、漕运。从商周或者更早时期，叫"西玉东输"的历史。那佛像的历史是什么时候？大致就是汉武帝派张骞到和田的时候，在那儿张骞看到了漫山遍野最好的玉在河沟里，便采回来。那个时候的西域已经开始走向佛教化，在张骞以后的公元2世纪，马上就变成了中国境内最早的佛国。今天叫和田、古代叫于阗，因为翻过喀喇昆仑山就是克什米尔，挨着佛教圣地，所以佛教先传到那，按照多米诺效应，从和田跨过了整个新疆的南疆（塔克拉玛干——中国第一大沙漠），然后到玉门关、敦煌。敦煌莫高窟佛像是中国境内比较早的佛像，接下来是武威天梯山石窟，再下来是大同云冈石窟。这是世界佛教艺术史上壮丽的巨型佛寺，全在玉石之路的站点上。只要去过山西都知道，山西共五大盆地，最北边是大同盆地，两边都是山，有几个重要的关口通向中原。今天人们想象的丝路，是洛阳、西安、宝鸡、天水一条直线画过去。我要告诉大家古代那没有路，根本不从那儿走，越早走的路越绕，一定要走周穆王的路线，走山西大同，绕到河套地区，顺着黄河向甘肃西部出发。过去看《穆天子传》都以为是文学小说，现在看来它的真实性是非常可信的，是按日记方式写的，甲乙丙丁哪一天走了多少里，在什么地方，虚构的人没有这么写的必要。有些地名今天都没有变，特别是《穆天子传》中讲到的滹沱河，今天还叫滹沱；雁门关古代叫勾注，今天叫雁门关，出了雁门关就到了大同平原。这里是华夏第一关，因为《战国策》里讲的昆山之玉就来自雁门关。运输玉的路线都跟少数民族有关。大同的云冈石窟谁建的？几乎是少数民族的功绩。汉族人走不了那么远，汉族人一般是农民，农民最怕"背井离乡"。谁要跑千里以外？周穆王、张骞、唐僧等这些汉族人因加强了西域与中原的联系而成为英雄。游牧民族是机动的，有骆驼有马，所以运输的力量全靠他们。这就是我们讲的佛教石窟的传播路线，从印度到洛阳，而不是今天想象的丝路。古代走黄河的水道，沿着黄河的支流走，这就是我们考察出来的路线。

中国石窟寺年代怎么算？于阗佛国是2世纪到3世纪，接下来是敦煌莫高窟4世纪，武威天梯山是5世纪初，大同云冈石窟460年，洛阳龙门石窟493年。按照这个多米诺一目了然。玉路怎么催生出佛像之路？完全是按照多米诺的空间展开的。玉石之路有四五千年的历史。要问这条路上运到中原来的最有价值的玉是什么玉？就是曹雪芹说的"白玉为堂"之白玉。《礼记》专门讲玉的颜色和等级的关系，其中一句"天子佩白玉，公侯佩山玄玉，大夫佩水苍玉"。按照等级高下，玉的颜色都有讲究。《礼记》是战国时候的书，规定的是先秦时候礼仪制度，"物以稀为贵"，白玉本来就少，今天的古玩市场要是真的白玉都论克卖，黄金的价格都无法比。图2左边是新疆和田河床里捡来的籽料，可以做手串，特别白的那种叫羊脂玉，能达到一克两万元。旁边的这个是春秋战国时期出土的楚国的王族的精美的羊脂白玉龙（图2右边），原件在湖北荆州博物馆。荆州博物馆怎么会有这个东西？荆州博物馆是中国地市级博物馆中最壮观的一个馆，其中专门有玉器展馆。白玉出现以后，其他玉的价值一落千丈，因为天子在那儿坐着，谁是天子？天之骄子，万人之上，所以白玉的等级独超众位，今天市场上仍然是

图 2　玉石籽料（左）羊脂白玉龙（右）　湖北荆州博物馆藏

超过黄金 100 倍的价格。殷墟妇好墓出了 700 多件玉器，多年以来都在考古所库房里。其中只有 500 件在广东省博物馆展览。因为我们说过青海、甘肃以东没有白玉，那么安阳的 3000 多年前商代大墓出的大量白玉哪儿来的？全是新疆来的。全世界没有其他地方的人崇拜玉，只有东亚人崇拜，东亚最好的白玉全在新疆。资源是由神话观念拉动，资源依赖，离开它其他玉就不行了。这都是从大传统到小传统一脉相承的。

在 10 次玉石之路的考察中，有几座山上都出过类似和田玉的东西，有甘肃来的同学应该听说过，这座山叫马衔山。这应该是青藏高原以东海拔最高的一座山——3670 米，这里出相当于优质和田玉等级的地方玉，现在市价已经追上和田玉了，因为它更稀少。这个地方 4000 年前就被开发了，所以"西玉东输"的历程不仅仅有新疆的玉，还有青海、甘肃的玉，西部地区所有玉山都向中原运玉。中国文学有第一宝典《山海经》，一共记录了 100 多座出产玉石的山和河。过去我们读这个东西无法理解，现在看明白了，《山海经》是保留大传统信息最丰富的书，其他的书都够不上，只有《山海经》，它代表了那个漫山遍野找玉的时代。王权的背后统治者关注的就是哪个山出哪个玉，因为没有调查不知道中国境内有多少玉，现在能数出来的有蓝田、岫岩、南阳，屈指可数。《山海经》中100多座出玉的山，90%以上都失传了。所以我们在马衔山上面找到了玉矿。这里最引人注目的是黄玉。我们都知道新疆若羌有黄玉，就在和田东边，叫若羌黄玉。现在看来马衔山的黄玉跟若羌黄玉密度、质量不相上下。最好的玉都来自河里，经过千万年河水的冲刷都没有棱角了，像鹅卵，这是最好的，密度高、质地细腻、结构紧密，雕出来的是最高品级的。马衔山的玉供给当地的齐家文化，距今有4000年。我们知道4000年前当地生产的玉料是就地取材的，除了和田以外，中国西部地区出产玉的这些山，其实都被记录在《山海经》里。自古以来没有人当真，更没有人调研取证。《山海经》里那些奥秘因为离大传统比较近，大传统失传后，后代人就无法还原了。

（本文系2017年3月28日北京师范大学图书馆"专家讲座"转录文字节选）

古　代

海上丝绸

之路导航

"高科技"

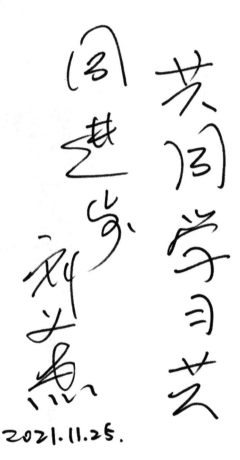

共同学习共同进步

刘义焦

2021.11.25.

主 讲 人 简 介

刘义杰

福建师范大学特聘教授，中国海外交通史研究会副会长，（国家海洋局）海洋出版社原副总编辑、编审，2018 年度国家社科基金重大项目"中国古代海上丝绸之路图像资料的收集、整理与研究"首席专家，郑和研究会副秘书长。主要研究方向为中国海洋史、中国航海史、中国造船史和中国海外交通史。主要著作有《〈顺风相送〉研究》《中国古代海上丝绸之路》《南海更路簿述论》等。

主 讲 提 要

　　我国古代航海家发明的航海罗盘，使导航技术发生了革命性的突破，对世界文明进程产生了巨大影响。本讲座将为大家讲述指南针的发明过程、揭示堪舆罗盘变身为航海罗盘的魔幻过程、航海罗盘传播到世界各地后的种种变异，重新审视中国古代导航科学技术在促进东西方文明融合沟通中的重要作用。

　　非常高兴，也非常荣幸来到北京师范大学跟同学们一起交流关于海上丝绸之路研究中一个比较专业的，但也是大家比较熟悉的话题，就是航海罗盘的前世今生以及在海外的传播过程。古代开辟海上丝绸之路需要哪些技术手段，使得我们在两宋时期的海上丝绸之路能够走向一个繁盛时期。一般而言，古代海上丝绸之路有 2000 多年的历史，秦汉以来，海上通道就已经产生了，为什么一直到两宋时期的海上通道，也就是我们现在常说的海上丝绸之路突然发生了一次巨大的变化呢？那是因为这个时候有两个技术突破导致的结果。

一、引言

　　在讲我国古代海上丝绸之路有两大 "科技" 突破之前，先简单介绍一下有 2000 多年历史的海上丝绸之路的概况，然后再讲古代海上丝绸之路的两大技术突破：一个是造船方面的技术，一个是导航方面的技术。时间关系，今天就集中讲导航技术的突破。航海罗盘（指南针）是我国的四大发明之一，为了让大家了解指南针发明对世界历史产生的影响，我们有必要先了解一下这两个人对它的评论。一个是伟人马克思，马克思在《经济学手稿（1861—1863年）》一书中说：

> 火药、指南针、印刷术——这是预告资产阶级社会到来的三大发明。火药把骑士阶层炸得粉碎，指南针打开了世界市场并建立了殖民地，而印刷术则变成新教的工具，总的来说变成科学复兴的手段，变成对精神发展创造必要前提的最强大的杠杆。

马克思对中国指南针的发明及其重大意义给出了非常高的评价。但德国的哲学家黑格尔却不这样认为，他说："有许多事物，当欧洲人还没有发现的时候，中国人早已知道了，但是他们不知道怎样加以利用：例如磁石和印刷术。"黑格尔在《历史哲学》这本书里对东方世界有很多负面的评论，影响很大，导致西方人对中国以及对东方的判断都产生了偏差。尤其对于中国历史和现状存在误判，他甚至认为中国的上亿人口都生活在长江、黄河的竹筏上面。所以，他的结论是"中国、印度、巴比伦都已经进展到了这种耕地的地位。但是占有这些耕地的人民既然闭关自守，并没有分享海洋所赋予的文明（无论如何，在他们的文明刚在成长变化的时期内），既然他们的航海——不管这种航海发展到怎样的程度——没有影响他们的文化。""在他们看来，海只是陆地的中断，陆地的天限；他们和海不发生积极的关系。"黑格尔的这些论调对思想界、文化界影响较大，让一些国人因此感到自卑，自认为华夏民族是没有海洋文化的民族。我今天专门把马克思的评价与黑格尔的观点放在一起做一个比对，大家回头来看，实际上就如马克思所说的，我们的一系列发明，尤其指南针的发明，是人类历史上最伟大的发明之一。当我们祖先将指南针跟式盘进行结合发明了堪舆罗盘后，航海家再将堪舆罗盘移植到海上，发明了航海罗盘，然后东传到日本，西传到阿拉伯、欧洲。欧洲的航海家利用航海罗盘，像达·伽马绕过好望角进入印度洋、哥伦布横渡大西洋到美洲、麦哲伦环球航海等，航海罗盘造就了一个大航海时代的到来。没有中国人发明指南针的话，就如黑格尔所说的大海是大地的尽头。

二、海上丝绸之路概说

经过"一带一路"的宣传，大家对陆上丝绸之路、海上丝绸之路已经大体上了解了，但古人为什么要开辟海上丝绸之路和陆上丝绸之路呢？大家看看这张《中国历史地图集》上描绘的"汉代西域图"就明白了。现在的华北平原及陕西、山西一带是古代汉族主要活动和发展的地区，它北面是荒漠戈壁，东面是大海，西南面是青藏高原。我们生活在一个相对狭窄的地理空间中，周边的地理环境相对比较约束。我们要与外界沟通，需要克服这些地理不利因素。

所以，从汉代开始，就有了张骞通西域开辟丝绸之路的壮举。向东，传说中的徐福东渡就是我们祖先对海洋不断探索的一个写照。之所以说海上丝绸之路有 2000 多年的历史，就是从秦汉时期以徐福为代表的开拓海上航路的历史。陆上和海上丝绸之路，是我们祖先克服地理不利因素而努力的结果。

从两汉到隋唐，我们一直在不断探索的过程中。唐朝是我们大兴盛时期，这时候的海上丝绸之路与陆上丝绸之路也就是古代的"一带一路"出现了。在唐朝宰相贾耽的《皇华四达记》中，唐朝跟外界的通道有 7 个，其中 2 个是海上通道，也就是现在古代海上丝绸之路的两个通道：一条是"登州海行入高丽渤海道"，这是长江口以北的海域经山东半岛、辽东半岛，进入朝鲜半岛，从朝鲜半岛经对马海峡进入日本列岛的通道，这是一个向东的海上丝绸之路，一般称它为"东方海上丝绸之路"。

另一条叫"广州通海夷道"。唐朝最早的市舶司设立在广州，所以广州是当时最重要的海外通商港口。船只通过广州港，经现在的中南半岛，过马六甲海峡进入印度洋。在爪哇岛向东到现在的印度尼西亚各地，还有一条通道是通向现在的菲律宾群岛。这些都是广州通海夷道所涵盖的范围，是南方的海上通道，它与"登州海行入高丽渤海道"一道构成了海上丝绸之路的雏形。这个时候我们已经完全有能力也已经突破地理不利因素，进入了陆上丝绸之路和海上丝绸之路的时代。泉州港是宋元时期世界海洋贸易的中心城市，今年已经申遗成功，被列为世界遗产。随着港口变化等各种因素的影响，我国对外贸易中心从广州转移到了福建的泉州。

明朝初期有郑和七下西洋的大航海，到隆庆元年（1567）开放海禁后，海外贸易中心从泉州转移到福建漳州月港。16 世纪后半叶，西方的葡萄牙人、西班牙人和荷兰人纷纷东来，使世界在航海贸易中形成了真正的地球村。

前面说了，泉州是宋代海上丝绸之路的中心城市，这时候第一幅描绘有海上丝绸之路的地图出现了——《舆地图》（1266），这幅图现在收藏在日本，上面有"海道舟船图""大洋路""过山路"。"海道舟船路"就是"海上丝绸之路"最早的说法。"大洋路"是通往日本的一条海道。"过山路"是沿江苏、山东近海的海道。

综合古代海上丝绸之路，可以描绘出这样一幅海上丝绸之路的示意图。传统上，以文莱即今加里曼丹岛为东洋、西洋分界，以东的地区叫东洋，包括今朝鲜半岛、日本列岛和菲律宾群岛；以西的地区叫西洋，包括的范围较大。历史上，从我国东南沿海起航的船舶，过了西沙、南沙群岛以后驶向中南半岛才叫作"出洋"，才真正出国了。西洋航线经新加坡进入马六甲海峡，向西进入印度洋，可以远航到非洲的东海岸索马里、肯尼亚、坦桑尼亚、莫桑比克沿海一带。今天爪哇岛一带直到东帝汶，习惯上也将它们列入西洋航线之内。

比较个别的是南海海道，海南岛的渔民从海南岛东部沿岸港口起航驶向南海，他们的航向是向东到西沙群岛，所以海南岛的渔民将西沙群岛这一带海域称作"东海"。他们从西沙群岛到南沙群岛，在南沙群岛作业完以后就要往回航行，往回走的时候航向向北，所以他们将南沙群岛这一片海域称作"北海"，将整个南海海域的叫作"祖宗海"。

古代航海家以航海罗盘为方位依据，所有从广州、漳州、泉州、福州、宁波、扬州一带起航的船舶，航海罗盘的方向首先都是向东，所以把朝鲜半岛、日本列岛、冲绳群岛、菲律宾群岛都划入东洋的范围。在菲律宾吕宋岛，以马尼拉港为起航港驶向拉丁美洲墨西哥阿卡普尔科港的航线，史称"马尼拉大帆船航线"，这条航线和我国的漳州、广州、澳门等港口连接成一条环球大航线，将世界连接在了一起。这条航线虽然不算在我们海上丝绸之路之内，也不是我们开辟的，但它是我国古代海上丝绸之路向外延伸的一部分，具有重要的意义。

三、造船技术的突破

古代海上丝绸之路上航行的船只，唐朝以前很可能来自海外，最重要的证据是在印度尼西亚勿里洞岛附近发现的一艘唐朝时期的商船叫"黑石"号，载有大量唐朝时期外销的陶瓷，它显然是从事海上贸易的商船，经过复原，这艘"黑石"号船是一艘阿拉伯船。唐朝的文献中也记载有大量的海外船只到中国进行商贸活动的情况，如鉴真和尚东渡日本时曾经漂流到海南岛，他从海南北返途经广州时，看到了珠江上"有婆罗门、波斯、昆仑等舶不知其数"。

所以，那个时候专门造了一个字——舶，用来形容来自海外的商船。我们现在把海外进口的物品叫舶来品，就是海外大船运来的货物，一直沿用到现在。

那么，古代海上丝绸之路上何时开始以中国船为主呢？这个要期待两大技术的突破：一个是造船技术，另一个是导航技术。海船跟江河船、内河船、湖泊船不一样，江河船不能远航，它经不起大风大浪的打击，所以需要有一种抗沉性强和装载量大的船舶出现。造船技术率先突破，出现了水密隔舱技术，由福建地区应用水密隔舱技术建造的一种远洋货船——福船出现了。

关于福船及水密隔舱技术，我在《福船源流考》一文中进行过简单的梳理。一般说来，福船大概源自唐朝的八艚舰。古代在福建、浙江、广东沿海生活的疍民，他们常年居住在海上，为了使船舶具有很强的抗沉性和舒适性，他们把船改造成了一种具有隔舱结构的船。图1展示的这艘船叫泉州古船，它是宋元时期主要的运输船舶，这是船舶出土时候的一张现场照片。我们可以看到横向的隔板就是隔舱，它把船舶分成13个隔舱，每个隔舱相互之间是水密的。水密的作用就是当船出现破洞时，水只能漏进破损的这一舱，被隔开的其他舱不会受到影响。有了水密隔舱，船的抗沉性加强了，结构强大以后意味着能承载更多的货物，所以这是一个重要的突破。

关于水密隔舱的状况，我们还可以从"南海一号"看得更清楚。这艘南宋沉船是整体从海底打捞起来的，所以保持着相对完整的形态，隔舱基本都存在着，只是首尾个别隔舱板有缺损，所以现在我们看到它也是13个隔舱（图2），实际上应该有15个。货物

图 1　泉州古船出土时的情形①

图 2　"南海一号"俯视图（孙健供图）

被紧密地装在被隔舱板隔离的舱位里面，从沉船中提取出来的瓷器约有 18 万件之多。这样的一个舱体结构是造船技术上的一个重大突破，这一突破使得我们可以建造结构更强、船体更大、抗沉性更

①　福建省泉州海外交通史博物馆编：《泉州湾宋代海船发掘与研究》图版八，340 页，北京，海洋出版社，2017。

高的船。这种带有龙骨和水密隔舱的船可以破浪航行，是古代海上丝绸之路上的主力。

　　我国帆船航海时期的三种船型包括沙船（平底）、福建和浙江沿海建造的福船（尖底）和广东建造的广船，同样都使用了水密隔舱技术。帆船航海时期，平底的沙船适应在长江口以北沿海航行。在黄海海区沿海，由于黄河入海的缘故，这片海域沙洲、浅滩密布，平底船不易搁浅。而长江口以南及其他海区，适合福船或广船作为主要的运载工具。清代留存下来的彩色福船图，叫册封舟。这是古代海上丝绸之路研究中极少见到的海船。明清两朝，琉球国是中国的藩属国，琉球国的国王登基时，中央朝廷都要派出一位大臣作为册封使前去册封琉球国国王，因此，册封使乘坐的船称作册封舟。册封使从福建福州起航前往琉球国，就是今天的冲绳岛。这是国家外交大使乘坐的大船。福船船艏两边都绘有龙目，这是福船的特点，"龙目"往前看，平视，是出洋的商船；向下看，就是打鱼的船；向上看，则是官船。

四、导航技术的突破

帆船航海时期，船舶导航有三种技术：天文导航、地文导航和水文导航技术。天文导航就是利用天象进行导航，当白天航行时，看天上的太阳，可以判断东南西北；晚上看月亮，但主要看北极星以判定方向。在航海罗盘没有发明之前，天文导航是最重要的也是最主要的导航方法。汉唐以来，文献上有关记载较多，比如鉴真、法显、义净，他们的远洋航行记录都记载了利用日月星辰进行导航的过程。地文导航是利用陆域地标等进行导航的技术，而利用指南针导航属于地文导航中的仪器导航。古代航海家根据我国东海、黄海和南海的海洋特点，发明了另外一种我们称之为水文导航的技术，即通过观察海洋中水色的变化来判断船舶的位置，以达到航海的目的。

三种导航技术中，最重要的是地文导航中航海罗盘的发明与应用，而航海罗盘的发明是建立在指南针发明基础之上，如马克思所说，指南针是改变人类历史的一项发明。从发明指南针到发明航海罗盘，是一个非常漫长的过程：指南针是怎么发现的？谁发现的指南针？指南针首先被应用到什么上面，最后又怎样变成航海罗盘被应用到航海上促成航海的大变革？下文就以上问题做简单梳理。

1. 中医发明指南针

春秋战国时期的《山海经》最早记载有磁石。古人发现有一种特殊的、有磁性的石头叫磁石。汉朝的刘安在《淮南鸿烈解》中记载，磁石具有一种特殊的功能，它能够吸铁，就像母亲能够吸引孩子一样，所以古代磁石也写作"慈石"，说明秦汉时期古人对磁石及磁性有了初步的认识。

而应用磁石最重要的另外一拨人是医生。自从神农尝百草以后，各种各样的矿物、植物都可以入药，磁石当然可以拿来当药用。缪希雍《神农本草经疏》记载了中医将磁石入药总结出来的方子。但中医在使用磁石入药的过程中发现不是所有的磁石都可以当药用，比如说什么样的磁石可以入药、磁石的用量多少等，这些都在不断的探索中，他们寻找合适入药的磁石。

魏晋南北朝时，雷学的《雷公炮炙论》给出了对磁石进行鉴别的方法，就是什么样的磁石可以拿来做药用，"夫欲验者，一斤磁石，四面只吸铁一斤者，此名延年沙；四面只吸得铁八两者，号曰续末石；四面只吸得五两已下者，号曰磁石"。中医在实践中认为，磁性较弱的磁石才可以药用，才能称作"磁石"。雷学是用吸铁的重量辨别药用磁石。著名中医陶弘景则用中医用来针灸的针来辨别药用磁石，这是指南针发明过程中极为重要的一步。中医看病往往使用针灸，所以中医都有针灸用的针，拿针灸的针用来辨别磁石是简单实用且易行的方法。一个合理的推测，中医长期使用针灸的针来鉴定药用磁石，这种通过"悬吸针"的数量多少来判定磁石药用价值的过程其实就是一次磁性的传导过程，即把磁石的磁性传导到针上去了。中医在行医用药中无意间将针磁化，然后发现被磁化的针具有指极性。指南针大概就是这样被中医发现和发明出来的。

还有没有其他的方式能导致指南针的发明呢？我觉得可能性

比较小。有关指南针的记载，除了大家熟知的沈括的《梦溪笔谈》外，另外还有一个叫寇宗奭的中医同时在他的《本草衍义》中也有类似记载。他跟沈括说的一样，就是通过摩擦的方式主动地将针磁化并得到指南的效果。为了使已经磁化的针能够指南，沈括给出了四种方法，寇宗奭却只有两种，一个是将经过磁化的针用单根的新蚕丝悬挂起来，针就不会受丝线扭转力的影响而指向南方。另外一种使用方法就是将磁化后的针穿在灯芯草上，让它浮在水面上，也能得到指南的目的。但用这两种方法制作出来的指南针都同样偏向丙位（"丙位"就是罗盘中正南的"午"偏向东一点的方向）。为什么指南针不指向正南？寇宗奭和沈括都无法解答，这其实是磁偏角问题，下面会讲到。

有理由认为，在指南针发明的过程中，中医发挥了关键性的作用。或者说，中医发现了指南针。这是个漫长的过程，从春秋战国到魏晋南北朝，中医在药用磁石过程中因需对磁石进行鉴别而发现了经过悬吸针或摩擦针的方式可以得到具有指极性的针。到隋唐时期，指南针应该广为人知了。第一首有关指南针的诗出现在《全唐诗》卷273里："针自指南天窅窅，星犹拱北夜漫漫。"（作者戴叔伦，789年去世），也就是说在8世纪的中后叶，指南针已经成为大众熟悉的一个东西了。顺带说一下，我国古代有一种指南车，它是一种机械传动装置，不是磁性装置。指南车与记里鼓车都是皇帝出巡时仪仗队的前导车，它跟指南针没有任何关系。

指南针发明出来后，又是谁最早使用指南针的？一些人说，中国人发明的指南针是用来看风水的，而不是用来航海，这是我们落后于世界的原因。这句话恰恰相反，如果指南针没用来看风水，航海罗盘或许永远不会出现。

　　2. 堪舆罗盘的发明

　　司马迁在《史记·日者列传》中记载，春秋战国时靠占卜为生的人叫"日者"，"今夫卜者，必法天地，象四时，顺于仁义，分策定卦，旋式正棊，然后言天地之利害，事之成败"。日者使用的占卜工具叫"式盘"。过去我们一直不知道式盘的具体样式。20 世纪 50 年代后，陆续在朝鲜半岛、甘肃武威（图 3）和河南淮阴等地出土了几件式盘。式盘中，四方形的下面一层叫地盘，象征天圆地方中的地；四方形地盘上方中央圆形的盘子是天盘，圆形象征天。天地盘也就是上下之间有个轴，天盘可以绕轴转动。天盘上画的是北斗七星，它可以绕着地盘转，进行占卜的时候，斗柄用来指示方位。"日者"拿这种式盘占卜，怎么用呢？《后汉书·王莽传》有个记载，说是王莽被刘秀包围在都城内，形势危急，这时候他叫来天文郎，也就是《史记》里面所记载的"日者"，占卜一下看看他

图 3　武威出土的式盘　甘肃省博物馆藏

能从哪个方位跑出去。"天文郎按式于前，日时加某，（王）莽旋席随斗柄而坐，曰：天生德于予，汉兵其如予何？"从中可以发现，当天文郎（"日者"）用式盘占卜时，王莽会随着"日者"转动天盘上斗柄指示的方向而坐，也就是所谓的逃生方向。

式盘的地盘根据阴阳八卦等进行划分，八卦中的乾、坤、艮、巽代表4个方位，在式盘中代表天门、鬼门、人门和地门。其他的方位根据天干、地支分划，构成了有24个方位的地盘。我们关心的是中间天盘这一层，上面刻画出北斗七星，覆盖在地盘上。王充在《论衡》中说的"司南之杓，投之于地，其柢指南"，实际上"投之于地"的地不是放在大地上，而是指式盘的地盘上，其实这句话是指式盘的使用方法，而不是某种指南的工具。

式盘有个缺点，就是要"看天吃饭"，它使用时需要对准一个方位。古代找方位主要靠日月星辰，阴天就找不到方位了，"日者"就是亟须找到一种随时可以找到方位的工具，找到方位，就能够随时随地地给人家占卜。当他们发现如果用指南针代替天盘上的北斗七星的话，指南问题不就解决了吗？看天吃饭的生意就变成了全天候的生意，就随时有买卖可做了。风水先生改造式盘的方法就是将天盘拿掉，在地盘中央的位置挖出一个盛放指南针的水池，因为原来是天盘的位置，所以叫作"天池"。在天池中安放穿在灯芯草上的指南针，取代了天盘上用来指向的北斗七星。再将原来是四方的地盘改造成圆的，一种基于式盘安放了指南针的新式工具出现了，它有一个高大上的名字——堪舆罗盘（图4），勘指天，舆指地。风水先生拿着堪舆罗盘号称可以上知天文，下晓地理。堪舆罗盘俗称风水罗盘，简称"罗盘、罗经、罗庚"等。原来式盘的地盘上分划出

的 24 个方位被保留下来，因此，堪舆罗盘利用指南针可以指向 24 个
方位。

图 4　现代堪舆罗盘示例（刘义杰摄）

　　唐朝后期的风水先生卜则巍在他的《雪心赋》中记载了使用罗
盘的情况："立向辨方，的以子午针为正。"在传统的以天干地支划
分方位中，子代表正北方，午代表正南方。所谓"子午针"说明这
是装备了指南针的式盘，要用指南针校正南北方位。由此可见，堪
舆罗盘在唐朝时就已经出现并被风水先生应用。我国唐宋时期道
家盛行。唐朝出了一本官修的《地理新书》，作为风水先生的规范
文本，所以，风水先生也叫"地理先生"。宋朝初年，根据唐朝的
《地理新书》修订出《重校正地理新书》。

　　风水先生在使用堪舆罗盘时发现了一个问题，就是寇宗奭提到

的"常偏丙位"的问题，也就是说，他们用指南针确定的南北方位与用日月星辰确认的南北方位不一致，指南针指向南偏东的位置，罗盘上叫"丙午针"。这是令风水先生非常困惑的事情。因为他们前去替人占卜的地方往往早就有准确的南北方位，比如说，很多地方的房子都是坐北朝南的。但用新的堪舆罗盘一格，就会发现两者是有偏差的，偏的不是很多，按我们现在说法大概偏 7.5 度。后来风水先生用简单的办法解决了这个问题，就是在外再套一圈层，增加的圈层与原来的圈层相错半格，形成一种新的罗盘。后来罗盘的圈层越加越多，但都是左右相错半格，风水先生用阴阳学说中的种种理论加以说明，使之成为玄学。堪舆罗盘使用中有三个针位：正针、中针、缝针，正针和缝针的说法后来都被借用到航海罗盘中，成为航海术语。

为什么风水先生在发明堪舆罗盘后同时发现了磁偏角呢？简言之，我国传统上确定南北方位的方法从周朝开始就有了，叫土圭法。土圭法是利用太阳投影的方式来确定某一地方的南北方位，也就是地理方位。这种白天用太阳投影方式找到的南北方位还可在晚上用北极星来校正，经过这样校正后，地理方位与风水先生用指南针确定的地磁方位不在一个方向上，也就是磁偏角。正是因为有两种不同的方法确认南北方位，我们祖先很早就发现了磁偏角，那时很难解释这个现象，就像沈括说的"理应有异，未深考耳"。

把指南针装配到式盘上，改造成了堪舆罗盘，这是航海罗盘发明中重要的一个环节。

五、航海罗盘的发明

图 5 是 20 世纪海南岛渔民使用过的一个航海罗盘，目前搜集到和能见到的航海罗盘基本都是这个样子，个头不大，不是大家想象中的是一种非常精密的仪器，或者是非常大、结构复杂的工具。实际应用中的航

图 5　海南岛渔民使用过的航海罗盘
（刘义杰摄）

海罗盘大小必须是手上能拿着，一般都是用木头制作成的，就像前面提到的圆柱形的带盖的盒子。人们打开盖，可以看见标着天干地支表示方位刻度的圆盘，中央凹下去的是天池。原始时期，指南针是浮在水上的，因为用水浮针，所以叫"水罗盘"。到明代嘉靖年间，也就是 16 世纪中叶的时候，航海家从海外引进了支轴式的指南针，将水浮针的罗盘改造成支轴式的罗盘，就是现在大家看到的这种。这种罗盘里面的指南针已不是"浮针于水"，因此，这种航海罗盘就对应地被称作"旱罗盘"。当代看到的旧航海罗盘，都是这种旱罗盘。

航海罗盘为什么这么小？因为这个东西太重要了，重要到什么程度？南宋的吴自牧在《梦粱录》中说过这样一句话："惟凭针盘

而行，乃火长掌之，毫厘不敢差误，盖一舟人命所系也。"吴自牧说的"针盘"就是航海罗盘，对远洋船舶来说，火长能否正确地使用航海罗盘进行导航，不仅关系到航海活动的成败，而且关系到一船人的生命安危。

图 6 的上方画有一面航海罗盘，罗盘中间放置指南针的圆盘内写着"罗经"二字，没有绘出指南针。这幅航海图被收藏在牛津大学鲍德林图书馆中，据研究，它大约是于明万历中后期，也就是 16 世纪末绘制的，所以，这个航海罗盘的图像是目前已知的、最早的由中国人手绘的航海罗盘图。图 7 是清代水师曾经使用过的航海罗盘，也是保存到现在历史最长的一个罗盘。它是清代福州三江口水师军舰上使用过的，由清代水师的后裔保存至今。图 8 是 20世纪初美国人绘制的中国航海罗盘图，左侧小图是航海罗盘的侧视剖面图，可以清晰地观察到指南针放置的方法。绘制者还在右侧专门加了注记，说明画中航海罗盘就是实际的尺寸大小，也就是航海罗盘能够手上把握。

图 6 《明代东西洋航海图》画有罗盘的局部 牛津大学鲍德林图书馆藏

图 7　清代水师曾经使用过的航海罗盘　　图 8　20 世纪初美国人绘制的航海罗盘图①
（刘义杰摄）

可见，航海罗盘是一种极其简单的导航工具，大小正好单手能握住，上面有个盖起到保护的作用，中央天池中装置了一枚指南针。圆盘上只有一个圈层，上面用天干中的八个字甲、乙、丙、丁、庚、辛、壬、癸，十二地支中的 12 个字子、丑、寅、卯、辰、巳、午、未、申、酉、戌、亥和八卦中的四维乾、坤、艮、巽共 24 个字符将圆周分割成 24 个方位。天干中的"戊己"代表中央的方位，而中央已经被指南针占用了，所以天干的 10 个字符中仅用了 8 个。如果看到比这复杂、圈层很多很密的罗盘，那是风水先生用的风水罗盘，不是航海家用的航海罗盘。航海罗盘要随手能拿着，同时上下船的时候方便随身携带，它一定由火长掌握，不能留在船上。远洋航行的导航全靠它，没有航海罗盘，航海就无法成功。一般来说，远洋船上都有两三个火长，他们手中各自有自己专用的航海罗盘，船主一般也会备有一个，所以，远洋船上有两三个以上的航海罗盘是正常的。

_____

① ［美］V. A. 索高罗夫：《中国船》，108 页，北京，海洋出版社，2013。

1. 朱彧与徐兢的记载

最早记载航海使用指南针的有两个人，一个是朱彧，他在《萍洲可谈》说："舟师识地理，夜则观星，昼则观日，阴晦观指南针。"朱彧创作《萍洲可谈》的时间大概是 1119 年，他将自己在广州生活时的所见所闻记录下来，所以，他记载我国航海家使用指南针航海的地方是在我国南海海域，也就是后来下西洋的地方。

另外一个是北宋末年叫徐兢的人，跟着路允迪出使高丽国，从浙江的宁波港起航驶向今天朝鲜的开城，他的身份是使团的书记官，所以他详细记载了航海的全程，回国汇报时写了一部《宣和奉使高丽图经》。因为从宁波到开城跨海航行，中间没有可停靠的岛屿和港口，所以徐兢说："洋中不可住，维视星斗前迈。若晦冥，则用指南浮针，以揆南北。"从徐兢的记载看，船舶在昼夜航行时仍然靠天文导航，看日月星辰辨认方向，阴天或下雨就要用"指南浮针"指示方向。徐兢和朱彧不同，他是航海亲历者，他能看见航海罗盘的实际应用情况。他非常清楚地指出，航海罗盘中的指南针是"浮针"状态，这是历史上第一个记载航海罗盘为"水罗盘"的地方。徐兢航海的海区在我国的东海、黄海海域，朱彧则记录了南海海域航行使用指南针的情况。朱彧与徐兢生活在同一个时代，他们著述的时间也就相差几年，他俩同时记载了我国东海、黄海和南海上航海家使用指南针也就是航海罗盘的情况。可见，在 12 世纪初，我国航海家已经发明了航海罗盘并应用到远洋航行中。

我们从上述记载中看到这样一个事实，即这时候的指南针还处于初始应用阶段，指南针只是一种起到辅助作用的导航工具。航海家航行时依然以白天看太阳晚上看月亮、星星为主，只有到了阴晦天看不见日月星辰的情况下才使用指南针辨认方向。指南针仅起到辅助作用，这是导航技术发生革命性变化时的过渡现象。

2. 福建人的魔改

从中医通过不断实践摸索发现指南针到"日者"（风水先生）将指南针装配到式盘中发明了堪舆罗盘，经历了上千年的时间。风水先生利用堪舆罗盘从事堪舆活动也有数百年的历史，什么时候，又是谁将堪舆罗盘魔改成航海罗盘，完成了导航技术最终突破性的一步呢？

英国的中国科学技术史大家李约瑟提出了一个猜想，他在《中国科学技术史》第4卷中说，将堪舆罗盘应用到航海中使之成为航海罗盘，极大可能是福建人！他说虽然没有证据来证明是福建人把堪舆罗盘应用于航海变成航海罗盘，但说不定可以在福建的方志里找到相关的记载，可惜到现在我也没有在福建的方志中找到相关的记载。但是，李约瑟的猜想是正确的。我非常赞同李约瑟猜想，福建能够成为堪舆罗盘到航海罗盘革命性突破是有其先决条件的。首先，最适合远洋航行的船舶——福船是福建人造的；其次，福建是一个具有悠久航海历史的地区。有福船，又有长期的海外航行的经验和需求，所以，福建人最迫切需要一种全方位的24小时都可以服务的导航工具。有优良的海船，有悠久的航海传统，又有强大的航海能力，剩下的就一个契机的出现。李约瑟还猜想福建人之所以会首先发明航海罗盘，可能与福建人的道教崇拜有关。

我们前面已经说过，是风水先生首先将指南针引进到堪舆活动中发明了堪舆罗盘。堪舆罗盘用来看风水，因为道教理论的问题，风水先生分成了两个大的派别：赣派与闽派。简单地说，闽派风水先生根据福建多山多水，地形复杂，丘陵、山沟纵横交错和水网密布的特点，看风水时主要利用堪舆罗盘找方位，找所谓朝向好的地方。而赣派的风水先生不同，他们用堪舆罗盘看风水，主要找好位置、好的点位，并不在乎朝向。所以出现了使用堪舆罗盘有定点和定方位两个不同的道家流派。福建的风水先生用堪舆罗盘找的是方位，为魔改堪舆罗盘埋下了伏笔。

再来看航海。航海家利用季风航海，往返需要一年以上的时间，从福建沿海出洋航海，一般都在秋末冬初，第二年夏天时返回，休整到冬天或第二年的冬天再出洋，所以航海家会有一段很长的空余时间从事各种活动。这里面有一个有趣的现象，福建是一个非常迷信、讲风水的地方，各种庙宇奇多。航海是一种风险极大的活动，航海家需要各种精神寄托，所以他们出航前都会拜神、请神，船上供奉各种航海保护神，返航上岸后，要到庙宇中去还愿，这其中极有可能接触到给他们提供各种服务的风水先生。当某个航海家发现风水先生的罗盘可以定方位后，一定想到航海中的同样要求——找方位，把风水先生的堪舆罗盘移用到海船上，它不就可以变成一个导航工具了吗？堪舆罗盘变身成为航海罗盘，极大可能就是在如此不经意间完成了革命性的一步！

显然，具有航海传统、又有福船建造技术的福建航海家，是最有可能把堪舆罗盘移植到海上改造成航海罗盘的。将堪舆罗盘改造成航海罗盘是一个化腐朽为神奇的过程，原来堪舆罗盘中一层又一层的圈层全部被摒弃掉，就保留下最基本的，分划成24个方位的一个圈层，就是上面展示的那种航海罗盘，所以，航海罗盘是简极化了的堪舆罗盘。

3. 航海罗盘的针位

堪舆罗盘简化成航海罗盘后，简单实用。因为航海罗盘从堪舆罗盘升级而来，所以，它在使用中将堪舆罗盘中的一些术语也一同带过来了。

从上面展示的航海罗盘可以看到，只有一个圈层的航海罗盘，保留了堪舆罗盘上最里层也是最基础的一个圈层，这个圈层上用八个天干、十二地支和八卦的四维将圆周进行 24 等分，每个字符表示一个方向，一个字符表示的方位叫"针位"，每个针位在圆周中占 15 度的方位角，航海家把它称作叫"单针"或"正针"，如单午针，在航海中就是指正南方位。单针，有时也写作"丹针"。航海实践中，仅有 24 个方位是不够的，指向不够准确，航海家又将堪舆罗盘中"缝针"的概念移植过来。缝针是指两个字符之间形成的一个更小的方位角，如"丙午针"，就是将单午针与单丙针之间缝隙视作一个新的针位。经过这样加密后，航海罗盘就有了 48 个针位，每个缝针针位占 7.5 度的弧度角，这样经过加密后的航海罗盘指向更加准确，是航海罗盘应用中的一个重大进步。

随着航海能力的提高，48 个针位依然不够用，需要对 48 位的航海罗盘继续加密，航海家将这种加密的针位称作"线针"，有时也写作"加针"或"兼针"，经过再次加密的航海罗盘，可以将航向精确到 3 度左右。对航海罗盘继续加密的现象出现在明末清初，尤其在我国南海海域，海南岛渔民在南海诸岛作业时，根据南海岛礁密布的自然环境，大量使用"线针"的方法进行导航，可精确地在南海诸岛中自如地航行。

航海罗盘发明以后，航海发生了一次革命性的变化，进入了计量航海时期。计量航海时期航线可以规划，航程可以预计，航速可以控制，从北宋中叶以后，也就是 10 世纪左右，航海罗盘开始在航海中得到应用并被不断细化，从可以指向 24 个方位到 48 个方位，再到加密到 3 度，是航海家对航海罗盘进行的二次升级，是航海技术进步的体现。我国古代海上丝绸之路到宋代尤其在南宋时期达到一个高峰期，与航海罗盘的发明是分不开的，导航技术的突破是最重要的因素。

应用航海罗盘进行航海活动，航海家可以将航海中使用的针位记录下来用以下次的导航，这样就有了导航手册。记录航海罗盘针位和其他影响航海因素的导航手册大约在元朝的时候就出现了，古人通常把这些航海手册称作"针路簿""水路簿"等。明代中叶的时候，开始用"海道针经"这一新名词来统称这些航海指南手册。在我国海南岛地区，渔民世世代代在南海海域作业，应用航海罗盘导航积累了丰富的经验，也形成了一种具有南海特色的导航手册。现在我们将在海南岛发现的主要应用于南海及其周边海域的这种导航手册称为"南海更路簿"。

六、航海罗盘外传

海洋是开放的世界，航海使得地球变成了地球村。通过航海，我们文化上得到交流，物质上得到交往。航海罗盘发明之后，开放的海洋世界，也在很短的时间里就开始了向外传播的航程。

1. 东传日本

日本是我们的近邻，两国之间的交往都得经过航海达成，虽然没有文献记载日本何时从中国学习到了使用航海罗盘的导航技术，但日本的航海罗盘源自中国应该是没有异议的。在日本东京船舶科学馆里面收藏有日本的航海罗盘，与我收藏的一只日式航海罗盘是一样的（图9）。日式航海罗盘的大小与我国航海罗盘的大小差不多或略小一些，但有非常明显不一样的地方，它只使用十二地支的12个字符来表示方位刻度，所以它只能指向12个方位。在实际应用中是否如我国航海家那样对航海罗盘进行加密以提高航海导向的准确度，尚待考证。

日本明治维新后，开始引入西式航海罗盘，此后绘制的日本地图上，可见模仿自西式的32位航海罗盘。今日冲绳列岛地区过去是琉球国，在被

图9　日式航海罗盘（刘义杰摄）

日本吞并前是我国的藩属国，冲绳的那霸与福建的福州港保持着长期的海上交通往来，这个地区使用的航海罗盘完全来自中国。

2. 西传阿拉伯－欧洲

我国古代海上丝绸之路主要是"下西洋"，出洋的船舶过了南海后，驶向今越南的中南部进行补给，然后驶向东南亚各地，主要的航线是经过马六甲海峡进入印度洋，而印度洋上主要的交往对象就是阿拉伯航海家。前面提到的"黑石"号沉船就是运载中国商品的阿拉伯船，阿拉伯人是中西交通的重要中介。因此，我国发明的航海罗盘首先传给了阿拉伯航海家，他们是在来中国的航行中还是在印度洋与中国商船的交往中得到了航海罗盘尚不清楚，但很显然，欧洲的航海罗盘源自阿拉伯。

图 10 是欧洲早期航海图中的一种，图中最明显的是四周画着8 个吹风的小天使，因为阿拉伯人和欧洲人都是依靠季风进行航海，他们将风向划分成 8 个方位，跟我国的"八方风"的分法是一样的。图的中央是一个航海罗盘，大概的形状与我国传统的航海罗盘相像。但它们习惯的是以风向来导航，所以，最早传到阿拉伯和西方的罗盘可能是 8 个方位的。在使用过程中，8 个方位显然不够，于是，在 8 个方位的基础上加密成 16 个方位，但仍然觉得不够，又在 16 位的基础上再加密成 32 位的罗盘。这幅航海图中绘制的罗盘就是 32 位的航海罗盘。

西式罗盘不断加密的过程与我国航海家升级航海罗盘的过程异曲同工，都是在实际应用中不断追求细密化中实现的。西方航海图上绘制出很多个罗盘，每个罗盘延伸出红线和蓝线相间的 32 条线，它们似乎毫无方向地相互交叉，使你眼花缭乱，实际上，这些

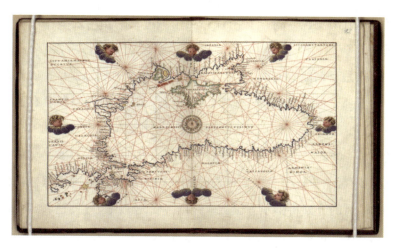

图 10 欧洲早期航海图中 32 位罗盘 世界数字图书馆藏

不同颜色的线都有各自的含义,红线与蓝线之间相隔一个方位。由于西式罗盘是 32 位罗盘,两个针位之间相隔的角度为 11.25 度,这也是红蓝线间的角度。航海家可以根据航海图上描绘的航线进行导航。

仅从欧洲航海图中描绘的罗盘还看不出与中式航海罗盘相像的地方。图 11 是带有指南针的罗盘,取自意大利制图大师巴蒂斯塔·阿格尼斯制作的《波特兰海图册》封套上。巴蒂斯塔·阿格尼斯用他手绘的航海图制作了 100 多本航海图册,其中部分图册的封套上镶嵌

图 11 巴蒂斯塔·阿格尼斯《波特兰海图册》封套上的罗盘(刘义杰摄)

有仿真航海罗盘，这是其中保存至今仍可见到指南针的一本航海图册。

这是目前能看到的 16 世纪中叶保存至今的航海罗盘，或许是世界上那个时代的唯一一枚。这个罗盘跟我们的航海罗盘有区别吗？它中间天池的地方装置的指南针，与我国文献上记载的"旱罗盘"是一样的，所不同的仅是表示方位的方法不同。日本是将中式航海罗盘简化成 12 位，而阿拉伯和欧洲的航海罗盘则根据他们传统季候风的分划将指示方位从"针位"变成"风位"而已，蓝色代表八方风，也称"正风"，绿色是加密后的风位，称为"半风"，它与正风构成 16 个风位，也就是可以指向 16 个方位。颜色较浅也较短的黄色，就像中式航海罗盘中的"缝针"，加密后可以指向 32 个方位，其加密的过程和使用的方法与中式罗盘一样，只是表达的方式不同而已。

技术的交流是相互的，在航海中，我们从其他国家和地区学习和借鉴了不少东西。16 世纪中叶以后，中外海上交通日渐频繁，我国的航海家对航海罗盘升级改造并将水罗盘改造成旱罗盘，就是学习西方技术的一个例子。据文献记载，大约在明朝嘉靖朝后期，我国航海家从日本传入了将水罗盘改造成旱罗盘的技术。日本在闭关锁国的政策下，基本是一个没有航海能力的国家。我国航海家在日本却可以和到达日本进行贸易的荷兰商船进行充分的沟通。合理的推测是我国的航海家从荷兰船上学到了或看到了旱罗盘，这种技术含量不高的改造属于捅破窗户纸式的发明，看到即可学会。所以，很快国内的罗盘，不管是堪舆罗盘还是航海罗盘，都迅速地被改造成旱罗盘。

我们也有人试图将 24 位传统航海罗盘改造成欧式的 32 位罗盘，图 12 是《东洋南洋海道图》的局部，这幅针路方向图在绘制时参考了西式海图。此前，我们仅在《明代东西洋航海图》上看到绘制的罗盘。这幅针路方向图上的罗盘完全仿造自西式罗盘，但又将它改造成中式罗盘的标度法。该罗盘中央绘制的罗盘外观完全是西式罗盘，但在外层则用了中式罗盘标度的方式，因为西式罗盘为 32 位，中式罗

图 12　施世骠《东洋南洋海道图》局部（刘义杰摄）

盘是 24 位，缺 8 个字符。绘制者殚精竭虑地从八卦中找补出 8 个字填补了进去，形成了一个不中不西的四不像的有 32 各方位的罗盘。实际上，在帆船航海时期，我国从来没有使用过这种罗盘，它仅存在于这两幅海图上。

今天在梳理古代海上丝绸之路的形成和开拓时，我是把它放在一个历史时空中去讨论，为什么要开辟海上丝绸之路，那是因为我们祖先要克服地理不利因素，需要向东和向西拓展，以达到与周边国家和地区连通的目的。这个过程开始于秦汉时期，最终形成了陆上丝绸之路和海上丝绸之路，所以说，海上丝绸之路有 2000 多年的历史，现在的"一带一路"是对古代丝绸之路的继承和发扬。

海上丝绸之路需要优良的远洋船舶和高超的航海技术。海上丝绸之路到宋代能够发展到一个新的高峰期，是因为宋代在造船方面发明了水密隔舱建造技术，造出了具有优良航海性能的福船；另外就是这个时候航海家将指南针应用于航海，发明了航海罗盘，有了

这个"高科技"的加持，使得古代海上丝绸之路进入了一个大发展时期。航海罗盘的发明是一个长期积淀的过程。航海罗盘随着航海活动向东和向西传播出去，西式罗盘中指南针的装置方法也随着航海的交往传入我国，使得我国传统的水罗盘被改制成旱罗盘。世界因为有了航海罗盘，有了大航海时代的到来。

中国人拥有悠久的航海历史，开辟了沟通海内外的海上丝绸之路。我们发明的指南针对世界历史产生了重大影响。

今天讲座如果有不到的地方，希望大家批评指正，谢谢大家！

（本文系 2021 年 11 月 25 日北京师范大学图书馆"专家讲座"转录文字节选）

讲座音频

人生如戏，
倾情演出

莎士比亚戏剧欣赏

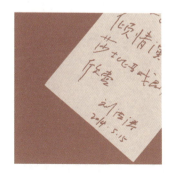

人生如戏，

倾情演出——

莎士比亚戏剧

欣赏

刘浩涛

2014·5·15

主 讲 人 简 介

刘洪涛

　　北京师范大学文学院教授、博士生导师，北京师范大学比较文学与世界文学研究所所长。国家级精品课程"外国文学作品选读"主持人，国家汉办"中国文学海外传播工程"项目负责人之一，2010年"宝钢优秀教师奖"获得者。任中国比较文学学会理事、中国比较文学教学研究会理事、北京市比较文学学会理事。主要研究方向为英美文学、中英美文学比较、西方文学史、比较文学与世界文学理论及北美汉学等。著有《徐志摩与剑桥大学》《二十世纪中国文学的世界视野》《荒原与拯救：现代主义语境中的劳伦斯小说》等。

主 讲 提 要

　　本讲座题目从莎士比亚所说的"大千世界是个舞台，人不过是这个舞台上的演员"的说法取喻，考察莎士比亚如何在他的戏剧中演绎人生的青年、中年、老年，从中汲取丰富的人生经验，学习其积极的人生态度。在莎士比亚诞辰 450 周年之际，本讲座吸收国内外莎士比亚研究的丰富成果，结合莎士比亚戏剧代表作品，立足当代体验，为听众奉上莎士比亚戏剧艺术欣赏的盛宴。

　　莎士比亚大家都非常熟悉，是英国最伟大的戏剧家，也是世界文学史上最伟大的文学家之一。大家非常熟悉的一些赞誉之词，像本·琼森所说的"时代的灵魂""不属于一个时代，而属于所有的世纪"，像马克思所称赞的"人类最伟大的戏剧天才"，这些赞誉都是莎士比亚当之无愧的。可以毫不夸张地说，莎士比亚戏剧是丰富的人生宝库、浩瀚的知识海洋、挖掘不尽的思想金矿，是人类优秀文化遗产的非常重要的组成部分。今年恰逢莎士比亚诞辰450周年，走进莎士比亚，欣赏莎士比亚戏剧，有更加特殊的意义。

　　莎士比亚，这样一位400多年前在英国进行戏剧创作的作家，一位西方的男性作家，一位与荷马、但丁、歌德并称为世界文学史上少数几位最伟大的作家之一，在当今时代，与他并列的许许多多的作家不断地被解构、被批判、被祛魅，更可怕的是其中很多作家的作品在普通读者眼里已经失去了活力，只沦为文化的遗迹被一些研究者、专业的学生阅读，而莎士比亚的作品始终是雅俗共赏、老少咸宜的，牢牢地占据着经典的核心。他以无与伦比的想象力和优美动人的语言，给我们提供了许多优秀的、重要的作品。为什么莎士比亚跟其他的作家像但丁、荷马在普通读者的心目中的地位不一样？最重要的原因是莎士比亚的戏剧"有如自然之镜，呈现了人本来的样子"。很多戏剧家创作的产量要比莎士比亚多，如后来的萧伯纳，但莎士比亚的戏剧几乎穷尽了我们所能够想到的任何一种人生形态，忠实地记录了人所可能面临的种种问题，但是他从来没有示人以立法者、改革者、导师、旗手这样的面目。他在描摹人类经验方面所表现出来的无与伦比的多样性、包容性可以说直抵人心，在不同时代、不同种族、不同文化的读者当中，能够深深地激起共鸣。这就是莎士比亚的魅力，这就是莎士比亚跟其他伟大作家不一样的地方。

我们的讲座从莎士比亚戏剧经典的特性出发，立足于人生的这一方面。这不是一场纯学术性的讲座，而是关于莎士比亚戏剧欣赏。讲座题目"人生如戏，倾情演出"的灵感，来自莎士比亚喜剧《皆大欢喜》当中把人生比作戏剧、按7幕来演出的说法。这段对白出现在《皆大欢喜》的第二幕第7场：

> 大千世界是个舞台，
> 所有男男女女不外是戏子；
> 各有登场和退场，
> 一生扮演着那么些角色，
> 七样年龄分七幕。首先是婴儿，
> 在奶妈的怀中啼哭着、呕吐着。
> 接着是狼嚎着的小学生，背着书包，
> 挂着洁亮晨光的面孔，像蜗牛般
> 慢吞吞地拖着步子上学。
> 跟着是情人……随后是士兵……然后是法官，
> 第六样年龄……最后一场戏——
> 结束这变化莫测的戏剧的一场——
> 是再来的幼稚、全然的健忘，
> 没牙齿、没眼力、没口味、没一切。

这是莎士比亚在《皆大欢喜》当中借人物之口将人的一生按

7 幕做的一个概括。这段对白出现的背景是什么呢？在戏当中，老公爵被他的弟弟弗莱德利克篡夺爵位，被放逐到亚登森林里，他的侍臣杰奎斯陪伴着他。而另外一位叫奥兰多的贵族，为了逃避他哥哥的迫害，也来到亚登森林。在森林里，奥兰多与公爵偶遇。同是天涯沦落人，侍臣杰奎斯于是就发出了这样的感叹。这段感叹中，他把大千世界看作舞台，把人的生命嬗变比作戏子轮番登台演出。他把人生分为 7 个阶段，按 7 幕演出，而各个阶段是什么样子的呢？人生充满了软弱、悲伤、愁苦、无助，况且是来也匆匆，去也匆匆，如流星般短暂，如梦幻般虚无。"人生如戏"也包含了"逢场作戏""何必当真"的意思，有种虚无、宿命、消极的色彩。但是本次讲座的标题还有一句话，叫"倾情演出"。什么叫倾情演出呢？就是在人生的这个舞台上，在人生的每个阶段，我们都要认真地扮演好自己的角色，把自己的最好的一面呈现给世人。中国有一句老话，叫"尽人事，知天命"，实际上说的是同样的意思。同样，从"人生如戏，倾情演出"这个角度看莎士比亚的戏剧，我们会发现，莎士比亚用他华美的诗句、生动的舞台形象，演绎了人生的青年、壮年和老年。下面，就让我们一起走进莎士比亚戏剧的殿堂，欣赏莎士比亚为我们演绎的精彩人生，从中汲取人生的经验与教训，学习他积极的人生态度。

一、青春喜剧：爱征服一切

莎士比亚早期的浪漫抒情喜剧共有 10 部，完成于 1592 年到 1600 年之间，分别是《错误的喜剧》《驯悍记》《维洛那二绅士》《爱的徒劳》《仲夏夜之梦》《威尼斯商人》《温莎的风流娘儿们》《无事生非》《皆大欢喜》《第十二夜》。此外，他早期还写了一部具有浓郁的喜剧精神和抒情色彩的悲剧，就是《罗密欧与朱丽叶》。那么这部悲剧我们也放在喜剧当中一起来探讨。

莎士比亚的喜剧是青春爱情的颂歌。借用古罗马诗人维吉尔的一句话"爱征服一切"，来概括莎士比亚喜剧的主题是再恰当不过的了，他的全部喜剧都演绎了这样的一个主题。在莎士比亚的喜剧当中，他把爱情看成一种不可抑制的自然感情，可以产生巨大的能量。上述喜剧除了第一部《错误的喜剧》与爱情的关联度不高以外，其他 9 部喜剧都以求爱为主线，或者是主要的线索之一。在这些喜剧当中，我们看到那些适龄的男男女女都在为求爱忙碌着。正面主人公的爱情真诚无私，他们为追求幸福，与封建势力、保守力量和各种偏见进行斗争，经过一番小小的曲折，最后总是有情人终成眷属。如《仲夏夜之梦》的剧情有 4 条线索，这 4 条线索都与爱情婚姻有关。《威尼斯商人》的剧情有 4 条线索，除了安东尼奥为一磅肉跟夏洛克之间的矛盾之外，其他 3 条线索都与爱情有关。《皆大欢喜》当中，每个青年男女，不管是地位高低，最后都与心上人结为夫妻。而《爱的徒劳》中，那瓦国的国王心血来潮，要把他的宫廷变成一所致力于学问探讨的学院，然后就和他的3位大臣发誓要3年闭门读书，不近女色，以增进学问。而恰在这个时候，法国公主带了3位侍女出使那瓦国。结果这个国王和3位大臣见到侍女之后把自己的誓言都抛到九霄云外了。他们的求婚活动就开始在叹息和吟唱、欢乐和忧郁当中顺利地进行。像《无事生非》这部作品，里边的贵族青年培尼狄克和贵族少女贝特丽丝，一个是郎才，一个是女貌，但是开始的时候他们都表示讨厌爱情，发誓终身不娶不嫁。亲属友人觉得挺可惜的，本来这是郎才女貌，是一对佳偶，于是就设计让两位青年都以为对方钟情于自己，把他们内心当中没有正视的情感激发出来，让他们开始严肃面对内心，最后有情人放弃固念成见，结为佳偶。男主人公培尼狄克陷入情网之后，食之甘味，反过来再三地劝阿拉贡亲王赶快找个老婆结婚。开始的时候别人劝他，他义正辞严地拒绝，后来他劝别人赶紧结婚，这个转变让人觉得非常可笑，也很有趣。可见，莎士比亚的喜剧是青春爱情的素材，大部分喜剧都跟求爱有关。

在莎士比亚喜剧中，爱情是人类最美好的情感，是生命之花凝洁而成的最甜美的蜜汁，这一点在《罗密欧与朱丽叶》这部作品中表现得最为充分。在戏中，莎士比亚讴歌了这种真挚的感情。剧中的罗密欧与朱丽叶在舞会上相识，一见钟情。当时罗密欧眼中的朱丽叶，是"天上的明珠降落人间"，是"绝世佳人"，然后立刻走过去向朱丽叶致意。罗密欧很会说话，他对朱丽叶说："如果我这双俗手亵渎了你家的房子，请让我用吻乞求你的宽恕。"他是想吻朱丽叶，他就这么说。朱丽叶说："不要侮辱你的手，掌心的密合远胜过亲吻。"这是委婉的拒绝。然后罗密欧说："那么嘴唇有什么用呢？"朱丽叶回答说："是用来祷告神明的。"罗密欧说："那么请你允许我把手的工作交给我的嘴唇。"他们的对话都是吟诗，非常美。他恭维得很聪明，把朱丽叶奉若神明。朱丽叶被他的话打动，这就是一见钟情。这个时候朱丽叶还没有见到罗密欧长什么样子，因为朱丽叶没有戴面具，但是罗密欧是在仇人家的舞会上，所以他是戴着面具的。但是就是这么几句话，把他的心上人打动了。

那么在《罗密欧与朱丽叶》这部戏里边，他们的爱情是什么性质呢？他们的爱情是世俗的、人间的爱情，就是文艺复兴时期的爱情。大家如果说读过《十日谈》就会知道，文艺复兴时期的爱情跟中世纪的精神之爱是不一样的，与但丁的《新生》和彼特拉克《歌集》中所描写的那种把对象当成圣女或天使一样崇拜的中世纪纯精神之爱有本质的不同。在这部戏里我们可以看到，他们两个在一见钟情后就以婚姻相许。在神父为他们主持了婚礼后，他们度过了新婚之夜。罗密欧与朱丽叶的这种爱情，我为什么说是世俗的、人间的爱情，是因为它包含了肉欲满足的成分，而且在这个戏里边，罗密欧的两个好友还有朱丽叶的保姆说起话来就是满嘴的俗语、插科打诨，包含了很多性暗示的因素。这些因素衬托了罗密欧与朱丽叶这种爱情的世俗性质。但是这种世俗的爱情又继承了精神之爱，两个恋人是怀着圣洁、天真的态度去追求这种世俗爱情的，就好像是宗教信仰一样。事实上，在他们初次相识的舞会上，他们的爱情表白都是通过宗教词汇来传达的。随后他们的幽会始终在庄严、肃穆、神圣的气氛中进行。二人第一次在朱丽叶家的花园相会，是这个戏当中最欢欣、最美好的场景之一。罗密欧偷偷地看着屋子里的朱丽叶，被朱丽叶的美丽所震惊，于是有了这段著名的独白，中国的翻译家朱生豪翻译得也非常好：

> 轻声！那边窗子里亮起来的是什么光？那就是东方，朱丽叶就是太阳！起来吧，美丽的太阳！赶走那嫉妒的月亮，她因为她的女弟子比她美得多，已经气得面色惨白了。

这是开头，后面还有一大段非常优美的抒情，罗密欧认为月亮由于嫉妒朱丽叶，它的光彩照人而变得面容惨白、光影黯淡。朱丽叶也在思念着罗密欧，她从屋子里到阳台上，完全进入罗密欧的视野当中。这个时候罗密欧看得更清楚了，看得更真切了。他又赞美朱丽叶的眼睛，把她的眼睛比作天空中最灿烂的两颗星星。那一段独白中，罗密欧一连串纯净、奔放的抒情，表明他完全被朱丽叶的风姿给迷住了。他的话语当中出现了太阳、出现了月亮、出现了星星，就好像朱丽叶是黑暗混沌中某种崇高真理的象征。最后他又注意到朱丽叶托着脸颊的双手，他恨不能自己变成那双手的手套，去一亲朱丽叶的芳泽。罗密欧的独白有些语无伦次，而他的激动、惊讶、惊喜尽在其中。在这样一个短短的夜晚，朱丽叶与罗密欧的爱已经像大海一样深了。火热的恋情，使他们两个人如痴如醉。他们心中除了对方之外再也容纳不下其他，他们忘记了现实，陶醉在爱的甜蜜当中。

罗密欧与朱丽叶历来是被当作一对完美的恋人。他们的行为深刻地传达了爱的本质，在相爱中他们调动了各自最充沛的情感，把全部的能量倾注到彼此的身上，从而激发了彼此最美好的品质，把人生最大的快乐，以及高贵和美丽的言行合二为一。但在现实生活当中，罗密欧与朱丽叶的爱情跟我们的现实生活有非常大的区别。在现实生活中，一见钟情的模式并非总是可靠的；华丽的爱情表白未必自然，而死亡也不能成为检验真爱的必然的标准，甚至是要竭力避免的。而这些情形在《罗密欧与朱丽叶》里边都有，他们一见钟情，他们的爱情表白充满了华丽的辞藻，最后双双为爱殉情。这些因素都具备了，但是它们没有动摇这部作品所演绎的"真爱"模式在人们心中的"神主牌位"。为什么？是因为哪怕最卑微的人、最普通的人，都不希望把世界变得丑陋来补偿自己的缺点，都渴望一种无法企及的美。而《罗密欧与朱丽叶》满足了这种渴求。罗密欧与朱丽叶爱情的发生地在意大利北方名城维罗纳，现在是意大利的名城。朱丽叶的故居成了全世界恋人的圣地，每年有成千上万情侣奔赴那里，只为重温罗密欧与朱丽叶的爱情故事，让这一对情侣祝福自己的爱情。所以它是真爱的典范，深刻地传达了爱的本质。

莎士比亚喜剧活跃着一批光彩照人的女性形象，她们都在爱恋中把自己最美好的一面呈现出来。像《威尼斯商人》中的鲍西亚、《第十二夜》中的薇奥拉，都是机智、聪明、美丽、充满活力的女性形象。

那么，在莎士比亚写恋爱的作品中，男性是什么样子？对比一下就会发现很有意思，相比较这一大批在追求爱情中非常有主见、率直、优雅、热情的女性，这些恋爱中的男性未免显得有些笨拙，他们在这些作品当中只有在卓越女性的帮助下才会走向成熟，保证婚姻的幸福。《罗密欧与朱丽叶》这部戏就是这样的。可能大家没有注意到在爱上朱丽叶之前，罗密欧恋爱的是一名贵族女子罗瑟琳，这是一个矫揉造作的情人形象。他表现出对情人的崇拜和追求不得的忧郁。他一出场就对他的朋友一路地诉说着爱情的痛苦，一路叹息感慨。和追求朱丽叶的时候是完全不一样的，他对罗瑟琳的爱情是在学习，那个爱情有装腔作势、刻意模仿书本中特定程式的味道，实际上是一种孤芳自赏、自我陶醉，并非出自本心。这就像辛弃疾的词中吟到的"少年不识愁滋味""为赋新词强说愁"，罗密欧开始的时候就是这样，因此罗密欧就失去了自己本真的面貌，在那里装出一个情人的样子。所以，当他向神父陈述他对朱丽叶的爱情的时候，神父不相信他的爱情是出自本真。罗密欧就申辩自己现在和过去不一样了，他爱上朱丽叶之后就告别了那种做作的忧伤，沉浸在由衷的喜悦和幸福当中。他发现恋爱中的人不总是愁苦忧郁的。恋爱是快乐的，他不掩饰自己的快乐和幸福。安排好自己和朱丽叶的婚事之后，与朋友见面的时候，朋友就发现这个罗密欧不一样了，风度翩翩，异常风趣飘逸。朋友祝贺他恢复了本真的面貌："此刻你多么和气，此刻你才真是罗密欧了；不论是先天还是后天，此刻是你的真面目了。"此外，在莎士比亚的戏剧中，男性呈现的形式跟女性有非常大的区别。见异思迁，把女性过于理想化，实际上也是恋爱当中男性容易犯的毛病。在莎士比亚喜剧中，凡有这类错误的男子都是在女性的教育和感召之下纠正了自己的错误。总之，在恋爱中，女性总体来说更主动一些，男性虽然也主动，但他很笨拙，特别是在《爱的徒劳》那部戏里边，4个男的追求法国公主和她的3位侍女的时候，整个场景就有趣极了。大家可以看一看男性在恋爱中是怎么表现自己的，他们开始的时候不是发誓吗？看到女的后他不能打破誓言，至少在他的同伴面前不能打破誓言，一个一个地偷偷地去写情书，结果一个大臣写完情书以后等不来对方的回信，在大厅里边忧郁。随后国王出场了，国王出场他就赶紧躲起来了。国王在大厅里读诗。国王读完诗以后，第三个大臣也来了。国王又躲了起来，然后第三个大臣也在那读诗，结果大家都不知道对方，都在那里吟诗作赋，感慨自己的爱情，最后揭开假面，原来大家都爱上了别人。假面揭去之后，这几个男性就特别疯狂，纷纷地在同伴面前炫耀自己的女友如何美丽，自己追求的女性如何比别人好，总之他们有一系列笨拙的表现，让你看起来非常好玩。莎士比亚的喜剧饱含了丰富的人生知识。

二、历史剧与悲剧：壮年如歌

这里所说的壮年，泛指告别了青葱岁月、青涩爱情，进入成年、结婚成家、承担社会责任、建功立业的时期。如果说一定要规范一个年龄的范围，我从莎士比亚的历史剧和悲剧设定了这样一个概念：以我们当代人的生活作为参照，大约就是指大学毕业以后一直到50岁甚至55岁之间的年龄段，我们把它统称为壮年。那么这是我们追求事业、追求荣誉、追求成功的时期，可以说是人生的黄金岁月，而莎士比亚的历史剧和悲剧就演绎了人生的这段黄金岁月。它让我们看到，在人生这个最为辉煌的时期，主人公的光荣与梦想、责任与担当，因性格缺陷或欲望膨胀导致灵魂挣扎、权力僭越和暴力毁灭。虽然莎士比亚的历史剧和悲剧演绎的都是帝王将相的人生，与我们普通人在身份上有相当的距离，但其反映的人生真谛却是一样的，教训也是相同的，是普通人可以效仿或规避的。下面，我以几个专题来讨论与壮年人生相关的几个问题。

　　第一个主题就是"光荣与梦想"。人生的壮年总是活跃在舞台中央的聚光灯下，权力和责任都达到了峰值。就此而言，莎士比亚历史剧《亨利五世》可以作为一个辉煌的代表。《亨利五世》当中的英国国王亨利五世，代表了人生壮年最辉煌的顶点。但是莎士比亚历史剧当中的亨利五世跟历史上的亨利五世不完全一样，它们之间是有区别的。历史上的亨利五世在位时间只有 10 年（1413—1422 年）。他短暂的统治以英法战争取胜而著称，取胜了以后逼迫法国割地求和。历史上的英法战争打了 100 年！在这 100 年的英法战争当中，亨利五世的战争只是一个小小的插曲，他取得的政治成果非常有限。1422 年亨利五世暴病去世，英国从法国取得的权益很快就丧失殆尽，而从其他方面来讲，亨利五世也不是一个很好的国王，可非议的地方很多。

　　但是莎士比亚笔下的《亨利五世》，无视历史上亨利五世的真实表现，把他塑造成一个有勇有谋的好国王，写成了一个民族新英雄，把爱国主义的激情发挥到了顶点。这出戏主要是描写亨利五世在战争与和平时期的表现，写他在战争时期，他作为一个国王和政治家代表了能力的极限，他善于鼓动群众的情绪，调动士兵的力量，也知道如何跟士兵和下层社会打成一片，不管是谁，只要遇到他，没有不被他说服的。他头脑冷静、坚决果断，根据国家的需要，他时而仁慈，时而严厉。他性格当中没有一丝个人的、软弱的、脆弱的情感，同时他也不因为取得胜利而傲慢专横，而是班师回朝后把荣誉归于上帝。从这个意义上来讲，《亨利五世》可以说开创了一个表现伟大君主安邦立国、推动民族崛起和复兴的神话，开创了后世歌颂君主安邦立业、民族复兴的模式。这是莎士比亚的《亨利五世》开创的，所以他创造了政治成功的神话和原型。

尤其在戏当中，阿金库尔战役前夕，亨利五世对即将浴血奋战的士兵发表了"克里斯宾节"的演说。莎士比亚非常会写演说辞，《亨利五世》里边的"克里斯宾节"演说词，还有后面会提到《裘力斯·凯撒》里边布鲁图的演说词，还有安东尼的演说词，都精彩极了，展现了巨大的感召力。莎士比亚历史剧还有一部是叫《亨利四世》，亨利四世的儿子就是后来的亨利五世。在亨利五世作为儿子的时候叫哈尔王子，混居下层社会，跟福斯塔夫一起与流氓无赖为伍，但是登基以后改邪归正，并且在《亨利五世》里率军进攻法国，在阿金库尔战役当中以少胜多，成为英明的理想君主。戏中塑造的亨利五世形象"励志故事"的影响力延续至今。为什么我说它创造了一个政治神话，原因也是在这里，它开创了一个人可能成功的顶点，所以这一部分的主题叫"光荣与梦想"。

第二个主题叫"责任与担当"。是以《哈姆雷特》为例。《哈姆雷特》大家是再熟悉不过了，写丹麦王子哈姆雷特为父复仇的故事，它是阐述责任与承担最适合的例子。众所周知，哈姆雷特的性格和行为最大的特点就是犹豫不决，用雅词来讲就是"延宕"。他的复仇合乎天道正义，他又有力量做到，但是他一再犹豫，以至于屡屡错失良机，这一点在整个戏里面非常引人注目。

那么关于他延宕的原因是什么？200多年以来各种解说汗牛充栋，从歌德到屠格涅夫到柏格森，还有黑格尔，都有对他延宕的解释，我们不一一列举。就今天所讲的论题而言，我更愿意从性格的角度来分析哈姆雷特延宕的原因。哈姆雷特的性格属于那种内倾型的，这样的性格长于沉思和自省，却拙于行动。他要为父报仇，他有承诺，但敌人步步紧逼，严峻的形势要求他立刻采取果断的行动。他试图通过思考找到行动的充分根据，但是当时他又在发生精神思想危机，他无法为行动找到充分的理据，因此产生了鄙夷自己的情绪，作践自己，亵渎奥菲利亚对他的爱情，甚至绝望到想一死了之。他想自杀，但是一想到死后可能会坠入虚无之境，灵魂不得安宁，他又产生了恐惧的情绪。

由此可见，哈姆雷特的延宕是他的思想逻辑和行动逻辑背道而驰所造成的张力的一种表现，就是一个行动的人跟思想的人完全是两类人，从性格的角度就是这样，而同时哈姆雷特的思维具有一种超越性，他能够在瞬间把具体的现实问题上升到生与死、善与恶、理想与现实、责任与意志等哲理的问题。这样的一种思维惯性会不断地诱惑他对现实问题进行抽象概括，而失去策划具体行动的兴趣。总之，哈姆雷特是一个思想家，他不是一个行动派，更不是不择手段的野心家，这是造成延宕的重要原因。我们从这样一个话题来讲，用责任与担当来要求哈姆雷特，但是失败了，他的行动也让他付出了生命的代价，扭转乾坤的历史使命也没有完成，从而他成为一个悲剧性的人物。但是哈姆雷特的延宕和他的悲剧有正面的意义，这正面的意义在哪里？在这个过程当中，他对社会现状有了真实的把握。为什么这么讲？他承担责任之前，也就是他为父报仇之前，他是一个在德国读书的大学生，瞬间这个担子就压在他身上了。在他准备报仇的过程当中，他认识了现实，对生活的真实有了真正的把握，对人性有了深刻的理解，思想上产生了巨大的飞跃。同时他也展现了代表正义的力量、思想的勇气和牺牲精神，并且在道义上取得了胜利，这是这个形象作为一个失败者形象为什么这样有吸引力、这样受人尊敬的原因，这是性格当中正能量的一种巨大的体现。这是我们讲的第二个话题，就是"责任与担当"。

第三个主题是"野心、僭越与惩罚"。雄心人人有之，雄心与野心不一样，但是雄心可能会变成野心。雄心是激励人奋进的巨大的精神力量，但是雄心太甚，无所畏惧，不顾人伦秩序底线，任意的僭越就变成了野心。野心实际上在莎士比亚的喜剧当中总是会受到惩罚，这是莎士比亚悲剧《麦克白》揭示出来的真理。在莎士比亚时代的英国人，普遍相信建立在托勒密天文学基础上的宇宙秩序说，认为宇宙是一种秩序，地球是宇宙的中心，这是从托勒密到哥白尼产生的巨大的变化。托勒密后来又被否定了，但是他的精神思想力量的传承影响是很大的。在地球上，所有的生物处在一个等级序列和秩序当中，从矿物、植物、动物到人，一切井然有序，都有它固定的位置，而人类社会也有它的等级秩序。因此，任何人如果试图在社会等级秩序当中用暴力篡夺一个更高的位置，那就是打破了自然的神圣的法则和秩序，这是莎士比亚那个时代关于秩序的非常重要的一个观念。那么正是出于对秩序的笃信，莎士比亚对谋权篡位的倒行逆施给予了痛切的谴责。

　　他笔下的历史人物呈现出这样的一种规律：凡是妄图打破秩序的人，即使暂时建立了新的秩序，也必定在未来的某一天会被推翻，秩序的破坏者必然会受到严惩，而这种惩罚是一种天谴，是人力不能抗拒的。他在历史剧中呈现这样一个清晰的脉络：秩序如何被破坏，又如何被回归的历史过程，《麦克白》非常清晰地说明了这一点。麦克白受女巫预言的蛊惑和夫人的怂恿，杀害了国王邓肯篡夺了王位。然而篡位给麦克白夫妇带来无上权力的同时，也让他们变得惊恐不安，精神备受折磨。实际上一开始"天谴"就出现了，上帝的力量会在想不到的地方出现，就是这种自我折磨。同时反对麦克白的力量也迅速聚集起来，在邓希论战场麦克白惨败被杀，麦克白夫人发疯致死。最后是国王邓肯的儿子继位，国家重新恢复了秩序。这个戏非常细腻地描写了麦克白野心膨胀、人性堕落的心理过程。麦克白曾经是忠君为国的英雄，而女巫的出现唤起了他内心潜伏的野心。在杀人之前，他从怀疑到犹豫到笃信到决断；杀人之后，他自责愧疚，可是一旦用杀戮打开了一条通往权力之巅的道路，就需要不断有新的杀戮去巩固权力，不由他不大开杀戒。麦克白是一个权欲极强而道德感也极强的人物，权欲和道德在他的内心深处不断地激烈交战，难以释怀，最终导致信仰崩塌、精神崩溃。莎士比亚通过对麦克白僭越权力、祸国殃民最后招致毁灭的过程的叙述，表达了对合法王权的敬畏和支持，对觊觎王权的野心家提出了严正的警告。

　　第四个主题是"政治与情爱、江山与美人"。莎士比亚的每一部戏演绎的人生，哪怕是壮年的人生，他的角度、层面、内容也是异常丰富的。《安东尼与克里奥佩特拉》是莎士比亚所写的四部罗马悲剧之一，写安东尼与埃及艳后克里奥佩特拉之间的爱情悲剧。埃及艳后非常有名，大家都知道有前三巨头后三巨头，前三巨头里面的两个——凯撒还有庞贝——都是她的情人。结果这两个人死了之后，她又诱惑了安东尼，作为新的同盟者。

安东尼被克里奥佩特拉迷得颠三倒四，在戏里边整日纵情享乐，以至于荒疏政务。这个时候传来消息，他在罗马的妻子去世了，再加上罗马前三巨头之一——庞贝的后代庞贝厄斯的势力日益壮大，对罗马后三雄安东尼、屋大维还有莱必多斯形成了挑战，迫使安东尼挣脱了克里奥佩特拉的情网，返回了罗马。在罗马，安东尼与另外两位巨头屋大维和莱必多斯结盟，结盟之后迫使庞贝厄斯媾和，和他们订立了盟约。安东尼经屋大维的介绍娶了屋大维的妹妹，但是不久屋大维就撕毁了合约转而征讨庞贝厄斯，而安东尼难以忘怀在埃及的克里奥佩特拉，抛弃了他的第二任妻子重返爱情。这边在罗马打败了庞贝厄斯的屋大维，就成了安东尼的对手，他们两个人之间的战争全面爆发。第一次海战的时候，安东尼的舰队吃了败仗。第二次海战的时候，克里奥佩特拉的埃及舰队投降了，致使安东尼失去了援助，再次兵败。屋大维兵临城下，走投无路的安东尼自杀，克里奥佩特拉随之也用毒蛇自杀。

剧中的安东尼 40 多岁了，为了一个女人神魂颠倒，沉溺于肉欲，痴恋忘返，忽视了自己的责任和国家大事。他既想要江山，又想要美人，既想当武士，又想当情人，试图两全其美，结果到最后自取其辱，导致了自己的毁败。克里奥佩特拉、罗马三巨头，到最后都是以悲剧告终。

第五个主题是"傲慢与自我中心"。莎士比亚的另一部罗马悲剧叫《科利奥兰纳斯》。在剧中，罗马将领科利奥兰纳斯因为傲慢成为一伙平民的攻击对象，而这个时候传来邻国的伏尔齐亚人起兵攻打罗马的消息。大敌当前，罗马元老院推选科利奥兰纳斯率军出征，但他不是唯一的将领，是三大将领之一。科利奥兰纳斯在战场上作战非常勇敢，身先士卒，只身杀进敌营，立下了汗马功劳。胜利归来的科利奥兰纳斯受到了民众的盛大欢迎，他从过去不得人心变成了公众的偶像，还被推选为执政官的候选人之一。科利奥兰纳斯作为候选人之一，傲慢的性格依旧不改，他不愿意为了拉选票去发表演讲，也不愿意当众出示他在战场上所受的伤，因为他全身都是伤，他的母亲说要让你演讲的人看一看，感动大家投票。他不屑于做，他还嘲笑别人，嘲笑这些市民。结果他的傲慢再次激怒了民众，而别有用心的护民官趁机挑拨，煽动起罗马市民对科利奥兰纳斯的仇恨，最后把他驱逐出境。

剧中的科利奥兰纳斯能征善战，对亲人忠心耿耿，但是他也是一个自大狂，他的悲剧在于他的个人主义，他完全忘记了自己身为贵族和国家重臣的身份，像小孩子一样，忘记了自己应该肩负的责任和义务。他不承认他人的价值，完全不顾及人与人之间的关系。高傲是他性格中压倒一切的因素，这样一种高傲阻断了他和别人的交流。因此在错综复杂的社会条件下，他难以找到生存的机会。这是《科利奥兰纳斯》，我们从傲慢和自我中心这个角度来理解这部作品。

第六个主题是"绝对的理想主义"。莎士比亚的第三部罗马悲剧叫《裘力斯·凯撒》。戏开场的时候，凯撒从征讨西班牙的战场上胜利归来，受到了罗马市民狂热的欢迎。市民渴望拥戴凯撒为王，而凯撒自己也表现出独裁的倾向，结果这引起了他的政敌的恐惧，密谋刺杀他。其政敌的首脑是一个叫凯西斯的人。凯西斯认为这个事情不是那么简单的，应该找一位德高望重的人出头，以使他们的行动披上合法和道德的外衣。布鲁塔斯是凯撒的密友，正直无私、热爱罗马、热爱自由。他也察觉到凯撒可能称帝，有破坏罗马共和体制的危险，为此忧心忡忡，于是就成了这群阴谋家的拉拢对象，最终同意加入敌军阵营。

在 3 月 15 日这一天，凯撒要到罗马元老院去，实际上那些刺客都已经埋伏好。大家知道凯撒不是被一个人杀死的，而是被布鲁塔斯带头，很多人一人一刀杀死的。在这之前就已经出现了很多不祥之兆，包括他的妻子提醒他不要去，结果凯撒坚持要去，最后他犹豫的时候凯西斯来激他！他被激到了就去了，结果到最后被刺杀在元老院里。刺杀以后，布鲁塔斯在广场上发表了一段著名的演讲："我爱凯撒，我更爱罗马。""我爱凯撒"，因为他是凯撒的密友，"我更爱罗马"，为刺杀凯撒制造舆论。但是，随后被安排登台的安东尼，本来是凯撒的同道和追随者，布鲁塔斯为了把刺杀凯撒表现得光明磊落，他坚持让自己的敌人安东尼去上台演说，结果安东尼利用登台演说的机会，发表了一通演讲。他的演讲扭转了刺杀凯撒的舆论。由此大势已去，安东尼又与赶回罗马的凯撒的侄儿屋大维以及莱比多斯三巨头联手向反凯撒势力宣战。布鲁塔斯和凯西斯起兵抵抗，最后兵败自杀。虽然这部罗马悲剧名为《裘力斯·凯撒》，但是剧中的灵魂人物是布鲁塔斯。布鲁塔斯是一个无私的理想主义者、一个至诚的爱国主义者、一个坚定的共和主义者，他参与刺杀凯撒的阴谋，一点私心都没有，完全出于政治信仰，而他深信除掉凯撒对保卫罗马共和体是至关重要的。他最终毁灭了，为什么？实际上是源于他性格的根本的缺陷，他是一个绝对的理想主义者，不是阴谋家和政治领袖。他一再坚持要对敌人仁慈宽大，他不顾凯西斯的反对，坚持允许凯撒的追随者安东尼上台演讲，他以为自己公正无私，别人跟着他也会公正无私，结果给了对手可乘之机，孤立了自己，最后遭到惨败。这是第六个问题"绝对的理想主义"。以上是莎士比亚的历史剧和悲剧当中展现的一些壮年人生的场景。

从《亨利五世》到《裘力斯·凯撒》，从历史剧到悲剧，可能同学们已经注意到了一个问题：喜剧里面最出色的、最出彩的是女性，而在壮年的悲剧和历史剧里面，壮年男性成为这个舞台的中心。在男性的光荣与梦想上，因性格缺陷和人性的弱点所造成的悲剧很多，如此浓墨重彩描写人的错误，在早期的浪漫喜剧当中是不曾有过的。莎士比亚在这些悲剧当中对人的各种欲望，尤其是权欲和情欲进行了深刻的解剖，挖掘了权力膨胀导致的谋权篡位、负义背叛、嫉妒遗弃，以及英雄无法克服性格的缺陷在欲望的引诱之下走向堕落招致死亡的本质。

莎士比亚的罗马悲剧和四大悲剧大都写于他戏剧创作的第二个时期，也就是1601年到1607年之间，那么为什么前期写喜剧这个时期写悲剧？学者们主要从三个方面来探讨原因。第一个原因就是政治局势动荡。这个时期是英国的新老国王交替的时期，就是改朝换代的时期。伊丽莎白女王辉煌的时代行将结束，女王已至暮年但是没有子嗣，没有继承人，王位的继承问题日益突出，国内外各种宗教势力、贵族势力、皇室宗亲势力蠢蠢欲动。《哈姆雷特》里面克劳狄斯说的一句话非常有意义："大人物的疯狂是不可等闲视之的，他打个喷嚏你都要注意，你都要警惕，那么更何况是改朝换代这样的大事，那是惊天动地的。"所以这个时期女王没有明确的继承人，国家陷入一种惶惶不可终日的状态当中，而莎士比亚实际上被深深地卷入这样一种混沌的状态中。他所在的剧团因为这个惹出一个事端，因为演出历史剧《理查二世》，差一点招致祸端。《理查二世》中的王室继承问题被认为是影射女王晚年的昏聩，而她的反对势力造反之前为了激励士气，指明要莎士比亚的剧团演《理查二世》，而且还给他一笔资助，这就一下被搅入政局当中了。1603年女王去世之后，詹姆斯一世继位。继位的初年，动荡的局面没有改变。因为演戏跟写小说不一样，写小说闭门造车就可以了，写戏是给大家看的，是公众活动。所以在这样的一个形势下前途未卜。

第二个原因就是人文主义理想。人文主义是文艺复兴时期思想的大潮，人文主义反对中世纪禁欲主义，树立了以人为本的价值观，在解放个性、发扬自我方面发挥了重大的作用。但是天性不受约束的发展，同样会引发私欲泛滥、道德沦丧，严重冲击正常的社会伦理秩序。莎士比亚对人文主义的认识也经历了一个发展变化的过程。像写喜剧、写历史剧的时期，他能对人文主义理想持一种乐观的态度，但是到了中期，社会矛盾激化，利己主义泛滥成灾，莎士比亚目睹的人文主义理想在社会实践当中带来负面的影响，因此他对人文主义理想产生了怀疑，进行了反思，他的创作从明朗的喜剧转向沉郁的悲剧，就是这种怀疑和反思重要的体现。

第三个原因，是他受基督教对于现实及原罪认识的影响，他认为人犯有原罪，因此是不完善的，是堕落的，他们在现世所受的苦难是上帝的惩罚，他们在尘世的目的是为了来世永生所做的准备，是短暂的。而事实上从基督教的角度，看莎士比亚在《皆大欢喜》当中对人生 7 幕的认识，最现实的人生是苦难的，他是这样认识的。因此，正是这些因素的综合的影响，才促使莎士比亚写出了这些伟大的悲剧。而对于处在人生鼎盛时期的壮年来说，莎士比亚的悲剧无疑是一个重要的警策，因为处在聚光灯下、处在舞台的中心是在权力的巅峰，所以这个警策是非常重要的。

三、传奇剧：人生的华丽谢幕

生老病死，乃人之常情；再辉煌的人生，它都有谢幕的时候。进入老年之后，人生必然要离开舞台的中央，从掌握权力到失去权力。恋栈还是潇洒地告别，实际上是一个非常难的抉择，对于在座的年轻朋友来说可能还没有这个问题，但是对于接近 60 岁的人生，这是很现实的问题。那么，如何优雅地跨入老年的门槛，安稳幸福地度过自己人生的最后阶段？莎士比亚也有回答，他从正面和反面对照着回答。他的悲剧从反面提供了训诫。在他的传奇剧《暴风雨》中，他从正面描绘了人生的华丽谢幕。

《李尔王》体现了悲剧的反面。《李尔王》写的是一出父亲（传说当中的英格兰的古代的国王）李尔刚愎昏聩、子女忤逆负义所造成的悲剧。李尔年事已高，想颐养天年。李尔就准备把他的国土和权力分给三个女儿，但是他提了一个很愚蠢的要求，要求三个女儿当面向他用言语表白对自己的爱有多深。大女儿高纳里尔和二女儿里根，因为巧言令色，说得天花乱坠，结果就得到了父亲的馈赠。而三女儿考狄利娅因为实话实说，结果什么都没得到。大女儿和二女儿一旦得逞，转眼之间就反悔她们对父亲的承诺。她们的父亲本来想得很好，今天在大女儿家住一个月，下个月到二女儿家，结果很快，大女儿、二女儿就背信弃义，她们羞辱父亲，不尽赡养之责，最后把父亲赶出了家门。小女儿什么都没有，她已远嫁法国，但是最后是她回来救了她的父亲。她父亲流落荒野之后，在暴风雨中备受折磨，小女儿闻讯，起兵讨伐两个姐姐，但是不幸战败，最后和她父亲一起死在了狱中。这是一个大悲剧。

《雅典的泰门》里面的主人公泰门是一个雅典贵族，他乐善好施。按说中国的佛教观念说好人有好报，乐善好施一定会得到回馈。但是这在《雅典的泰门》里边没有。他富贵的时候，他的府宅宾客如云，众人争相逢迎，但是他因为过于好客和慷慨而破产。在向朋友求援的时候，他遭到了拒绝。原先争相逢迎的人纷纷对他冷眼相待，早前的溜须拍马者一个个离他而去。泰门看透世道人心，成了厌世者，诅咒黄金和人类，最后在荒野之中孤独死去。那么泰门的悲剧因何而起？是因为他喜欢听阿谀奉承，喜欢那种众星捧月的感觉？还是因为他的慷慨超出了限度，抑或是因为他失去了理智和判断？李尔和泰门，一个贵为国王，一个富甲一方，都因为昏聩和愚妄，在人生的暮年陷入灾难之中，没有什么比老年陷入难以应付的灾难当中更加悲惨的了。

莎士比亚传奇剧创作时期是从 1608 年到 1612 年，有《辛白林》《冬天的故事》和《暴风雨》等 5 部作品。这时的莎士比亚已经是一个非常知名的剧作家，已经足够富裕，他在剧团里可以得到分红，且演出丰厚。富裕的莎士比亚已经阅尽人世沧桑，40 多岁的他，心理年龄已经趋于老境了，产生了归隐之心。而与此相呼应，这个时期创作的戏剧以"宽恕与和解"为主题，是莎士比亚笔下人生暮年华丽的告别演出。

我重点讲一下《暴风雨》这个代表作。剧中的米兰公爵叫普洛斯彼罗，他因为沉溺于魔法，结果疏于朝政，被他的弟弟安东尼奥篡权夺位，他就被放逐了。遭到放逐的普洛斯彼罗带着女儿米兰达漂流到一个海岛上，他动用魔法解救了被囚禁的精灵爱丽儿，控制了怪物和长得非常丑陋的土著人凯列班，实现了对海岛的统治。后来米兰的僭主安东尼奥和那不勒斯国王阿隆佐及其儿子斐迪南一行在海上航行的时候，普洛斯彼罗动用魔法，把他们带到了一个海岛上。在海岛上，普洛斯彼罗安排了那不勒斯国王子斐迪南和女儿米兰达相爱，惩罚了安东尼奥之后又宽恕了他，夺回王位。他最终放弃了魔法和众人，离开海岛重返家园。

《暴风雨》中的普洛斯彼罗就如同一个导演，因为他可以施魔法，故事就好像是由他一手策划的，演员在舞台上如何表演，从哪里登场，从哪里退场，全在他的掌握之中，人物的命运也全在他的操控之下。从这个意义上说，他实际上扮演的是上帝的角色，具有无限大的权力。《暴风雨》展现的是善与恶的冲突的主题。善和恶各有一班人马，恶的一方是安东尼、凯列班和仆人，他们是恶势力的代表，他们满脑子邪恶的念头，时时刻刻在策划阴谋，而普洛斯彼罗代表善的力量，精灵爱丽儿是他这种力量的实施者。他们合理压制了邪恶，维持了海岛上的正义和秩序，把海岛变成了一个符合人文主义理想的乐园。

值得注意的是《暴风雨》中化解邪恶的方法是什么？不是加以摧毁，而是进行控制，进而宽恕恶人，使他得到感化。普洛斯彼罗通过魔法获得了绝对的权力，他有生杀予夺之权，但是他却谨慎地行使这种权力，甚至最终放弃了魔法，这被看成是对生命限度的自觉，实际上只有到老年才能进入这样的境界。对生命的限度，不是知道我什么都能做，而是知道自己什么不能做，这是一个很大的转变，而且是人生境界的非常大的提升。普洛斯彼罗最后促成了那两位年轻人——他的女儿米兰达和王子斐迪南之间的爱情，并与他们一起回归现实世界，这象征了一位老人对人类社会未来美好的期许。在《暴风雨》的第四幕第一场，普洛斯彼罗为斐迪南和米兰达这对新人说了一段感人至深的话：

> 如今演出终结了。这些演员，
> 我早说过，原是魑魅，如今
> 溶解成空气、稀疏的空气；
> 一如这幻境虚无的结构，
> 这些云盖的楼台、堂皇的宫殿、
> 庄严的庙宇，以致这伟大的地球，
> 真的，这幻景中的一切，将会解体，

其后，像这镜花水月的逝去，
一缕云也不留下。梦的原料，
正是人生的原料：短暂的生命，
到头来是个梦境。

　　人生如梦，戏剧中我们就是做梦的人。人生也罢，戏剧也罢，都如同一场盛宴，但是总有曲终人散的时候。在舞台上你就倾情地演出，过好你的每一天，扮演好自己的角色，同时也享受自己扮演的角色，该离开的时候潇洒地挥挥手，不带走一片云彩。谢谢大家！

（本文系 2014 年 5 月 15 日北京师范大学图书馆"专家讲座"基础上修润而成）

讲座音频

后 记

  图书馆主办的"专家讲座",是北京师范大学校园文化中一道亮丽的风景线,专家们的讲稿和音像资料成为图书馆的特色馆藏。2002 年北京师范大学百年校庆之际,我们曾将部分讲稿整理出版,获得各界好评。此次值北京师范大学 120 周年校庆,我们再次将 2002 年以来的部分讲稿整理出版,不忘"专家讲座"继承传统、追踪前沿、启迪后人、繁荣学术的宗旨,以期使"专家讲座"近 20 年的精粹得以记录、传播和交流。

  本书所有文章均经各位专家审定,限于篇幅,对部分内容进行了删节,但尽量保持演讲原貌;对所用图片统一标注,对每位嘉宾作了简介并配以照片;文末附有部分讲座的音频、视频二维码,为读者提供多维的阅读体验。

  本书的编辑出版得到各位专家的关注和支持,对此我们再次深表谢意。权嘉欣(历史学院)、杨晶(外国语言文学学院)、王倩(艺术与传媒学院)、楚佳宁(文学院)、梁莹(环境科学学院)等同学,以及北京师范大学新闻传播学院专业硕士党支部的同学们、图书馆张坤、肖亚男老师等协助完成了大量的基础性工作,在此一并感谢。

囿于篇幅，很多精彩的演讲稿尚未收录，我们期待能有更多机会与大家分享。

限于时间和水平，本辑的编辑整理工作难免有疏漏之处，恳请专家和读者批评指正。

编委会

2022 年 7 月

图书在版编目（CIP）数据

思享者：我在北师大听讲座 ／ 北京师范大学图书馆
编著 . — 北京：北京师范大学出版社，2022.9
（北京师范大学 120 周年校庆丛书）
ISBN 978-7-303-28129-9

Ⅰ．①思… Ⅱ．①北… Ⅲ．①社会科学－文集 Ⅳ.
① C53

中国版本图书馆 CIP 数据核字（2022）第 149004 号

图 书 意 见 反 馈：gaozhifk@bnupg.com 010–58805079
营 销 中 心 电 话　　　　010–58807651
北师大出版社高等教育分社微信公众号　　新外大街拾玖号

SIXIANGZHE：WOZAI BEISHIDA TING JIANGZUO
出版发行：北京师范大学出版社 www.bnup.com
　　　　　北京市西城区新街口外大街 12–3 号
　　　　　邮政编码：100088

印　　刷：北京盛通印刷股份有限公司
经　　销：全国新华书店
开　　本：787 mm×1092 mm　1/32
印　　张：19.125
字　　数：505 千字
版　　次：2022 年 9 月第 1 版
印　　次：2022 年 9 月第 1 次印刷
定　　价：98.00 元

策划编辑：李　明　　　　　责任编辑：李　明
美术编辑：李向昕　　　　　装帧设计：李向昕
责任校对：陈　民　　　　　责任印制：马　洁